T0316500

La mondialisation contre le développement durable ?

P.I.E.-Peter Lang

Bruxelles · Bern · Berlin · Frankfurt am Main · New York · Oxford · Wien

Géraldine FROGER (dir.)

La mondialisation contre le développement durable ?

Ecopolis
n° 6

Ce livre réunit plusieurs contributions présentées initialement au colloque « La mondialisation contre le développement ? » (juin 2004) et a été complété par d'autres contributions émanant de l'opération de recherche « Mondialisation, gouvernance et développement durable (MGDD) » du C3ED.

Toute représentation ou reproduction intégrale ou partielle faite par quelque procédé que ce soit, sans le consentement de l'éditeur ou de ses ayants droit, est illicite. Tous droits réservés.

© P.I.E.-PETER LANG s.a.
Presses Interuniversitaires Européennes
Bruxelles, 2006
1 avenue Maurice, B-1050 Bruxelles, Belgique
www.peterlang.com ; info@peterlang.com
Imprimé en Allemagne

ISSN 1377-7238
ISBN 10 : 90-5201-326-8
ISBN 13 : 978-90-5201-326-8
D/2006/5678/29

Information bibliographique publiée par « Die Deutsche Bibliothek »
« Die Deutsche Bibliothek » répertorie cette publication dans la « Deutsche National-bibliografie » ; les données bibliographiques détaillées sont disponibles sur le site <http://dnb.ddb.de>.

Table des matières

TROISIÈME PARTIE – QUELLE(S) GOUVERNANCE(S)
DU DÉVELOPPEMENT DURABLE FACE
À LA MONDIALISATION ? LE CAS DE MADAGASCAR

Remerciements

Cet ouvrage est issu en partie des travaux du colloque « La mondialisation contre le développement ? », organisé par le Centre d'économie et d'éthique pour l'environnement et le développement (C3ED, UMR IRD-UVSQ n° 063) à l'Université de Saint-Quentin-en-Yvelines en juin 2004 avec le soutien de :

- l'Université de Versailles Saint-Quentin-en-Yvelines (UVSQ),
- l'Institut de recherche pour le développement (IRD),
- le conseil général des Yvelines,
- la communauté d'agglomération de Saint-Quentin-en-Yvelines.

Que tous soient remerciés de leur appui.

Je tiens aussi à remercier vivement Jean-Luc Dubois, Sonia El Heit, Florence Galletti, Claire Mainguy, Olivier Petit, Jonathan Tardif, Katia Radja et Patrick Schembri pour leurs commentaires, remarques et corrections. Ma reconnaissance s'adresse également à Sonia El Heit pour son aide précieuse ainsi qu'à Valérie Meïté pour la relecture finale de l'ouvrage.

À Madeleine, ma grand-mère

Mondialisation et développement durable

Enjeux et ambiguïtés

Géraldine FROGER

Université de Versailles Saint-Quentin-en-Yvelines,
C3ED UMR IRD-UVSQ n° 063, France

En témoignent les nombreux articles et ouvrages publiés distinctement à leur sujet, la « mondialisation » et le « développement durable » sont des termes à la mode. Toutefois, il est difficile d'en cerner les contours précis du fait de leurs usages multiples. Les ambiguïtés qui entourent ces notions comptent aussi pour beaucoup dans le succès qu'elles rencontrent.

Si la plupart des auteurs s'accordent à considérer la mondialisation comme un concept opératoire dans l'analyse des réalités contemporaines, il n'existe pas pour autant de définition qui fasse autorité (Carroué, 2005). La mondialisation est un problème économique complexe et multidimensionnel qui englobe non seulement la dimension des échanges de biens et services, mais aussi celle de la mobilité de la production de biens et services (investissements directs à l'étranger), et celle de la circulation des capitaux.

Si la mondialisation est un phénomène ancien qui accompagne le processus d'extension progressive du système capitaliste[1], force est de constater que ce phénomène est produit par des politiques, des acteurs porteurs d'un projet et que les modalités de la mondialisation se transforment au cours du temps. Michalet (2004) présente différentes phases historiques de la mondialisation : la première, qu'il qualifie de « configuration inter-nationale » se caractérise par une dimension dominante – celle des échanges de biens et services – et des acteurs principaux que sont le marchand et l'État-nation ; la deuxième, qu'il qualifie de « confi-

---

[1] Pour une analyse relative à la nature et à l'ampleur des transformations économiques des deux dernières décennies du XXe siècle auxquelles est souvent associé le terme de « mondialisation », voir Serfati (2003).

guration multi-nationale » et qui s'étend du début des années 1960 au milieu des années 1980, se caractérise par une dimension dominante – celle de la production de biens et services – l'acteur principal étant les firmes multinationales (ou transnationales), même si les États-nations restent présents ; enfin la dernière, qualifiée de « configuration globale », est contemporaine ; sa caractéristique majeure est la prédominance de la dimension financière, avec comme acteurs principaux les institutions financières privées.

De même, la gouvernance de la mondialisation[2] a connu des transformations dans le temps :

> Depuis la conférence de Bretton Woods, en 1944, elle est passée d'un modèle de régulation intergouvernementale, dans lequel les acteurs publics avaient un pouvoir incontesté, à un autre qui repose sur les oligopoles privés multinationaux, industriels et financiers. Il s'agit de la caractéristique centrale de la configuration actuelle, celle de la globalisation (*ibid.*, p. 10).

La mondialisation fait l'objet de vifs débats. Ils opposent ceux qui diabolisent et ceux qui encensent la mondialisation, ou encore ceux qui voient dans la mondialisation la responsable de tous les maux (l'achèvement de « l'horreur économique ») et ceux qui la considèrent uniquement comme source de progrès et de bienfaits pour l'humanité entière (« la mondialisation heureuse »). D'autres opposent ceux qui confondent la mondialisation avec l'extension planétaire de l'économie de marché (la « marchandisation triomphante ») et ceux pour lesquels la mondialisation n'est pas réductible à une seule dimension, celle des échanges. D'autres encore opposent ceux qui considèrent que les processus liés à la mondialisation sont des facteurs d'homogénéisation progressive tant économique que culturelle, ou encore des facteurs d'unification (ou de façon plus idéelle d'universalisation), et ceux qui soulignent que ces processus induisent également de nouvelles différenciations, de nouvelles disparités. Enfin, un dernier exemple de débat oppose ceux pour lesquels la mondialisation s'accompagne du dépérissement progressif des États-nations – qui deviennent impuissants – alors que pour d'autres,

---

[2] Nous préférons ce terme de « gouvernance de la mondialisation » à celui de « gouvernance mondiale » car : « La gouvernance mondiale impliquerait la mise en place d'institutions de dimension mondiale, et plus seulement internationales. Ces institutions mondiales transcenderaient les intérêts nationaux y compris des pays les plus puissants, elles seraient en fait capables de mettre en œuvre une forme 'd'universalisme' (…). Cet objectif paraît encore lointain. Tout autre chose est la gouvernance de la mondialisation, c'est-à-dire le lieu de formation des règles et normes qui organisent, à ce niveau, l'espace des relations socio-économiques. D'une certaine manière, cette 'gouvernance' là existe » (Serfati, 2003, p. 24).

les États restent de véritables acteurs de la mondialisation même s'ils ne sont pas tous égaux face à elle[3].

La réalité est bien plus complexe : la mondialisation est un phénomène résolument contradictoire qui comporte des aspects positifs et négatifs. Elle est confrontée à des enjeux considérables et se heurte à des résistances croissantes. L'objet de cet ouvrage n'est pas d'analyser l'ensemble de ces enjeux problématiques mais de se focaliser sur ceux qui lient la mondialisation de l'économie à celle des problèmes d'environnement et de développement[4], ou encore de développement durable.

C'est à partir de 1987, à la suite de la publication du rapport de la Commission mondiale sur l'environnement et le développement (WCED, 1987), que l'objectif d'atteindre un développement qualifié de « durable » s'est imposé sous la forme d'un développement socialement acceptable, économiquement réalisable, et écologiquement respectueux de l'environnement. Défini comme un « développement qui répond aux besoins du présent sans compromettre la capacité des générations futures de répondre aux leurs » (*ibid.*, p. 43), la notion de développement durable met l'accent tant sur les politiques environnementales au Nord et le développement du Sud que sur l'équité intergénérationnelle – sans oublier la question intragénérationnelle de la répartition équitable des richesses –, ainsi que sur la recherche de l'articulation de différentes dimensions : environnementale, économique, humaine et sociale, au-delà de la simple juxtaposition.

La notion de développement durable a connu une popularité croissante à l'issue de la Conférence des Nations unies sur l'environnement et le développement qui s'est tenue à Rio de Janeiro en 1992. Utilisée par de multiples acteurs économiques et politiques (et récemment juridiques), on peut s'interroger sur sa véritable capacité à offrir des principes suffisamment solides pour orienter l'action politique et publique. Toutefois, que ce soit dans les pays industrialisés, émergents, ou en développement, force est de constater que le développement durable a

---

[3] La question de l'efficience des États reste centrale et dessine une fracture au sein du Sud. L'affirmation des pays émergents (Corée du Sud, Singapour, Malaisie, Chine) repose sur une action publique volontariste alors que de nombreux pays en développement pâtissent, non pas de trop d'État, mais de l'absence ou de la faiblesse de celui-ci.

[4] Pour une approche historique des liens entre mondialisation et développement, voir Bénichi (2003) ; l'auteur analyse comment d'un mythe unificateur et d'un mythe mobilisateur du tiers-monde, la mondialisation est passée au statut de « facteur d'implosion du tiers-monde » : « Les stratégies divergentes [des pays du tiers-monde] face à la mondialisation ont débouché dans les années 1980 sur un éclatement et des évolutions contradictoires opposant une Asie émergente, une Afrique déclinante, et une Amérique latine convalescente » (*ibid.*, p. 253).

trouvé une traduction dans des programmes d'action, des politiques publiques, des politiques locales, des stratégies d'entreprise, etc., et est source d'innovations institutionnelles. Ces dernières peuvent être parfois considérées comme étant insuffisantes ou encore comme issues d'une certaine représentation géopolitique du monde[5].

Dans sa dimension écologique, la durabilité implique le maintien des écosystèmes, non pas pour les conserver en l'état, mais pour veiller à la capacité de reproduction de l'environnement. Dans sa dimension économique, la durabilité renvoie au maintien des capacités productives et aux flux de ressources économiques sur le long terme. Dans sa dimension sociale, la durabilité renvoie au maintien ou à l'amélioration de conditions sociales permettant d'assurer la satisfaction des besoins essentiels (santé, éducation, alimentation, etc.), le respect d'un certain nombre de droits, la cohésion de la société (solutions préventives qu'élaborent les acteurs sociaux pour faire face aux risques de dysfonctionnement graves au sein de toute société). Elle peut également renvoyer à la légitimité et à l'acceptabilité sociale des décisions et/ou des politiques.

Le développement durable est l'objet de débats ardents. Selon Marie-Claude Smouts (2005), le développement durable est à la fois un outil analytique et un projet politique ; c'est cette double nature qui le place au cœur de controverses majeures. Dans la sphère académique, un premier débat porte sur le sens, le contenu et les divers degrés (fort, faible, etc.) de durabilité. Par ailleurs, pour certains, le développement durable induit un changement conséquent de perspective par rapport à la conception classique de l'économie et du développement, car les considérations écologiques et leur articulation avec l'économique et le social sont dorénavant internalisées dans les réflexions. Pour d'autres, la durabilité du développement reste un pléonasme, car même si les questions environnementales sont plus prégnantes aujourd'hui que dans le passé, les pionniers du développement s'étaient précisément intéressés à la pluralité des trajectoires de développement, aux changements structurels et aux reproductions des conditions de la production sur le long

---

[5] En reprenant les propos de Carroué (2005, p. 15) : « Les principaux concepts lancés ces dernières années (développement durable, bonne gouvernance, Pacte mondial ou *Global Compact* de l'Organisation des Nations unies) sont issus pour l'essentiel des centres d'expertise anglo-saxons, des transnationales, des associations professionnelles internationales ou de certaines organisations non gouvernementales. La forte mobilisation des États-Unis et du Royaume-Uni dans cette production idéologique et juridique leur permet de façonner un environnement multilatéral inspiré de leur propre droit, de diffuser des pratiques des affaires favorables à leurs firmes, et de disséminer leur culture entrepreneuriale et managériale dans les champs politique, commercial et culturel ».

terme dans un contexte d'asymétries internationales (Hugon, dans cet ouvrage).

Quelle que soit la perspective retenue, il est important de souligner, comme le fait Marie-Claude Smouts (2005), que « la réflexion théorique sur le développement durable s'inscrit dans une vague de renouveau qui marque la réflexion contemporaine sur le développement politique » (*ibid.*, p. 4). Certes, les problèmes soulevés par cette notion ne sont pas nouveaux (pauvreté, épuisement des ressources, etc.), mais dès qu'on ne considère pas le développement durable comme une utopie généreuse, il est possible de poser les problèmes différemment et de réfléchir au sens qu'on peut lui donner en mettant l'accent sur :

– la nécessité de prendre en considération différentes dimensions et temporalités (économique, sociale, écologique, politique, juridique, etc.) ainsi que les conflits posés par leur articulation,

– les imbrications des actions sur diverses échelles spatiales (international, national, local, etc.),

– l'affirmation de nouveaux acteurs non publics (organisations non gouvernementales, communautés de base, etc.) ou supranationaux intervenant dans les processus de régulation,

– la recherche de nouveaux instruments de régulation.

L'objet de cet ouvrage n'est pas de revenir sur les origines institutionnelles et historiques de ce concept, ni de s'interroger sur sa pertinence, mais d'analyser de manière critique l'apport de cette notion à l'action politique des pays en général et en particulier des économies en développement dans et face à la mondialisation.

Les analyses et travaux de réflexion réalisés dans une perspective pluridisciplinaire et transversale, lors du colloque « La mondialisation contre le développement ? »[6], nous ont permis d'entrevoir une grande diversité des effets croisés de la mondialisation et du développement durable, que ce soit au niveau des relations Nord/Sud, des processus de régulation existants ou à construire, des politiques publiques mises en place par les économies en développement sous l'impulsion des organismes d'aide, de l'affirmation de nouveaux acteurs (dans l'ordre mondial), etc. C'est en raison de cette diversité, et de l'intérêt qu'elle suscite, que nous avons entrepris de réunir un certain nombre de contributions sur les relations entre les processus de mondialisation et les discours et

---

[6] Colloque organisé par le Centre d'économie et d'éthique pour l'environnement et le développement (C3ED, UMR IRD-UVSQ n° 063) à l'Université de Versailles Saint-Quentin-en-Yvelines les 10 et 11 juin 2004.

pratiques du développement durable[7]. Des contributions, émanant de chercheurs du groupe « Mondialisation, gouvernance, et développement durable » du C3ED ont également été sollicitées pour compléter la dynamique de l'ouvrage. Sans prétendre couvrir l'ensemble des questions relatives aux liens entre « mondialisation » et « développement durable »[8], l'objet de cet ouvrage porte sur l'étude des complémentarités et/ou contradictions entre la mondialisation, le développement et l'environnement, ainsi que sur l'analyse des stratégies et pratiques de développement durable et les enjeux de gouvernance[9] qu'elles posent dans les économies en développement en général et à Madagascar en particulier ; l'ouvrage est structuré autour de trois parties comportant chacune une introduction, rédigée respectivement par Jean-Pierre Revéret, Olivier Petit et Florence Galletti, qui resitue les contributions respectives des auteurs dans le contexte plus général de chacune de ces parties.

Pour conclure, nous reviendrons ici sur la problématique d'ensemble de cet ouvrage.

Une première partie, intitulée *Mondialisation et développement durable : complémentarité ou contradiction ?*, soulève plusieurs questions : la mondialisation et le développement durable imposent-ils une analyse renouvelée, voire une remise en cause, des théories et des pratiques du développement ? En ce qui concerne les dimensions économique et sociale de la durabilité, est-ce que les modalités contemporaines de la mondialisation sont susceptibles de constituer une chance pour certaines économies en développement, ou au contraire marquent-elle le renforcement de contraintes ? Pour ce qui est de la dimension

---

[7] Un autre ouvrage issu du colloque « La mondialisation contre le développement ? », à paraître chez PIE-Peter Lang, intitulé *Mondialisation et déséquilibres Nord-Sud*, sous la direction de Claude Serfati, analyse les pouvoirs, les asymétries et les déséquilibres qui caractérisent l'économie politique de la mondialisation en abordant également les alternatives qui sont proposées.

[8] Dans cette perspective, voir également les contributions rassemblées dans Froger (2004).

[9] La gouvernance est une notion polysémique, sujette à des interprétations différentes selon l'adjectif ou le substantif qui lui est accolé : gouvernance « d'entreprise », gouvernance « mondiale », « bonne » gouvernance, gouvernance « urbaine », etc. Le plus souvent, elle correspond à la capacité à produire des décisions cohérentes, à développer des politiques efficaces et légitimes par la coordination entre acteurs publics et non gouvernementaux dans un univers complexe. Les débats sont vifs entre d'un côté les « partisans » de cette notion, qui la considère comme centrale, dans la mesure où elle introduit l'idée d'espace public, de sous-systèmes organisés en réseaux d'action publique (*policy networks*) reliant une multiplicité et une diversité d'acteurs n'ayant ni la même légitimité ni les mêmes capacités, et de l'autre côté les « sceptiques », pour lesquels il s'agit soit d'une coquille vide, soit d'une rhétorique servant à dissimuler la permanence des pratiques et les rapports de pouvoir.

écologique de la durabilité, quels indicateurs retenir pour évaluer les effets de la mondialisation sur l'environnement ? Quels défis doivent relever les pays du Nord et du Sud pour atteindre un objectif de développement durable ? Enfin, en sachant que les relations entre mondialisation et développement durable posent de redoutables problèmes de régulation et de gouvernance – définie comme l'ensemble des processus concourant à l'élaboration, la légitimation, la mise en œuvre et le contrôle de règles collectives internationales reconnues –, est-ce que l'intégration régionale constitue un rempart contre la mondialisation pour encourager un développement durable ? Est-ce que certaines formes d'union régionale favorisent, plus que d'autres (et plus que des accords au niveau mondial), l'émergence de normes et de règles destinées à promouvoir le développement durable dans ses dimensions sociale et environnementale ?

La deuxième partie, intitulée *Quelles gouvernances du développement durable dans les pays en développement face à la mondialisation ?*, interroge les formes de gouvernance et les régulations dans le champ du développement durable, mises en place non pas au niveau global mais par les économies en développement confrontées à la mondialisation. Sont-elles des symptômes d'une mondialisation arrangée, produites pour servir une économie libérale, ou sont-elles à l'origine de l'expression de « nouvelles » formes de développement qui s'insèrent dans les interstices de la mondialisation ? Si la fin des années 1980 et les années 1990 ont marqué la crise du consensus de Washington – la remise en cause de la doctrine de l'ajustement structurel – et l'avènement du « développement participatif », quels sont les acteurs qui s'affirment dans les contextes nationaux et locaux des économies en développement ? Quelles sont leurs stratégies et pratiques en matière de développement durable ?

La troisième partie, *Quelle(s) gouvernance(s) du développement durable face à la mondialisation ? Le cas de Madagascar*, questionne le champ d'action de l'État dans l'élaboration de politiques publiques environnementales et dans la promotion d'activités susceptibles d'assurer un développement durable, ainsi que la place de l'économie publique et du droit de l'interventionnisme public dans un contexte mondialisé. La question de la gouvernance, sa définition, son rendu, est posée ici sous l'angle du Droit public en particulier. Depuis le début des années 1990, l'île de Madagascar s'est engagée dans une politique environnementale novatrice (qui allie conservation et développement), ambitieuse et sans équivalent en Afrique. Cette politique se singularise par sa durée – décomposée en trois programmes environnementaux quinquennaux (PE 1, 2, 3), elle s'étend sur plus de quinze années sans discontinuité –, et par l'ampleur des financements internationaux mobilisés. Cette politique est-elle dominée par des analyses et des stratégies issues des acteurs globaux ? Quels sont les instruments de gestion de l'environnement privilégiés par l'État malgache ? Quelles en sont la portée et les limites ? Quels sont le rôle et la place des populations locales dans les processus de régulation, ainsi que les activités promues ? Permettent-elles la réalisation d'un développement durable sous toutes ses dimensions ?

Finalement, les questions traitées dans cet ouvrage renvoient à des réflexions – générales et/ou inspirées d'expériences de terrain – sur le rôle des acteurs (État, populations locales, etc.) dans et face à la mondialisation, l'inscription du développement durable dans des logiques locales, nationales et internationales, les types de normes à établir et les acteurs les mieux à même de les fixer et de les faire respecter, les diverses modalités de gouvernance et les nouvelles formes de régulations induites avec les ambiguïtés qu'elles comportent.

Références

BÉNICHI, R. (2003), *Histoire de la mondialisation*, Marseille, Éditions Jacques Marseille, Vuibert.

CARROUÉ, L. (dir.) (2005), *La mondialisation en débat*, Paris, La documentation française, Documentation photographique.

FROGER, G. (dir.) (2004), « Relations Nord-Sud et environnement », n° spécial de la revue *Mondes en développement*, vol. 127, n° 32, Bruxelles, De Boeck.

MICHALET, C.A (2004), *Qu'est-ce que la mondialisation ?*, Paris, La Découverte/Poche.

SERFATI, C. (dir.) (2003), *Enjeux de mondialisation : un regard critique*, Toulouse, Octarès Éditions.

SMOUTS, M.C. (dir.) (2005), *Le développement durable. Les termes du débat*, Paris, Armand Colin, collection Compact civis.

WORLD COMMISSION ON ENVIRONMENT AND DEVELOPMENT (WCED), (1987), *Our Common Future*, Oxford, Oxford University Press.

Première partie

Mondialisation et développement durable : Complémentarité ou contradiction ?

Introduction à la première partie

Mondialisation et développement durable
Complémentarité ou contradiction ?

Jean-Pierre REVÉRET

Université du Québec à Montréal,
Institut des sciences de l'environnement,
Observatoire de l'écopolitique internationale, Canada

S'interroger sur la complémentarité ou la contradiction de deux concepts, lorsque ceux-ci sont polysémiques, ne peut amener de réponse univoque. Ce n'est que par la construction et l'analyse d'une matrice, dans laquelle se croisent les différents sens que peuvent prendre les deux concepts, que l'on peut observer des cellules affichant une apparente complémentarité et d'autres témoignant plutôt d'une contradiction. D'autre part, la mondialisation est un processus avéré alors que le développement durable reste, au mieux, un projet de société aux contours encore flous. Ce dernier constat permet de reformuler la question de la complémentarité et de la contradiction de façon plus unidirectionnelle : en quoi telle forme de la mondialisation facilite-t-elle l'émergence de telle forme de développement durable ?

Sans revenir sur l'origine du concept de développement durable[1], il est pertinent de présenter un rapide portrait des acceptions courantes, afin de les confronter aux différentes formes prises ou à prendre par la mondialisation.

Le concept de développement durable traduit un changement de cap revendiqué par des acteurs, puis par des institutions, qui ont souhaité rompre, partiellement ou en totalité, avec le modèle de développement industriel productiviste. C'est que ce modèle s'avère dépassé, non seulement face aux enjeux environnementaux actuels, mais aussi en ce qui concerne les inégalités sociales et économiques qui perdurent et s'appro-

---

[1]   Sur cet aspect voir, entre autres, Vivien (2005).

21

fondissent. Si bien que, loin d'être un effet de mode, la diffusion du concept de développement durable traduit un véritable changement de perspective et de valeurs. D'une part, l'activité économique doit désormais s'inscrire au sein des limites de la biosphère. D'autre part, le partage des richesses ne peut pas reposer uniquement sur une dynamique de croissance. Enfin, le progrès ne s'incarne plus tant dans une industrialisation à outrance que dans une économie fortement dématérialisée, c'est-à-dire à très faible intensité écologique. C'est donc bien à une échelle de projet de société que se définit le développement durable.

Les définitions, ainsi que les textes qui les commentent, érigent généralement le développement durable en nouveau paradigme pour les stratégies de développement. Or, les discussions entourant le concept de développement durable réfèrent rarement à l'imposant corpus théorique du développement, comme si elles s'étaient tenues à sa marge.

> Dans l'expression développement « durable », la durabilité semble n'être qu'un qualificatif accroché à un substantif qui a fait, et fait toujours l'objet d'une abondante littérature en sciences sociales. Or, étonnamment, la notion de « développement durable » s'est propagée de façon autonome, sans que l'arrimage avec le substantif soit toujours fait. Il semble exister un ancrage plus fort avec le monde de l'environnement qu'avec celui du développement (Gendron et Revéret, 2000, p. 114).

Situer l'émergence du développement durable dans les débats qui ont cours aujourd'hui au sujet du développement apporte sans contredit un éclairage indispensable à la compréhension de la signification et de la portée de ce concept.

Le concept est polysémique : de multiples définitions et typologies cohabitent. Sans vouloir refaire l'histoire des débats autour du terme, il nous semble utile d'identifier trois grandes interprétations que l'on retrouve tant dans la littérature que dans le discours d'acteurs clefs (Gendron et Revéret, 2000). La première que nous qualifierons de conservatrice, est présente dans le discours des gens d'affaire et dans certaines sphères gouvernementales. On y assimile encore croissance et développement en utilisant des expressions comme « croissance durable », « rentabilité durable ». Cette représentation repose sur l'énoncé que « rentabilité et protection de l'environnement vont de pair » niant ainsi la possible contradiction entre intensification de l'activité économique et préservation de la biosphère.

La deuxième interprétation que l'on qualifiera de modérée, appelle à une nouvelle relation entre économie et écologie. Dans la foulée des travaux des économistes de l'environnement et de l'économie écologique, elle prône l'internalisation des effets externes. L'économie écologique questionne certains principes économiques au nom de la logique des écosystèmes supports de la vie. Cependant, les dimensions sociales et politiques des stratégies de mise en œuvre des changements induits ne sont pas systématiquement abordées. Dans cette acception, intégrer l'environnement dans la gestion de l'entreprise ou des affaires de l'État amène à dire que l'on « fait du développement durable ».

La troisième, dite progressiste, se traduit par une conception tripolaire dans laquelle le social a une importance égale à celle de l'économique et de l'environnemental. Elle est vue comme la plus conforme à l'esprit du développement durable, mais, selon les interactions qui sont postulées entre l'économique, le social et l'écologique, cette conception tripolaire peut se ramener à la perspective conservatrice, modérée, ou vraiment ouvrir à la prise en compte du social.

Cette interprétation peut être affinée par une hiérarchisation des trois dimensions, tenant compte des défis imposés par la question environnementale et des enjeux sociaux du développement (Gendron *et al.*, 2005). L'environnement, et plus précisément l'intégrité écologique est une condition du développement, l'économie en est un moyen, le moteur, et enfin le développement social et individuel en est la finalité, alors que l'équité en est à la fois une condition, un moyen et une fin.

C'est à ces différentes visions du développement durable que se confrontent les visions de la mondialisation qui seront explorées plus avant dans cette première partie de l'ouvrage. Sans trop piétiner le terrain exploré par les articles qui suivent, on peut observer une première forme de mondialisation voulant promouvoir le développement par l'intensification des échanges et niant la thèse des échanges inégaux. Elle prône le libre échange – elle en est aussi le produit –, la déréglementation et la privatisation.

L'autre forme repose sur les contre-pouvoirs provenant d'une société civile internationale mieux organisée et coordonnée et qui a donné lieu à de multiples partenariats Nord-Sud novateurs visibles dans plusieurs contre Sommets. Elle s'inscrit dans une réinterprétation du développement qui tangente souvent la mouvance du développement durable mais aussi le discours sur le développement local, régional, communautaire voire même le post-développement et celui sur la décroissance comme dans une nébuleuse en formation.

Lorsque l'on met en matrice les différentes approches, des relations de nature bien différente apparaissent. Si l'on se place dans une perspective où le développement durable se réduit à la croissance durable, il est imaginable que la mondialisation au sens néo-libéral y soit non seulement compatible mais également favorable. Donner plus de place au social revient à le positionner comme objectif central et à faire émerger des contradictions avec cette forme de mondialisation.

C'est en explorant du côté des autres formes de mondialisation – dans les multiples formes de l'altermondialisme – que l'on trouvera une compatibilité prononcée avec les définitions les plus « généreuses », voire utopiques, du développement durable.

Il n'y a donc manifestement pas de réponse univoque à cette question de la complémentarité ou de la contradiction entre développement durable et mondialisation. Tout dépendra de la vision précise retenue. Là encore, le flou dans les termes a l'avantage de créer des espaces de discussions et de compromis pour un ensemble d'acteurs sociaux.

Cette dynamique entre deux mouvances qui questionnent et influencent objectivement les pratiques du développement oblige aussi à un réexamen d'approches disciplinaires qui, au fil des années, ont vu s'accumuler des anomalies, au sens de Thomas Kuhn, venant questionner le paradigme dominant de chacune des disciplines concernées.

Ainsi Philippe Hugon, dans première contribution, s'interroge sur le renouveau de l'économie du développement dans un contexte de mondialisation. Il pose tout d'abord la question des impacts de cette mondialisation sur les économies en développement. Il rappelle justement que la (les) mondialisation(s), à la fois réalité et imaginaire, est le résultat de politiques volontaristes et non de « lois naturelles » du marché. Le ton est donné.

Il fait ressortir combien les effets sont différenciés et comment le système mondial peut être alors hiérarchisé en pays innovateurs, suiveurs, importateurs et exclus de technologies. Il montre bien que les pays émergents ont profité de la mondialisation et que les pays les plus pauvres subissent la concurrence de ces pays émergents (cf. le textile). Si l'Asie de l'Est et du Sud, et à un degré moindre l'Amérique latine, s'intègrent au commerce mondial, au-delà des crises, l'Afrique est en voie de forte marginalisation de longue période.

La dimension financière de la mondialisation l'amène à constater que face à la « dictature de l'actionnaire », il y a une perte de pouvoir des autorités nationales. Le marché mondial sanctionne les « déviances » des gouvernants ou les mouvements sociaux.

Selon l'auteur, la mondialisation asymétrique dont il discute les effets, a réactualisé les principaux questionnements de l'économie du développement concernant les effets de seuil permettant de dépasser ou non les trappes à sous développement. Il poursuit son analyse par une relecture du supposé « débordement de l'État » par le haut et par le bas dans ce contexte de mondialisation et il nuance de façon fort convaincante cet énoncé peut-être trop réducteur. Dans la même veine il discute et relativise l'avancée selon laquelle la mondialisation accentue les problèmes environnementaux. Sur la base de ces constats, il nous amène « vers un renouveau de l'économie du développement ».

Partageant avec Hugon l'énoncé d'une inégalité dans les effets de la mondialisation, Stéphanie Treillet explore cette question plus en profondeur, en prenant à témoin l'Amérique latine. À travers une caractérisation rapide des différentes modalités d'insertion des économies d'Amérique latine à la mondialisation libérale, elle interroge les corrélations univoques (négatives ou positives), qui peuvent être établies entre degré d'insertion dans la mondialisation et développement. Elle propose une approche qui dépasse la vision quasi caricaturale selon laquelle la mondialisation est soit un facteur fondamental de développement (approche néo-libérale, Banque mondiale), soit foncièrement néfaste pour les peuples qui ont pu en bénéficier tout en perdant ainsi leur identité (courant de l'anti-développement, du « post-développement »). Cette assimilation entre mondialisation libérale et développement, dans sa version positive ou négative, se fonde selon elle, en dernière analyse, sur une assimilation entre développement et croissance du PIB marchand. Par un retour à la conception fondatrice de l'économie du développement, elle réintroduit, avec François Perroux, la distinction entre croissance du PIB et développement.

Elle questionne l'idée couramment admise de la marginalisation de ces économies pour tenter de mettre en évidence les modalités selon lesquelles elles subissent, elles aussi, les effets de la mondialisation libérale. Elle propose de tenter de renouveler la démarche des théories de la dépendance, en repensant les modalités contemporaines d'articulation entre structures sociales internes et dépendance externe dans les diverses formes que lui donne aujourd'hui la mondialisation libérale.

Elle conclut que l'analyse de ces situations ne permet donc pas d'établir une relation de causalité univoque entre les modalités contemporaines de la mondialisation et l'aggravation du sous-développement, ou le non-développement, de la plupart des pays d'Amérique latine.

Dans une troisième contribution, Bruno Kestemont, Lise Frendo et Edwin Zaccaï nous amènent à réfléchir à la dimension environnementale et à l'accès aux ressources, et en particulier aux façons de mesurer les atteintes à l'environnement dans une perspective différenciée Nord-Sud[2]. On ne s'intéresse et ne gère bien que ce que l'on sait et choisit de mesurer. Il est communément reconnu que « le Nord » consomme davantage de ressources naturelles et génère bien plus d'atteintes à l'environnement global que « le Sud ». Cela constitue non seulement

---

[2] Pour des analyses complémentaires relatives aux répercussions de la mondialisation sur l'environnement, voir, entre autres, Lepeltier (2004) et Mundler (sans date).

une injustice globale par rapport à l'utilisation de certaines ressources communes mais aussi une préoccupation centrale dans les projections en matière de développement durable. Les modèles de production et de consommation au « Nord » et au « Sud » ont souvent été analysés selon ce type de préoccupation.

Pour considérer cette question plus en détail, l'utilisation de rapports scientifiques et officiels à base d'indicateurs représente une source particulièrement intéressante à étudier. La recherche des « bons » indicateurs est d'ailleurs un des champs de recherche extrêmement actif sous la bannière du développement durable, ne manquant aucune des dimensions de la durabilité. De plus, c'est sur la base des indicateurs retenus que l'on pourra énoncer que la mondialisation néolibérale favorise ou non la détérioration ou l'amélioration de l'environnement.

Kestemont et ses collègues ont donc comme objectif de tester l'utilité et la praticabilité d'indicateurs pour comparer les enjeux environnementaux entre une région économiquement développée du Nord (cinq pays d'Europe de l'Ouest) et une autre qui l'est peu, au Sud (cinq pays d'Afrique de l'Ouest), et d'en tirer d'éventuels enseignements méthodologiques.

Pour ce faire ils ont caractérisé six problèmes majeurs d'environnement au niveau mondial : l'utilisation des terres par l'homme ; la modification de la composition de l'atmosphère ; la diminution des ressources en eau ; la perturbation du cycle de l'azote ; la perte de biodiversité ; et l'épuisement de pêcheries. Pour chacun de ces enjeux, ils ont étudié la contribution relative de chacun des pays aux pressions globales sur l'environnement, d'une part, et certains impacts ressentis plus localement par ces mêmes pays, d'autre part.

Il ressort que le ratio des pressions environnementales entre le Nord et le Sud confirme l'énoncé initial validant une plus grande pression au Nord, sauf dans le cas de la pêche. Mais, plus intéressant encore, les tentatives pour repérer ou construire des indicateurs adéquats ont montré une grande sensibilité des résultats au choix des indicateurs (problèmes suivis, calcul par habitant, par ha, etc.). Dans un contexte favorable au développement des indicateurs, ce rappel bien documenté de l'importance du choix et donc de la non neutralité de ces outils est bienvenu.

La dernière contribution de cette première partie s'inscrit résolument dans la perspective où la mondialisation a besoin de certains remparts qui favoriseraient le développement durable qu'elle seule ne saurait induire. Dans ce contexte, marqué par l'ambivalence des dynamiques d'intégration régionale et de mondialisation, Hubert Gérardin et Jacques Poirot cherchent comment certaines formes d'union régionale favorisent, plus que d'autres, l'application de politiques environnementale et sociale qui contribuent à un développement plus durable. Ils analysent pour cela une dizaine d'unions régionales. L'exemple de l'Accord de libre échange nord-américain (ALENA) largement commenté, illustre bien ce propos puisqu'il apparaît avant tout comme la constitution d'une zone de libre-échange destinée à anticiper un libre-échange généralisé au niveau mondial, mais il montre aussi que l'intégration économique est capable d'entraîner l'émergence d'accords complémentaires susceptibles de promouvoir le développement durable.

Après avoir souligné comment une union régionale peut faciliter l'émergence d'un projet favorable au développement durable, ils analysent le rôle des nouveaux acteurs communautaires, comme la Commission européenne, par exemple, qui a contribué à élaborer une doctrine « institutionnelle » dans le domaine du développement durable en rapport avec le principe de précaution en particulier. Ils traitent ensuite du rôle des États *leaders*, en effet, certains États peuvent avoir un rôle essentiel à jouer dans la construction régionale, pour l'élaboration du projet commun, notamment dans les domaines social et de l'environnement.

Références

GENDRON, C. et REVÉRET, J.-P. (2000), « Le développement durable », *Économies et Sociétés*, Série F, n° 37, pp. 111-124.

GENDRON, C. et REVÉRET, J.-P., BÉLEM, G., BISAILLON, V. et LAPRISE, P. (2005), « Le Québec à l'heure du développement durable », *Options politiques*, juillet-août 2005, pp. 20-25.

LEPELTIER, S. (2004), « Mondialisation : une chance pour l'environnement ? », Rapport d'information n° 233, délégation du Sénat pour la planification, http://www.senat.fr/rap/r03-233/r03-2331.pdf.

MUNDLER, P. (sans date), « Mondialisation et environnement », document Internet, http://publication.isara.fr/IMG/pdf/mondialisation_et_environnement.

VIVIEN, F.-D. (2005), *Le développement soutenable*, Paris, La Découverte, Repères.

Le renouveau de l'économie du développement dans un contexte de mondialisation

Philippe HUGON

Université Paris X-Nanterre, France

Les termes de « mondialisation » et de « développement durable » ont envahi le débat académique et politique et questionnent l'économie du développement. Celle-ci privilégiait les États-nations et considérait que l'insertion dans l'économie internationale conduisait à des résultats différenciés selon les niveaux de développement ; elle mettait en avant la pluralité des trajectoires et le rôle décisif des politiques économiques dans des processus de long terme. Elle analysait les reproductions des conditions de la production et les changements structurels accompagnant les progrès de productivité.

La « mondialisation » renvoie à trois phénomènes (Hugon, 1999) : le changement d'échelle et l'extension des espaces (la dimension mondiale ou planétaire), la multiplication des interdépendances (la globalisation) et le mouvement organique englobant du capital (le capitalisme mondial). Selon certains, ce processus signifierait la fin de la géographie, de l'histoire et un processus d'homogénéisation du monde fécondé, grâce à l'ouverture des frontières (par la libre circulation du capital) et à la mise en place d'une économie de marché. En réalité, cette mondialisation, à la fois réalité et imaginaire, est le résultat de politiques volontaristes et non de « lois naturelles » du marché. Elle a favorisé l'émergence de certaines zones ou centres secondaires (concernant 2,3 milliards d'hommes) et la marginalisation des périphéries, avec des effets de forces centrifuges et de forces centripètes correspondant aux enseignements de l'économie du développement.

Le « développement durable » veut questionner, dans une perspective intergénérationnelle, les dimensions économiques, sociales et environnementales du développement et dépasser les clivages Nord/Sud en mettant en avant la dimension planétaire de l'environnement. De nombreux travaux mettent en garde contre le productivisme ; ils montrent l'impossibilité d'un développement mimétique pour les pays émergents. Prévenir les risques systémiques suppose un principe de précaution en situation d'incertitude se différenciant du principe de calcul économique en situation de risque. Si les questions environnementales sont perçues comme plus fondamentales qu'à l'époque des pionniers du développement, la soutenabilité du développement est un pléonasme. Les progrès de productivité intégrant évidemment la valeur des ressources épuisables, sont nécessaires pour réduire la vulnérabilité et répondre aux aspirations de la majorité des exclus. Les questions environnementales n'ont pas la même acuité selon les sociétés. L'économie du développement s'inscrit dans une conception anthropocentrée, et non écocentrée, du monde où l'homme est supposé responsable de son devenir et de celui de la planète, ce qui est le cas de diverses approches du développement durable : néo-classiques, école de Londres, *Ecological Economics*, exception faite de la *Deep Ecology*.

La question centrale demeure celle des échelles de temps et d'espace pour arbitrer entre des priorités économiques, sociales, environnementales et des conflits de valeurs et d'intérêts entre les acteurs. Prendre en compte le temps long et l'intergénérationnel suppose des cadres stratégiques de long terme mobilisant les différents acteurs et fondant des actions publiques et collectives. Les sociétés ont des dynamiques endogènes du fait de leurs trajectoires spécifiques, interdépendantes et de leur insertion dans l'économie mondiale. Le développement est un phénomène complexe – à la fois quantitatif, qualitatif et multidimensionnel – qui prend en compte le long terme, l'intergénérationnel et se différencie de la croissance économique. Il suppose une répartition plus équitable à l'échelle mondiale des savoirs, des avoirs et des pouvoirs.

Cette contribution présente certains impacts de la mondialisation sur les économies en développement, avant d'analyser les questions nouvelles que posent la mondialisation et le développement durable sur l'économie du développement, puis le renouveau de cette discipline.

I. Les impacts de la mondialisation sur les économies en développement

Selon certains, la mondialisation aurait modifié les donnes en créant des interdépendances à l'échelle du globe, en débordant le cadre de l'État-nation, en faisant perdre aux autorités gouvernementales l'essentiel de leurs pouvoirs et en interdisant, face aux volatilités des marchés, des horizons longs. Flexibilité, adaptabilité, attractivité des capitaux et des savoirs seraient devenues les nouvelles conditions d'insertion dans l'économie mondiale et de respect de ses lois.

D'une part, de nombreux indicateurs montrent que l'on a juste rattrapé les effets de fermeture (de 1914 à 1945) suite à la mondialisation de la fin du XIXe siècle, que ce soit en termes de taux d'ouverture, d'écarts entre les taux d'épargne et d'investissements nationaux, de poids des investissements extérieurs sur le produit intérieur brut (PIB), d'intégration des marchés financiers et des matières premières, du placement de l'épargne et des mouvements des populations vers les pays émergents. Le poids des grands oligopoles internationaux a conduit alors à un capitalisme de monopole et une forte mobilité internationale du travail a été observée.

Mais d'autre part, on constate une interdépendance entre quatre processus : la globalisation financière accompagnée d'une relative déconnexion de la sphère financière, l'organisation mondiale de la production avec le rôle croissant des grandes unités transnationales, la libre circulation des marchandises et l'instantanéité de l'information. La nouvelle économie se construit autour des nouvelles technologies de l'information et de la communication avec un rôle déterminant de la connaissance, une accélération des changements technologiques et un raccourcissement du cycle de vie des produits face à un allongement du cycle de vie des hommes. Les taux de change flottants ou indexés ont accru la volatilité des capitaux. La « nouvelle économie » traduit le passage d'une société industrielle à une société de l'information. L'économie fonctionne à rendements croissants. Les technologies de l'information estompent les frontières et les images sont mondialisées. L'intégration relationnelle (*shallow integration*) mettant en relation des marchés nationaux fait place à une intégration structurelle (*deep integration*) où la production s'organiserait à l'échelle mondiale.

A. La mondialisation des échanges et ses effets différenciés sur les économies en développement

Le commerce mondial demeure, malgré les transformations récentes, hiérarchisé, polarisé et excluant vis-à-vis des pays mal spécialisés. Les centres sont caractérisés par une diversification des activités alors que les périphéries sont spécialisées sur des produits peu valorisés. On observe toutefois une montée en puissance de nouveaux centres remettant en question les « économies monde » analysées par Braudel (1985).

Le système mondial peut être ainsi hiérarchisé en pays innovateurs, suiveurs, importateurs et exclus de technologies. La division internationale du travail, de type vertical entre pays inégalement développés et portant sur des biens différenciés, a largement fait place à une division horizontale du travail entre pays à même niveau de développement et portant sur des biens similaires. Si l'Asie de l'Est et du Sud, et à un degré moindre l'Amérique latine, s'intègrent au commerce mondial, au-delà des crises, l'Afrique est en voie de forte marginalisation de longue période. Malgré un taux d'ouverture normé supérieur à l'Asie, elle a vu sa part dans le marché mondial passer de 4 à 2 % pendant que celle de l'Asie passait de 20 à 25 % entre 1970 et 2005. Les grands pays émergents ont profité de la mondialisation. Leur part dans le commerce mondial dépasse les 30 % en 2003 contre 14 % en 1960. Cette montée en puissance est le fait de 10 à 12 pays (Mexique, Brésil, Chine, Inde, Asie du Sud-Est), il s'agit de pays à bas salaires et à forte capacité technologique (Giraud, 1996). En 2004, pour une croissance du commerce mondial estimée à 7,5 %, la croissance a été de 10 à 12 % pour l'Asie et supérieure à 35 % pour la Chine.

On observe également un libéralisme asymétrique et une faible contribution des pays pauvres à la chaîne de valeur. Faut-il rappeler que les agriculteurs américains ou européens reçoivent par tête de 25 000 à 50 000 $, soit 1 000 fois plus que l'aide reçue par les Africains. La libéralisation des économies du Sud se fait de manière unilatérale (notamment du fait de l'ajustement), sur des bases régionales, par des accords de libre-échange, ou multilatérale, dans le cadre de l'Organisation mondiale du commerce (OMC). Les enjeux sont devenus non tarifaires et normatifs autour des normes sociales ou environnementales. Les pays pauvres spécialisés dans des produits primaires et (ou) utilisant de la main d'œuvre bon marché participent à une faible part de la chaîne de la valeur ajoutée mondiale (estimée souvent à $1/20^e$). Pour une paire de chaussures Nike vendue 70 $, le coût du travail est de 3,5 $; pour un kilo de café vendu entre 1,8 et 3 euros en grande surface, la part du planteur (hors commerce équitable) est de 0,15 euros. L'émergence des nouveaux pays en développement (tels la Chine et l'Inde) se traduit, en revanche, par une montée en gamme de produits et un meilleur positionnement dans la chaîne de la valeur internationale sur des produits plus capitalistiques et utilisant du travail qualifié. Les pays les plus pauvres subissent la concurrence de ces pays émergents (cf. le textile).

Les liens entre l'ouverture et le développement ne sont pas significatifs pour les pays pauvres pour deux principales raisons : d'une part, du fait des liens limités entre ouverture et pauvreté et, d'autre part, en raison des trappes à pauvreté se traduisant par des spécialisations appauvrissantes. Il faut ajouter le débat sur les indicateurs d'ouverture et sur les tests de causalité. La plupart des travaux économétriques montrent certes une relation positive entre ouverture et croissance. Une étude de la Banque mondiale portant sur 41 pays en développement, montre que les taux de croissance annuels des pays ouverts et fermés ont été respectivement de 9,5 % et de 4,1 % durant la période 1963-73, et de 7,7 % et de 2,5 % durant la période 1973-1985. D'après Sachs et Warner (1995), les pays « ouverts » selon divers critères (régime de change, barrières commerciales, etc.) ont crû à un rythme moyen de 4,5 % par an contre 0,7 % pour les pays « fermés » au cours de la période 1970-1995. Selon Frankel et Romer (1999), les variables géographiques favorisant l'ouverture (accès à la mer, proximité des grands centres commerciaux, etc.) stimulent la croissance. Rodriguez et Rodrik (1999) ont complété ces études en soulignant le rôle positif de l'ouverture par le biais des institutions et des relations de proximité concernant autant les idées, les méthodes et l'émulation que les seuls effets de commerce. Selon ces auteurs, aucune étude ne démontre que le protectionnisme ait été un facteur de croissance et seul le commerce peut apporter les devises nécessaires tout en stimulant la concurrence. Guillaumont (2001) décompose les facteurs structurels explicatifs de l'ouverture et les facteurs de politique économique. La croissance des exportations exerce plutôt un effet positif sur la croissance alors que les instabilités ont plutôt des effets négatifs et que le rôle des résiliences est déterminant.

Les relations entre ouverture et réduction de la pauvreté sont par contre peu significatives et l'ouverture ne joue positivement qu'à partir d'un seuil dépassant les « trappes à pauvreté ». La croissance des exportations a été rarement associée à la réduction de la pauvreté même si elle a participé à la croissance. Dans les années 1990, ce sont les 50 pays les plus pauvres qui se sont ouverts le plus rapidement : leur taux d'ouverture moyen a été de 51 % contre 43 % pour les pays de l'Organisation de coopération et de développement économiques (OCDE). Selon le rapport de la Conférence des Nations unies sur le commerce et le développement (CNUCED, 2004), ce sont les pays qui se sont ouverts modérément qui ont connu les croissances les plus fortes des exportations et des consommations. Les liens positifs entre ouverture, croissance et réduction de la pauvreté apparaissent si : les pays disposent d'infrastructures, leurs marchés sont intégrés, l'appareil productif est diversifié, des politiques redistributives sont mises en œuvre. Le développement apparaît ainsi plus un préalable qu'une conséquence de l'ouverture même s'il y a, au-delà d'un seuil de niveau de revenu par tête, interdépendances entre les deux variables. La spécialisation peut être appauvrissante si elle porte sur des produits primaires caractérisés par des faibles élasticités de la demande par rapport au revenu. On observe des effets de composition si tous les pays pratiquent en même temps des politiques identiques d'ouverture. Les déterminants financiers des taux de change et la mobilité internationale des capitaux peuvent conduire à des spécialisations selon des coûts absolus smithiens qui excluent les pays mal spécialisés quels que soient leur taux de change et coûts salariaux. L'ouverture extérieure n'est qu'un facteur parmi d'autres pour prospérer. Le développement suppose des facteurs endogènes. De nombreux travaux montrent que c'est l'ouverture maîtrisée et une combinaison de politiques macro-économiques orthodoxes et de politiques industrielles hétérodoxes qui ont conduit à l'émergence des pays d'Asie de l'Est.

B. La globalisation financière et ses conséquences pour les économies en développement

La globalisation financière se caractérise par l'interconnexion des marchés financiers, l'émergence de nouveaux marchés, un essor de nouveaux produits financiers avec accélération de la vitesse de rotation des capitaux et une forte instabilité des marchés financiers et cambiaires interconnectés. Face à la « dictature de l'actionnaire », on constate une perte de pouvoir des autorités nationales. Le marché mondial sanctionne les « déviances » des gouvernants ou les mouvements sociaux. La politique se fait largement à la corbeille. Les gouvernants et les banques centrales sont en quête de crédibilité liée à la réputation. La fixation du change, elle-même très volatile, dépend de facteurs financiers beaucoup plus que de facteurs commerciaux. Le développement financier est un facteur de développement économique s'il y a maîtrise des instabilités financières.

La plupart des pays en développement n'ont accès qu'à des flux publics en voie de réduction. Ils demeurent pris dans un endettement permanent même si on observe, depuis la fin des années 1990, une légère inflexion du stock de la dette et une réduction de son service (cf. Initiatives pays pauvres très endettés). Au niveau mondial, l'apport de l'aide publique au développement en pourcentage du PIB, en 2005, est de 0,25 % contre un objectif de 0,7 %. L'aide d'urgence, la lutte contre la pauvreté et le financement du désendettement, se sont substitués en partie à l'aide au développement, d'où les différentes mesures annoncées pour financer les objectifs du Millénaire pour le développement.

Les pays émergents ont, en revanche, d'importantes capacités de financement internes tout en ayant accès aux capitaux privés et en contribuant, pour les pays d'Asie de l'Est, au financement des déficits américains. Ils doivent gérer une très forte volatilité des flux de capitaux à court terme avec les risques d'échéance pour les pays ayant réalisé une libéralisation financière extérieure avant un assainissement financier interne.

C. La production internationale et ses effets sur les économies en développement

La globalisation financière a favorisé l'internationalisation de la production en même temps qu'elle en est une des modalités. Dans un monde où l'essentiel de la recherche et développement, des innovations, et de la logistique internationale est assuré par les grands groupes trans-nationaux, les investissements directs étrangers (IDE) sont devenus stratégiques. Ils sont censés transmettre des informations, des savoirs faire, des compétences et de la technologie, favoriser la concurrence et apporter la logistique nécessaire à la compétitivité internationale. La priorité est devenue celle de l'attractivité des capitaux et de la séduction de la part des nations (Michalet, 2002).

Les attractivités sont fortement différenciées entre les pays pauvres se limitant aux investissements primaires dans les ressources naturelles et les pays émergents connaissant des filiales relais (pour la substitution d'importation) et des filiales ateliers. Les implantations à des fins d'exportation supposent une certaine logistique et un tissu économique, social et technique non réductible à de faibles coûts salariaux et à une réglementation incitative. Les effets d'agglomération attractifs des IDE supposent prioritairement des investissements publics (sociaux, infras-tructures) et des États réducteurs de risques. De nombreux travaux micro-économiques et macro-économiques montrent qu'il n'y a pas de liens significatifs entre les IDE, la productivité globale des facteurs et la croissance. Les effets de sélection et de croissance déterminent davan-tage les IDE que l'inverse. Les effets sont fortement différenciés entre les pays émergents où jouent des causalités cumulatives entre IDE et développement et les pays pris dans les trappes à pauvreté. Les effets des IDE sont différenciés selon les secteurs. Ils sont faibles voire néga-tifs dans les secteurs pétroliers et miniers. Les facteurs favorables aux investissements domestiques jouent également pour les investissements étrangers. La priorité est d'avoir un climat d'affaires favorable et des infrastructures attractives. Il importe d'adopter un traitement égal pour les investisseurs

D. *Révolutions scientifiques, techniques et fracture Nord/Suds*

Les révolutions scientifiques et techniques concernent notamment le domaine des biotechnologies qui impliquent notamment l'agriculture, les médicaments et la santé et celui de l'information et de la communi-cation. Il en résulte, à la fois, des opportunités pour les économies en développement et des risques d'accentuation des fractures numériques et scientifiques. Les biotechnologies sont des opportunités de révolution agraire ou de soins à coûts décroissants. Elles conduisent également à des contrôles par les grands oligopoles et à une brevetabilité se faisant aux dépens des producteurs ou des consommateurs. Les enjeux sur les droits de propriété intellectuelle sont devenus centraux notamment au sein de l'OMC.

Les nouvelles technologies de l'information et de la communication se caractérisent par des coûts marginaux décroissants, des externalités de réseaux et des économies d'infrastructures matérielles capitalistiques. Des progrès notables concernent l'explosion du téléphone portable et en partie de l'informatique. Mais en même temps, exception faite des pays imitateurs voire innovateurs, la fracture numérique et scientifique et l'émigration des compétences touchent les pays les moins avancés (PMA). Faut-il rappeler que 95 % des internautes d'Afrique subsaharienne se trouvent en Afrique du Sud et que le coût d'accès à Internet est en Afrique plus de deux fois supérieur à celui des États-Unis. La connaissance scientifique et technique, facteur déterminant du développement, est appropriée par les firmes, est liée aux systèmes nationaux de recherche et d'éducation. Il y a ainsi polarisation et captation des compétences par les centres.

E. L'économie mondiale criminelle

La criminalité constitue la face cachée de la mondialisation. Elle concerne prioritairement les Suds, avec grande corruption, trafic d'armes, blanchiment de l'argent dans les *off shore* ou réseaux mondialisés de la drogue, évasion fiscale, traite des organes, des êtres humains et commerce sexuel. On estime le commerce de la drogue à 8 % du commerce mondial et son chiffre d'affaires à 400 milliards de $ (de Maillard, 1998). Le produit criminel brut mondial est estimé à 1 200 milliards de $ correspondant à 15 % du commerce mondial. Marchandisation exploitée par les mafias et violence s'appuyant sur le terreau de la pauvreté sont liées pour conduire à l'extension sans borne de l'aliénable et de la valeur d'échange, à la marchandisation du corps humain et au « temps de la vénalité universelle » dont parlait Marx dans *Misère de la philosophie*. Cette économie criminelle est à la fois une source d'accumulation pour certains opérateurs privés et publics des pays en développement, un facteur de conflits et de décomposition des États. Les processus de développement sont remis en question par les « conflits », par leurs effets en termes de décapitalisation physique et humaine, d'insécurité. Ils ont des racines dans les défaillances économiques et dans l'insertion des pays pauvres dans les circuits criminels en termes de trafics d'armes, de narco dollars, de blanchiment d'argent ou de captation des ressources naturelles (diamant, pétrole, métaux précieux, etc.). On estime que plus de 60 pays du Sud ont été en guerre depuis la chute du mur de Berlin.

II. Les nouvelles questions posées par la mondialisation et le développement durable

La mondialisation asymétrique ou triadisation a renforcé les intuitions des pionniers du développement mettant l'accent sur les asymétries internationales, l'exclusion vis-à-vis des besoins fondamentaux d'une partie majoritaire de la population ou l'impossibilité des « lois du marché » à assurer, sans régulation, l'efficience et l'équité. La mondialisation a réactualisé les principaux questionnements de l'économie du développement concernant les effets de seuil permettant de dépasser ou non les trappes à sous développement.

A. La mondialisation et la question de la convergence

Selon les modèles de convergence à la Solow, on devrait observer une convergence vers un sentier mondial de croissance équilibrée traduisant la viabilité d'un régime financier adapté à la dynamique démographique des différentes zones. Au sein d'un monde capitaliste homogène dont la technologie est universellement partagée, la parfaite globalisation du marché du capital permet l'exploitation des opportunités de la meilleure efficacité marginale du capital. Dans le modèle de Mankiw *et al.* (1992) élargi au capital humain, 3/4 des dispersions internationales des revenus s'expliquent par des différences de croissance démographique et des investissements en capital physique et humain. *A priori*, la baisse des coûts de transaction résultant de la libéralisation des marchés devrait favoriser le rattrapage des économies pauvres.

En réalité, il existe une controverse entre les différents travaux économétriques[1] concernant la β convergence, taux de croissance supérieurs pour les pays à revenus plus faibles) et la σ convergence (réduction des écarts de revenus par tête). De 1970 à 2000, il y a eu convergence pour les pays d'Asie vis-à-vis des pays industrialisés et divergence pour l'Afrique ; l'Amérique latine a connu une convergence durant les années 1970, une divergence durant les années 1980 et une évolution parallèle durant les années 1990. Il importe d'être très prudent, de différencier les inégalités nationales (indice de Gini) et internationales (en termes de revenus par tête) et de prendre en compte les effets de dimension (volume de population). Les divergences peuvent s'expliquer par des effets de seuil, par les différences de trajectoires initiales, ou par une hétérogénéité en termes d'accès aux technologies et/ou aux capitaux.

En longue période, les inégalités mondiales ont augmenté depuis les Grandes découvertes jusqu'aux années 1950 et les disparités nationales

---

[1] Cf. les débats entre Bhallia et Ravallion, Sala-i-Martin et Rodrik.

sont devenues moins explicatives que les inégalités internationales (Bairoch, 1998). De 1950 à 1990, les inégalités se sont maintenues. Les écarts internationaux se sont considérablement accentués entre 1820 et 1950 malgré une réduction des écarts entre 1914 et 1950. Ils ont eu plutôt tendance à se réduire malgré le décrochage des PMA et notamment de l'Afrique. En 2004, pour une croissance moyenne de 4 %, on observe des taux de près du double en Chine, en Inde et des taux inférieurs dans les PMA, notamment en Afrique.

On retrouve l'explication ancienne pour les « pays tard venus au développement » (de Gerschekron, 1962) : un retard initial signifie, pour le pays, une potentialité de modernisation accélérée dès lors qu'il y a accès à la frontière technique des pays *leaders*, l'efficacité du rattrapage dépendant de l'invention d'institutions adéquates qui en permettent l'impulsion et la gestion. La spécialisation se renforce au cours du temps par des mécanismes cumulatifs du fait des rendements croissants. Les effets d'agglomération conduisent à des divergences. En deçà d'un seuil d'accumulation de capitaux public et humain, les trappes à pauvreté conduisent à une croissance démographique et à une stagnation du revenu par tête. D'où la nécessité d'un *big push*.

B. La mondialisation et la montée des inégalités

La période actuelle est caractérisée par une réduction des inégalités pour un tiers de la population mondiale (Asie) et une accentuation des inégalités pour le reste des PMA (notamment Afrique), d'où une incertitude de la tendance globale. Du fait de l'Asie de l'Est (notamment la Chine et l'Inde), l'indice de Gini à l'échelle mondiale – s'étant accentué jusqu'à la fin des années 1980 – a eu tendance à se réduire, du moins avant la crise de 1997. Les écarts de revenu entre les 20 % les plus riches et les 20 % les plus pauvres, de 1 à 35 en 1970, ont été de 1 à 74 en 1999. Si le volume absolu de population en deçà du seuil de pauvreté tend à croître, en revanche le pourcentage tend à baisser du fait de la croissance de l'Inde et de la Chine. On observe une division par deux de l'extrême pauvreté depuis 20 ans. Le pourcentage de la population disposant de moins de 1 $ par jour est passé de 41 % à 21 % et le montant des pauvres de 1,5 à 1,1 milliards. Mais cette réduction va moins vite que la croissance. Elle résulte essentiellement de la Chine alors que la pauvreté a stagné en Amérique latine et augmenté en Afrique de plus de 150 millions. Si la croissance est une condition nécessaire de réduction de la pauvreté, elle doit s'accompagner de politiques redistributives.

C. La mondialisation et le « débordement » de l'État

Selon la vulgate en cours, on observerait un « débordement » de l'État et de ses diverses composantes dans un contexte de mondialisation. L'État serait débordé d'en bas par la société civile, l'informalisation et les diverses formes de décentralisation. Il le serait d'en haut par les lois du marché et par la mise sous tutelle de ceux qui s'écartent des normes. Il y a ainsi perte de la souveraineté nationale, réduction du poids de l'État face aux acteurs privés et prise en charge du collectif par des acteurs non gouvernementaux. Les politiques nationales sont de plus en plus normées internationalement sur les plans cambiaire, monétaire et budgétaire. Il y a concurrence des gouvernements pour attirer les capitaux. Les gouvernements sont largement démunis face aux *off shore* et paradis fiscaux ou aux masses de capitaux gérées par les acteurs privés.

Cette thèse du dépérissement de l'État peut être nuancée de trois points de vue (Chang Ha-Joan, 2003 ; Hugon, 2001) :

– Près de la moitié des richesses produites par les pays industrialisés, notamment européens, sont redistribuées par la puissance publique contre 25 % avant guerre (en intégrant les prélèvements obligatoires). Dans les pays émergents, un poids croissant de la richesse transite par la puissance publique et l'État « fort » reste présent dans la production et la régulation alors qu'il joue un rôle redistributif plus limité. En revanche, dans les pays pauvres, l'État est faible et parfois sinistré (*Failed* ou *Collapsed States*) suite aux contraintes financières et aux politiques d'ajustement.

– L'ouverture extérieure n'implique pas, au contraire, moins d'État. On observe ainsi une bonne corrélation entre la valeur des dépenses publiques en pourcentage du PIB et le degré d'ouverture aux échanges extérieurs des économies. Selon l'étude de Rodrik (1997), portant sur 115 pays à statistiques significatives, le degré d'ouverture commerciale (log du degré d'ouverture 1975-1984) est une très bonne prédiction de l'expansion du secteur étatique (log de la consommation publique en % du PIB 1985-1989) au cours des décennies suivantes. Le rôle des dépenses publiques serait le revers de l'ouverture. Ce test obtenu en données transversales a été infirmé en données chronologiques. D'autres tests prennent en compte trois composantes de la mondialisation : l'ouverture commerciale, le poids des IDE sur le PIB et la convergence des taux d'intérêt. Ils montrent que les dépenses publiques sont corrélées négativement avec la première variable, positivement avec la seconde et de manière différenciée, selon plusieurs autres facteurs, avec la troisième (Garrett, 1998). Si l'État producteur perd de son poids, l'État compétiteur social

(Kébabdjian, 2005) joue un rôle croissant, du moins pour les économies capitalistes avancées.

- Le rôle de l'État demeure central dans les processus réussis de développement comme en Asie de l'Est avec une combinaison de politiques macro-économiques orthodoxes et des politiques industrielles différenciées et hétérodoxes. L'État joue un rôle central pour faire face aux défaillances du marché, créer des externalités, mettre en place un système de prix favorisant les industries entraînantes. On peut noter également le rôle essentiel des conditions préalables notamment en terme d'égalité (indices de Gini en 1960), de transition démographique entamée et de scolarisation généralisée aboutissant à une croissance partagée.

D. La mondialisation et l'hétérogénéité du marché mondial

Selon certains, la mondialisation conduirait à une homogénéisation du marché mondial portée par la libre circulation des facteurs, des technologies, des savoirs et des marchandises. La très forte différenciation des taux de salaires et de profitabilité, ainsi que les nombreux obstacles à la mobilité du travail, vont à l'encontre de cette représentation.

Le capitalisme hiérarchisé se caractérise par une forte différenciation des taux de rentabilité du capital, des taux d'intérêt et des primes de risque. Les taux de rentabilité sont estimés entre 25 et 30 % pour l'Afrique, entre 16 et 19 % pour les pays en développement et autour de 15 % pour les fonds de pension dans les pays industrialisés. Il y a en revanche de grandes disparités des risques. La vitesse de rotation des capitaux l'emporte sur l'internationalisation du capital ou sur l'intégration financière croissante mesurée par l'écart entre les taux d'épargne et d'investissement nationaux (Kébabdjian, 2005).

À la différence de la phase de mondialisation du XIXe siècle, il n'y a pas de tendance à l'homogénéisation des structures démographiques et à la mobilité internationale du travail. Certains pays n'ont pas enclenché de manière significative leur transition démographique (forte mortalité et forte fécondité) et sont pris dans des trappes à pauvreté. Les pays émergents, situés à différentes phases de la transition démographique, sont sortis des cercles vicieux des trappes à pauvreté. Les pays matures sont en voie de stagnation ou de déclin démographique alors que certains grands pays industriels sont des terres d'immigration. La mondialisation favorise l'exode des compétences vers les deux derniers pôles. En revanche, une forte pression migratoire vient des deux premiers types de pays avec de nombreux obstacles vers les troisièmes.

La hiérarchisation enchevêtrée entre les centres de décision peut être appréhendée au niveau de l'interdépendance entre le global, le régional, le national et le local. Ainsi la valorisation du capital, la circulation de l'information, le fonctionnement des marchés des matières premières apparaissent aujourd'hui dans un espace mondial déterritorialisé et en partie dénationalisé ; le marché des produits et des services se situe également largement à cette échelle pour les groupes oligopolistiques qui organisent mondialement la production. À l'opposé, l'utilisation des ressources naturelles (terre, sous sol, mer) concerne des facteurs spécifiques localisés ou territorialisés. La monnaie, expression de la souveraineté nationale, a pouvoir libératoire dans un espace national (voire régional dans le cas européen) tout en étant validée socialement dans des espaces infra ou supranationaux. La gestion du social (marché et mobilité du travail, salaire, protection sociale, système éducatif et sanitaire) concerne également principalement, voire exclusivement, l'espace national.

L'économie mondiale fonctionne autour de plusieurs économies monde où les centres sont des lieux de concentration des avoirs, des savoirs et des pouvoirs caractérisés par la diversification des activités alors que les périphéries sont spécialisées dans quelques produits. La baisse des coûts de transport tend le plus souvent à agglomérer les populations et les richesses par des effets de forces centripètes. En revanche, les périphéries ne vivent plus, selon l'expression de Braudel (1985, p. 9), « une histoire qui se déroule au ralenti » mais « une histoire qui s'accélère », tant par l'explosion démographique et urbaine que par les informations et les images mondialisées. Les semi-périphéries tendent à devenir des nouveaux lieux de concentration de pouvoirs et de richesses.

Les intérêts et les positions des pays du Sud diffèrent. Ce sont les pays émergents qui demandent aujourd'hui plus d'ouverture des marchés des pays industriels. Ils s'opposent à la mise en place de normes sociales et environnementales perçues comme des formes déguisées de protection. À l'opposé, les PMA sont exclus de la mondialisation et ils subissent la concurrence des pays émergents (exemple du textile depuis la suppression des accords multifibres en janvier 2005). Mais, en même temps, on observe une recomposition des rapports de force internationaux sur des bases régionales et des jeux d'alliance entre les PMA et les pays émergents jouant leur rôle de porte-parole. L'Afrique, l'Asie et l'Amérique latine veulent être davantage acteurs dans les négociations internationales et avoir droit au chapitre dans la nouvelle architecture internationale. Ils s'opposent au libéralisme asymétrique préconisé par les grandes puissances. Les réunions de Seattle à la veille de l'an 2000 et de Cancun en septembre 2003 ont été aussi une fronde des pays émergents (Afrique du Sud, Brésil, Chine, Inde) et de nombreux pays en développement face à une mondialisation exclusive qui se fait sans eux.

E. La mondialisation et les questions environnementales : les enjeux posés par le développement durable

Les enjeux environnementaux, de climat, de désertification, de rareté de l'eau et de reconstitution des écosystèmes ont pris une acuité croissante. Ils concernent aussi bien l'agriculture, la santé, la montée de la désertification dans de nombreuses régions du monde ou les inondations et les pluies torrentielles dans d'autres régions. Les pays les moins développés y sont particulièrement sensibles du fait de leur faible résilience.

Le modèle de gaspillage des ressources des pays industriels n'est pas généralisable et la croissance très rapide des pays émergents fait apparaître les limites du modèle et les risques planétaires d'une croissance mimétique. Ainsi, le climat et les aléas naturels qui lui sont liés, résultent en partie de la croissance économique. Un rapport de causalité est reconnu de façon quasi certaine entre l'émission de gaz à effets de serre, le réchauffement de la planète et probablement aussi les catastrophes naturelles (Brown, 2003).

Il est souvent avancé que la mondialisation accentue les problèmes environnementaux en favorisant la croissance et les pressions sur le milieu naturel et en donnant un avantage compétitif aux pays les moins respectueux de l'environnement, ce qui entraînerait un recul des normes environnementales dans les pays du Nord ou des délocalisations d'entreprises industrielles. Plusieurs travaux relativisent ces énoncés. Il faut prendre en compte les effets de composition, les effets d'échelle et les innovations technologiques. On observe plutôt une montée en puissance des normes environnementales et des régimes (exemple du protocole de Kyoto) et un faible rôle des contraintes environnementales dans les logiques de localisation des firmes (Lepeltier, 2004).

Les questions environnementales doivent être analysées dans le cadre d'une réflexion sur les biens publics mondiaux et sur les patrimoines communs. Elles supposent, dès lors, des actions collectives, des financements et des gouvernances à diverses échelles territoriales mises en œuvre par un nombre important d'acteurs (experts, citoyens, décideurs privés et publics). Comment trouver des processus de décision légitimes et des compromis qui permettent de prendre en compte l'hétérogénéité des systèmes de préférences et de valeurs ? La gestion intergénérationnelle des stocks ou patrimoines ne peut se faire en fonction du calcul économique puisqu'elle se fait en univers incertain. Elle renvoie aux conflits d'intérêts et de valeurs entre les pays nantis, les pays émergents et les PMA. Elle pose la question de la représentativité des décideurs. Les États parlent-ils au nom des futures générations ? Existe-t-il une dette résultant des accumulations de nuisances passées ?

III. Vers un renouveau de l'économie du développement

Le monde a changé depuis les travaux fondateurs. La nouvelle économie et les services n'ont pas les mêmes modes organisationnels que l'industrie. La planification du développement n'est plus possible. On observe un raccourcissement des horizons temporels avec une réduction du cycle de vie des produits et des technologies. Le développement n'est plus l'affaire d'un acteur omnipotent censé représenter l'intérêt général. Il mobilise une pluralité d'acteurs aux intérêts divergents et doit être analysé à partir d'interdépendances de niveaux de décision conduisant à des hiérarchies enchevêtrées. Les problèmes environnementaux sont devenus centraux. Face aux crises et catastrophes, l'urgence a souvent pris le pas sur le développement de long terme. Mais les questions anciennes que privilégiaient les pionniers du développement sont devenues plus que jamais d'actualité : le sous-emploi, la malnutrition, l'analphabétisme, la vulnérabilité et la précarité croissent à l'échelle mondiale. Les asymétries internationales augmentent et les questions de trappe à pauvreté et de divergences demeurent centrales. Les conflits sont au cœur des relations internationales et de celles internes aux pays. Le développement suppose la prise en compte de la reproduction (des écosystèmes, des ressources non reproductibles, du travail, des infrastructures) et des conditions de la production. On retrouve l'idée que l'équité intra et intergénérationnelle peut être efficace à long terme. Les réponses à ces questions sont toutefois formulées dans un autre langage et des questions nouvelles ont émergé (Meier et Stiglitz, 2001).

Plusieurs axes de renouveau peuvent être privilégiés : les avancées théoriques, la pluridimensionnalité du développement, la complexité de l'évolution et la diversité des trajectoires de développement.

A. Les avancées théoriques

Les progrès les plus notables de l'économie du développement concernent la micro-économie en information imparfaite. Les marchés ne sont pas équilibrés du fait des coûts d'ajustement, des asymétries informationnelles, des imperfections de la concurrence, des externalités, des rigidités et viscosités. Le renouvellement de la micro-économie résulte de la théorie des contrats en termes de relations principal/agent, d'incitation, d'asymétrie d'information conduisant à des sélections adverses ou à des hasards moraux. Dans un univers incertain, il faut abandonner la théorie de la maximisation de l'espérance mathématique de l'utilité et de l'hypothèse de linéarité et de continuité des préférences. Les agents n'ont pas une optimisation dynamique séquentielle, ils privilégient le court terme leur offrant le plus grand nombre d'options futures, par rapport à l'irréversibilité de la décision de l'investissement physique. Ils ont une forte préférence pour la liquidité et préfèrent des actifs monétaires ou financiers aux actifs physiques leur donnant une valeur d'option.

Le courant institutionnaliste relativise la place du marché, de la rationalité substantielle et de la coordination marchande (Platteau, 2000). On peut différencier l'institutionnalisme historique de celui qualifié de rationnel et situer les différents courants sur le curseur allant de l'individualisme à l'holisme (Billaudot, 2004). La prise en compte, dès le départ, du cadre institutionnel, des phénomènes économiques, des règles de comportement, conduit à traiter le marché comme un mode de coordination, parmi d'autres, permettant la décision. Selon le courant néo-institutionnaliste, se référant de l'individualisme méthodologique, les institutions concernent les régularités du comportement social convenu par tous les membres de la société. Elles comprennent selon North (1990), des contraintes informelles (coutumes, codes de comportement) et des règles formelles (lois, droits de propriété). Le développement est la résultante de l'interaction entre les institutions (règles) et les organisations (joueurs ou groupes d'individus liés entre eux par des objectifs communs). On peut observer des liens de causalité entre les profils ou les configurations institutionnels (gouvernance, sécurité des transactions, innovations et régulations) et les niveaux de développement (Berthelier *et al.*, 2004). Les variables socio culturelles expliquent, d'un point de vue micro-économique, la pluralité des modes de gestion efficients (d'Iribarne, 2003) ou, d'un point de vue macro-économique, les capacités d'absorption et les effets d'apprentissage explicatifs de développement de compétences.

Le renouveau de la macro-économie du développement « structuraliste » tient à l'intégration des modèles d'action et des variables financières, à la volonté de théoriser les institutions et de lier les structures sociales et les modes d'insertion des périphéries dans des modèles spécifiques liés à leur contexte institutionnel (Berthomieu et Erhardt, 2000). Les analyses néo-structuralistes soulignent le rôle contractionniste des dévaluations (Taylor, 1991), l'importance de la demande (Fontaine, 1994), les limites des politiques d'ajustement dans des contextes différenciés. Elles élaborent des modèles macro-économiques ou des faits stylisés dans des univers non walrasiens.

Les externalités et les rendements croissants sont pris en compte dans la nouvelle économie en concurrence imparfaite. On retrouve, avec la rigueur de la formalisation, les intuitions de Myrdal, Hirschman ou

Perroux sur les processus cumulatifs, les effets d'entraînement et les effets de seuil permettant d'échapper à la trappe du sous développement. On note une grande convergence entre les théories du développement et les nouvelles théories économiques à la Krugman (1992), qu'elles se réfèrent à la nouvelle économie internationale, à la nouvelle économie géographique ou à la croissance endogène. Le cadre analytique est celui de la concurrence imparfaite, des asymétries d'information, des rendements d'échelle, des externalités et des effets d'agglomération. Le contexte est celui d'un univers incertain où les acteurs ont des pouvoirs asymétriques.

B. La pluridimensionnalité du développement

1. La dimension sociale du développement

La ressource humaine ou le « capital humain » sont au cœur de la nouvelle société de la connaissance. Le « capital social » et « les réseaux sociaux » sont déterminants pour comprendre les capacités et les opportunités dont disposent les acteurs. La pauvreté est redevenue une préoccupation centrale avec les nombreux débats sur ses dimensions et sur l'efficacité des actions de lutte contre la pauvreté (cf. l'exemple des Documents stratégiques de réduction de la pauvreté) (Lachaud, 2000 ; Mahieu, 2001). La question des inégalités s'est déplacée en partie vers celle de l'équité et des capabilités. Ces concepts de capital utilitariste ou de capabilités individualistes réduisent toutefois les rapports sociaux et les divers référents culturels à des indicateurs mesurables et unidimensionnels. Ils n'intègrent pas les relations de pouvoirs asymétriques au niveau tant national qu'international.

2. La dimension environnementale du développement

L'environnement ne peut être assimilé à du capital naturel : c'est un patrimoine ayant une valeur intrinsèque (Godard *et al.*, 2002). La valeur de non usage renvoie aux valeurs d'héritage (accordée au passé), de legs (accordée à un patrimoine que l'on veut transmettre) et d'existence (indépendamment de l'usage direct ou indirect, présent et futur, qui peut être fait de l'environnement). Elle suppose le principe de préservation, de précaution, d'incertitude et de réversibilité des choix. Elle renvoie à une diversité des cultures et des sociétés humaines. L'arbitrage entre les différentes valeurs accordées à l'environnement relève du domaine du débat citoyen et du choix politique.

Selon les sociétés, la valeur accordée au passé et au futur diffère. Certaines sociétés prométhéennes se projettent dans un futur et croient aux solutions technologiques. Les sociétés « traditionnelles » et écocentrées actualisent les anciens et préservent leurs écosystèmes. Les patrimoines ne sont pas aliénables et ne peuvent faire l'objet de droits de propriété privée. Les mutations, notamment démographiques, modifient ces pratiques. Le capitalisme s'étend même s'il ne détruit pas les anciens ordres comme la locomotive écraserait la brouette. Il y a développement au nom de l'efficacité de droits de propriété privée et les patrimoines sont assimilés à du capital ayant un coût de constitution et d'amortissement et devant avoir une rentabilité. Il y a ainsi hybridation des ordres.

La prise en compte d'une économie multidimensionnelle (Passet, 2003) oblige à penser la complexité, à dialoguer avec l'incertitude et les enchevêtrements riches en indétermination. Les questions environnementales ont réactualisé les débats sur les externalités, sur la valeur des ressources naturelles et les prix des nouvelles raretés (celles des ressources non renouvelables et non reproductibles). Elles ont également fait resurgir les vieux débats sur les instruments de marché ou de réglementation entre les taxations pigoviennes, les négociations à la Coase ou les marchés des droits.

L'éco-développement ou l'éco-économie (Brown, 2003) implique à la fois d'énormes investissements notamment dans le domaine énergétique et la lutte contre les émissions de CO_2 et des changements radicaux des modes de production et de consommation.

3. La dimension territoriale du développement

Plusieurs corpus fondent le développement local. L'économie géographique à la Krugman en termes de centres et de périphéries met en avant les *clusters*, les districts industriels, les externalités territorialisées et les effets d'agglomération. L'économie publique analyse les critères d'efficience et d'équité pour produire des biens collectifs et publics (rivalité, exclusion, externalités territorialisées, rendements d'échelle, fonctions allocatives, redistributives et stabilisatrices, etc.) à diverses échelles territoriales. L'économie politique détermine les conditions de transferts de souveraineté vers les collectivités décentralisées avec un rôle respectif de la démocratie représentative et de la démocratie participative.

4. La dimension éthique du développement

La question éthique est devenue importante (Mahieu, 2001). L'optimalité parétienne peut conduire à des situations injustes voire non libérales. Les travaux de Sen (1999) ont fortement renouvelé l'économie du développement. Sen oppose deux conceptions de l'économie, celle qui s'occupe des moyens (logistiques) et non des fins, et celle éthique qui intègre une conception éthique des motivations. Il montre ainsi que les famines et disettes sont moins liées à l'insuffisante disponibilité de l'offre (explication de type malthusienne) qu'à une absence de droits ou de titres (*entitlements*). Il existe des dotations (*endowments*) et des échanges de droits. Les droits sont fonction de la possession et de la possibilité d'acquisition à travers l'échange. Les droits formels (liberté négative) supposent des droits réels ou de créance (éducation, santé, nourriture). Les droits sont marchands et étendus (*extended entitlements*) tels les droits informels dans la division intra-famililale. Pour Sen, comme pour Rawls (1971), les choix ne se posent qu'une fois satisfaits les biens premiers qui ne ressortent pas de l'utilitarisme mais d'un contrat social d'ordre éthique. La proximité est grande avec la couverture des coûts de l'homme de Perroux.

5. La dimension politique du développement

Le développement est au cœur des jeux de pouvoirs internes aux sociétés ; il modifie les rapports de force, les règles du jeu, les équilibrages et les compromis sociopolitiques (économie politique interne). Il modifie également les règles du système international et les rapports entre les bailleurs de fonds, d'une part, et entre ceux-ci et les États, d'autre part.

Les clivages Nord/Sud doivent être réinterprétés au regard des nouvelles instances de négociation ou de régulation, de la montée en puissance des acteurs privés et des contre-pouvoirs de la société civile. Les pays du Sud ont intégré le Fonds monétaire international, la Banque mondiale ou l'OMC. Certains tels la Chine, l'Inde, le Brésil ou l'Afrique du Sud pèsent au sein du G22 dans le débat international à côté du G8. Les négociations internationales ne portent plus principalement sur des biens mais sur des normes, des règles, sur la hiérarchie des biens publics internationaux ou mondiaux (droits universels, patrimoine commun). Les acteurs internationaux sont devenus multiples : entreprises, gouvernements, représentants de la société civile. Les questions procédurales et jurisprudentielles sont devenues essentielles au niveau mondial à défaut de gouvernement ou de gouvernance mondiale. Les manifestations de la société civile traduisent également des jeux d'intérêts fort divergents. L'économie doit rendre compte de l'interdépendance des niveaux de décision et des hiérarchies enchevêtrées des processus de décision (Hugon, 1997). Les débats au sein des différentes écoles de l'économie politique internationale (réalistes, néo-réalistes, néo-institutionnalistes) autour des concepts de régimes, de « biens publics mondiaux » ou de gouvernance mondiale, reposent dans un nouveau cadre analytique, la question des asymétries de pouvoir et de la dépendance des pays du Sud.

C. Le développement : entre complexité de l'évolution et diversité des trajectoires

Le renouveau de l'économie du développement traduit la nécessité d'une révolution copernicienne pour prendre en compte les différents pas de temps entre les logiques marchandes, les reproductions sociales et celles de la biosphère. La valeur n'est pas réductible à la valeur d'échange exprimée par l'offre et la demande. L'économie est « science du vivant » (Passet, 2003). L'étude des organisations implique de prendre en compte leur environnement comme enveloppe des évolutions possibles d'une société assujettie à un principe de contingence et de variété qui conduit à mettre l'accent sur la nature génétique des enchaînements et sur l'émergence de phénomènes d'irréversibilité. Le développement économique est un processus de complexification où doivent être prises en compte les indéterminations et les incertitudes. L'approche systémique où l'économie est mise en relation avec les autres disciplines doit ainsi compléter la démarche analytique du découpage disciplinaire reposant sur une axiomatique. Les trajectoires des sociétés sont plurielles et diversifiées.

L'économie du développement demeure au cœur de la dialectique entre « l'universalisme » porté par la mondialisation et le « spécifique » lié aux diversités sociétales. Dans la nouvelle économie du développement, il y a accord pour intégrer les avancées théoriques de la discipline, élaborer des maquettes permettant de dégager des relations simples et significatives dans le réel complexe, bénéficier des apports de la formalisation et de l'économétrie et recourir à la richesse de l'axiomatique des théories orthodoxes. La démarche scientifique suppose d'élaborer des hypothèses vérifiées et de mettre en œuvre des tests d'efficience.

L'économiste, qui se veut analyste et non pas chroniqueur, doit utiliser des concepts généralisables au-delà de la diversité du concret. Le sous-développement est un problème trop complexe pour permettre l'économie des outils d'analyse économique. Mais l'économie du développement repose également sur la connaissance du terrain, l'analyse des comportements des agents de liaison avec leurs structures sociales et leurs représentations. Le passé colonial, les relations asymétriques internationales conduisent à des insertions spécifiques dans la division internationale du travail de la part de nombreux pays demeurant du Sud. Il importe, dès lors, d'ouvrir la boîte noire des organisations et des institutions et d'interroger les catégories économiques au regard des spécificités des sociétés. L'économiste affronte la question de la pertinence des catégories *standard* dans des sociétés où les marchés sont rudimentaires. La rationalité économique, les comportements et stratégies des agents représentatifs ou des acteurs ne peuvent être posés indépendamment du contexte dans lequel ils agissent. L'économiste doit chercher à expliquer pourquoi, en Asie du Sud-Est, a émergé l'innovation technique et le risque entrepreneurial, alors que dans la plupart des pays d'Afrique subsaharienne dominent des logiques rentières et redistributives. Partir sur le plan méthodologique d'un éclairage économique, d'une quantification et d'une axiomatique rigoureuse, suppose un questionnement par d'autres éclairages disciplinaires pour l'intelligibilité de la complexité.

L'universalisme qu'impose une pensée scientifique n'est pas l'uniformité par réductionnisme faisant entrer la réalité économique et sociale dans un même moule ou modèle. La théorie du développement est un révélateur des fondements anthropologiques de la théorie économique ; en grossissant les traits, en jouant un effet de loupe, elle est un révélateur important des écarts existant entre le monde économique réel et la représentation idéale de l'économie pure. La réalité des économies sous-développées oblige à introduire les imperfections de la concurrence et de l'information, l'importance des coûts de transaction, des coordinations hors marché ou des institutions. Ainsi que l'écrit Stiglitz (1998), l'étude d'un pays en développement est à l'économie ce que l'étude de la pathologie est à la médecine, mais la pathologie est la règle qui concerne les 3/4 de l'humanité. Ainsi, les économistes du développement ont découvert de nombreux outils et concepts qui ont été ultérieurement transposés pour analyser les économies industrialisées. Citons notamment le salaire d'efficience (Leibenstein, 1957), l'informel, la segmentation des marchés du travail, l'existence d'équilibres multiples, le rôle des externalités dans la dynamique économique, les effets d'*hystérésis*, ou le rôle des institutions dans la mise en place du marché. Sur le plan décisionnel, les méthodes de choix de projet ou l'insertion des échanges extérieurs dans les tableaux d'échanges interindustriels résultent également d'économistes du développement. L'économie du développement participe au développement de l'économie (Bardhan, 1993). Elle permet de prendre en compte la complexité, les logiques de reproduction dans le long terme, la diversité des pas de temps de la biosphère, du social et du marché.

L'économie du développement doit éviter le double écueil d'une injonction mimétique consistant à présenter la trajectoire singulière des sociétés occidentales comme étant universalisable et celle d'une assignation identitaire figeant « l'autre » dans une altérité radicale (Bessis, 2003). Elle doit ainsi intégrer les disparités, les asymétries internationales et les modalités d'intégration à l'économie mondiale qui peuvent être désarticulantes. Elle nous montre qu'il y a nécessité de compenser les asymétries liées au capitalisme, de mettre en place des systèmes de régulation et de prendre en compte le long terme. Face à un libéralisme asymétrique, aménager des écluses est indispensable pour les mises à niveau, favoriser les apprentissages est nécessaire pour permettre une compétition entre des coureurs surdopés et des coureurs handicapés. Favoriser des gardes fous, mettre en place des institutions sanctionnant le non respect des règles mais également avoir des attitudes pré ou proactives sont des priorités. Comme le disait Schumpeter (1980, p. 5), « c'est parce qu'elles ont des freins que les voitures peuvent aller vite ». La mondialisation ne peut être intégrante des économies en développement que si elle est encadrée, régulée et que si l'on met en place des mécanismes compensateurs et redistributifs à l'échelle mondiale.

L'expérience montre que la richesse des populations et des nations résulte de l'action de plusieurs leviers complémentaires. À défaut d'actions conjointes sur l'éducation, l'investissement, la technologie, les institutions, jouent les trappes à pauvreté et les cercles vicieux du sous-développement (Cohen, 2004). Le développement renvoie à une interrogation sur les sens que les agents donnent à ce processus, qu'ils maîtrisent ou qu'ils subissent et où ils sont participants ou exclus (Bartoli, 1999). Il n'y a pas de sens de l'Histoire mais des histoires auxquelles les hommes donnent sens.

Références

BARDHAN, P. (1993), « Economics and Development and the Development of Economics », *Journal of Economic Perspectives*, vol. 7, n° 2, pp. 129-142.

BAIROCH, P. (1998), *Victoires et déboires. Histoire économique et sociale du monde du XVI° siècle à nos jours*, Paris, Gallimard, Collection Folio.

BARTOLI, H. (1999), *Repenser le développement. En finir avec la pauvreté*, Paris, Economica.

BERTHELIER, P., DESDOIGTS, A. et OULD AOUDIA, J. (2004), « Profils institutionnels. Une base de données sur les caractéristiques institutionnelles des pays en développement, en transition et développés », *Revue française d'économie*, vol. XIX, n° 1, pp. 121-196.

BERTHOMIEU, Cl. et ERHARDT, C. (2000), « Le néo-structuralisme comme fondement d'une stratégie de développement alternative aux recommandations néolibérales », *Économie appliquée*, tome LIII, n° 4, pp. 237-242.

BESSIS, S. (2003), *L'Occident et les autres*, Paris, La Découverte.

BILLAUDOT, B. (2004), « Développement et croissance. Les enjeux conceptuels des débats actuels », document présenté lors des premières journées du développement du GRES, 16/17 sept Bordeaux IV.

BIT (2004), *Rapport sur la dimension mondiale de la mondialisation*, Genève.

BRAUDEL, F. (1985), *La dynamique du capitalisme*, Paris, Flammarion, Collection Champs (2ᵉ édition 1993).

BROWN, L.R. (2003), *Éco-économie. Une autre croissance est possible, écologique et durable*, Paris, Le Seuil.

CHANG HA-JOAN, H. (2003), *Globalization, Economics Development and the Role of State*, Londres, Zed Books Ltd.

CNUCED (2004), *Onzième session de la Conférence des Nations unies sur le Commerce et le Développement*, rapport ron, Sao Paulo, 14 juin.

COHEN, D. (2004), *La mondialisation et ses ennemis*, Paris, Grasset.

DE MAILLARD, J. (dir.) (1998), *Un monde sans loi*, Paris, Stock.

FONTAINE, J.M. (1994), *Mécanismes et politiques de développement économique*, Paris, Cujas.

FRANKEL, J.A. et ROMER, D. (1999), « Does Trade Cause Growth », *American Economic Review*, vol. 89, n° 3, pp. 379-399.

GARRETT, G. (1998), « Global Markets and National Politics: Collision Course or Vertuous Circle », *International Organisations*, 52, 4, pp. 149-176.

GERSCHENKRON, A. (1962), *Economic Backwardness in Historical Perspective*, Harvard, The Belknap Press of Harvard University.

GIRAUD, P.N. (1996), *L'inégalité du monde. Économie du monde contemporain*, Paris, Folio actuel.

GODARD, O., HENRY, CL., LAGADEC, P. et MICHEL-KERJAN, E. (2002), *Traité des nouveaux risques*, Paris, Folio.

GUILLAUMONT, P. (2001) « Ouverture, vulnérabilité et développement », in Boudhiaf M. et J.-M. Siroën (dir.), *Ouverture et développement économique*, Paris, Economica, pp. 51-72.

HUGON, Ph. (1997), *Économie politique internationale et mondialisation*, Paris, Economica.

HUGON, Ph. (1999), « La mondialisation et l'évolution de la pensée économique », in Beaud M., Dollfus O., Grataloup C., Hugon Ph., Kébabdjian G. et J. Lévy (dir.), *Mondialisation : Les mots et les choses*, Paris, Karthala, pp. 98-125.

HUGON, Ph. (2001), « La mondialisation implique-t-elle moins d'État ? Comparaisons internationales et illustrations en Asie de l'Est », *Sciences de la Société*, n° 54, pp. 27-45.

D'IRIBARNE, Ph. (2003), *Le Tiers monde qui réussit*, Odile Jacob, Paris.

KÉBABDJIAN, G. (2005), « Mondialisation et 'dépérissement' de l'État-nation », in Hugon Ph. et Ch. A. Michalet (dir.), *Les nouvelles régulations de l'économie mondiale*, Paris, Karthala, pp. 17-35.

KRUGMAN, P. (1992), « Toward a Counter Counter-Revolution in Development Theory », communication, World Bank Annual Conference in Development Economics, Washington.

LACHAUD, J.P. (2000), *Pauvreté et développement*, Bordeaux, CED.

LEIBENSTEIN H. (1957), *Economic Backwardness and economic Growth*, New York, Wiley.

LEPELTIER, S. (2004), « Les conséquences de la mondialisation des échanges sur l'environnement », Rapport du Sénat, Paris.

MAHIEU, F.R. (2001), *L'éthique économique ; Fondements anthropologiques*, Paris, L'Harmattan.

MANKIW, G., ROMER, D. et WEIL, D.N. (1992), « A Contribution to the Empirics of Economic Growth », *Quarterly Journal of Economics*, 107, 2, pp. 407-437.

MEIER, G.M. et STIGLITZ, J. (eds.) (2001), *Frontiers of Development Economics. The Future in Perspective*, World Bank, Oxford, Oxford University Press.

MICHALET, Ch. A. (2002), *Comprendre la mondialisation*, Paris, Le Seuil.

NORTH, D. (1990), *Institutions, Institutional Change and Economic, performance*, Cambridge, Cambridge University Press.

PASSET, R. (2003), « L'émergence contemporaine de l'interrogation éthique en économie », Contribution n° 5 à l'économie éthique, Département des sciences sociales, UNESCO, Paris

PLATTEAU, J.P. (2000), *Institutions, Social Norms and Economic Development*, Harvard, Harvard Academic Publishers.

PRITCHETT, L. (1996), « Measuring Outward Orientation in LDCs: can it be done ? », *Journal of Development Economics*, 49, pp. 251-73.

RAWLS, J. (1971), *Théorie de la justice*, Paris, Le Seuil.

RODRIK D. (1997), « Has Globalization Gone too Far ? », miméo, Institute for International Economics, Washington.

RODRIGUEZ, F. et RODRIK, D. (1999), « Trade Policy and Economic Growth: A Skeptic's Guide to the Cross-National Evidence », NBER Working Paper 7081, avril, http://www.nber.org/papers/w708/.

SACHS, J.D. et WARNER, A. (1995), « Economic Reform and the process of Global Integration », *Brookings Papers on Economic Activity*, vol. 1, pp. 1-118.

SCHUMPETER, J. (1980), *Histoire de l'analyse économique*, Tome 1, Paris, Gallimard.

SEN, A.K. (1999), *Un nouveau modèle économique. Développement, justice et liberté*, Paris, Odile Jacob.

STIGLITZ, J. (1998), « Towards a New Paradigm for Development: Strategies, Policies and Processes », Prebish Lectures at UNCTAD, Genève.

TAYLOR, L. (1991), *Distribution, inflation and Growth. Lectures on Structuralist Macro Economy Theory*, Cambridge, The MIT Press.

Périphérie mondialisée, périphérie marginalisée

Le cas de l'Amérique latine

Stéphanie TREILLET

Université Paris XII-Créteil, IUFM, France

> The misery of being exploited by capitalists is nothing compared to the misery of not being exploited at all.
>
> Joan Robinson, *Economic Philosophy*, Pélican, 1964

La réflexion sur la relation entre la mondialisation contemporaine et le développement des sociétés du tiers-monde est souvent enfermée dans un dilemme théorique :

– Soit la mondialisation est considérée comme un facteur du développement. C'est la grille de lecture, libérale, de la Banque mondiale et de la plupart des institutions internationales. Dans cette optique, les pays qui ne réussissent pas à se développer sont ceux qui ne parviennent pas, ou mal, à saisir le train de la mondialisation. Une version en miroir de cette interprétation se trouve dans les théories de « l'anti-développement », qui réfutent conjointement toute mondialisation et tout objectif de développement. Cette assimilation entre mondialisation libérale et développement, dans sa version positive ou négative, repose, en dernière analyse, sur une assimilation entre développement et croissance du Produit intérieur brut (PIB) marchand.

– Soit la mondialisation libérale est critiquée dans le cadre d'une analyse hétérodoxe du développement et du sous-développement : le décalage entre les succès éphémères des économies dites « émergentes » et un développement humain véritable peut ainsi être expliqué. Largement balisée, cette lecture des faits n'en laisse pas moins un angle mort dans l'analyse contemporaine du sous-développement. Comment rendre compte du sous-développement accru de la « périphérie oubliée », dont la mondialisation ne pourrait dès lors plus être rendue responsable ? Deux pistes semblent se dessiner pour répondre à cette interrogation : questionner l'idée couramment admise de la marginalisation de ces économies pour tenter de mettre en évidence les modalités selon lesquelles elles subissent, elles aussi, les effets de la mondialisation libérale ; tenter de renouveler la démarche des théories de la dépendance, en repensant les modalités contemporaines d'articulation entre structures sociales internes et dépendance externe dans les formes, diverses, que lui donne aujourd'hui la mondialisation libérale. À cet égard, imputer tous les blocages du développement à la mondialisation reviendrait à en exonérer les rapports sociaux internes aux sociétés considérées.

Cette contribution se propose, à travers une caractérisation rapide des différentes modalités d'insertion des économies d'Amérique latine à la mondialisation libérale, d'interroger les relations de causalité univoques (négatives ou positives), qui peuvent être établies entre degré d'insertion dans la mondialisation et développement.

I. Mondialisation et développement : un apparent dilemme théorique

On caractérisera ici la mondialisation libérale comme un processus qui, depuis 25 ans, à la différence de l'internationalisation des économies déjà à l'œuvre au cours des décennies précédentes, conduit à la fois à une mise en concurrence généralisée de toutes les économies à l'échelle de la planète, et à la tendance à l'introduction dans tous les domaines économiques et sociaux possibles, de modes de régulation concurrentiels. Tendance seulement car aux différents niveaux interdépendants (financier, commercial, productif, technologique) où le processus opère, son degré d'achèvement n'est pas le même, la mondialisation financière, qu'on n'étudiera pas en tant que telle ici, étant probablement la plus achevée. La mondialisation libérale dans ses diverses manifestations semble concerner très inégalement les différentes économies classées par les institutions internationales comme « en développement » (économies à faibles revenus ou à revenus intermédiaires selon la Banque mondiale, économies à Indice de développement humain [IDH] moyen et faible d'après le Programme des Nations unies sur le développement [PNUD]). Qu'il s'agisse des flux de capitaux financiers, des investissements directs étrangers (IDE) ou des échanges commerciaux, un petit nombre d'économies dans le monde sont considérées comme les « élues » de la mondialisation (pays d'Asie de l'Est et du Sud-Est, Chine, Inde, Brésil, Mexique, etc.), tandis que d'autres, aux performances plus moyennes et irrégulières en matière de croissance, parviennent à trouver malgré tout une place, étroitement délimitée, dans la concurrence globalisée. Tout autre est le sort couramment présenté des « oubliés » de la mondialisation : presque toute l'Afrique subsaharienne, mais aussi plusieurs pays d'Amérique latine : Bolivie, Paraguay, Guatemala, Honduras, certaines îles de Caraïbes, et en particulier Haïti, etc. Or, cette catégorisation concerne presque toujours les sociétés les plus pauvres de la planète, qu'il s'agisse du classement du point de vue du PIB par tête ou de l'IDH.

La mise en regard de cette inégalité avec les écarts de revenus par tête croissants entre ces pays ou groupes de pays, et avec leurs différences très importantes de performances en matière de croissance du PIB, amène les questions suivantes : quelle est la signification de la corrélation globale constatée ? Quelle interprétation des mécanismes reliant mondialisation et développement implique-t-elle ?

A. Un constat partagé : la sélectivité de la mondialisation

1. Insertion à la mondialisation libérale :
différentes catégories de pays en développement

De nombreuses études font état du caractère de plus en plus sélectif de la mondialisation, qu'il s'agisse de la mondialisation productive (flux d'IDE, transferts de technologies, stratégies des firmes multinationales) ou commerciale (flux de marchandises) (CNUCED, 2003a ; Salama, 2002 ; Mouhoud, 1996, 1998). Les deux aspects sont étroitement articulés entre eux car la décomposition internationale des processus de production fait qu'une part croissante des échanges commerciaux est constituée de composants industriels et de biens intermédiaires, et est attribuable au commerce intra-firmes. Non seulement une part croissante des IDE et des flux s'effectue entre pays industrialisés, mais parmi les pays en développement (PED), les destinataires sont une minorité, essentiellement concentrés en Asie et dans une moindre mesure en Amérique latine.

Certes, au cours des années 1990, la part de marché à l'exportation des économies en développement augmente (voir tableau 1). Mais l'essentiel de cette augmentation est dû aux économies asiatiques, et presque uniquement à l'Asie de l'Est et du Sud-Est, et très peu à l'Amérique latine ; quant à la part de marché à l'exportation de l'Afrique, elle régresse au cours de la même période. On peut également constater une concentration croissante des flux mondiaux d'investissements directs à l'étranger. Si la part des flux d'IDE en direction des économies en développement augmente au début des années 1990, elle diminue à partir de 1997. C'est en partie le résultat de la crise asiatique, qui ne tend pas à redistribuer les flux d'IDE entre PED, mais plutôt à les reporter vers les économies industrialisées. Dans l'ensemble, la concentration régionale se confirme à la fin de la décennie (voir tableau 2).

Tableau 1 : Part du marché mondial et taux croissance des exportations et des importations, par région, 1990-2000 (%)

	Exportations				Importations			
			a	b			a	b
	1999	2000	1990-2000	1990-2000	1999	2000	1990-2000	1990-2000
Total mondial	-	-	-	6,6	-	-	-	6,5
Économies industrialisées	71,5	64,0	-7,5	5,5	72,5	67,3	-5,2	5,7
Économies en développement	23,9	32,0	8,1	9,1	22,6	29,1	6,5	8,3
Asie	16,9	24,2	7,3	9,5	15,9	21,1	5,2	8,2
Asie de l'Est et du Sud-Est	13,0	20,0	7,0	10,3	12,9	18,0	5,1	8,7
Amérique latine	4,2	5,6	1,4	10,2	3,7	5,9	2,2	11,4
Afrique	2,3	1,8	-0,5	3,5	2,4	1,6	-0,8	3,2
Afrique subsaharienne	1,2	1,0	-0,2	4,1	1,1	0,8	0,8	-0,4
Économies en transition	4,6	4,0	-0,6	8,8	4,9	3,6	-1,3	8,7

a : Changement dans la part de marché ; b : Croissance moyenne annuelle

Source : CNUCED (2002a)

Tableau 2 : Évolution des flux d'IDE en direction des pays en développement (en %)

Flux d'IDE	1991-1996	1997	1998	1999	2000	2001	2002	2003
Total	100,0	100,0	100,0	100,0	100,0	100,0	100,0	100,0
Économies développées	60,8	56,0	68,9	76,4	80,4	71,6	70,7	71,5
Économies en développement	36,0	40,1	27,9	21,3	17,7	25,4	24,9	23,8
Afrique	1,8	2,2	1,3	1,1	0,6	2,3	1,7	2,2
Amérique latine	10,7	15,2	12,0	10,0	6,9	10,2	8,6	6,5
Asie-Pacifique	23,4	22,6	14,6	10,1	10,2	13,0	14,6	15,2
Europe centrale et de l'Est	3,2	3,9	3,3	2,3	1,9	3,0	4,4	4,6

Source : CNUCED (2003a)

Selon certaines analyses (Mouhoud, 1996, 1998), les facteurs explicatifs de cette évolution sont à chercher du côté des changements dans le paradigme technologique et organisationnel dominant, qui relativisent, parmi les facteurs d'attractivité des territoires pour les IDE, le faible coût de la main d'œuvre au profit de la proximité géographique, de la qualification de la main d'œuvre, et de la qualité des infrastructures. Toutefois, cette interprétation peut être nuancée si l'on constate que pour les multinationales qui opèrent aussi bien en Asie (Pottier, 1996, 1998) qu'au Mexique (Treillet, 1998), la comparaison des coûts salariaux relatifs, y compris de la main d'œuvre qualifiée, garde une grande importance.

Quel que soit par ailleurs le facteur explicatif privilégié, le constat demeure : il semble y avoir, en flux d'investissement, flux financiers, flux commerciaux et transferts de technologies, un phénomène cumulatif et autoentretenu qui fait d'un petit groupe de pays un « club » intégré à la mondialisation, et d'un autre groupe, plus nombreux, les « oubliés » de la mondialisation, laissés en marge de l'ensemble de ces courants. Une catégorie intermédiaire, beaucoup plus hétérogène, parviendrait à s'y intégrer partiellement par le biais de quelques activités peu diversifiées.

Les économies qui semblent laissées en marge de la mondialisation sont essentiellement les pays d'Afrique subsaharienne, majoritairement exportateurs de matières premières non transformées : ils représentent une très faible part des exportations mondiales, qui diminue encore au cours des années 1980 et 1990, passant de 2,5 à 1 % du total, et accueillent une part infime des IDE mondiaux. Cependant, on trouve également cette catégorie d'économies sur les continents asiatique ou latino-américain.

2. Une catégorisation « identique » en Amérique latine

Le continent latino-américain présente une physionomie contrastée du point de vue du degré d'intégration de ses différentes économies nationales à la mondialisation. On l'observe dans les tableaux 3 et 4, où les principaux pays sont présentés en ordre décroissant, respectivement, de la part de marché des exportations mondiales et régionales, et de la part des flux d'IDE mondiaux et régionaux qu'ils reçoivent en 2002.

Tableau 3 : Part des pays d'Amérique latine dans les exportations mondiales, des PED, continentales, en 2002

	% des exp. mondiales	% des exp. des PED	% des exp. de l'Amérique latine
Mexique	2,24	5,83	44,09
Brésil	1,00	2,58	19,49
Chili	0,30	0,74	5,61
Argentine	0,40	1,04	7,83
Venezuela	0,35	0,91	6,87
Colombie	0,19	0,48	3,61
Pérou	0,12	0,32	2,39
Équateur	0,08	0,22	1,65
Costa-Rica	0,08	0,22	1,64
République dominicaine	0,08	0,19	1,47
Jamaïque	0,07	0,30	0,86
El Salvador	0,04	0,11	0,84
Guatemala	0,04	0,10	0,74
Uruguay	0,03	0,08	0,61
Paraguay	0,03	0,07	0,56
Honduras	0,03	0,03	0,55
Bolivie	0,02	0,06	0,42
Nicaragua	0,01	0,03	0,19
Haïti	0,004	0,01	0,09

Source : Calculs à partir de données CEPAL (2003) et CNUCED (2003a)

Ces deux tableaux confirment que les pays d'Amérique latine représentent une part extrêmement faible des exportations et des IDE mondiaux et une faible part des exportations totales des PED et des IDE qui s'y dirigent (part en diminution au cours des années 1990).

D'autre part, au niveau continental, la concentration de ces flux est extrême et croissante. Le Brésil et le Mexique assurent près de 65 % des exportations de l'Amérique latine et reçoivent près de 55 % des IDE. Un groupe d'économies occupe des positions intermédiaires selon les deux indicateurs : entre 5 à 10 % des flux d'IDE entrants et entre 1 et 10 % des exportations : l'Argentine, le Chili, le Venezuela, la Colombie, le Pérou, l'Équateur, le Costa Rica, la République dominicaine.

Enfin, on trouve une catégorie de pays qui représentent entre 0 et 1 % des exportations et des IDE continentaux : la Bolivie, El Salvador, le Guatemala, Haïti, le Honduras, le Nicaragua, le Paraguay, la Jamaïque, l'Uruguay, et qui semblent constituer, à l'échelle de l'Amérique latine, les économies oubliées de la mondialisation.

**Tableau 4 : Part des pays d'Amérique latine dans les IDE
mondiaux, des PED, continentaux, en 2002**

	% IDE mondial	% IDE des PED	% IDE Am. latine
Brésil	2,54	10,22	29,57
Mexique	2,09	8,4	24,33
Colombie	0,31	1,25	3,63
Chili	0,25	0,99	2,86
Pérou	0,23	0,90	2,61
Venezuela	0,20	0,81	2,35
Équateur	0,20	0,79	2,28
Argentine	0,15	0,62	1,79
République dominicaine	0,15	0,59	1,72
Costa-Rica	0,10	0,41	1,18
Bolivie	0,09	0,34	0,99
Jamaïque	0,07	0,30	0,86
El Salvador	0,03	0,13	0,37
Nicaragua	0,03	0,11	0,31
Guatemala	0,02	0,07	0,20
Honduras	0,02	0,09	0,26
Uruguay	0,01	0,05	0,15
Haïti	0,001	0,00	0,01
Paraguay	0,00	-0,01	-0,04

Source : Calculs à partir de données CEPAL (2003) et CNUCED (2003b)

Certes, ce classement ne tient pas compte de l'effet de taille, qui peut être particulièrement significatif dans les deux cas. La Conférence des Nations unies sur le commerce et le développement (CNUCED) utilise ainsi un indicateur de classement permettant de corriger cet effet dans le cas des IDE. On ne l'a pas utilisé ici pour deux raisons : cet indicateur mesure ce qui hormis la taille constitue, dans un pays, un facteur d'attractivité pour les IDE. Or, la problématique de l'attractivité, qui fait intervenir notamment les politiques économiques incitatives, n'est pas celle retenue ici. Enfin et surtout, la taille combinée à d'autres facteurs est un élément qui, pour certains pays, constitue une raison importante de leur faible rapport de force dans les négociations internationales, de leur faible marge de manœuvre en matière de stratégie de développement, et de la faible diversification de leur appareil productif. Elle ne constitue cependant pas tout, comme le montre l'exemple du Costa Rica.

B. Une comparaison avec les classements en terme de revenu par tête et de développement humain

Ces pays les moins insérés dans la mondialisation libérale, selon les critères évoqués ci-dessus, font, dans l'ensemble, partie des pays les plus pauvres du point de vue du PIB par tête et les moins développés (IDH assez faible ou très faible), comme on le voit dans le tableau 5.

On relève cependant des cas particuliers significatifs : le Costa Rica et l'Uruguay, qui font partie des pays les mieux classés du point de vue de l'IDH et, dans une moindre mesure, du point de vue du PIB par tête, mais participent assez faiblement ou très faiblement aux flux d'IDE et d'échanges ; l'Équateur et la République dominicaine, qui font partie de la catégorie intermédiaire du point de vue de l'intégration à la mondialisation, et sont mal placés du point de vue du revenu par tête et surtout de l'IDH. On verra plus loin que ces exceptions peuvent être riches d'enseignements en ce qui concerne les rapports entre croissance et développement.

Tableau 5 : Classement selon l'IDH

Pays	PIB/hab. : Valeur et classement	Valeur de l'IDH	Différence de classement
1. Argentine	11320 (1)	0,849	11
2. Uruguay	8400 (5)	0,834	19
3. Chili	9190 (3)	0,831	10
4. Costa Rica	9460 (2)	0,832	9
5. Mexique	8430 (4)	0,800	3
6. Venezuela	5670 (9)	0,775	15
7. Colombie	7040 (7)	0,779	3
8. Brésil	7360 (6)	0,777	-1
9. Pérou	4570 (12)	0,752	14
10. Jamaïque	3720 (14)	0,757	27
11. Paraguay	5210 (11)	0,751	7
12. Équateur	3280 (14)	0,731	12
13. Rép.dom.	7020 (8)	0,737	-26
14. El Salvador	5260 (10)	0,719	-17
15. Bolivie	2300 (16)	0,672	12
16. Nicaragua	2279 (17)	0,635	7
17. Honduras	2340 (15)	0,634	5
18. Guatemala	4400 (13)	0,662	-22
19. Haïti	1860 (18)	0,467	-11

Source : PNUD (2003)

C. Un dilemme théorique

Sur la base de cette corrélation globale, l'analyse théorique est confrontée à un dilemme : elle peut établir un lien de corrélation, voire de causalité, entre mondialisation et développement. C'est ce que fait la doctrine libérale, notamment par la voix de la Banque mondiale, revenant par là même à une conception d'un sous-développement retard et d'un développement confondu avec la croissance du PIB. Cette proposition peut fort facilement se retourner en son apparent contraire, pour aboutir à l'idée que tout développement ne peut être autre que le masque de la mondialisation libérale, et qu'il convient d'en abandonner de façon inconditionnelle l'objectif, pour donner à des sociétés irréductiblement différentes une chance, non pas de se transformer, mais de retrouver leur véritable identité perduc. C'est la position adoptée par le courant de l'anti-développement, ou « post-développement » (Latouche, 2001, 2002, 2003 ; Rist, 2001, 2003).

1. L'intégration à la mondialisation comme condition nécessaire du développement

Il existe deux versions de cette interprétation ; la première version, la plus catégorique, est la version libérale diffusée par la Banque mondiale : l'intégration à la mondialisation est considérée comme une condition essentielle du développement des économies, pourvu qu'elle soit accompagnée de politiques macro-économiques saines, regroupées sous le qualificatif de « bonne gouvernance ». On retrouve ici la thématique de la croissance tirée par les exportations (Balassa, 1977 ; Krueger, 1978) et des externalités positives des IDE : d'un point de vue macro-économique et d'équilibre de la balance des paiements, comme source de financement de l'économie ; d'un point de vue micro ou méso-économique et d'organisation industrielle, comme source d'efficacité productive et de compétitivité accrue par le biais des transferts de technologie, des effets d'apprentissage et de la formation de la main d'œuvre.

Une version plus nuancée de cette analyse est formulée par la CNUCED : si l'intégration à la mondialisation ne se traduit pas forcément par des performances positives des pays concernés, faute de politiques économiques et d'institutions appropriées, son absence, c'est-à-dire la marginalisation par rapport à l'économie mondialisée, a obligatoirement pour effet l'aggravation du sous-développement et de la pauvreté.

Le corollaire de ce raisonnement est, en dernière analyse, une assimilation quasi-totale entre croissance du PIB et développement, malgré toutes les nuances apportées dans l'analyse : formulation d'autres indices plus qualitatifs comme l'IDH, conception plus multidimensionnelle de la pauvreté dans le cas de la Banque mondiale.

2. Le refus de la mondialisation et du développement

On trouve une conception symétrique, bien qu'elle se présente comme opposée, dans le courant de l'anti-développement, qui s'autodénomme « post-développement » (Latouche, Rist, Partant, entre autres).

Selon cette approche, les économies les plus « développées » sont celles qui ont le plus subi la mondialisation, appelée aussi « occidentalisation ». À cet égard, elles sont dans une situation encore moins enviables que les économies classées comme les plus pauvres : celles-ci auraient la chance, étant partiellement restées à l'écart de la mondialisation, d'avoir ainsi pu conserver leur identité. En effet, écrit S. Latouche, leur pauvreté ne relèverait pas de leur condition matérielle, mais d'une frustration suscitée par l'imaginaire de la croissance véhiculé par le modèle occidental :

> Ces maux, quels sont-ils ? Sont-ils les mêmes pour nous et pour le paysan africain, l'imam yéménite, le coolie chinois ou le guerrier papou ? Là où nous décodons « pauvreté matérielle » à partir de notre grille de lecture économique, le second verra la marque indubitable de la sorcellerie, le troisième le triste spectacle de l'impureté rituelle, le quatrième un dérèglement du ciel et le cinquième un problème avec les ancêtres décédés (Latouche, 2003, p. 131).

Il en est de même pour toutes les manifestations les plus criantes de ce qui est couramment appelé le « sous-développement ».

Or, cette frustration provient de ce que le progrès social constitue pour la plupart des sociétés de la planète un impensable (en vertu de différences culturelles considérées comme irréductibles), ou une chimère inatteignable. L'économiste mexicain Esteva décrit ainsi des sociétés traditionnelles désemparées et déstructurées par l'accès à l'éducation scolaire, qui les éloigne d'elles-mêmes. Il rejoint en cela le discours d'Illich, l'un des principaux inspirateurs de ce courant, qui parle de « l'emprisonnement dans les hôpitaux et les salles de classe ». Il faut donc, renonçant à tout projet de développement, s'en remettre à l'évolution sociale spontanée, c'est-à-dire à « un rééquilibrage par le bas » par la décomposition du système. C'est l'idée qu'on trouve chez Latouche (1998), qui décrit comme seule perspective la généralisation de l'économie de la débrouille (secteur informel qui ne dit pas son nom).

On voit donc que les préconisations de ce courant rejoignent assez largement les recettes libérales, ce qu'on trouve aussi dans la thématique du ciblage des services publics, aujourd'hui centrale pour la Banque mondiale. Ainsi, Illich (1971) écrivait :

> Une fois que l'imagination d'une population dans son ensemble a été « scolarisée », c'est-à-dire persuadée que l'école possède le monopole absolu de l'éducation, alors l'analphabète peut être frappé d'impôts qui permettront d'offrir une éducation secondaire et universitaire gratuite aux enfants de riches.

Cette construction théorique repose sur l'idée que tout objectif de développement revient inévitablement à la transposition du modèle de croissance des économies industrialisées et à l'extension des relations marchandes. Il n'existe pas de modèle de développement alternatif envisageable ; pas plus qu'il n'existe de mondialisation possible autre que libérale. Cette assimilation de principe entre croissance et développement repose sur deux postulats :

– Une confusion historique entre l'étape actuelle de la mondialisation libérale, qui s'articule aux stratégies d'ajustement structurel, et la période précédente des stratégies volontaristes de développement. Latouche (2002) écrit ainsi : « si le développement, en effet, n'a été que la poursuite de la colonisation par d'autres moyens, la nouvelle mondialisation, à son tour, n'est que la poursuite du développement avec d'autres moyens ».

– Un impensé de principe qui est celui des rapports sociaux des sociétés considérées : les sociétés dites « non occidentales » paraissent ne connaître ni rapports de classes, ni rapports internes d'oppression (notamment des femmes), et semblent figées dans un temps a-historique. Dès lors, la seule évolution qu'elles sont susceptibles de connaître ne peut venir que de l'occidentalisation.

II. Une analyse hétérodoxe des relations entre mondialisation capitaliste et sous-développement

À l'opposé des deux conceptions précédentes, qui ont en commun de refuser toute distinction entre croissance et développement, il est possible comme le font la plupart des approches hétérodoxes du développement, rejointes en cela par les critiques de la mondialisation libérale, de se réapproprier la distinction, fondatrice de l'économie du développement, entre croissance du PIB et développement (Perroux, 1981) : celui-ci est alors entendu au sens de transformation des structures des sociétés et d'amélioration des conditions de vie de ses habitants, mais aussi de capacité plus grande de la société dans son ensemble à maîtriser sa trajectoire, en s'affranchissant des liens de dépendance externe dont justement la mondialisation libérale se fait aujourd'hui le vecteur.

A. Analyse des caractéristiques de la croissance dans la « périphérie mondialisée »

Dans cette optique, la croissance enregistrée dans la « périphérie mondialisée » fait l'objet d'une analyse critique : parfois génératrice temporairement d'amélioration des conditions de vie de la population, elle a souvent été à l'origine d'une dépendance extérieure accrue, d'une aggravation importante des inégalités de revenus, d'instabilité et de crises à répétition.

Ces trois effets sont en interrelation étroite. La dépendance prend plusieurs formes et se traduit d'abord par une désarticulation croissante de l'appareil productif, et par une incapacité à amorcer une remontée de la filière industrielle. La croissance des exportations, y compris de produits manufacturés, des économies les plus intégrées à l'économie mondialisée, s'effectue au prix d'une augmentation soutenue des importations, notamment de biens d'équipements et de biens intermédiaires (voir *supra*, tableau 1). C'est le cas de l'Asie du Sud-Est dont la part dans les importations mondiales augmente le plus au cours des années 1990, suivie de l'Amérique latine ; on note que la disproportion entre importations et exportations est plus grande pour l'Amérique latine ; en revanche, les importations en Afrique augmentent moins vite et leur part dans les importations mondiales diminue en même temps que leur part de marché à l'exportation.

Ce constat comporte deux corollaires :

– D'une part, la croissance de la valeur ajoutée des exportations de ces pays est beaucoup plus faible que celle de leur valeur totale, en raison de l'importance des composants importés, et ceci de façon croissante, et donc de la dépendance technologique persistante et de la désintégration des appareils productifs (voir *infra*, tableau 6). Cette dernière tendance est particulièrement marquée pour les économies latino-américaines. Ainsi, depuis l'entrée en vigueur de l'Accord de libre-échange nord-américain (ALENA), si l'expansion des *maquiladoras* dans les secteurs de l'électronique et de l'automobile au Mexique s'est traduite par l'implantation d'unités de production plus intensives en capital et en technologie qu'auparavant, elle ne s'est pas accompagnée d'effets d'entraînement sur le tissu productif local. Bien au contraire, le recours à des inputs importés s'est accru (Treillet, 1998).

– D'autre part, la croissance des exportations industrielles et celle du PIB, elle-même dépendante du flux d'IDE, s'est traduite par un creusement constant du déficit courant, lui-même générateur des crises monétaires qu'ont connu plusieurs de ces pays, notamment le Mexique et l'Argentine au cours des années 1990, sitôt que la parité de la monnaie n'a pu être maintenue et que les flux de capitaux se sont inversés (Husson, 2001 ; Salama, 2002).

Ces déséquilibres s'observent également à l'échelle de ce qu'on peut appeler, dans notre catégorisation, la périphérie semi-mondialisée : ainsi, en Équateur, au cours des années 1990, les investissements des firmes multinationales pétrolières augmentent de façon significative : ils représentent à la fin de la décennie 85 % des IDE. La République dominicaine est passée au cours de la même période d'une économie essentiellement exportatrice de matières premières, à une économie exportatrice de produits manufacturés faiblement intensifs en technologies, qui représentent aujourd'hui plus de 60 % des exportations. Les IDE dans les zones franches à très bas salaires, consacrées à la confection et aux industries d'assemblage, en constituent l'essentiel (CEPAL, 2003). À l'opposé, le Costa Rica, qui a vu récemment s'implanter des IDE intensifs en technologie (en micro-électronique notamment) au détriment de l'agro-exportation et de la confection, fait figure d'exception parmi les petits pays.

Tableau 6 : Part des différentes régions dans les exportations et la valeur ajoutée mondiale de produits manufacturés

	Part dans les exportations mondiales de produits manufacturés		Part dans la valeur ajoutée mondiale des produits manufactures	
Régions et pays	*1980*	*1998*	*1980*	*1998*
Pays industrialisés	82,3	70,9	64,5	73,3
Pays en développement	10,6	26,5	16,6	23,8
Amérique latine	1,5	3,5	7,1	6,7
Argentine	0,2	0,2	0,9	0,9
Brésil	0,7	0,7	2,9	2,7
Chili	0,0	0,1	0,2	0,2
Mexique	0,2	2,2	1,9	1,2
Asie de l'Est et du Sud-Est	6,0	16,9	7,3	14,0
Nouvelles économies industrialisées	5,1	8,9	1,7	4,5
Hong-Kong	0,2	0,6	0,3	0,2
Corée du Sud	1,4	2,9	0,7	2,3
Singapour	0,9	2,6	0,1	0,4
Taiwan	1,6	2,8	0,6	1,6
ASEAN[1]-4	0,6	3,6	1,2	2,6
Indonésie	0,1	0,6	0,4	1,0
Malaisie	0,2	1,5	0,2	0,5
Philippines	0,1	0,5	0,3	0,3
Thaïlande	0,2	1,0	0,3	0,8
Chine	1,1	3,8	3,3	5,8
Inde	0,4	0,6	1,1	1,1
Turquie	0,1	0,5	0,4	0,5

Source : CNUCED (2002b)

De plus, comme le constate une étude la Banque interaméricaine de développement (BID) sur les inégalités de revenus en Amérique latine

[1] Association of South-East Asia Nations / Association des nations du Sud-Est asiatique.

(BID, 1999), celles-ci ont une composante structurelle forte, et les phases de croissance ne les estompent pas : les pays qui ont connu des périodes de forte croissance liée aux flux d'IDE et à la croissance des exportations, comme le Mexique, le Chili ou l'Argentine dans les années 1990, ont vu les inégalités de revenus se creuser, qu'il s'agisse des écarts de salaires ou des écarts entre salaires et profits. On peut trouver à cela plusieurs raisons s'éloignant de l'approche de la BID qui, dans une analyse en termes de capital humain, attribue la persistance ou l'aggravation de ces inégalités presque uniquement à des facteurs éducatifs. En effet, les inégalités ont particulièrement augmenté dans les pays qui ont pratiqué des politiques d'ouverture et de déréglementation de la façon la plus prononcée et la plus brutale, comme le Mexique et l'Argentine l'ont fait conjointement avec des politiques comportant le blocage des salaires et, des coupures importantes dans les budgets sociaux et les subventions aux produits de base. Certes, ces politiques ont été appliquées partout, mais de façon plus ou moins prononcée. Autre facteur particulièrement net dans le cas du Mexique, l'ouverture de l'économie et notamment l'adhésion à l'ALENA se sont accompagnées d'une contre-réforme agraire, d'une privatisation accrue des structures foncières et d'une extension des cultures d'exportation, notamment l'élevage bovin, au détriment des cultures vivrières. Le résultat en a été à la fois une concentration accrue des structures foncières et un appauvrissement accentué de la population rurale, notamment dans les régions les moins développées.

Enfin, si ces économies semblent bénéficier de phases de croissance beaucoup plus prononcées que celles qui sont moins insérées dans la mondialisation, et ne connaissent dans l'ensemble que la stagnation voire une régression de leur PIB par tête, cette croissance ne parvient pas à s'installer dans la durée. Comme le montrent les crises à répétition des années 1990, il s'agit d'une croissance « sur le fil du rasoir », selon l'expression de Pierre Salama : elle est dépendante de façon persistante des flux de capitaux extérieurs, souvent très volatiles, et chaque crise, qui s'étend systématiquement de la sphère monétaire et financière à la sphère réelle, se solde par un approfondissement des politiques libérales, donc par une aggravation des contradictions latentes.

B. Comment rendre compte du sous-développement dans la périphérie marginalisée ?

Selon ce schéma d'analyse, les économies les plus en retrait par rapport à la mondialisation devraient se trouver protégées des soubresauts de l'accumulation capitaliste, et, sinon progresser, du moins ne pas voir leur situation s'aggraver. La plupart du temps ce n'est pas le cas. Deux séries de raisons semblent pouvoir l'expliquer.

1. *« Déconnexion forcée » ou insertion spécifique dans la mondialisation ?*

On peut se demander, en premier lieu, s'il ne convient pas, afin d'approfondir l'analyse des rapports complexes entre sous-développement, développement et mondialisation, de remettre en question la proposition fréquemment admise d'une « déconnexion forcée », selon l'expression d'El Mouhoub Mouhoud (1992), pour désigner le fait que ces pays se verraient imposer à leurs corps défendant une mise à l'écart quasi-totale de l'économie mondiale. On peut, en effet, émettre l'hypothèse que ces économies seraient bien insérées dans la mondialisation d'une manière spécifique qu'il convient de caractériser.

On constate tout d'abord une dissymétrie entre le poids de ces économies dans l'économie mondiale et le poids de l'économie mondiale dans ces économies.

Si les exportations de ces pays sont d'un faible poids dans le marché mondial, les échanges extérieurs pèsent en revanche d'un grand poids par rapport à leur produit intérieur brut. Par ailleurs, la nature de ces exportations aggrave la dépendance. Il s'agit soit majoritairement de produits primaires, aux cours très instables (Bolivie, Paraguay, Guatemala, Honduras, Nicaragua, Jamaïque, Équateur), soit de produits manufacturés à faible contenu technologique, et dont la demande progresse peu, comme le textile et les vêtements (El Salvador, République dominicaine). De plus, les parts de marché à l'exportation de ces pays sont à terme menacées par la libéralisation des échanges dans ce secteur et par la concurrence des exportations chinoises.

La CNUCED, dans son rapport 2003 sur l'investissement mondial, classe les économies d'accueil des IDE, au moyen d'un « indicateur de transnationalité », qui est la moyenne de quatre quotients : flux d'IDE en pourcentage de la FBCF des trois dernières années (1998-2000), stock d'IDE en pourcentage du PIB en 2000, valeur ajoutée des filiales étrangères en pourcentage du PIB en 2000, emploi dans les filiales étrangères en pourcentage de l'emploi total en 2000.

L'indice moyen pour les PED est ainsi de 20 % (comme celui des économies industrialisées) Mais cette moyenne recouvre une grande diversité. En ce qui concerne l'Amérique latine, parmi les économies les plus internationalisées selon ces calculs, on trouve, dans l'ordre, le Chili, l'Équateur, et la République dominicaine, qui sont au-dessus de la moyenne. L'indice du Brésil est juste de 20 %. En dessous de ce seuil viennent le Honduras, l'Argentine, la Jamaïque, le Costa Rica, le Venezuela, le Mexique, la Colombie, le Guatemala et le Pérou (10 %). Le taux du Mexique n'est que de 12 %. Il y a donc peu de rapports entre ce classement et le poids respectif de ces économies sur le marché mondial ou dans les IDE mondiaux. À noter que l'indicateur de la Corée du Sud n'est que de 8 %

Il semble donc qu'en plus de la très faible diversification de leurs appareils productifs, ces économies présentent un modèle productif extraverti, peut-être paradoxalement davantage que certaines économies mieux insérées dans la mondialisation, mais qui ont su préserver des pans de leur appareil productif issu de la substitution d'importation, comme le Brésil.

2. *Modalités contemporaines d'articulation entre structures sociales internes et différentes formes de dépendance externe*

Pour autant, et cela constitue la deuxième piste d'analyse, la « démondialisation » (Bello, 2000) (avatar contemporain de la déconnexion préconisée par Samir Amin) pourrait-elle constituer à elle seule la base d'un développement renouvelé, au risque d'imputer tous les blocages à la mondialisation en exonérant les rapports sociaux internes aux sociétés considérées ? Ne faut-il pas au contraire, renouvelant ainsi la démarche des théories de la dépendance, repenser les modalités contemporaines d'articulation entre structures sociales internes et dépendance externe dans les formes, diverses, que lui donne aujourd'hui la mondialisation libérale ? On pourrait mentionner différents aspects de ces structures sociales, que la mondialisation a certes transformés, et parfois renforcés, mais qu'elle n'a pas créés. Ainsi, les inégalités de genre (notamment dans l'accès à la terre), trouvent leurs racines dans les structures sociales dites « traditionnelles », particulièrement familiales, qui peuvent être déstabilisées par les différents aspects de la mondialisation et notamment la salarisation (Hirata et Le Doaré, 1998).

Dans le cas des inégalités de revenus, nombre d'études ont montré leur caractère structurel en Amérique latine. L'étude de la BID (1999) présente la limite de ne quasiment pas faire allusion aux inégalités de patrimoine, notamment à la répartition foncière et aux effets qu'elle peut avoir sur les flux de revenus, pas plus qu'à la résistance des classes dominantes locales à la mise en place d'une véritable fiscalité progressive. Ainsi, en 2003, il ne semble pas y avoir de lien significatif entre l'ampleur des inégalités de revenus et le classement selon le PIB par tête, pas plus qu'avec le degré d'intégration dans la mondialisation. On trouve dans les économies les plus inégalitaires aussi bien le Brésil et, dans une moindre mesure, la Colombie et le Mexique, que le Nicaragua, le Honduras, le Paraguay et le Guatemala. Le tableau 7 ci-dessous appelle deux remarques : ces inégalités renvoient à des données structurelles (concentration des terres, marginalisation de la population indienne et rurale en général) qui peuvent être le cas échéant renforcées par certains effets de la mondialisation (par exemple, la croissance relative des cultures ou de l'élevage d'exportation aggravant la concentration foncière, comme c'est le cas dans certaines régions du Brésil ou du Mexique). Mais elle n'y trouve pas ses racines profondes ; celles-ci renvoient aux spécificités de la formation sociale de chaque société.

Tableau 7 : Inégalités de revenus en Amérique latine

Pays	20 % les plus pauvres	20 % les plus riches	Indice de Gini
Brésil 1998	2,2	64,1	60,7
Nicaragua 1998	2,3	63,6	60,3
Honduras 1998	2,0	61,0	59,0
Paraguay 1998	1,9	60,7	57,7
Colombie 1996	3,0	60,9	57,1
Guatemala 1998	3,8	60,6	55,8
Équateur 1995	5,4	49,7	53,7
Mexique 1998	3,4	57,6	51,9
El Salvador 1998	3,3	56,4	50,8
Venezuela 1998	3,0	53,2	49,5
Argentine 1998	-	-	48,0
Rép. Dom. 1998	5,1	53,3	47,4
Pérou 1996	4,4	51,2	46,2
Costa-Rica 1997	4,5	51,0	45,9
Uruguay 1998	4,5	50,4	44,8
Bolivie 1999	4,0	49,1	44,7
Jamaïque 2000	6,7	46,0	37,9

Source : PNUD (2003)

Par ailleurs, si différents profils d'inégalités à tous les niveaux de revenus peuvent être observés, il semble que cela fasse une différence significative en ce qui concerne le classement selon l'IDH : ainsi le Costa Rica, l'Uruguay et la Jamaïque qui ont des rangs d'IDH assez élevés relativement à leur revenu par tête, ont les coefficients de Gini les plus faibles. On peut faire l'observation inverse pour le Brésil, le Guatemala, et dans une moindre mesure le Salvador. En dépit de toutes les limites de l'IDH comme indicateur, cela représente une assez bonne illustration de la différence analytique que l'ont peut opérer entre les concepts de croissance et de développement. De la même façon, les économies qui présentent un profil d'intégration à la mondialisation fondé sur les faibles coûts salariaux, comme El Salvador ou la République dominicaine, présentent également une telle différence négative.

Les observations précédentes ne permettent donc pas d'établir une relation de causalité univoque entre les modalités contemporaines de la mondialisation et l'aggravation du sous-développement, ou le non-développement, de la plupart des pays d'Amérique latine.

Conclusion

Cette typologie rapide des économies latino-américaines, tant du point de vue de leur degré d'insertion dans la mondialisation que de celui de leurs résultats en matière de croissance et de développement, semblent corroborer l'hypothèse formulée en introduction : si l'insertion dans la mondialisation ne garantit pas aux économies qui en bénéficient une croissance stable et un développement soutenu sur le long terme, l'exclusion ou la quasi-exclusion de celle-ci ne met pas pour autant les sociétés les plus pauvres à l'abri des soubresauts du commerce et des flux de capitaux mondiaux. On peut y voir, en premier lieu, l'effet du caractère ultra-concurrentiel de cette mondialisation. Mais ces conséquences s'articulent étroitement avec les rapports sociaux internes aux pays, et notamment l'augmentation des inégalités de revenus et de patrimoines. L'étude détaillée de ce type d'articulation domination interne/ formations sociales internes constitue un possible renouvellement de l'approche de la dépendance, en même temps qu'un approfondissement de la distinction croissance-développement.

Références

BANQUE INTERAMÉRICAINE DE DÉVELOPPEMENT (1999), *Economic and Social Progress in Latin America, 1998-99 Report, Facing up to Inequality in Latin America*, Washington D.C., John Hopkins University Press.

BELLO, W. (2000), « The Struggle for a Deglobalized World, Focus on the Global South », http://www.corpwatch.org.

BALASSA, B. (1977), « Stages Approach to Comparative Advantage », Fifth World Congress of International Economic Association, Tokyo.

CEPAL (2003), « La inversion extranjera en America latina y el Caribe », http://www.eclac.cl.

CNUCED (2002a), « Handbook of Statistics », http://www.unctad.org.

CNUCED (2002b), « Trade and Development Report », http://www.unctad.org.

CNUCED (2003a), « Trade and Development Report », http://www.unctad.org.

CNUCED (2003b), « World Investment Report », http://www.unctad.org.

ESTEVA, G. (1996), *Les ruines du développement*, Montréal, Écosociété.

HIRATA, H. et LE DOARÉ, H. (1998), « Les paradoxes de la mondialisation », Cahiers du Gedisst n° 21, Paris, L'Harmattan.

HUSSON, M. (2001), « Argentine : derrière le voile monétaire », *Mouvements*, n° 20, mars-avril 2002, http://hussonet.free.fr.

ILLICH, I. (1971), *Libérer l'avenir*, Paris, Seuil.

ILLITCH, I. (2001), « La critique du développement en 1969 », *L'Écologiste*, n° 6, pp. 23-28.

KRUEGER, A. (1978), *Liberalisation Attempts and Consequences*, New-York, NBER.

LATOUCHE, S. (1998), *L'autre Afrique, entre don et marché*, Paris, Albin Michel.

LATOUCHE, S. (2001), « Pour en finir une fois pour toutes avec le développement », *Le Monde diplomatique*, mai, pp. 6-7.

LATOUCHE, S. (2002), « Le développement n'est pas la solution, c'est le problème ! », Colloque « Défaire le développement, refaire le monde », Most-Unesco, février-mars.

LATOUCHE, S. (2003), « Il faut jeter le bébé plutôt que l'eau du bain », Cahiers de l'IUED n° 5, Genève, Paris, PUF, pp. 123-134.

MOUHOUD, E.M. (1992), *Changement technique et division internationale du travail*, Paris, Economica.

MOUHOUD, E.M. (1996), « Délocalisations dans les pays à bas salaires et contraintes d'efficacité productive », *Mondes en développement*, vol. 24, n° 95, pp. 25-36.

MOUHOUD, E.M. (1998), « Globalisation et régionalisation des économies : fondements et logiques en œuvre », *Revue de l'IRES*, n° 27, pp. 9-23.

PARTANT, F. (1982), *La fin du développement, naissance d'une alternative ?*, Paris, F. Maspero, réédition 1997.

PERROUX, F. (1961), *L'économie du XX° siècle*, Paris, PUF.

PERROUX, F. (1981), *Pour une philosophie du nouveau développement*, Paris, Aubier, Presses de l'Unesco.

POTTIER, C. (1996), « Coût du travail, délocalisations et intégration mondiale de la production par les firmes », *Mondes en développement*, vol. 24, n° 95, pp. 37-48.

POTTIER, C. (1998), « Le système productif Japon-Asie : quelle division internationale du travail ? », *Revue de l'IRES*, n° 27, pp. 161-187.

PNUD (2000, 2001, 2002, 2003), « Rapport mondial sur le développement humain », http://www.undp.org.

RIST, G. (2001), *Le développement, histoire d'une croyance occidentale*, Paris, Presses de Sciences Po.

RIST, G. (2003), « Le développement : la violence symbolique d'une croyance », Cahiers de l'IUED, n° 5, Genève, Paris, PUF, pp. 135-151.

SALAMA, P. (2002), « Les nouveaux paradoxes de la libéralisation en Amérique latine », *Problèmes d'Amérique latine*, n° 41, pp. 71-91.

TREILLET, S. (1998), « Mexique : régionalisation, ouverture et modifications de la spécialisation industrielle », *Revue de l'IRES*, n° 27, pp. 111-136.

TREILLET, S. (2002), *L'économie du développement*, Paris, Circa Nathan.

TREILLET, S. (2004), « Misère de l'anti-développement », *Recherches internationales*, 72(2), pp. 111-136.

Impacts sur l'environnement de l'Europe de l'Ouest et de l'Afrique de l'Ouest

Essai de comparaison sur la base d'indicateurs

Bruno KESTEMONT, Lise FRENDO et Edwin ZACCAÏ

Institut national de statistique, Belgique /
Université Libre de Bruxelles, IGEAT, CEDD, Belgique

Il est communément reconnu que « le Nord » consomme davantage de ressources naturelles et génère bien plus d'atteintes à l'environnement global que « le Sud ». Cela constitue non seulement une injustice globale par rapport à l'utilisation de certaines ressources communes mais aussi une préoccupation centrale dans les projections en matière de développement durable. Les modèles de production et de consommation au « Nord » et au « Sud » ont souvent été analysés selon ce type de préoccupation. Ainsi, selon W. Sachs (1993), à ce rythme « cinq ou six planètes » (*ibid.*, p. 6) seraient nécessaires, tandis que selon G.H. Brundtland, « si 7 milliards de personnes devaient consommer autant que nous à l'Ouest, il nous faudrait dix mondes et non un seul pour satisfaire nos besoins » (cité par Hille 1997, p. 7). On trouve une trace de cet ordre de grandeur avec l'objectif de réduction d'un « facteur 10 » promu depuis les années 1990 dans des textes européens.

Dans cette perspective problématique[1] aujourd'hui sans réelle solution, qui se situe sans doute au cœur de la question du développement durable à l'échelle mondiale, il apparaît que des problèmes environnementaux dits « globaux » sont en réalité très contrastés dans leur origine et leurs impacts en fonction des sociétés et de la géographie.

Pour considérer ces données plus en détail, l'utilisation de rapports scientifiques et officiels à base d'indicateurs représente une source particulièrement intéressante à étudier. En effet, dans le contexte de comparabilité, voire de mise en concurrence, internationale qui est celui de la

---

[1] Question que l'on peut faire remonter au moins aux années 1970, voir Zaccaï (2002b).

mondialisation actuelle, le recours au classement des pays sur la base d'indicateurs quantitatifs a le vent en poupe. Au-delà d'un simple outil de politique environnementale comparative (*benchmarking*), ces comparaisons sur la base d'indicateurs peuvent avoir des impacts sur les négociations internationales en matière d'environnement, ou sur l'assortiment de critères environnementaux inclus dans des politiques de coopération. La comparaison d'indicateurs environnementaux et économiques a également pour enjeu la validation ou non de théories du développement (exogène, endogène, libérale, planifiée, mondialiste, protectionniste, centralisée, délocalisée, etc.) dans une perspective de durabilité. En particulier, la réponse à la question de savoir dans quelle mesure la mondialisation néolibérale est l'amie ou l'ennemie de l'environnement dépend étroitement du choix des indicateurs d'environnement global pris en compte.

Il est vrai que les séries d'indicateurs ont souvent le désavantage de ne pouvoir suffisamment déterminer des causalités de phénomènes, et restent donc en partie sujettes à diverses interprétations possibles. Il n'en reste pas moins que ces évaluations sur la base d'indicateurs demeurent très largement utilisées et, à ce titre, méritent qu'on s'y intéresse ainsi qu'aux interprétations qui en découlent.

La question sous-jacente de la compatibilité entre environnement et développement économique s'illustre, par exemple, dans les controverses entre rapports sur l'état de l'environnement mondial suivant Lomborg *versus* Brown (Zaccaï *et al.*, 2004)[2] ; ou encore, dans les controverses qui opposent les approches par indicateur : l'*Environmental Sustainability Index* du Forum économique mondial (WEF, 2002, 2004)[3] *versus* « l'empreinte écologique » calculée par le World Wildlife Fund (WWF, 2004)[4]. Tous ces travaux sont bien documentés mais ils

---

[2] Lomborg a défrayé la chronique au début des années 2000 pour avoir actualisé des thèses optimistes de l'économiste Simon sur la compatibilité du développement économique et de l'environnement, en produisant un livre polémique se voulant le contre-pied des analyses relativement alarmistes développées dans *L'état de la planète*, publication annuelle (depuis 1984) du Worldwatch Institute dont Lester Brown est le fondateur.

[3] Jah et Murthy (2003) critiquent la pondération implicite introduite par le choix de variables en majorité socio-économiques et souvent corrélées entre elles, comme base de calcul de cet indice « environnemental ».

[4] L'approche par l'*Environmental Sustainability Index* tend à démontrer, à travers un choix d'indicateurs spécifiques, que la durabilité environnementale est en moyenne plus élevée dans les pays développés que dans les pays les plus pauvres, tandis que l'approche par « l'empreinte écologique » souligne la supériorité de la consommation globale de ressources écologiques des premiers par rapport aux seconds.

mènent à des conclusions opposées en fonction des indicateurs environnementaux sélectionnés.

Par rapport aux enjeux qui viennent d'être introduits, notre objectif dans cette contribution est, d'abord, de tester l'utilité et la praticabilité d'indicateurs, pour comparer les enjeux environnementaux entre une région économiquement développée du Nord et une autre qui l'est peu au Sud, et d'en tirer d'éventuels enseignements méthodologiques. Pour chaque problématique, nous présentons un ensemble d'indicateurs qui en évalue différentes facettes. Cette manière de procéder est à l'opposé de la démarche de rapports qui représentent un grand nombre de problématiques environnementales avec peu d'indicateurs par problématique, et en général en ne retenant qu'un indicateur par problématique. Notre exercice illustrera ainsi que le choix d'un indicateur « unique » par problématique peut induire des biais importants dans les comparaisons et analyses. Un second objectif de notre contribution sera, par ailleurs, de fournir des données et analyses synthétiques pour alimenter la connaissance des problèmes environnementaux étudiés.

I. Méthodologie

Afin de limiter les controverses sur le choix des thèmes examinés, nous nous sommes concentrés sur des problématiques environnementales reconnues comme mondiales dans la littérature scientifique, et pour lesquelles l'ampleur de l'impact global de l'homme sur la nature est jugé le plus important[5]. Pour ce faire, nous nous basons sur une publication de référence, l'article de Vitousek *et al.* (1997b). Ces auteurs caractérisent six problèmes majeurs d'environnement au niveau mondial (*global-scale indicator of change*) : (1) l'utilisation des terres par l'homme, (2) la modification de la composition de l'atmosphère, (3) la diminution des ressources en eau, (4) la perturbation du cycle de l'azote, (5) la perte de biodiversité, (6) l'épuisement de pêcheries. Concernant chacun de ces problèmes globaux, nous avons étudié, d'une part, la contribution relative de chacun des pays aux pressions globales sur l'environnement et, d'autre part, certains impacts ressentis plus localement par ces mêmes pays.

Les pays choisis appartiennent géographiquement et économiquement à deux groupes distincts :

– Cinq pays d'Europe de l'Ouest : Belgique, France, Pays-Bas, Royaume-Uni et Suisse ;

---

[5] Toutefois, d'autres configurations restent possibles, voir, par exemple, le rapport *Geo-3* (PNUE, 2002) et celui du Millennium Ecosystem Assessment (2005).

– Cinq pays d'Afrique de l'Ouest : Bénin, Burkina Faso, Côte d'Ivoire, Guinée-Bissau et Sénégal.

Le choix d'un nombre réduit de pays autorise une brève illustration de phénomènes environnementaux et de leurs causes, permettant certains éclairages sur des logiques et implications pouvant se cacher derrière des indicateurs par définition agrégés et simplificateurs. Chacun de ces groupes représente une surface équivalente et une certaine diversité géographique et socio-économique dans un espace régional commun, respectivement dans le Nord et dans le Sud[6]. Ce niveau régional se prête assez bien au type d'analyse mené ici, mais d'autres choix auraient évidemment été possibles et nous avons choisi des régions et pays avec lesquels nous étions les plus familiers, afin de pouvoir nous guider, dans l'analyse d'indicateurs, sur des situations correspondant à la réalité du terrain. Par convention, dans la suite de l'article nous utilisons les termes « Nord » (groupe Europe) et « Sud » (groupe Afrique) pour désigner respectivement l'un et l'autre des deux ensembles de pays étudiés.

II. Résultats par problématique

A. Utilisation des terres par l'homme

Le rapport d'une société avec son espace de vie est fonction d'une multitude de paramètres sociaux, économiques et environnementaux. Vitousek *et al.* (1997b) considèrent la transformation du territoire comme l'une des perturbations majeures, en admettant que ce thème englobe différentes activités aux intensités et impacts très différents.

La contribution de chaque pays à la pression sur les terres mondiales peut s'illustrer par l'empreinte écologique exprimée en hectares (ha) équivalents de productivité moyenne mondiale par habitant. Cette empreinte agrège, selon une méthodologie particulière (Wackernagel *et al.*, 2000), un ensemble d'impacts, y compris l'utilisation de l'espace repris dans d'autres de nos indicateurs. De plus, ce concept se plaçant dans une perspective d'utilisation de ressources renouvelables uniquement, les utilisations énergétiques y sont incluses en équivalents-production de biomasse.

L'indicateur du pourcentage de territoire semi-naturel, proposé par Prescott-Allen (2001) sous l'appellation de « territoire modifié », correspond à l'espace modérément ou fortement influencé par l'homme excepté par les cultures et le bâti. De ce fait, les pâturages y sont également comptabilisés.

---

[6] En annexe, on trouvera un tableau des données socio-économiques et géographiques de base pour chacun des pays considérés.

Le « territoire bâti » est le territoire occupé par des constructions, infrastructures de transport et autres structures humaines, dont les mines et carrières, décharges, parcs et jardins urbains.
Le « territoire cultivé » est la partie subissant des modifications, notamment par le labour.

Tableau 1 : Perturbation du territoire

	Empreinte écologique	Territoire semi-naturel	Terri-toire bâti	Territoire cultivé	Territoire naturel
Source	a	b	b	b	b
Date de la donnée	1996	2000	2000	2000	2000
Unité	Ha éq./hab.	%	%	%	%
Belgique	6,08	42	17,7	40,3	0,0
France	7,30	55,1	5,4	39,3	0,2
Pays-Bas	5,98	49,9	16,5	33,5	0,0
Suisse	6,60	78,4	7,1	14,1	0,4
Royaume-Uni	6,26	51	12,1	36,9	0,0
Moyenne groupe Europe	*6,64*	*54*	*8,0*	*33*	*0,1*
Bénin	0,97	69,6	2,5	14,9	13
Burkina Faso	0,90	71,2	2	14,8	12
Côte d'Ivoire	0,95	49,4	2,2	27,4	21
Guinée-Bissau	0,80	84,4	2	12,8	0,8
Sénégal	1,06	81,5	2,2	15,3	1
Moyenne groupe Afrique	*0,96*	*65*	*2,1*	*17*	*10*
Rapport grE/grA	*7*	*1*	*4*	*2*	*1/100*

a : Wackernagel *et al.* (2000) ; b : Prescott-Allen (2001)

Source : Auteurs

Le taux d'urbanisation (territoire bâti) est quatre fois plus élevé en Europe, et le taux d'occupation des cultures y est deux fois plus élevé. En revanche, selon la comptabilité de Prescott-Allen (2001), il apparaît que le territoire semi-naturel serait aussi important dans le groupe des pays africains que dans le groupe européen. Ce qui reste de l'occupation du sol est constitué par les terrains « naturels », c'est-à-dire quasi-non modifiés par l'homme. Il n'y en a pratiquement plus en Europe de l'Ouest, ce qui fait observer un ratio de 1 à 100 en faveur de notre échantillon africain.

Au-delà de ces ordres de grandeur, du point de vue de l'impact sur l'environnement, il faudrait mesurer de façon beaucoup plus précise les conséquences de ces divers types de transformation des terres dans leurs relations à divers facteurs critiques. Le tableau 1 met en évidence que le différentiel de responsabilité mondiale (empreinte écologique) est plus important que le différentiel d'impact dans les deux régions de référence. Le calcul de l'empreinte écologique, qui inclut de l'environnement « importé », explique sûrement en partie cette différence. Le Sud semble seul à encore disposer d'une « réserve naturelle d'espace »[7] qui pourrait, de par sa raréfaction, représenter un terrain de conflit entre « développeurs » et « conservateurs » mondiaux. Cet espace peut constituer l'un des enjeux de la mondialisation économique. La privatisation est en effet susceptible de remettre en cause le principe de la « terre nourricière » chère au régime foncier traditionnel africain (la terre n'appartient au cultivateur que le temps de ses cultures, ce qui empêche aussi toute exploitation différée).

B. Modification de la composition de l'atmosphère

Les principaux perturbateurs atmosphériques émis par l'homme, avec des conséquences sur le climat, sont les gaz à effet de serre (GES) avec en tête le CO_2.

L'Afrique ne contribue qu'à raison de moins de 3,5 % aux émissions mondiales de CO_2, et encore ces émissions sont elles surtout le fait de l'Afrique du Nord et du Sud (Marland *et al.*, 2001). En revanche, ce continent est globalement la région la plus vulnérable aux impacts du changement climatique et le Groupe international d'experts sur le climat (GIEC) y prévoit l'intensification de la sécheresse et des inondations associées au phénomène El Niño, mettant en péril la sécurité alimentaire, étant donné que la pauvreté y réduit la capacité d'adaptation (GIEC, 2001). Les côtes du Golfe de Guinée, où un tiers de la population se concentre sur une frange côtière de 60 km (PNUE, 2003) seraient, par exemple, menacées par la remontée du niveau des mers, en particulier au Sénégal, en Gambie, et en Guinée-Bissau (GIEC, 2001)[8].

---

[7] Avec les nuances habituelles qu'il faut apporter à cette naturalité, vu l'omniprésence de l'homme et de son utilisation du milieu sur notre planète.

[8] Ce dernier pays a, par exemple, une surface à marée basse d'un quart plus grande qu'à marée haute, les eaux saumâtres pénétrant jusqu'à 100 km à l'intérieur des terres.

Tableau 2 : Perturbation de l'atmosphère

	Émissions de CO_2 énergétique par hab.	Émissions de GES* par hab.	Émissions de GES par surface du pays	Émissions de GES par biocapacité
Source	Prescott-Allen (2001)	calculé	calculé	calculé
Date de la donnée	2000	2000	2000	2000
Unité	Kg CO_2 én./hab.	Kg CO_2 éq./hab.	Kg CO_2 éq./ha	Kg CO_2 éq./ha éq.
Belgique	10 065	14 333	48 119	6 290
France	5 749	8 699	9 343	2 072
Pays-Bas	10 401	13 648	52 133	5 792
Suisse	5 678	7 235	12 563	3 127
Royaume-Uni	8 694	11 073	27 185	6 186
Moyenne groupe Europe	*7 676*	*10 456*	*17 526*	*3 677*
Bénin	119	1 573	876	1 164
Burkina Faso	87	2 218	934	3 024
Côte d'Ivoire	820	1 064	528	616
Guinée-Bissau	188	3 705	1 230	1 365
Sénégal	329	2 306	1 104	2 683
Moyenne groupe Afrique	*410*	*1 770*	*835*	*1 406*
Rapport grE/grA	*19*	*6*	*21*	*3*

* CO_2, CH_4, N_2O, PFCs, HFCs, SF_6, sans les changements d'utilisation du sol (données WRI, 2005), auxquels nous avons ajouté les émissions de CO_2 dues au brûlis (d'après données 1995 de Olivier, 2002)

Source : Auteurs

On constate que si les pays européens considérés, en particulier les Pays-Bas, peuvent aussi craindre des effets du réchauffement climatique, ils portent, par contre, une plus grande responsabilité dans ce phénomène, émettant par habitant six fois plus de GES que leurs homologues africains (voir *supra*, tableau 2), et ce sans compter la responsabilité historique (accumulation d'émissions dans l'atmosphère)[9]. Cet ordre de grandeur est bien supérieur aux réductions auxquelles les pays européens se sont engagés dans la première phase du Protocole de Kyoto (réduction de l'ordre de 7 % des émissions entre 1990 et 2010). Ajoutons que les pays économiquement riches ont aussi un accès relativement plus aisé à des mesures d'adaptation, comme cela est souligné dans divers rapports du GIEC.

---

[9] Ce rapport monte à 19 % pour les émissions de CO_2 énergétique par habitant.

Beaucoup d'analyses par indicateurs prennent la superficie comme *proxy* implicite de l'environnement. Les émissions par unité de surface apparaissent alors comme une mesure de la pression environnementale locale. Cette première approximation donnerait un rapport de 21 à 1 entre le groupe Europe et le groupe Afrique. Dans le cadre de la comparaison intercontinentale des perturbations du cycle des GES, un tel dénominateur présente cependant un biais important. En effet, il ne tient pas compte du cycle naturel correspondant, très différent sur une surface désertique ou une forêt tempérée, par exemple.

Pour corriger ce biais, nous partons de l'hypothèse que le cycle naturel des principaux GES est proportionnel à la productivité primaire nette des écosystèmes. La biocapacité définie par Wackernagel *et al.* (2000) et reprise dans le tableau en annexe est une traduction de cette productivité primaire en terme de surface équivalente de productivité moyenne mondiale. Cette biocapacité est plus représentative de la surface intervenant dans le cycle des GES que ne l'est la superficie brute. Le rapport entre input artificiel de GES et biocapacité en ha est donc lié à ce que nous voulons comparer, à savoir la perturbation du cycle naturel. Nous proposons cet indicateur en dernière colonne. Il montre un rapport limité, de 3 à 1 pour le groupe du Nord.

Cet exemple illustre la sensibilité de la comparaison de pays aux indicateurs proposés. Le tableau 2 confirme que la responsabilité du Nord pour la problématique de la modification de l'atmosphère est plus grande que celle du Sud, mais avec des ordres de grandeur variant selon les bases de comparaison. Le dernier indicateur d'impact proposé nous semble mieux fondé que l'avant dernier, de même que le choix de l'ensemble des GES est plus fondé que la limitation aux seules émissions de CO_2 énergétique. Dans ce problème particulièrement investi du changement climatique, la façon dont on comptabilise les écarts a des conséquences directes sur les critères selon lesquels on pense la justice internationale.

C. Perturbations du cycle de l'eau

Au niveau mondial, l'humanité utilise plus de la moitié du flux d'eau fraîche et accessible, avec environ 70 % d'utilisation pour l'agriculture (Postel *et al.*, 1996). Les perturbations humaines du cycle hydrologique naturel sont multiples : non seulement en raison de l'utilisation directe d'eau dans différents processus, comme l'agriculture ou la production d'électricité, mais également du fait de la canalisation des cours des eaux, du drainage des zones humides ou de l'imperméabilisation des surfaces de percolation (urbanisation). De nombreux cas de rupture apparaissent à différentes échelles, entraînant des problèmes locaux, comme des inondations ou des sécheresses, des conflits, des problèmes d'insalubrité, mais aussi des problèmes globaux dus à la modification de l'évapotranspiration, à la réduction du débit des plus grands cours d'eau, voire à la modification de grandes étendues d'eaux intérieures (lac Tchad par exemple), entraînant des problèmes économiques, sanitaires ou climatiques (Kotlyakov, 1991 ; Milly et Dunne,1994).

Les utilisations d'eau se succèdent au cours du cycle, avec éventuellement des réutilisations successives s'accompagnant d'une modification de la qualité de l'eau[10]. Comme les perturbations successives sont additionnées, à l'instar de la plupart des bases de données internationales (AEE, 2003 ; WRI, 2003), l'indicateur de « perturbation hydrique », habituellement calculé par la simple somme arithmétique des perturbations divisée par les ressources, pourrait dépasser les 100 %. Pour éviter ce biais, nous proposons un modèle multiplicatif : des pourcentages de perturbation ne s'appliquent qu'à l'eau non encore perturbée précédemment (voir la formule g dans la note du tableau 3).

La quantité d'eau disponible est en moyenne trois fois plus élevée dans le groupe européen que dans le groupe africain, même si on note de fortes variations internationales (de 46 mm au Burkina Faso à 2 191 mm aux Pays-Bas), sans parler de différences régionales qui posent problème dans certaines zones arides d'Afrique. Les ressources renouvelables d'eau souterraine sont en moyenne deux fois plus élevées dans le groupe européen.

Les utilisations domestiques par unité de surface sont en moyenne 23 fois plus élevées dans les pays du Nord, tandis que les utilisations industrielles cumulatives y sont près de 264 fois plus élevées. Les usages agricoles sont deux fois plus élevés au Nord, à cause du poids marquant des Pays-Bas[11] et de la France (sans lesquels le rapport s'inverserait en faveur des pays africains).

---

[10] Le refroidissement de centrales électriques est un exemple d'utilisations largement répandues en Belgique et en France, qui n'empêche pas une réutilisation future, mais interrompt le cycle quantitativement (évaporation) et qualitativement (pollution thermique).

[11] Le contrôle de l'eau « agricole » concerne principalement le drainage aux Pays-Bas, alors que dans la plupart des autres pays, il s'agit surtout d'irrigation.

Tableau 3 : Perturbation du cycle de l'eau

	a	b	c	d*	e	f	g
Source	FAO (2003)	FAO (2003)	FAO (2003)	FAO (2003)	FAO (2003)	Calcul **	Modélisé ***
Date de la donnée	1961-1990	2000	2000	2000	2000	2000	2000
Unité	mm éq./an	mm éq./an	mm éq./an	mm éq./an	mm éq./an	mm éq./an	%
Belgique	599	29	23,7	219	1	275	67
France	369	181	11,4	54	7	143	50
Pays-Bas	2 191	108	11,7	115	65	776	41
Suisse	1 296	61	15,1	46	1	218	21
Royaume-Uni	605	40	8,5	30	1	219	40
Moyenne groupe Europe	*566*	*130*	*11,2*	*55*	*8*	*195*	*43*
Bénin	220	16	0,3	0,24	2	43	21
Bukina Faso	46	35	0,3	0,01	3	7	21
Côte d'Ivoire	251	117	0,7	0,34	2	28	12
Guinée-Bissau	858	388	0,3	0,02	3	85	10
Sénégal	200	39	0,5	0,30	7	28	18
Moyenne groupe Afrique	*200*	*75*	*0,5*	*0,21*	*3*	*26*	*15*
Rapport grE/grA	*3*	*2*	*23*	*264*	*2*	*8*	*3*

a : Ressources totales renouvelables en eau
b : Dont ressources du sous-sol
c : Usages domestiques
d : Usages industriels, * y compris usage pour le refroidissement
e : Usages agricoles
f : Perturbation par les surfaces arables et urbaines, ** part des surfaces arables et urbaines appliquée au total des ressources disponibles. L'unité utilisée (mm équivalent/an) correspond à un volume d'eau par unité de surface totale (100 l/ha), ou la hauteur d'eau moyenne en chaque point.
g : Perturbation hydrique, *** g = 1 - (1- c/a) x (1- d/a) x (1- e/a) x (1- f/a)

Source : Auteurs

L'agriculture et l'urbanisation sont les principaux facteurs de modification des conditions de ruissellement de l'eau de pluie captée, et sont en outre souvent accompagnés d'ouvrages modifiant directement les écoulements. Le changement de conditions d'érosion et de sédimentation ajoute à son tour des modifications en cascade sur le cycle de l'eau. Les cultures permanentes, les pâturages et les forêts, en maintenant constante la couverture du sol, jouent, en première approximation, un rôle moins déterminant dans ces phénomènes. Il ressort des calculs que les surfaces transformées par l'urbanisation ou l'agriculture perturbent huit fois plus le cycle de l'eau au Nord qu'au Sud.

Ramenées au *prorata* des ressources disponibles, il ressort qu'en moyenne, le cycle hydrique des pays du Nord subit trois fois plus de perturbations que celui du groupe des pays du Sud. Nous avons calculé, par ailleurs, que le rapport des responsabilités dans cette perturbation du cycle hydrique local est de 0,8 si l'on compare la part de perturbation provoquée par chaque million d'habitants au Nord (1,4 %) et au Sud (1,8 %).

Le mode de calcul national et annuel de tout indicateur de ce type masque les problèmes sous-jacents liés, par exemple, à la saisonnalité des ressources et des utilisations (pression accrue sur les ressources en saison sèche en Afrique), et aux difficultés pour l'environnement, comme pour l'homme, de bénéficier d'une eau de qualité suffisante au lieu et au moment opportun. Il faudrait préciser le pourcentage d'utilisation des ressources souterraines, en particulier en saison sèche dans les régions sub-sahariennes, car ce sont elles qui subissent probablement la plus grande pression. C'est le cas aussi, *mutatis mutandis* dans certaines régions d'Europe.

Ces ordres de grandeur suggèrent, en deçà des indicateurs agrégés, que ce sont les types d'utilisation qui sont cruciaux. Actuellement, avec des taux d'utilisation moyens équivalents, il y a davantage de problèmes sérieux liés à l'eau en Afrique de l'Ouest qu'en Europe de l'Ouest, et ce à la fois pour la santé et pour l'environnement. Une rapide augmentation des prélèvements (et une diminution des réserves) dans une société très agraire, avec peu ou pas de ressources pour la dépollution, peuvent causer des problèmes aigus. Un nouvel indicateur de « stress hydrique » tenant compte du potentiel local de perturbation devrait être développé : il est en effet possible qu'apparaisse une irréversibilité (sécheresse, inondations, etc.) dans un contexte donné, au delà d'un certain pourcentage de perturbation. Un pays ou une région ne devrait alors pas dépasser ce seuil de bonne gestion, toute perspective de développement se basant sur des cycles de recyclage et de réutilisations sans perturbation naturelle supplémentaire. Néanmoins, au vu des chiffres que nous présentons, il semble que certaines régions d'Afrique de l'Ouest gardent un « potentiel de perturbation hydrique soutenable », inexploité pour un développement humain.

Remarquons que l'article de Vitousek *et al.* (1997b) ne mentionne pas la qualité de l'eau[12]. Toutefois, l'indicateur « quantitatif » d'utilisation des ressources, pourvu qu'il soit calculé à une échelle temporelle et géographique suffisamment petite, peut fournir des indications sur diffé-

---

[12] En Afrique, la pollution de l'eau devient de plus en plus préoccupante car elle limite l'accès à l'eau salubre (PNUE, 2002, p. 159), facteur majeur de maladies et de décès.

rentes problématiques liées à l'eau. C'est souvent quand l'eau devient rare ou surexploitée, ou que son écoulement naturel a été perturbé, qu'elle pose des problèmes sanitaires, d'inondations, de sécheresses et autres.

Bien que les ressources en eau ne soient évidemment pas une grandeur à considérer de façon globale, des phénomènes semblables sont à l'œuvre sur la planète en rapport avec cette ressource. En particulier, l'une des retombées collatérales de la mondialisation économique est la tendance à vouloir privatiser les ressources hydrauliques, processus en cours de manière différente dans les pays du Nord et du Sud. Notre analyse strictement environnementale semble montrer que les pays du Nord n'ont pas attendu la privatisation pour largement valoriser leurs ressources hydrauliques. L'impact de la privatisation sur l'environnement serait probablement difficile à isoler des autres causes de perturbations.

D. Modification du cycle de l'azote

Les activités humaines enrichissent aujourd'hui au moins autant les écosystèmes en azote assimilable[13] (environ 140 millions de tonnes par an) que toutes les sources naturelles combinées (Galloway *et al.*, 1995 ; Vitousek *et al.*, 1997a). La production d'engrais, la culture de plantes fixatrices, ou la combustion en présence d'azote atmosphérique participent à ces processus sur les continents. Malgré le fait qu'environ 120 millions de tonnes d'azote sont annuellement dénitrifiées par les écosystèmes terrestres, ceux-ci s'enrichissent en azote (Duvigneaud, 1980, p. 199). Les océans, avec une dénitrification d'environ 25 à 99 millions de tonnes par an (*ibid.*) ne peuvent compenser l'enrichissement global en azote assimilable. Les conséquences de cet enrichissement du cycle biogéochimique concernent, entre autres, le renforcement de l'effet de serre, le phénomène des « pluies acides », l'eutrophisation des cours d'eau, la diminution de la visibilité (*smogs* hivernaux), l'augmentation de la concentration d'ozone ou de petites particules en suspension dans l'air ambiant (Galloway *et al.*, 1995 ; Vitousek *et al.*, 1997b ; Galloway, 2001 ; Galy-Lacaux *et al.*, 2003). Cet enrichissement contribue également à la pollution en nitrates des nappes d'eaux souterraines qui constituent souvent les principales sources d'eau de consommation humaine. Ces phénomènes sont particulièrement prononcés en Europe sans que l'on n'y relève d'amélioration notoire (AEE, 2003). Les estuaires sont enfin à leur tour pollués par un excès de nutriments, avec des

---

[13] Contrairement à l'azote atmosphérique sous forme de N_2 que l'on peut qualifier d'inerte.

impacts majeurs sur la biodiversité et la viabilité de la pêche (Halle-graeff, 1993 ; Nixon *et al.*, 1996 ; PNUE, 2003).

Les émissions d'oxyde d'azote (NOx) et d'ammoniac (NH₃) – composés responsables de plus de la moitié[14] de l'apport anthropique mondial – ne diminuent pas sensiblement en Europe occidentale, sauf en Allemagne et au Royaume-Uni (AEE, 2001). En Afrique de l'Ouest, le phénomène est peu étudié, mais l'importance de l'incinération de biomasse (agriculture sur brûlis) et des changements d'occupation du sol ne doit pas être négligée (Galy-Lacaux *et al.*, 2003 ; Lacaux et Sigha, 2003).

À l'échelle d'un pays, les points d'entrée artificielle de l'azote dans les écosystèmes sont l'épandage d'engrais minéraux azotés, la combustion et la culture de légumineuses. À ces entrées directes dans l'écosystème, il faut ajouter la balance d'importation commerciale nette (positive ou négative) d'azote sous forme de protéines. Ces dernières, consommées par les animaux et les habitants, finissent en effet par s'ajouter aux inputs d'azote dans les écosystèmes via les épandages de lisiers et les égouts.

Le tableau 4 ci-dessous reprend une estimation de la quantité d'azote introduite par les activités humaines dans le cycle biogéochimique de chaque pays sélectionné, exprimée en kg d'azote (N) par unité de surface nationale.

La consommation d'engrais minéraux introduit annuellement 50 fois plus d'azote à l'ha dans le cycle en Europe qu'en Afrique, tandis que ce rapport est de 67 pour la combustion. La part d'azote fixé par les cultures de légumineuses est négligeable, de même que la quantité d'azote alimentaire importée nette (sauf pour les Pays-Bas où c'est une exportation nette de près de 11 tonnes par an et par ha).

Ce bilan nous permet d'estimer grossièrement l'input d'azote anthropique par hectare dans chaque pays. Au total, alors que les pays africains font apparaître un apport moyen d'environ 2kg N/ha/an, les pays européens seraient 26 fois plus confrontés à cet enrichissement.

---

[14] Des 140 millions de tonnes d'azote (N) ajoutés annuellement au cycle, 34 le sont sous forme de NOx et 43 sous forme de NH₃ (Galy-Lacaux *et al.*, 2003).

Tableau 4 : Perturbation du cycle de l'azote

	a	b	c	d **	e = a+b+c+d	f
Source	FAO (2004b)	EMEP (2003) et estimations*	Eurostat (2004) et estimations	calculé	calculé	calculé
Date de la donnée	2000	2000	1997	1996	2000	2000
Unité	Kg N/ha/an	Kg N/ha/an	Kg N/ha/an	Kg N/ha/an	Kg N/ha/an	Kg N/ha éq./an
Belgique	48,9	26,1	1	-0,1	76	10
France	42,0	6,9	3	2,4	54	11
Pays-Bas	72,2	27,7	1	-11,3	89	11
Suisse	11,7	5,9	1	0,5	19	5
Royaume-Uni	45,9	19,9	2	4,5	72	15
Moyenne groupe Europe	*43,3*	*11,9*	*2*	*2,16*	*60*	*12*
Bénin	1,3	0,1	1	-0,1	3	4
Burkina Faso	0,4	0,0	1	0,0	1	5
Côte d'Ivoire	1,2	0,4	2	0,1	3	4
Guinée-Bissau	0,3	0,1	1	0,0	1	1
Sénégal	0,8	0,1	1	-0,2	2	5
Moyenne groupe Afrique	*0,9*	*0,2*	*1*	*-0,03*	*2*	*4*
Rapport grE/grA	*50*	*67*	*2*	*-63*	*26*	*3*

a : Consommation d'engrais minéraux
b : Combustion (émissions de N oxydé), * Groupe du Sud estimé d'après ses émissions de CO_2 et le rapport entre émissions d'azote oxydé et de CO_2 du groupe européen.
c : Culture de légumineuses
d : Import net de N alimentaire, ** Estimé d'après la composition en protéines (Ramseyer, 2002 ; FAO, 1949) et donc d'azote (FAO/WHO, 1973) des aliments, et les statistiques de commerce international de la FAO (Wackernagel *et al.*, 2000). Un chiffre négatif indique un solde exportateur.
e : Input anthropique d'azote
f : Input anthropique d'azote par biocapacité.

Source : Auteurs

Il reste à évaluer quelle part représente cet input par rapport à la fixation naturelle d'azote dans chaque pays. En première approximation, nous considérons que le cycle biogéochimique est proportionnel à la productivité primaire des écosystèmes considérés, donc à la biocapacité (de productivité-équivalente mondiale) calculée par Wackernagel *et al.* (2000). Le rapport entre input artificiel d'azote et biocapacité en ha est donc lié à la perturbation du cycle naturel. Cet indicateur figure en dernière colonne et montre un rapport de 3 à 1 pour le groupe du Nord.

Nous avons calculé (hors tableau) que la responsabilité de chaque pays pour cette problématique est de 36 kg de fixation par habitant au Nord contre 5 au Sud, soit un rapport de 7. Ici encore, la responsabilité du Nord est proportionnellement plus grande que les impacts ressentis.

E. *Perte de biodiversité*

Les changements d'affectation des terres, les besoins en ressources, le dépôt de nutriments et de polluants, les cultures, les pâturages, la fragmentation et l'appauvrissement des habitats et l'augmentation des espèces invasives, représentent des contraintes majeures pour le maintien de la biodiversité des écosystèmes. Ces évolutions attribuables aux activités humaines entraînent des modifications importantes de la distribution des espèces sur la planète.

Notons que le maintien de la biodiversité constitue l'un des problèmes écologiques pour lequel les choix et les priorités peuvent différer assez fortement selon les acteurs et les situations. Ainsi, l'utilité socio-économique locale de la protection des espèces naturelles, peut différer, de manière conséquente, de la valeur qui est donnée au maintien de la biodiversité, notamment au niveau international.

La responsabilité dans la perte de biodiversité est estimée par Wackernagel *et al.* (2000) comme un pourcentage de l'empreinte écologique (12 % pour le rapport Brundtland, 10 % pour le World Wildlife Fund, 30-60 % pour les *Conservation Biologists*). Le rapport Nord/Sud est de 7 à 1 comme pour l'empreinte écologique des « terres » repris dans le tableau 1.

Le pourcentage moyen d'espèces indigènes menacées (oiseaux et mammifères) est trois fois plus élevé dans le groupe des pays du Nord que dans le groupe des pays du Sud[15], ce qui illustre une pression relative plus importante sur la biodiversité indigène du Nord.

Difficiles et complexes à appréhender, les évolutions en matière de faune et végétation sont notamment corrélées avec l'évolution des forêts. Entre 1980 et 1994, le monde aurait perdu 8 936 000 ha par an soit 0,21 % de la forêt globale (FAO, 2004b). Cette tendance est très inégalement répartie dans le monde. À l'inverse de l'évolution globale, l'Europe occidentale augmente son couvert forestier d'environ 177 000 ha par an (+ 0,15 % par an). Suivant la même source, l'Afrique de l'Ouest subit une déforestation à raison d'environ 311 000 ha par an (- 0,32 %). Ces chiffres globaux masquent, une fois de plus, le fait que

---

[15] Il faut rester attentif au fait que les indicateurs relatifs présentés ici n'intègrent pas les différences de richesses biologiques des différents pays. En chiffres absolus, il y a deux fois plus d'espèces de mammifères et d'oiseaux dans le groupe du Sud.

ce sont des forêts de haute qualité biologique qui disparaissent, alors que les augmentations observées concernent des forêts secondaires de moindre intérêt en terme de biodiversité.

Tableau 5 : Perturbation de la biodiversité

	Part moyenne d'espèces de mammifères et d'oiseaux menacés	Évolution de la surface de la forêt	Domestication de la productivité écologique
Source	Prescott-Allen (2001)	FAO (2004a)	Wackernagel *et al.* (2000)
Date de la donnée	2000	1980-1994	1996
Unité	%	%	%
Belgique	9,8	+0,1	98
France	10,1	+0,2	92
Pays-Bas	10,3	+1,1	96
Suisse	4,3	+0,9	94
Royaume-Uni	12,2	+1,0	99
Moyenne groupe Europe	*9,4*	*+0,4*	*94*
Bénin	1,9	-1,0	58
Burkina Faso	2,5	-0,0	100
Côte d'Ivoire	4,6	-0,5	58
Guinée-Bissau	0,9	-0,0	30
Sénégal	3,8	-0,1	75
Moyenne groupe Afrique	*3,1*	*-0,3*	*65*
Rapport grE/grA	*3*	*-1*	*1,5*

Source : Auteurs

Lorsque l'on s'intéresse à la vitesse de déforestation annuelle, on constate que les pays africains sélectionnés subissent des taux de déforestation relativement modérés alors que les pays européens se reboisent au même rythme relatif. C'est dans des pays pauvres non tropicaux que le déboisement serait relativement le plus important (IDD, 2001)[16].

La dernière colonne du tableau vise à estimer la part de productivité biologique qui est « domestiquée » au profit de l'homme. Il s'agit du rapport entre l'empreinte écologique de production (Wackernagel *et al.*, 2000) et la biocapacité (*ibid.*). L'empreinte écologique de production représente l'utilisation par l'économie du pays de sa biocapacité en km² (de productivité équivalente mondiale) par habitant. La biocapacité est la capacité de production écologique, ici exprimée en km²/habitant. Le calcul fait apparaître, dans les pays africains considérés, un niveau de domestication de la productivité écologique déjà élevé : d'après cet

---

[16] Les exceptions à la règle sont rares (Cap Vert, Japon, Finlande) tandis que dans l'extrême Sud les pays développés d'Océanie (Australie, Nouvelle-Zélande) se reboisent comme les pays développés du Nord.

indicateur, et aux approximations statistiques près[17], les écosystèmes du Nord seraient – seulement – une fois et demi plus domestiqués que les écosystèmes du Sud.

F. *Épuisement des pêcheries*

Le pourcentage des stocks mondiaux de poissons, qui sont épuisés, surexploités ou en cours de reconstitution, augmente sans cesse et approcherait aujourd'hui les 30 % (FAO, 2001).

Pour traiter des pressions touchant aux pêcheries, les indicateurs que nous avons repris, traitent de la consommation, d'une part, et des prises effectuées par les pays considérés, d'autre part. Notons qu'il existe des variations significatives et diverses à l'intérieur des deux groupes. L'empreinte écologique globale, exercée par la consommation africaine de poissons sous forme fraîche ou dérivée (ha/hab.), est trois fois moins importante que celle calculée pour les pays européens, seul le Sénégal ayant une empreinte équivalente à ces derniers (voir *infra*, tableau 6). Les facteurs importants pour rendre compte de la situation sont : la disponibilité du poisson, les produits de la pêche, les habitudes de consommation locales, et enfin le degré plus ou moins grand de préparation du poisson avant commercialisation.

Les pays ayant la plus grande consommation apparente (avant transformation) sont le Sénégal et les Pays-Bas. Le Sénégal apparaît également dans les scores les plus élevés en ce qui concerne la capacité de flotte (en tonnes) par km² de zone de pêche (y compris en eau douce), juste après la Belgique. Ce dernier indicateur est lié à la capacité de ces pays de pêcher dans les eaux poissonneuses nationales, étrangères ou internationales. Inversement, la Guinée-Bissau, qui bénéficie de l'une des côtes les plus poissonneuses de la planète, mais d'une capacité de pêche des plus réduites, voit ses ressources exploitées au large par les chalutiers congélateurs européens, coréens et russes peu regardants sur la préservation du milieu[18].

---

[17] Pour le Burkina Faso, Wackernagel *et al.* (2000) calculent une empreinte de production légèrement supérieure à la biocapacité. Dans ce cas, leur modèle prévoit de limiter l'empreinte de production à la valeur de la biocapacité, d'où le chiffre assez étonnant de 100 % si l'on considère que 12 % du territoire seraient naturels d'après notre premier tableau. Il y a là vraisemblablement un effet de l'imprécision des statistiques de base disponibles.

[18] L'élevage de crevettes, déjà responsable de la disparition de plus de 50 % des mangroves dans le monde, représente un danger supplémentaire (Kestemont et Le Menach, 1992 ; Martinez-Allier, 2002 ; PNUE, 2003).

Tableau 6 : Perturbation des pêcheries

	a	b	c *	d	e
Source	Wackernagel *et al.* (2000)	FAO (2004b)	Prescott-Allen (2001)	FAO (2004b)	FAO (2004b) ; Wackernagel *et al.* (2000)
Date de la donnée	1996	2001	1995	1950-2001	2001
Unité	Ha/hab.	Kg/hab.	T cap/km^2	% de baisse	T/km^2 éq.
Belgique	0,056	3	7,75	-60	510
France	0,089	10	1,02	-5	7
Pays-Bas	0,082	34	2,78	-13	286
Suisse	0,055	1	0,9	-41	
Royaume-Uni	0,055	6	0,46	-24	16
Moyenne groupe Europe	*0,071*	*10*	*2,58*	*-16*	*15*
Bénin	0,011	2	1,40	-13	20
Burkina Faso	0,001	1	nc	0	
Côte d'Ivoire	0,035	9	0,26	-28	29
Guinée-Bissau	0,014	3	0,1	-31	1
Sénégal	0,060	38	4,75	-11	85
Moyenne groupe Afrique	*0,027*	*12*	*1,63*	*-14*	*11*
Rapport grE/grA	*3*	*1*	*2*	*1*	*1/3*

a : Empreinte écologique de la consommation de poissons
b : Consommation de poissons marins
c : Capacité de flotte, * Prises de poissons en tonnes par km^2 de zone de pêche
d : Déficit de production de poissons marins
e : Rapport entre les captures marines territoriales/km^2 et la capacité marine.

Source : Auteurs

Le rapport entre la valeur de production en 2001 et la valeur maximale de production mesurée entre 1950 et 2001 (quatrième colonne du tableau 6) est utilisé par Burke *et al.* (2001, p. 53). Il représente une estimation du potentiel maximum de production, c'est-à-dire de la biocapacité des zones couvertes par les pêcheurs de chaque pays. Les déficits observés donnent une idée de la baisse de la productivité et donc de la perte de biomasse des pêcheries exploitées. Cet indicateur traduit une pression équivalente sur les zones de pêche d'Afrique de l'Ouest (-14 %) et sur celles d'Europe de l'Ouest (-16 %).

Le dernier indicateur proposé (colonne de droite) représente le rapport entre les captures marines dans les eaux territoriales et la « capacité marine » ramenée en surface de pêche équivalente de productivité mondiale moyenne. Cet indicateur illustre l'ordre d'importance des eaux territoriales soumises à un excès de pêche. On observe en tête les eaux belges, néerlandaises et sénégalaises, c'est-à-dire celles des pays ayant les plus grands excédents de capacité de pêche.

En lien avec la problématique de l'azote abordée plus haut, le rapport du Programme des Nations unies pour l'environnement (PNUE, 2003) révèle la présence de « zones mortes » à travers les mers et océans de la planète. Les zones de pêche européennes souffrent de ce phénomène (PNUE, 2003 ; AEE, 2003), résultat d'une surabondance de nutriments, surtout d'azote, de fertilisants agricoles, de pollution industrielle, automobile et de déchets.

En conclusion, si la responsabilité de la pression sur les pêcheries mondiales est trois fois plus élevée au Nord qu'au Sud, les impacts sont largement équivalents : il n'existe plus de marge de développement. La problématique de la pêche relève d'une gestion durable des ressources mondiales, qui ne se limite pas à la « conquête de nouveaux espaces », comme c'est le cas pour d'autres problématiques de la mondialisation en cours.

III. Liens entre problématiques

Dans les résultats détaillés qui précèdent, nous avons déjà repéré des liens entre différents indicateurs. Les pressions exercées sur un domaine induisent des impacts sur la fragilité ou la vulnérabilité d'autres.

Le CO_2 influence le climat, qui, avec les modifications territoriales, influence la répartition des pluies et la disponibilité en eau. Cette dernière, avec la concentration en nutriments, a un impact sur la biodiversité et sur les stocks de poissons. La biodiversité et les stocks de poissons subissent le plus d'influences indirectes et exercent le moins d'influences sur les autres thèmes. Toutes ces problématiques ont, directement ou indirectement, un impact sur les potentialités de développement humain durable.

Le choix de l'échelle est crucial pour l'évaluation. Or, considérant des problèmes environnementaux mondiaux majeurs, nous avons utilisé des indicateurs sur des bases nationales. Dans bon nombre de cas, un indicateur national ou sa distribution locale fourniront des lectures fort différentes. Ainsi, par exemple, une pénurie d'eau ou une surexploitation des ressources halieutiques au niveau local n'apparaît pas dans le calcul d'indicateurs nationaux[19].

Par ailleurs, un autre aspect à prendre en compte est l'impact déplacé vers un pays tiers, ce que Martinez-Allier (2002) appelle les transferts de

---

[19] C'était l'une des critiques à l'encontre de l'approche de Lomborg, dans Zaccaï *et al.* (2004).

coûts environnementaux. En matière de localisation des impacts (locaux ou exportés), de pressions exercées par un groupe de pays, nous constatons que :

- Des impacts essentiellement locaux apparaissent pour l'eau, l'azote et la modification de l'espace, tant au Nord qu'au Sud ;
- Le Nord exerce un impact direct sur la biodiversité, la pêche, l'eau et l'atmosphère au Sud, l'inverse n'étant actuellement pas vérifié. D'où le concept de dette écologique.

Ces indications présentent les influences exercées directement via des processus écologiques, mais n'incluent pas les influences indirectes, issues en particulier du commerce (entre autres, cultures nécessitant beaucoup d'eau ou d'engrais). Un pays peut subir des perturbations locales importantes à des seules fins d'exportation. Ces influences indirectes sont en principe prises en compte dans le concept d'empreinte écologique mis en œuvre par Wackernagel *et al.* (2000).

IV. Discussion

A. *Quelques limites de l'analyse par indicateurs*

Au-delà des hypothèses émises sur les résultats obtenus, mentionnons les limites issues de la sélection de pays. Les pays du Nord choisis sont sans doute plus représentatifs des pays riches, que les pays africains ne le sont du Sud, une catégorie de plus en plus « éclatée ». Sans compter qu'il existe un Nord dans le Sud et inversement (différences fortes de catégories sociales à l'intérieur des pays). Par ailleurs, nous nous sommes limités à six problématiques environnementales majeures : il en existe d'autres (PNUE, 2002 ; Millennium Ecosystem Assessment, 2005). Citons en particulier les problèmes d'érosion des sols, ou de diffusion de substances toxiques.

En outre, mentionnons les imprécisions issues des sources de données, notamment en ce qui concerne les pays africains. Au niveau des résultats, nous avons constaté plusieurs fois des ressemblances entre les données mesurées à l'intérieur d'un même groupe de pays. Il faudrait considérer de façon plus approfondie si ceci n'est pas influencé par des biais. Si l'on veut enrichir les résultats illustrant que l'environnement du Sud est proportionnellement plus perturbé par unité économique créée, il faudrait recommencer l'exercice pour d'autres groupes de pays.

Par ailleurs, ces deux groupes de résultats posent aussi des questions sur l'utilisation commune d'un indicateur dans des situations fort différentes (cas par exemple de « l'utilisation des terres »), sans oublier que l'agrégation en un seul chiffre au niveau national pose aussi question. C'est pourquoi, bien que nous les utilisions pour leur apport synthétique, il faut souligner que l'approche par comparaison d'indicateurs comporte certains côtés réducteurs. Que l'on multiplie par exemple l'impact sur la biodiversité ou d'utilisation des terres d'un facteur 4, cela ne semble représenter qu'un chiffre, et pourtant sur le terrain, il peut s'agir de transformations profondes, et bien souvent irréversibles (au moins à moyen terme).

Un résultat évident de notre recherche est le fait que nos différentes tentatives pour repérer ou construire des indicateurs adéquats ont montré une grande sensibilité des résultats au choix des indicateurs (problèmes suivis, calcul par habitant, par ha, etc.). Cette constatation appelle à la plus grande prudence. Or, nous avons déjà noté en introduction que ces comparaisons entre pays sur la base d'indicateurs sont aujourd'hui en pleine expansion.

Pour notre part, nous considérons dès lors cette étude seulement comme un point d'entrée dans une problématique qui demande encore des approfondissements importants et des nuances nombreuses.

B. *Résumé des comparaisons*

Nonobstant les limites mentionnées, le tableau 7 ci-dessous nous permet de résumer les ordres de grandeurs des résultats obtenus précédemment. Pour chacun des six thèmes étudiés, nous avons choisi, parmi les possibilités présentées dans les tableaux plus haut, l'indicateur qui nous paraissait le plus représentatif du degré de perturbation de l'écosystème.

Les rapports calculés varient de 1 à 4, traduisant des niveaux de pressions disparates en fonction des problèmes. Rappelons également que certaines données avant moyenne des tableaux précédents varient dans des rapports qui peuvent être bien supérieurs.[20]

---

[20] Selon les indicateurs repris ici, l'ordre de grandeur des rapports exprimant les perturbations de l'environnement induites par les pays européens comparativement à celles des pays africains est plus faible que celui issu de la comparaison d'autres indicateurs environnementaux, comme les émissions des gaz à effet de serre par habitant (dépendant beaucoup de la consommation d'énergies fossiles), par exemple.

Tableau 7 : Indicateurs de perturbations de l'écosystème et rapports des moyennes pondérées Nord/Sud

	Indicateurs	Unité	Ratios des moyennes Europe/Afrique
Pêches	Déficit de production de poisons marins	% de baisse	1
Air	Émissions de GES/ biocapacité	Kg CO$_2$ éq./ha éq.	2,6
Biodiversité	Part moyenne d'espèces mammifères et d'oiseaux menacés	%	3,1
Eau	Perturbation hydrique	%	3,2
Azote	Fixation anthropique d'azote par biocapacité	Kg N/ha éq.	3,3
Territoire	Part du territoire bâti	%	3,8

Source : Auteurs

Ce rapport est particulièrement peu contrasté entre les deux groupes dans le cas de la pêche pour laquelle l'intensité relativement forte dans les pays africains traduit des échanges internationaux importants. Vu les limites des milieux où elles s'exercent et si leurs modes d'action sont inchangés, les pêcheries sont un domaine pour lequel il ne reste plus beaucoup de « nature que le développement puisse conquérir ». Autrement dit, toute amélioration de l'approvisionnement en poisson passera nécessairement par un « réel progrès », non plus par d'ultimes conquêtes de l'homme sur la nature. Les autres problématiques font apparaître une apparente « réserve d'exploitation » de la nature au Sud. La mondialisation peut accélérer cette « ruée vers la nature » et donner une apparence de croissance là où il ne s'agit que d'internaliser une production « gratuite » de la nature dans la sphère économique, sans compter que ceci entraîne évidemment des impacts considérables sur l'organisation sociale des pays. Rappelons que les valeurs moyennes du tableau ne rendent pas compte des disparités à l'intérieur des groupes. Le thème « pêches » est d'ailleurs affecté par une forte variance, ce qui laisse entrevoir un potentiel d'exploitation des ressources en certains endroits, tout en attirant l'attention sur le dépassement du seuil d'exploitation durable ailleurs.

Modifications du territoire, diminution de la biodiversité, perturbations du cycle de l'eau, de l'azote et gaz à effet de serre, entretiennent une série de liens que nous avons évoqués. Ces quatre problématiques font apparaître des rapports variant entre 3 et 4. Ces derniers ne sont pas stables et dépendent directement du choix des indicateurs. Nos indicateurs n'ont pas été choisis en fonction de leur disponibilité, comme c'est souvent le cas, mais plutôt en fonction d'un raisonnement centré sur le degré de perturbation de la nature. Dans le cas de l'eau, les indicateurs sont aveugles à la qualité en relation avec les besoins locaux, et cette problématique est davantage « mondiale » en raison de son universalité qu'en raison de sa portée géographique.

L'analyse a mis en lumière la disproportion des perturbations planétaires liées à l'effet de serre, différence d'un facteur 3 (selon l'indicateur retenu ici, et bien davantage selon l'indicateur classique d'émission par habitant). Ce chiffre dénote l'impasse majeure dans laquelle la poursuite des modèles de développement imitateurs du Nord conduirait l'environnement planétaire et ses habitants. Il faut rappeler que pour limiter les émissions de CO_2 issues de l'énergie – outre la réduction des consommations elles-mêmes – il n'existe, aujourd'hui, que le recours aux énergies renouvelables et à l'énergie nucléaire (ces dernières possédant leurs problèmes et leurs limites lorsqu'elles sont étendues à très grande échelle). Ceci à moins que des techniques de captation et de stockages du carbone émis puissent être durablement mises en œuvre. Les changements climatiques auront, par ailleurs, des conséquences variables, non seulement en fonction de la géographie (sensibilité) mais aussi des possibilités de réponses des sociétés (vulnérabilité). Pour ces deux facteurs, les pays agricoles du Sud sont aujourd'hui moins bien placés que les pays industriels du Nord. Ce résultat concernant le climat est ici replacé en regard de plusieurs problèmes environnementaux considérés au niveau mondial, moins populaires mais non moins préoccupants, comme la perturbation du cycle de l'azote ou de la biodiversité.

C. Indicateurs Nord-Sud de consommation

Les ratios sont sans équivoque en matière de pressions exercées sur l'environnement, en défaveur du Nord dans un rapport allant de 1 à 3. En ce qui concerne la responsabilité par habitant, on observe des ratios allant de 1 (pour l'eau et la pêche) à 6 (pour les émissions de gaz à effet de serre), voir à 7 (pour la biodiversité, l'azote et l'utilisation des terres). Jackson et Michaelis (2003) ont élargi la comparaison en la faisant porter sur une série de paramètres relatifs à la santé, l'environnement et la consommation, en comparant l'ensemble des pays du Nord et du Sud. Ils constatent alors que des indicateurs de symboles de richesse comme le nombre de voitures ou d'ordinateurs par habitant, atteignent un rapport de 25. La différence d'atteintes à l'environnement (rapport de 3) serait donc moins visible que la différence de responsabilité (rapport de 7), elle-même moins visible que les symboles apparents de développement via la consommation. Ces ordres de grandeur peuvent renforcer l'attirance psychologique des modèles de développement occidentaux dont les avantages sont plus manifestes sur le terrain que les inconvénients.

Au-delà des discussions sur les résultats, il ressort une différence entre la responsabilité du Nord et les impacts observés pour chacun. Cette différence s'explique, soit par le fait que le Nord importe de l'environnement du Sud, soit par le fait que le Sud « utilise » moins efficacement ses ressources naturelles (une même unité de ressources naturelles donne moins de développement humain).

Les travaux sur le déficit écologique (Wackernagel *et al.*, 2000), les échanges de « CO_2 enchâssés » dans les imports/exports de produits finis (Muradian *et al.*, 2002 ; Ahmad et Wyckoff, 2003), l'application des comptes satellites aux tableaux économiques input/output (Vandille et van Zeebroeck, 2003), et les travaux sur les besoins totaux de matière, montrent que la part d'environnement importée par les pays du Nord est croissante et non négligeable. Le développement du Nord proviendrait, non seulement d'une meilleure efficacité, mais également d'une meilleure capacité à « conquérir » l'environnement du Nord comme du Sud. Les polluants « locaux et désagréables », comme le SO_2 (ceux-là même qui vérifient la courbe environnementale de Kuznets, où la pollution décroît à partir d'un certain niveau de revenu), sont ceux dont la part d'émission « importée » par rapport aux émissions nationales augmente le plus rapidement, jusqu'à atteindre un rapport de 80 pour les Pays-Bas en 1994 (Muradian *et al.*, 2002). C'est pour ce type de polluants que la mondialisation économique représente sans doute la meilleure aubaine de délocalisation, pour des raisons « d'éloignement » d'impacts environnementaux négatifs. Toutefois, il existe de nombreuses causes de délocalisation et les effets sur l'environnement n'en sont qu'une partie.

En outre, il est probable que le Sud dispose de moins de moyens d'atténuation pour certains problèmes environnementaux, ce qui accroît proportionnellement les impacts (par unité économique).

Cette évolution devrait non seulement handicaper l'environnement mondial, mais également, et surtout, nuire proportionnellement plus fortement à l'environnement du Sud, deux raisons supplémentaires pour réactiver le difficile objectif de développement durable.

Références

AHMAD, N. et WYCKOFF, A. (2003), *Carbon Dioxide Emissions Embodied in International Trade of Goods*, OECD, Paris, 15/7/2003.

AEE (2001), « Database on Air Quality and Emissions of Air Pollutants and Greenhouse Gases in Europe », European Topic Center on Air and Climate Change, http://etc-acc.eionet.eu.int/databases.

AEE (2003), « Les eaux de l'Europe : une évaluation basée sur des indicateurs », résumé, Agence européenne de l'environnement, Luxembourg.

BURKE, L., KURA, Y., KASSEM, K., REVENGA, C., SPALDING, M. et MC ALLISTER, D. (2001), « Coastal Ecosystems, Pilot Analysis of Global Ecosystems », World Resources Institute, Washington D.C., 93 p.

DUVIGNEAUD, P. (1980), *La synthèse écologique*, Paris, Doin (2ᵉ éd. 1984).

EMEP (2003), « EMEP Unified model revision 1.7 », documented in EMEP Status Report 1/03 Part II. emep/msc-w, 22.09.2003, http://webdab.emep.int.

EUROSTAT (2004), « NewCronos », http://epp.eurostat.cec.eu.int, site visité le 28/04/2004.

FAO (1949), « Food Composition Tables for International Use », Rome (2ᵉ éd. 1953), http://www.fao.org/documents/show_cdr.asp?url_file/docrep/X5557E/X5557 E00.htm.

FAO/WHO (1973), « Energy and Protein Requirements », FAO Nutrition Meetings Report Series n° 52 et WHO Technical Report Series n° 522, http://www.fao.org/docrep/meeting/004/M2847E/M2847E00.htm.

FAO (2001), « The State of World Fisheries and Aquaculture 2000 », Organisation des Nations unies pour l'alimentation et l'agriculture, Rome.

FAO (2003), « AQUASTAT », ftp://ftp.fao.org/agl/aglw/aquastat/aquastat2003.xls.

FAO (2004a), « AQUASTAT Country Profiles », FAO's Information System on Water and Agriculture, http://www.fao.org/ag/agl/aglw/aquastat/countries/.

FAO (2004b), « FAOSTAT », Base de données FAO, http://faostat.fao.org/faostat.

GALLOWAY, J.N. (2001), « Acidification of the World: Natural and Anthropogenic », *Water, Air and Soil Pollution*, 130, pp. 17-24.

GALLOWAY, J.N., SCHLESSINGER, W.H., LEVY II, H., MICHAELS, A. et SCHNOOR, J.L. (1995), « Nitrogen Fixation: Anthropogenic Enhancement – Environmental Response », *Global Biogeochemical Cycles*, 9, pp. 235-252.

GALY-LACAUX, C., AL OURABI, H., LACAUX, J.P., PONT, V., GALLOWAY, J., MPHEPYA, J., PIENAAR, K., SIGHA, L. et YOBOUÉ, V. (2003), « Dry and wet atmospheric nitrogen deposition in Africa », *IGACtivities Newsletter*, 27, pp. 6-11.

GIEC (2001), « Climate Change 2001: Impacts, Adaptations and Vulnerability », Contribution of Working Group II to the Third Assessment Report of the Intergovernmental Panel on Climate Change, Cambridge, Cambridge University Press.

HALLEGRAEFF, G.M. (1993), « A Review of Harmful Algal Blooms and their Apparent Global Increase », *Phycologia*, 32, pp. 79-99.

HILLE, J. (1997), « The Concept of Environmental Space », European Environmental Agency, Expert's Corner n° 1997/2, Copenhague.

IDD (2001), « Les tendances récentes du couvert forestier dans le monde », *Lettre indicateurs pour un développement durable*, mars-avril, n° 1-2, http://www.iddweb.be/.

JACKSON, T. et MICHAELIS, L. (2003), « Policies for Sustainable Consumption », Sustainable Development Commission, Londres.

JAH, R. et MURTHY, K.V.B. (2003), « A critique of the Environmental Sustainability Index », Australian National University, Université de Delhi, http://ideas.repec.org/p/pas/papers/2003-08.html.

KESTEMONT, B. et LE MENACH, L.J. (1992), « Évaluation de l'action ONG/322/90/B Guinée Bissau. Formation d'unités de pêche artisanale dans l'archipel des Bijagos », Rapport pour le compte de la CCE, COTA, Bruxelles.

KOTLYAKOV, V.M. (1991), « The Aral Sea Basin: A Critical Environmental Zone », *Environment*, 33, n° 1, 4-9, pp. 36-38.

LACAUX, J.P. et SIGHA, L. (2003), « Acid Web Deposition in the Tropics: Two Case Studies using DEBITS Measurements », *IGACtivities Newsletter*, 27, pp. 17-19.

MARLAND, G., BODEN, T.A. et ANDRES, R.J. (2001), « Global, Regional and National Fossil Fuel CO_2 Emissions », US department of Energy, Carbone Dioxide Information Analysis Center, http://cdiac.esd.ornl.gov/trends/emis/tre_afr.htm.

MARTINEZ-ALLIER, J. (2002), *The Environmentalism of the Poor*, Cheltenham, Edward Elgar Publishing.

MILLENNIUM ECOSYSTEM ASSESSMENT (2005), « Ecosystems and Human Well-being: Synthesis », Washington D.C., http://www.millenniumassessment.org/.

MILLY, P.C. et DUNNE, K.A. (1994), « Sensitivity of the Global Water. Cycle to the Water-Holding Capacity of Land », *Journal of Climate*, 7(4), pp. 506-526.

MURADIAN, G., O'CONNOR, M. et MARTINEZ-ALIER, J. (2002), « Embodied Pollution in Trade: Estimating the 'Environmental Load Displacement' of Industrialised Countries », *Ecological Economics*, 41, pp. 51-67.

NIXON, S.W., AMMERMAN, J.W., ATKINSON, L.P., BEROUNSKY, V.M., BILLEN, G., BOICOURT, W.C., BOYNTON, W.R., CHURCH, T.M., DITORO, D.M., ELMGREN, R., GARBER, J.H., GIBLIN, A.E., JAHNKE, R.A., OWENS, N.J.P., PILSON, M.E.Q. et SEITZINGER, S.E. (1996), « The Fate of Nitrogen and Phosphorus at the Land-Sea Margin of the North Atlantic Ocean », *Biogeochemistry*, 35, pp. 141-180.

OLIVIER, J.G.J. (2002), « Part III: Greenhouse Gas Emissions: 1. Shares and Trends in Greenhouse Gas Emissions ; 2. Sources and Methods ; Greenhouse Gas Emissions for 1990 and 1995 », in International Energy Agency (IEA), *CO₂ Emissions from Fuel Combustion 1971-2000*, Paris, pp. III.1-III.31, http://www.rivm.nl/edgar/index/.

PNUE (2002), *L'avenir de l'environnement mondial 3. GEO-3*, Paris, De Boeck.

PNUE (2003), *Rapport mondial sur le développement humain 2003*, Bruxelles, De Boeck Université.

POSTEL, S.L., DAILY, G.C., EHRLICH, P.R. (1996), « Human Appropriation of Renewable Fresh Water », *Science*, 271, pp. 785-788.

PRESCOTT-ALLEN, R. (2001), *The Wellbeing of Nations, A Country-by-Country Index of Quality of Life and the Environment*, Washington, Island Press.

RAMSEYER, L.J. (2002), « Predicting Whole-Fish Nitrogen Content from Fish Wet Weight Using Regression Analysis », *North American Journal of Aquaculture*, 64, pp. 195-204, http://mi.nefsc.noaa.gov/Nfish.html.

SACHS, W. (dir.) (1993), *Global Ecology: A new arena of political conflict*, Londres et New York, Zed Books.

VANDILLE, G. et VAN ZEEBROECK, B. (2003), « Les comptes environnementaux en Belgique », Planning Paper, 93, Bureau fédéral du Plan, Bruxelles, juin.

VITOUSEK, P.M., ABER, J., HOWARTH, R.W., LIKENS, G.E., MATSON, P.A., SCHINDLER, D.W., SCHLESINGER, W.H., et TILMAN, G.D. (1997a), « Human Alteration of the Global Nitrogen Cycle. Causes and Consequences », *Issues in Ecology*, n° 1, pp. 1-16.

VITOUSEK, P.M., MOONEY, H.A., LUBCHENCO, J. et MELILLO, J.M. (1997b), « Human domination on Earth's Ecosystems », *Science*, 277, pp. 494-499.

VON WEISZACKER, E., LOVINS, E., LOVINS, A.B. et LOVINS, L.H. (1997), *Facteur 4*, (rapport au Club de Rome), Mens, Terre Vivante.

WACKERNAGEL, M., CALLEJAS LINARES, A., DEUMLING, D., VÁSQUEZ SÁNCHEZ, M.A., LÓPEZ FALFÁN, I.S., et LOH, J. (2000), « Ecological Footprints and Ecological Capacities of 152 Nations: The 1996 Update », Databank, Redefining Progress, Oakland, USA, http://www.rprogress.org.

WEF (2002), « Environmental Sustainability Index », World Economic Forum, http://www.ciesin.columbia.edu/indicators/ESI.

WEF (2004), « Environmental Sustainability Index », World Economic Forum, http://www.ciesin.columbia.edu/indicators/ESI.

WRI (2003), « Earth Trends Data Tables: Water Resources and Freshwater Ecosystems », World Resources Institute, Washington D.C., http://earth trends.wri.org.

WRI (2005), « Climate Analysis Indicators Tool (CAIT) Version 2.0 », World Resources Institute, Washington D.C., http://cait.wri.org.

WWF (2004), *Living planet report 2004*, World Wildlife Fund, Gland.

ZACCAÏ, E. (2002a), *Le développement durable. Dynamique et constitution d'un projet*, Bruxelles, PIE-Peter Lang.

ZACCAÏ, E. (2002b), « De quelques visions mondiales des limites de l'environnement », *Développement Durable et Territoires*, Dossier 1 : Approches territoriales du développement durable, http://www.developpementdurable.revues. org/document887.html.

ZACCAÏ, E., GOOR, F., et KESTEMONT, B. (2004), « Quelle importance a l'environnement ? Enseignements du cas Lomborg », *Natures Sciences Sociétés*, 12, pp. 42-49.

Annexe : Données socio-économiques comparées

Para-mètres	Pays	Pop.	Pop. rurale	Super-ficie	Biocapacité	PIB/hab	Indice de bien-être humain*
Source		FAO (2003)	FAO (2003)	PNUE (2003)	Wackernagel *et al.* (2000)	PNUE (2003)	Prescott-Allen (2001)
Date de la donnée		2000	2000	2000	1996	2001	2000
Unité		millions	millions	millions	millions	$/hbt.	millions
1	Belgique	10	0,3	3	23	22 323	80
2	France	59	14,5	55	249	22 129	75
3	Pays-Bas	16	1,7	4	37	23 701	78
4	Suisse	7	2,3	4	17	34 171	78
5	Royaume-Uni	60	6,4	24	107	24 219	73
Moyenne groupe Europe		*30*	*5*	*18*	*87*	*23599*	*75*
6	Bénin	6	3,6	11	8	368	27
7	Burkina Faso	12	9,4	27	8	215	17
8	Côte d'Ivoire	16	8,6	32	28	634	20
9	Guinée-Bissau	1	0,9	4	3	162	13
10	Sénégal	9	5,0	20	8	476	20
Moyenne groupe Afrique		*9*	*5*	*19*	*11*	*452*	*20*
Rapport grE/grA		*3*	*1*	*1*	*8*	*52*	*4*

* Définition de l'indice de bien-être humain proposé par Prescott-Allen (2001, p. 13) : « Moyenne des indices de santé et population, richesse, savoirs, communauté et équité ou la moyenne des indices de santé et population, richesse, savoirs et communauté, celui des deux qui est inférieur » (notre traduction de la citation : « Average of indices of health and population, wealth, knowledge, community, and equity or average of indices of health and population, wealth, knowledge and community, whichever is lower »).

Source : Auteurs

Pour promouvoir le développement durable, l'intégration régionale constitue-t-elle un rempart contre les excès de la mondialisation ?

Hubert GÉRARDIN et Jacques POIROT

Université de Nancy 2, BETA Nancy CNRS, France

Les accords d'intégration régionale sont couramment conçus comme des accords préférentiels par lesquels certains pays consentent à d'autres un accès privilégié à leur marché intérieur. Nombre de ces accords sont fondés sur le principe de réciprocité, lorsqu'il s'agit de créer entre plusieurs pays un groupement régional qui prend, par exemple, la forme d'un forum ou d'un accord de coopération, d'une zone de libre-échange, d'une union douanière ou d'un marché commun. L'intégration régionale peut, dans une étape ultérieure, devenir une union économique, lorsque les États harmonisent certaines de leurs politiques économiques, comme la politique de la concurrence. L'union monétaire vient parfois couronner (Union européenne)[1], ou précéder (Zone franc), ce processus d'intégration (Balassa, 1961 ; Hugon, 1998, 2003).

Comme le montre Siroën (2004, p. 74), une des raisons des accords régionaux est « d'échapper au carcan du traitement de la nation la plus favorisée, garde-fou nécessaire, mais parfois contre-productif, surtout lorsque le nombre de pays bénéficiaires augmente ». En effet, un État peut être disposé à concéder des préférences aux autres pays susceptibles de constituer une union régionale, dans la mesure où ceux-ci lui accorderont des avantages comparables[2].

---

[1]   Union européenne (UE) : Allemagne, Autriche, Belgique, Danemark, Espagne, Finlande, France, Grèce, Irlande, Italie, Luxembourg, Pays-Bas, Portugal, Royaume-Uni, Suède.

[2]   Ainsi, lorsque la France a signé le Traité de Rome, en 1957, elle a accepté que les produits manufacturés allemands soient à terme importés en franchise de droits de douane, car cette ouverture avait comme contrepartie, jugée alors essentielle, l'ouver-

Si une union régionale est capable, souvent mieux que des accords multilatéraux conclus au sein de l'Organisation mondiale du commerce (OMC), de favoriser les échanges économiques entre ses membres, est-elle également capable de promouvoir leur développement durable[3], en particulier dans ses dimensions environnementale et sociale, mieux que ne le feraient des accords au niveau mondial ? Les États d'une union peuvent adopter des dispositions destinées à protéger l'environnement ou à favoriser un développement plus équitable. Ces mesures entraînent des coûts supplémentaires pour les entreprises, mais si les partenaires de l'union se soumettent aux mêmes normes et appliquent des règles similaires dans le domaine environnemental et/ou social, la concurrence entre les entreprises de l'union régionale n'en sera pas affectée.

Les décisions en faveur du développement durable sont prises au sein des institutions de l'union, après négociations ou, sous une forme autonome, par ses membres. Dans les deux cas, l'existence d'États *leaders* paraît indispensable pour qu'il y ait obtention d'accords dans le domaine environnemental et/ou social. Si un ou plusieurs États d'une union prennent l'initiative d'une telle démarche, les autres États seront incités à prendre le même type de mesures, assurés que ces dernières ne leur porteront pas alors préjudice. Dans ce cas, l'union régionale contri-buerait à faire disparaître certains excès de la mondialisation, résultant d'une forte concurrence entre les entreprises ; leurs choix stratégiques, dans un tel contexte, ne tiennent pas toujours suffisamment compte des besoins fondamentaux des populations, et sont parfois soutenus par les États, plus soucieux de favoriser la compétitivité de leur économie que de faire respecter environnement et normes sociales. Par ailleurs, une union régionale, en particulier si elle se compose de pays inégalement développés, peut favoriser des transferts au profit des pays, ou des régions à l'intérieur de ceux-ci, dont le niveau de développement est le moins élevé.

---

ture du marché allemand aux produits agricoles français. Par opposition, une ouver-ture analogue de son marché en faveur des membres du GATT – General Agreement on Tariffs and Trade – aurait exposé la France à une forte concurrence de certaines nations industrielles, sans qu'elle puisse réellement tirer avantage de concessions comparables de ses partenaires. Dans nombre de cas, la constitution d'unions régio-nales a eu pour conséquence de favoriser les échanges intrazones.

[3] Le développement durable constitue « un processus de changement par lequel l'ex-ploitation des ressources, l'orientation des investissements, des changements tech-niques et institutionnels se trouvent en harmonie et renforcent le potentiel actuel et futur de satisfaction des besoins des hommes » (Rapport Brundtland, Commission mondiale sur l'environnement et le développement, 1988, p. 10). Il se décline en trois dimensions : économique, environnementale et sociale.

La mondialisation, qui se caractérise par l'essor des échanges commerciaux, des flux d'investissements directs étrangers (IDE) et des transferts de capitaux, grâce aux mesures de libéralisation, a entraîné un retrait partiel des États (Poirot, 2001) et un affaiblissement des pouvoirs syndicaux, laissant aux entreprises, notamment aux firmes multinationales, une grande liberté pour mener leur stratégie[4]. Ce processus se traduit par « un déplacement des échelles et des lieux de régulation nationale, notamment en direction des institutions mondiales et régionales : la mondialisation est créatrice de très fortes différenciations internationales » (Hugon, 2003, p. 15)[5]. Dans ce contexte, marqué par l'ambivalence des dynamiques d'intégration régionale et de mondialisation, nous rechercherons comment certaines formes d'union régionale favorisent, plus que d'autres, l'application de politiques environnementale et sociale s'inscrivant dans la promotion du développement durable. En nous référant aux principales unions régionales[6], nous examinerons comment ces dernières peuvent contribuer à promouvoir ce développement. Après avoir souligné comment une union régionale peut faciliter l'émergence d'un projet favorable au développement durable, nous analyserons le rôle des nouveaux acteurs communautaires, puis celui des États *leaders*.

---

[4] La plupart des États ou des groupements régionaux s'opposent à une « mondialisation des flux de main-d'œuvre ». Les populations d'origine d'étrangère, installées dans un pays, peuvent néanmoins exercer parfois une forte influence sur les échanges commerciaux, les flux d'investissements directs étrangers et les transferts de capitaux. Sur le concept de mondialisation, voir notamment, Beaud *et al.* (1999), Michalet (2004) et sur le débat « Régionalisation/mondialisation », Bach (1994, 1998), Bhagwati (1992), De Melo et Panagariya (1993), Gérardin (1998), Gerbier (1995), Oman (1994).

[5] « Elle conduit : à de grandes disparités de trajectoires des économies nationales, les unes étant en convergence et les autres en divergence ; à des intégrations différenciées à l'économie mondiale – certaines zones étant en voie d'intégration et d'autres en voie de marginalisation – ; à des processus opposés d'intégration ou de désintégration régionale – certaines zones étant en voie d'interdépendance croissante ou d'accrétion alors que d'autres sont en voie de fragmentation – ; à de nouvelles compatibilités et incompatibilités du multilatéralisme avec les différentes formes de régionalisme selon que celui-ci est plus ou moins ouvert ou fermé » (Hugon, 2003, pp. 15-16).

[6] Les groupements retenus (zones de libre-échange, unions douanières et unions économiques) lient des pays géographiquement proches et dont le taux d'intégration par les échanges extérieurs (rapport des échanges intrazones sur les exportations totales des pays de l'union) est relativement élevé (supérieur à 10 %), à l'exception de la Communauté économique et monétaire de l'Afrique centrale (CEMAC : Cameroun, Centrafrique, Congo, Gabon, Guinée équatoriale, Tchad).

I. L'émergence d'un projet commun

A. *Des forums et accords régionaux à l'union économique et monétaire : une volonté croissante d'élaborer un projet commun respectueux du développement durable*

En constituant un groupement régional, les États membres révèlent leur volonté d'élaborer un projet de développement en commun, plus approfondi avec une union douanière qu'avec une zone de libre-échange et, *a fortiori*, un forum de coopération. Toutefois, malgré un objectif initialement limité à la libéralisation commerciale, une zone de libre-échange est susceptible de faire apparaître des mécanismes institutionnels destinés à protéger l'environnement et à assurer une meilleure protection sociale.

La constitution d'une union douanière, avec l'objectif parfois affirmé d'établir une union économique et de mettre en œuvre des politiques communes, oblige les États participants à établir un tarif extérieur commun, et par conséquent à définir, de fait, une position « commune » vis-à-vis de la mondialisation et du degré de libéralisation des échanges qu'ils sont prêts à accepter. Ainsi, la création des unions régionales en Amérique latine s'est réalisée initialement avec l'objectif d'un développement autonome et la volonté de mener une stratégie de substitution aux importations. Le refus du Chili d'adhérer au Mercosur[7], par suite d'un désaccord sur le tarif extérieur commun[8], souligne que les États doivent partager une « même vision » pour former une union régionale. La volonté d'un développement en commun peut amener les États à construire progressivement des institutions ou des mécanismes institutionnels pour créer entre eux une plus grande solidarité, facteur de réduction des inégalités et de promotion du développement durable[9].

---

[7]   Mercosur (Marché commun du Cône Sud) : Argentine, Brésil, Paraguay, Uruguay.

[8]   Le Chili estimait que le tarif extérieur commun du Mercosur était trop élevé, supérieur à la moyenne de ses propres droits de douane. Ce pays, qui souhaitait une « ouverture » de son économie sur le monde plus forte que ne l'envisageaient les partenaires du Mercosur, a choisi (comme la Bolivie et le Pérou, et depuis le sommet d'Ouro Preto de décembre 2004, le Venezuela, la Colombie et l'Équateur) le statut d'État associé. Pour J. Ténier (2001, p. 34) le choix de créer une union douanière : « [...] explique la décision du Chili, en 1996, de se contenter d'un statut de membre associé et non de membre à part entière. Son tarif extérieur moyen étant de 11 %, son adhésion [se serait traduite] par une augmentation de sa protection douanière en contradiction avec une politique commerciale d'ouverture au marché mondial ».

[9]   Ces politiques communes peuvent favoriser un processus de convergence des économies nationales en facilitant les rattrapages en termes de revenu réel des pays les moins développés, atténuant ainsi certains déséquilibres susceptibles d'accentuer les différentiels d'inflation et de taux d'intérêt.

Parmi les groupements d'intégration régionale, l'Union européenne a su le mieux mettre en œuvre des mécanismes de solidarité, notamment en instaurant des « fonds structurels » destinés aux régions des pays membres qui connaissent un retard de développement ou en instaurant une politique agricole commune (PAC). En Europe, la PAC a permis de maintenir le revenu des agriculteurs, évitant l'apparition de « fractures » entre les zones rurales et urbaines. La règle de la décision prise à la majorité qualifiée, et non à l'unanimité, dans des domaines comme l'environnement, facilite l'adoption de mesures favorables au développement durable[10]. À la suite de l'Union européenne, d'autres unions régionales ont également créé des institutions ou des mécanismes institutionnels, destinés à favoriser le développement durable. Ainsi, un Fonds d'aide à l'intégration régionale a été créé en 1998, afin de réduire les disparités de développement dans l'Union économique et monétaire ouest-africaine (UEMOA)[11] et un Fonds pour la convergence structurelle du Mercosur sera institué en 2006, « pour aider à promouvoir la cohésion sociale et introduire un ferment de solidarité » (Paranagua, 2005, p. 20). Dans le cadre de la Zone franc (Gérardin, 2001, p. 29), des mesures spécifiques d'intégration régionale ont été prises par les membres de l'UEMOA et de la CEMAC en matière d'assurance et de prévoyance sociale. Depuis le traité de 1992, une Conférence interafricaine des marchés d'assurance a pour but de renforcer la coopération régionale et d'adapter la couverture des risques à l'environnement économique et un code unique des assurances est entré en vigueur en février 1995. En matière sociale, la Conférence interafricaine de la Prévoyance sociale « constitue un outil d'intégration régionale et d'appui technique, destiné à améliorer la gestion des organismes de protection sociale » (Banque de France, 2001, p. 3)[12].

Ces mécanismes de solidarité n'existent pas, généralement, dans les zones de libre-échange. La libéralisation des échanges peut avoir parfois dans certains secteurs, au contraire, une incidence fortement négative et contribuer à accroître les inégalités entre – et au sein – des pays membres. Dans l'Accord de libre-échange nord-américain (ALENA)[13], les

---

[10] En matière sociale, la prise de décision à l'unanimité a sans doute limité des avancées de l'Union européenne.

[11] UEMOA : Bénin, Burkina, Côte d'Ivoire, Guinée-Bissau, Mali, Niger, Sénégal, Togo.

[12] Les objectifs de cette Conférence sont les suivants : « Fixer des règles communes de gestion des organismes de prévoyance sociale ; instituer un contrôle de la gestion de ces organismes ; harmoniser les dispositions législatives et réglementaires les concernant ; assurer une politique de formation initiale et permanente des cadres et techniciens » (Banque de France, 2001, p. 3).

[13] ALENA : Canada, États-Unis, Mexique.

productions céréalières mexicaines, par exemple, ont été soumises à la forte concurrence de celles des agriculteurs américains du Middle West[14]. Cependant, l'intégration régionale, quel que soit son statut juridique, devrait faciliter l'adoption de normes et de règles communes dans le domaine environnemental et social, ainsi que le financement commun d'actions en faveur de l'environnement ou de la recherche d'une meilleure équité sociale. Les États accepteront plus facilement ce type de contraintes lorsque les échanges commerciaux et de capitaux s'intensifient entre les membres de l'union, car le risque de distorsion de concurrence est réduit. Bien que l'ALENA n'ait pas comme objectif de transformer la zone de libre-échange initialement créée en une union douanière ou en un marché commun, mais plutôt la vocation de « se faire dépasser un jour par l'approfondissement du multilatéralisme » (Siroën, 2004, p. 21), il a été néanmoins accompagné de deux autres accords, se rapportant à l'environnement et aux conditions de travail[15]. Dans le cadre du premier accord, une Commission de coopération environnementale a été créée. Son conseil examine les « communications » des organisations non gouvernementales (ONG) ou des personnes physiques alléguant qu'un État omet d'assurer l'application efficace de sa législation sur l'environnement. Les États-Unis, le Canada et le Mexique sont, dès lors, indirectement encouragés à prendre, au niveau national, des mesures relatives à la protection de l'environnement ; l'accord apporte un contrôle sur l'application de ces mesures dans les États membres. Par ailleurs, dans le cadre de l'accord environnemental de l'ALENA, un Fonds nord-américain pour la coopération environnementale a été institué. Il est destiné à financer des projets novateurs en faveur de l'environnement présentés par des ONG sans but lucratif ; ces projets doivent avoir un caractère communautaire et nord-américain. Comme le relève J. Ténier (2003, p. 42), les sommes mobilisées demeurent toutefois modestes et « hors de proportion avec le Fonds de cohésion européen, chargé notamment de financer des opérations d'infrastructure, mais aussi de protection de l'environnement, dans les pays d'Europe ». L'accord nord-américain de coopération dans le domaine du travail vise à améliorer les conditions de travail et à favoriser une application transparente de la législation de chaque État. Toutefois, dans le cadre de cet accord, la procédure en cas de non-respect du droit du travail dans un des trois pays est lourde et sans décision contraignante pour les parties.

---

[14] L'agriculture américaine est une des plus productives du monde et bénéficie d'aides publiques importantes.

[15] Comme le souligne Siroën (*ibid.*), « sous la pression du Congrès américain, [ces] deux accords ont dus être négociés en 1993 : une clause sociale et une clause environnementale ».

L'exemple de l'ALENA, parfois présenté comme la constitution d'une zone de libre-échange destinée à anticiper un libre-échange généralisé au niveau mondial, montre que l'intégration économique est capable d'entraîner l'émergence d'accords complémentaires susceptibles de promouvoir le développement durable.

B. L'incidence des contraintes économiques et financières des États membres sur l'élaboration d'un projet commun

1. Des contraintes spécifiques pour certains États membres

Des contraintes liées à la structure de leur commerce extérieur, à leur situation géographique, ou à leur niveau de développement, peuvent inciter des États d'une union régionale à refuser l'adoption de normes qu'ils pourraient juger contraignantes dans le domaine environnemental et social.

Un fort degré d'intégration, se traduisant par des échanges intrazones importants par rapport aux échanges avec les pays n'appartenant pas à l'union régionale, devrait faciliter l'adoption de normes parfois sévères, les pays concernés ne risquant pas de subir de distorsions de concurrence interne. Certains pays, cependant, entretiennent avec les autres membres de l'union régionale des échanges moins intenses (échanges commerciaux ou IDE), et peuvent craindre de perdre des avantages compétitifs sur les marchés extérieurs en acceptant une harmonisation des politiques environnementales ou sociales susceptibles d'augmenter leur coût de production. Ainsi, au sein de l'Union européenne, la Grande-Bretagne a conservé des liens économiques étroits avec les États-Unis et les pays du Commonwealth[16].

Les pays d'une union régionale ont parfois des niveaux de développement différents, même s'ils appartiennent à la même catégorie de pays, définie par le PNUD (pays à développement humain avancé, moyen ou faible) ou par la Banque mondiale (selon leur revenu) (Baudasse *et al.*, 2001 ; Gérardin, 2001). Le Mexique, dans la zone de libre-échange nord-américaine, veut profiter de cette zone principalement pour attirer les IDE ; il s'est montré très réticent à accepter des normes environnementales et sociales contraignantes pouvant le rendre moins attractif à l'égard des investisseurs étrangers, notamment nord-américains.

---

[16] Le refus d'adopter la monnaie unique s'explique, en partie, par la crainte de ne pas disposer d'un taux de change adapté aux caractéristiques des échanges extérieurs britanniques.

Des pays, ayant une position géographique excentrée dans une union régionale, cherchent souvent à compenser ce handicap en proposant des conditions plus avantageuses que les autres membres de l'union aux investisseurs étrangers. Par exemple, dans l'Union européenne, l'Irlande, qui attire le tiers des investissements directs américains du groupement régional, s'est opposée à une harmonisation fiscale et sociale qui aurait entraîné un renchérissement des coûts de production des entreprises.

2. Des oppositions irréductibles dans la conception des systèmes de protection sociale

Si les objectifs en matière de protection de l'environnement font couramment l'objet d'un assez large consensus[17], il n'en est pas de même pour les systèmes de protection sociale, pour lesquels s'opposent traditionnellement deux grandes conceptions, les systèmes inspirés par Beveridge et les systèmes bismarckiens. Dans le premier cas, il s'agit de créer un « filet protecteur du berceau au tombeau », destiné surtout, selon les termes de Beveridge, à « libérer l'individu du besoin », à le mettre à l'abri des fléaux qui ont toujours frappé l'humanité. Le système d'assurances sociales, financé essentiellement par le budget de l'État, obéit à la logique de l'assistance et ne garantit que des prestations d'un montant relativement faible ; dès lors, les ménages doivent, pour s'assurer des revenus complémentaires, cotiser auprès d'assurances privées, notamment pour leurs retraites (fonds de pension gérés par les entreprises, fondés sur le principe de la capitalisation). Au contraire, les systèmes bismarckiens, mis en œuvre notamment en Allemagne et en France, ont été construits sur le principe de la solidarité professionnelle, de l'assurance et de répartition pour les retraites. Ils sont financés par des cotisations sociales prélevées principalement sur les revenus du travail et le montant des prestations sociales dépend des droits acquis. La durabilité sociale du développement ne peut pas être considérée, sauf à porter un jugement de valeur, comme mieux assurée par un type donné de protection sociale, mais les États membres d'une union régionale peuvent néanmoins accepter des normes minimales, qui dépendent fréquemment du niveau de développement atteint.

En matière sociale, par rapport au multilatéralisme, les groupements d'intégration régionale peuvent jouer un rôle moteur en établissant des dispositions communes. Par exemple, l'Union européenne a adopté une Charte communautaire des droits sociaux des travailleurs en 1989 et, en 2000, la Charte des droits fondamentaux, qui stipule l'interdiction du

---

[17] Cette attitude est attestée notamment par les rapports d'entreprise qui mettent en évidence, sinon les actions réalisées, du moins les engagements en faveur de la préservation de l'environnement.

travail des enfants et précise la protection des jeunes au travail (art. 32). Par contraste, les objectifs et les avancées au plan international, dans le cadre multilatéral de l'Organisation internationale du travail (OIT), sont plus limités : deux conventions sont en cours de ratification : par la première (n° 182), les pays s'engagent « à interdire et à éliminer les pires formes de travail des enfants » ; la seconde (n° 135), dont l'objectif est à plus long terme, « offre un cadre plus large pour l'abolition effective du travail des enfants »[18].

Nombre de groupements régionaux ont été capables de faire apparaître, au sein de leur population, une conscience régionale, favorable à l'émergence de projets communs dans le domaine social et/ou environnemental. Les nouveaux acteurs communautaires peuvent permettre à ces derniers de se concrétiser et de se développer.

II. L'émergence de nouveaux acteurs communautaires

Les acteurs communautaires ont un rôle essentiel à jouer pour le développement durable d'une région en élaborant ou en proposant des mesures destinées à promouvoir ce développement. Par ailleurs, une forme de déficit démocratique, parfois reprochée aux unions régionales, a-t-elle une influence sur le développement durable ?

A. Le rôle des nouveaux acteurs communautaires

Les unions douanières et, *a fortiori* les unions économiques, couramment construites à l'image de l'Union européenne, ont fait apparaître de nouveaux acteurs régionaux : les institutions supranationales créées par les traités. Ainsi, la Commission européenne, gardienne des traités, a le monopole d'initiative des textes. Elle fait prévaloir et défend l'intérêt général de l'Union en s'opposant aux États soucieux de leurs intérêts, notamment afin de maintenir la solidarité entre les pays membres et de réduire les inégalités au sein de l'Union. Cette Commission a dénoncé, par exemple, le comportement de passager clandestin (*free rider*) de certains États européens, sous-estimant les avantages qu'ils tirent de l'intégration régionale pour obtenir une réduction de leurs contributions au budget communautaire. Constatant un fort déséquilibre entre leurs apports à ce budget et les aides ou subventions perçues par leurs ressortissants, l'Allemagne, les Pays-Bas, la Suède et l'Autriche ont obtenu, lors du Sommet de Berlin (mars 1999), une réduction de leurs contributions. La Commission a montré que l'Allemagne avait, de fait, tiré profit de la réalisation du marché intérieur et du développement économique de l'Espagne et du Portugal, des pays qui ont été les principaux

---

[18] http://www.ilo.org/public/french/standards/ipec/ (12 février 2005).

bénéficiaires des transferts de l'Union européenne. Cette institution communautaire s'oppose à « un juste retour » des versements des États membres, défendant l'idée de solidarité en Europe, celle-ci étant réductrice d'inégalités[19].

Dans le cadre de l'application du protocole de Kyoto sur la lutte contre le réchauffement climatique, en dépit de sa non-ratification par les États-Unis, un mécanisme de permis d'émission de gaz à effet de serre a été instauré en 2005. La Commission européenne avait demandé, en 2004, aux États membres d'établir un plan d'allocation de quotas d'émission et, afin d'organiser le marché européen des permis d'émission, a créé, en février 2005, une bourse d'échange de ces permis, qui pourrait s'étendre, à terme, à la Russie, au Canada et au Japon ; elle s'est efforcée d'empêcher que les États membres, lors de l'élaboration de leur Plan national d'allocation des quotas d'émission de gaz à effet de serre (PNAQ), sous la pression des organisations professionnelles, ne se montrent trop « généreux » à l'égard des entreprises industrielles concernées[20] en leur accordant des plafonds élevés[21]. Il fallait éviter, en particulier, que certains États adoptent un comportement de passager clandestin en permettant à leurs entreprises « largement dotées » de vendre leurs droits excédentaires sur le marché des permis d'émission.

La Commission européenne a contribué aussi à élaborer, par ses communications, une véritable doctrine « institutionnelle »[22] dans le domaine du développement durable, notamment pour l'application du principe de précaution ou l'émergence de « villes durables ». Dans sa communication sur le recours au principe de précaution en 2000, elle indique comment elle conçoit l'application de ce principe, indispensable pour garantir la durabilité du développement, et selon lequel il ne faut pas

---

[19] Même si, dans le cas évoqué, l'action de la Commission n'a pas été couronnée de succès.

[20] Seuls les secteurs qui émettent les plus grandes quantités de CO_2, soit 45 % des émissions, sont soumis au système des permis d'émission, soit 12 000 sites industriels en Europe, dont 1 400 en France.

[21] Le PNAQ français a, par exemple, été rejeté à plusieurs reprises par la Commission qui estimait que les rejets de CO_2 autorisés dans l'atmosphère étaient trop élevés. Jadot et Quirion (*Le Monde*, 21 novembre 2004, p. 1) font remarquer que « le patronat européen a relayé avec succès les demandes de chaque secteur pour recevoir plus de quotas, au point que, pendant la première période d'engagement de la directive (2005-2007), la quantité globale de quotas distribués en Europe (et en particulier en France) sera largement supérieure aux émissions ».

[22] Une doctrine institutionnelle dans le domaine du développement durable est définie comme un ensemble de principes et de recommandations destinés à guider l'action des acteurs et appliqués par la plupart des institutions (État, administrations publiques, institutions communautaires, groupements professionnels).

attendre d'avoir des certitudes scientifiques pour prendre des mesures destinées à prévenir la survenance de risques graves et irréversibles pour l'environnement et/ou la santé humaine. Elle précise les principes qu'il conviendrait de respecter, en rejetant à la fois la conception d'une interprétation radicale du principe de précaution, selon laquelle il faut interdire toute activité présentant un risque pour l'environnement ou la santé humaine et la position de ceux qui écartent toute application de ce principe.

S'appuyant sur les travaux du Groupe d'experts sur l'environnement urbain qu'elle avait créé en 1991, et après une large consultation auprès des villes, des ONG, des entreprises, des université et des États membres, la Commission européenne a formulé, en 2004, dans une communication intitulée « Vers une stratégie thématique pour l'environnement urbain », des recommandations, des lignes directrices, des indicateurs ainsi que des normes destinés à créer une « ville durable ». Il s'agit, en respectant les principes d'une démocratie participative, de transformer progressivement l'espace urbain pour obtenir une ville « compacte », limitant les besoins de déplacements de la population, disposant d'un système de transport durable[23], et préservant le patrimoine historique et les équilibres naturels. Pour assurer le maintien de la biodiversité, de la santé publique et la qualité de l'air, de l'eau et du sol, la Commission préconise une rupture au niveau des comportements des citadins et du mode de gestion des municipalités. La Commission, en développant une « doctrine » de la « ville durable », peut guider les collectivités territoriales dans l'élaboration de leurs agendas 21 locaux, en les rendant plus cohérents entre eux, notamment dans le cadre d'une coopération entre communes voisines. Toutefois, respectueuse du principe de subsidiarité, elle laisse aux villes le soin de définir leurs objectifs adaptés aux conditions locales et les politiques environnementales, pour les réaliser[24]. Par ses communications, ses propositions de directives et ses injonctions, la Commission, institution supranationale, contribue à faire naître chez les Européens, parfois trop exclusivement soucieux de leurs intérêts nationaux, un sentiment de responsabilité à l'égard du développement durable en Europe.

---

[23] Un tel système doit satisfaire les besoins de déplacement de la population en toute sécurité, d'une manière compatible avec la santé des personnes et le respect des écosystèmes.

[24] La Commission rappelle néanmoins aux responsables municipaux qu'ils doivent respecter certaines directives, notamment les directives sur l'air et sur l'eau. Elle se propose également d'imposer aux villes de plus de 100 000 habitants l'élaboration d'un plan de gestion environnementale (Commission européenne, 2004).

De nombreuses unions régionales, notamment l'UEMOA et la CEMAC, ou, dans une moindre mesure, le Mercosur, la Communauté andine[25] et la SADC (Southern African Development Community)[26] se sont dotées d'institutions communautaires, comparables à différents degrés, à celles de l'Union européenne. Ainsi, l'UEMOA a instauré trois organes principaux, la Conférence des chefs d'État et de gouvernement, le Conseil des ministres et la Commission. La politique commerciale, et les autres volets de la politique économique, en particulier ceux qui concernent les relations avec l'Union européenne, sont conduits par la Commission, sous le contrôle du Conseil, dans des conditions analogues à celles de l'Union européenne.

L'ALENA, alors que son traité fondateur ne prévoyait pas la création d'institutions supranationales, dispose, avec la Commission de coopération environnementale, d'une institution qui a montré sa capacité de critique et de proposition en matière d'environnement. Dans un rapport publié en 2002, cette Commission a dénoncé la dégradation de la biodiversité en Amérique du Nord, la disparition de la forêt tropicale humide au Mexique sous l'effet d'un développement non durable, l'érosion des sols et les sécheresses en progression, les rejets importants de déchets toxiques en Amérique du Nord, qui n'ont fait l'objet d'aucun suivi. Certes, les propositions formulées n'ont pas de caractère contraignant, mais elles sont susceptibles d'influencer les décisions des États.

La constitution d'une union régionale favorise également une prise de conscience régionale et incite des ONG, des syndicats et diverses associations à prendre comme zone de référence de leur action non plus des cadres nationaux, parfois trop étroits, mais l'ensemble des pays de l'union. Dans ce contexte, les unions régionales ont suscité, de fait, la création de véritables contre-pouvoirs face aux firmes multinationales, qui ont bénéficié d'une liberté d'action accrue, grâce à la libéralisation des échanges et à la déréglementation ayant entraîné la réduction du rôle des États nationaux et l'affaiblissement du pouvoir syndical. Comme le relève J. Ténier (2003, p. 47), la société civile mexicaine a été renforcée par « l'établissement de liens avec des associations, des universitaires et des syndicats canadiens et américains ». En 1991 a été créée l'Alliance pour un commerce responsable (ART, Alliance for Responsible Trade) qui développe une critique transnationale de l'ALENA et de la Zone de

---

[25] Communauté andine : Bolivie, Colombie, Équateur, Pérou, Venezuela.

[26] SADC (Communauté de développement de l'Afrique australe) : Angola, Botswana, République Démocratique du Congo, Lesotho, Malawi, Maurice, Mozambique, Namibie, Afrique du Sud, Seychelles, Swaziland, Tanzanie, Zambie, Zimbabwe.

libre-échange des Amériques (ZLEA)[27], afin de prendre en compte, notamment, les questions sociales et environnementales. Des ONG ont organisé des « contre-sommets » face aux « sommets » des unions régionales, comme pour l'Union européenne (Amsterdam en 1997) et lors des négociations de la ZLEA. Dans l'APEC[28] (Asia-Pacific Economic Cooperation)[29], le Réseau Asie-Pacifique des syndicats membres de la Confédération internationale des syndicats libres (CISL, créée en 1995), dans une déclaration adoptée à Ottawa en 1997, a rappelé que cette institution devait avoir une dimension sociale. Il a été demandé « aux dirigeants et aux dirigeantes de l'APEC de s'entendre sur la création de solides programmes sociaux et sur le respect des droits de la personne et des droits démocratiques afin de répartir équitablement les fruits de la croissance que peut générer l'APEC » (Ténier, 2003, p. 170).

B. Déficit démocratique ou indépendance des gouvernements ?

Dans les unions régionales, notamment dans les zones de libre-échange ou les unions douanières, les décisions sont prises par des instances inter-étatiques, généralement un conseil des ministres des Affaires étrangères des pays membres pour les unions douanières, ou par un conseil qui groupe les ministres du Commerce dans une zone de libre-échange comme l'ALENA. Dans l'Union européenne, où les compétences communautaires ont été étendues, la composition du conseil des ministres dépend du domaine concerné. Le conseil des ministres le plus important, de par la nature et les enjeux des décisions à arrêter rassemble les ministres de l'Économie et des Finances (conseil ECOFIN). Les décisions prises (les directives pour l'Union) doivent être transposées dans les législations par les parlements nationaux. Peu de décisions sont applicables directement par les États membres (les règlements pour l'Union européenne).

Les parlements nationaux ne sont associés que tardivement, et souvent de façon contrainte, aux décisions de l'union régionale[30]. Cette

---

[27]   ZLEA (Zone de libre-échange des Amériques) : l'ensemble du continent américain à l'exception de Cuba (34 pays).

[28]   APEC (Forum de coopération économique Asie-Pacifique) : Australie, Nouvelle-Zélande, États-Unis, Canada, Japon, Corée, Thaïlande, Malaisie, Indonésie, Philippines, Singapour, Brunei, Chine populaire, Taiwan, Mexique, Papouasie, Chili, Pérou, Russie, Vietnam.

[29]   Groupement qui fait partie des Associations et Forums qui ne sont pas fondés sur une préférence commerciale. Les auteurs opposent cette forme de « régionalisme ouvert » au « régionalisme fermé » fondé sur les accords préférentiels (Siroën, 2004, p. 12).

[30]   Nombre de directives laissent peu de possibilités d'adaptation aux parlements nationaux ; certaines doivent être adoptées sans aucun aménagement.

situation traduit une forme de déficit démocratique, car les décisions sont prises au niveau gouvernemental, c'est-à-dire au niveau des exécutifs des différents États, sans contrôle d'un pouvoir législatif. Pour y remédier, la plupart des groupements régionaux instaurent une représentation parlementaire issue des parlements nationaux, mais ayant un rôle consultatif. L'Union européenne depuis 1992 et la Communauté est-africaine reconnaissent, dans certains cas, un pouvoir de co-décision à cette représentation. Pour donner une plus grande légitimité au parlement, celui-ci est élu au suffrage universel dans l'Union européenne depuis 1979. Dans d'autres unions régionales, la création d'un parlement est plus récente, c'est le cas, notamment, de la Communauté andine et de l'UEMOA ; l'installation d'un parlement communautaire est prévu pour la CEMAC et le Mercosur fin 2005. Les partisans du développement durable estiment que les décisions concernant l'environnement et l'équité sociale doivent être prises démocratiquement et que la population, directement, ou par l'intermédiaire de ses représentants élus, doit y être étroitement associée. C'est une des conditions pour que les décisions, surtout dans le domaine de l'environnement, soient acceptées et appliquées. Or, en France, une grande partie de la législation relative à l'environnement est d'origine communautaire, ce qui souligne l'intérêt limité, du moins jusqu'à une date récente, des parlementaires et de l'exécutif pour ce type de problème. On constate, par ailleurs, que de nombreuses directives européennes concernant la protection de l'environnement ont été mises en œuvre très lentement, comme les directives « Oiseaux », de 1979, et « Habitats », de 1992, qui ont pour objectif de créer un réseau écologique européen (Natura 2000), grâce à des zones de conservation et de protection spéciales[31] ; l'Assemblée nationale et le Sénat ont voté des lois allant même à l'encontre de ces directives (Hulot, 2003), une telle situation résultant de l'importance des groupes de pression qui exercent une forte influence sur certains parlementaires[32].

---

[31] En janvier 2005, seuls 2,6 % et 7,7 % du territoire français étaient respectivement protégés par ces directives, soit 10,3 %, contre une moyenne de 15 % dans l'Union européenne et un maximum de 38 % en Espagne, la France se situant au dernier rang. Le 12 janvier 2005, la Commission européenne a, de nouveau, mis en demeure la France de transposer dans sa législation plusieurs directives sur l'environnement, sous peine de sanctions financières. Ce pays a déjà été condamné à six reprises par la Cour européenne de justice entre septembre 2001 et juillet 2004 pour le retard accumulé, qui empêche, notamment, l'achèvement du réseau Natura 2000 (Ferenczi, 2005 ; Dupont, 2005).

[32] Jacques Chirac est parvenu à faire adopter par le Congrès, en mars 2005, une charte de l'environnement et pour le Premier Ministre, « la France devient ainsi le premier pays européen à consacrer au droit de l'environnement une déclaration constitutionnelle » (*Le Monde*, 2 mars 2005, p. 8). Cette charte prévoit l'application du principe

Dans ce type de situation, les modalités de prise de décision interétatique donnent aux gouvernements une relative indépendance pour prendre des décisions, et les faire ensuite appliquer, protégés, dans une certaine mesure, par un déficit démocratique. Si un parlement supranational, élu au suffrage universel, approuve les décisions prises au niveau de l'union, il leur confère une plus grande légitimité, permettant aux gouvernements de résister avec plus d'efficacité aux groupes de pression nationaux et de faire accepter plus facilement par les parlementaires les transpositions indispensables dans le droit national.

L'action des acteurs communautaires est indispensable pour faire émerger un projet commun ou, de façon moins ambitieuse, pour favoriser l'adoption de dispositions communes dans le domaine environnemental et social. Mais, à côté de ces acteurs, certains États peuvent jouer un rôle *leader* en inspirant les décisions communautaires.

III. Le rôle des États *leaders*

Les groupements d'intégration résultent de la coopération interétatique. Certains États peuvent avoir un rôle essentiel à jouer dans la construction régionale, pour l'élaboration du projet commun, notamment dans le domaine social et environnemental. Les unions régionales groupant souvent des pays de taille et de poids économique inégaux, les grands pays doivent-ils jouer un rôle *leader* pour que l'union adopte un projet de développement commun respectant les principes du développement durable ? Peuvent-ils jouer un rôle stabilisateur, préservant les acquis de ce développement ?

A. Le rôle des États leaders dans l'adoption d'institutions et de lois communes

Le rôle *leader* des grands États dans une union régionale se manifeste à deux niveaux : d'une part, lors de la constitution et de la réforme des institutions et d'autre part, lors de l'élaboration et de l'adoption des lois communes.

1. Le rôle des États leaders dans la création et la réforme des institutions régionales

Au sein de l'Union européenne, le « couple » franco-allemand a incontestablement joué un rôle de *leader* lors de la création de la Communauté, de la réforme des traités ou du lancement des politiques économiques communes, comme le montre l'action conjointe de F. Mitterrand et

---

de précaution dans l'optique de la doctrine institutionnelle défendue par la Commission.

H. Kohl, qui ont facilité la création en Europe d'une monnaie unique. L'adoption d'une constitution pour l'Europe, avec l'élargissement du vote à la majorité qualifiée au sein du conseil, pourrait être un facteur déterminant pour progresser sur la voie du développement durable. La possibilité de prendre une décision à la majorité qualifiée incite les États qui sont les plus réticents à accepter une harmonisation des politiques environnementales et sociales et à se rallier à la majorité. Les deux États *leaders* de l'Europe, la France et l'Allemagne, ont donné une impulsion décisive à la création de la convention chargée d'établir une constitution européenne[33].

Dans les zones de libre-échange, les grands États exercent également une influence déterminante sur le devenir de la zone, et sur son mode de fonctionnement, à l'instar du rôle moteur joué par les États-Unis dans la formation de l'ALENA. Le projet de libre-échange avait été soutenu par le Président Bush à la fin des années 1980 ; il prévoyait un accord de libre-échange avec le Canada (signé en 1988) et le Mexique (signé en 1992), mais aussi l'extension de la zone de libre-échange à l'ensemble du continent américain. Bien que contesté par une partie des électeurs démocrates et des syndicats, le projet a été repris par le Président Clinton, après l'adoption d'accords dans le domaine environnemental et social. Le Mexique, soucieux de son développement, semblait peu préoccupé d'instaurer dans ces domaines des règles susceptibles de décourager les investisseurs étrangers[34].

2. Le rôle des États leaders dans l'adoption des lois communes

Les préoccupations sociales et environnementales des États peuvent avoir un effet déterminant sur les choix de l'union régionale. Ainsi, l'Allemagne est un des pays européens les plus attentifs aux problèmes d'environnement. Elle est un des premiers pays du monde à avoir introduit le principe de précaution dans son droit, durant les années 1970 : « ce principe combinait alors les idées de planification et d'engagement ferme dans la lutte contre la pollution, sans attendre d'avoir des certitudes scientifiques sur les dommages causés à l'environnement » (Godard *et al.*, 2002, p. 72). Il fut d'abord introduit dans les législations visant à réduire la pollution de l'air et de l'eau à son niveau le plus faible possi-

---

[33] Le 12 mai 2000, le ministre allemand des Affaires étrangères, J. Fischer, a esquissé, à l'Université Humbolt de Berlin, les grandes lignes d'une constitution pour l'Union européenne. Le 27 juin de cette même année, le Président Chirac, devant le Bundestag, s'est prononcé à son tour en faveur de cette constitution dont le texte doit être approuvé par les pays européens (Macé et Saurel, 2003, p. 221).

[34] L'intégration régionale entre pays inégalement développés peut ainsi favoriser le développement durable, lorsqu'un (ou plusieurs) pays du Nord impose(nt), de fait, des décisions de ce type à un ou plusieurs pays du Sud.

ble, avant de devenir un des grands principes directeurs des politiques d'environnement en Allemagne. Ce pays a joué incontestablement un rôle déterminant dans les orientations écologiques en Europe[35], et dans la position de l'Union européenne au plan international.

B. Le rôle stabilisateur des grands États leaders

Les grands États ont aussi la capacité, s'ils en ont la volonté, d'éviter le déclenchement ou l'approfondissement d'une crise économique au sein d'un groupement régional. Kindleberger (1988a, 1988b, 1992, 1996) estimait que le rôle de l'État *leader* au niveau mondial était d'éviter qu'une crise ne se diffuse à l'ensemble des pays et ne soit de grande ampleur. Une crise majeure, mondiale ou régionale, est susceptible de compromettre le développement durable. Les inégalités s'accroissent entre pays et entre les groupes sociaux à l'intérieur des pays, au détriment de ceux qui, par leur situation, sont les moins bien protégés. L'intérêt pour l'environnement et le développement social passe alors au second plan des préoccupations des dirigeants, plus soucieux de protéger dans l'immédiat l'emploi et d'éviter des faillites d'entreprise[36].

L'analyse de Kindleberger peut être transposée au niveau d'une union régionale. Cet auteur estimait que le rôle de l'État *leader* était de veiller, pour éviter la survenance et la diffusion d'une crise, à ce que quatre conditions soient respectées : maintenir un marché ouvert, notamment pour les produits en surabondance, et répartir les produits pour lesquels il y a une pénurie ; conserver un système de taux de change stable ; assurer des prêts contracycliques aux pays les moins développés, ou du moins maintenir leur volume pour éviter que la crise ne s'amplifie ; jouer le rôle de prêteur en dernier ressort en cas de crise financière.

L'Union européenne constitue, parmi les groupements régionaux, un « cas singulier », car elle a su se mettre à l'abri d'une crise majeure, même en l'absence d'intervention des grands États. En effet, aucun État ne peut remettre en cause les acquis communautaires en rétablissant des barrières tarifaires et non tarifaires, bien que la tentation puisse être parfois forte pour un grand pays de s'isoler en cas de crise. L'adoption de la monnaie unique a supprimé la possibilité de spéculer sur les varia-

---

[35] Au début des années 1980, à la suite du rapport d'un groupe d'experts indépendants, constitué à la demande du gouvernement allemand, inquiet de l'état de la mer du Nord, le principe de précaution a été appliqué dans le cadre d'une coopération internationale.

[36] Les chocs pétroliers de 1973 et 1979, et la crise qui en a résulté n'ont pas permis de mettre en œuvre les principes adoptés lors de la Conférence de Stockholm sur l'environnement de 1972, faute d'une volonté politique suffisante.

tions du cours des monnaies nationales[37]. En cas de crise, les aides régionales et les fonds structurels, essentiellement financés par les grands États qui ont atteint un niveau de développement élevé, seraient certainement maintenus pour les pays les moins développés en Europe, car toute modification nécessiterait l'accord des pays bénéficiaires[38]. S'il survenait une crise financière, la Banque centrale européenne, centre unique de décision dans le domaine monétaire depuis l'adoption de l'euro, est sans doute plus efficace pour y faire face rapidement que plusieurs banques centrales nationales, même agissant en concertation. On peut supposer, par ailleurs, qu'au-delà de ces mécanismes institutionnels, les grands États, en cas de crise, sauraient faire preuve de solidarité en acceptant de soutenir par des financements exceptionnels les pays en difficulté. En 1994, l'appartenance du Mexique à l'ALENA a incontestablement incité le Fonds monétaire international (FMI), sous l'influence des États-Unis, à jouer le rôle de prêteur en dernier ressort pour éviter que la crise mexicaine n'ait une incidence, même limitée, sur le reste de l'union régionale (Gérardin *et al.*, 2001).

La solidarité entre membres de taille inégale n'a toutefois pas « fonctionné » dans le Mercosur lors de la crise monétaire et financière qu'a connue l'Argentine à la fin des années 1990. Au contraire, le plus grand pays de ce marché commun, le Brésil[39], a dévalué sa monnaie, le réal ; la situation de l'Argentine en a été aggravée à cause de l'augmentation de son déficit commercial et de son endettement extérieur, responsable du déclenchement de la crise. Le Brésil n'a pas pu, ou n'a pas voulu, jouer le rôle de pays *leader*[40], en maintenant la stabilité du taux de change, l'une des quatre conditions qui relève, selon Kindleberger, de la responsabilité de l'État *leader*. Au sein de l'ASEAN[41], l'Indonésie, pays le plus peuplé de cette union régionale et dont le PIB est le plus important, est

---

[37] Les fluctuations des taux de change entre monnaies européennes ont eu des effets négatifs sur la croissance économique et sur l'emploi. Celles du printemps 1995 auraient coûté en deux ans à l'Europe deux points de croissance et 1 500 000 emplois (De Silguy, 1998, p. 106).

[38] À la conférence de Nice, la décision de se prononcer à la majorité qualifiée a été différée, notamment pour les questions relatives aux aides régionales des fonds structurels (Dehove, 2001, p. 75).

[39] 78,9 % de la population et 79,1 % du PIB (74,5 % en PPA) du Mercosur, en 2002.

[40] Le maintien de la parité du réal aurait sans doute, dans un premier temps, coûté au Brésil en termes de déficit externe. Mais la crise argentine n'a-t-elle pas eu, en définitive, des conséquences plus graves pour le Brésil, affectant son développement durable, au niveau social notamment ?

[41] ASEAN (Association des nations du Sud-Est asiatique) : Brunei, Cambodge, Indonésie, Laos, Myanmar, Malaisie, Philippines, Singapour, Thaïlande, Vietnam.

incapable, principalement pour des raisons de politique interne, d'occuper la place de pays *leader*.

Face à la mondialisation, les unions régionales suscitent l'émergence de projets communs s'inscrivant dans la logique du développement durable, mis en œuvre par de nouveaux acteurs communautaires. Certains États y jouent un rôle de *leader*, tant dans le champ environnemental que social pour initier et promouvoir cette dynamique. Toutefois, à l'exemple de l'Union européenne, il apparaît, à de nombreux égards, que les dynamiques impulsées par les groupements régionaux sont plus marquées dans le champ environnemental que social.

Conclusion

Les unions régionales ont été souvent présentées par les défenseurs du multilatéralisme, comme pouvant « peser négativement sur le bien-être » (Siroën, 2004, p. 29), par rapport à un libre-échange mondial généralisé à tous les biens et services. Dans les faits, comme le soulignent les promoteurs des unions régionales, ces groupements sont capables de faire accepter par les États d'une région les principes du libre-échange, auxquels ils refuseraient d'adhérer dans le cadre du multilatéralisme ; ces groupements régionaux sont aussi capables, mieux que des accords au niveau mondial, d'infléchir les comportements des acteurs, en établissant et en faisant appliquer des règles et des normes, destinées à promouvoir le développement durable dans ses dimensions sociale et environnementale.

La création des unions régionales a entraîné l'émergence progressive d'une « conscience régionale » et d'un projet commun de développement, plus particulièrement au sein des unions douanières ou des unions économiques et monétaires. Les institutions supranationales établies par les traités ont fait apparaître de nouveaux acteurs communautaires, qui non seulement ont pour vocation de veiller au respect des règles communes et à l'application des décisions prises par les instances régionales, mais encore de défendre l'intérêt général de l'union, contribuant ainsi, par leurs propositions et leurs injonctions, à favoriser un développement durable. Cependant, pour que le processus d'intégration fasse apparaître des résultats notables au plan environnemental et social, certains États doivent jouer un rôle *leader*, notamment par l'exemple de « bonnes pratiques » qu'ils ont pu donner en adoptant des mesures efficaces au plan national. Les grands États doivent avoir un rôle stabilisateur et participer à la préservation des acquis du développement durable, en évitant la survenance et la diffusion d'une crise régionale.

L'analyse des unions régionales suscite de nombreuses interrogations, notamment à propos de leur dimension et de leur pérennité.

Existe-t-il, au niveau d'une union régionale, une « dimension optimale » pour promouvoir le plus efficacement possible le développement durable ? La diversité des cultures nationales est incontestablement un atout pour un groupement régional, car les chances d'apparition d'un (ou de plusieurs) État(s) *leader*(s) capable(s) de donner l'exemple de « bonnes pratiques », dans le domaine de l'environnement ou de la protection sociale en sont plus fortes. Mais, par ailleurs, plus une union régionale s'élargit, plus il devient difficile de faire adopter, même à une majorité qualifiée au sein de l'union, des mesures contraignantes pour certains de ses membres[42]. Un groupement régional risque alors de se « fragmenter » : des États, en son sein, peuvent se rassembler pour adopter des normes et des règles favorisant le développement durable dans le domaine environnemental ou social, ce qui réduit ainsi sa cohérence. Par ailleurs, une zone de libre-échange est parfois présentée par ses partisans comme un groupement temporaire, destiné, à l'instar de l'ALENA, à « reproduire au niveau régional certaines des modalités de fonctionnement de l'OMC » ou « à anticiper son évolution » (Siroën, 2004, p. 21). La vocation d'un tel accord de libre-échange est de perdre son caractère préférentiel. Cependant, si le groupement régional constitue, en quelque sorte, « un laboratoire d'expérimentation » du multilatéralisme dans le domaine des échanges et des investissements, il apparaît aussi comme un « laboratoire d'essai » pour promouvoir le développement durable dans ses dimensions sociale et environnementale. L'Union européenne est ainsi le seul groupement à avoir instauré un contrôle des émissions de gaz à effet de serre se fondant sur des permis d'émission négociables, dont le marché sera progressivement étendu à des pays non membres. Dans l'hypothèse d'un accord mondial sur les permis d'émission, cet accord régional européen deviendrait sans objet[43].

Peut-on imaginer que toutes les « avancées » réalisées actuellement au niveau des groupements régionaux dans le domaine environnemental

---

[42] Par exemple, le maintien de la règle de l'unanimité dans l'Union européenne en matière sociale et de fiscalité résulte du refus de certains États que puisse être remis en cause leur système de protection sociale.

[43] En vertu du principe de subsidiarité, les décisions relatives aux biens publics mondiaux (Kaul *et al.*, 1999 ; Poirot, 2001) devraient être prises au niveau régional, sauf si l'action en faveur du développement durable, notamment pour protéger l'environnement, peut être menée de façon plus efficace au niveau mondial, comme dans le cas de l'instauration d'un système de permis d'émission négociables pour lutter contre les rejets de gaz à effet de serre. Toutefois, les unions régionales ont un rôle irremplaçable à jouer en constituant, parfois sur un espace étendu, un « laboratoire d'essai » ou en facilitant l'acceptation par les États membres de décisions coûteuses et contraignantes pour leurs entreprises.

ou social n'auront été, en définitive, qu'une anticipation de futurs accords mondiaux, adoptés dans le cadre de l'Organisation internationale du travail (OIT) ou d'une future organisation internationale de l'environnement ? S'il y a un « modèle » libéral pour l'organisation des échanges mondiaux, toujours susceptible d'être remis en cause, et un relatif consensus sur des objectifs de préservation de l'environnement, existe-t-il des valeurs et un modèle social universellement acceptés, qu'il serait alors possible de promouvoir à l'échelle mondiale, rendant ainsi inutile la formation de groupements d'intégration destinés à les protéger contre les excès de la mondialisation libérale ? À cet égard, la pérennité des unions régionales ne semble guère compromise : « étape vers la mondialisation », « méso-mondialisation », « catalyseur de la mondialisation », face aux risques, « liés notamment à la sphère financière et à l'accélération des mouvements de capitaux », l'intégration régionale, dans nombre de domaines, constitue un « rempart contre la mondialisation » (Nicolas, 2003, pp. 61-62).

Références

BACH, D. (1994), « Intégration et régionalismes : le renouvellement des problématiques », communication au colloque *Intégration et régionalismes*, CEAN, Bordeaux.

BACH, D. (dir.) (1998), *Régionalisation, mondialisation et fragmentation en Afrique subsaharienne*, Paris, Karthala.

BALASSA, B. (1961), *The Theory of Economic Integration*, Illinois, Homewood.

BANQUE DE FRANCE (2001), « Les progrès de l'intégration régionale », http://www.banque_de_france/fr/telechar/integrat.pdf, 20 mars.

BAUDASSÉ, T., MONTALIEU, T. et SIROËN, J.M. (2001), « Les différentes formes d'intégration entre pays inégalement développés », in Commissariat Général du Plan, *L'intégration régionale, une nouvelle voie pour l'organisation de l'économie mondiale ?*, Bruxelles, De Boeck Université, pp. 77-110.

BEAUD, M., DOLLFUS, O., GRATALOUP, C., HUGON, Ph., KÉBABDJIAN, G. et LÉVY, J. (dir.) (1999), *Mondialisation : Les mots et les choses*, Paris, Karthala.

BHAGWATI, J. (1992), « Regionalism versus Multilateralism », *The World Economy*, vol. 15, n° 5, pp. 535-555.

BROT, J. et GERARDIN H. (dir.) (2001), *Infrastructure et développement*, Paris, L'Harmattan.

COMMISSARIAT GÉNÉRAL AU PLAN (2001), *L'intégration régionale, une nouvelle voie pour l'organisation de l'économie mondiale ?*, Bruxelles, De Boeck Université.

COMMISSION EUROPÉENNE (2004), « Vers une stratégie thématique pour l'environnement urbain », communication, Bruxelles.

COMMISSION MONDIALE SUR L'ENVIRONNEMENT ET LE DÉVELOPPEMENT (1988), *Notre avenir à tous*, Montréal, Les Éditions du Fleuve (traduit de l'anglais, Rapport Brundtland, *Our Common Future*, 1987).

DEHOVE, M. (2001), « L'Europe après Nice, 2004 », *L'économie politique*, 2ᵉ trimestre, n° 10, pp. 70-87.

DE MÉLO, J. et PANAGARIYA, A. (1993), *New Dimensions in Regional Integration*, Cambridge, Cambridge University Press.

DE SILGUY, Y.T. (1998), *L'euro*, Paris, Librairie Générale Française.

DUPONT, G. (2005), « Natura 2000 : comment la France veut rattraper son retard », *Le Monde*, 15 janvier, p. 11.

FERENCZI, T. (2005), « Environnement : la France sommée de d'appliquer les lois européennes », *Le Monde*, 14 janvier, p. 6.

GÉRARDIN, H. (1998), « Le régionalisme face à la mondialisation : des incidences ambivalentes pour les pays en développement », *Mondes en développement*, tome 26, n° 103, pp. 37-49.

GÉRARDIN, H. (2001), « Les spécificités des groupements d'intégration entre pays développés et pays en développement », *Mondes en développement*, tome 29, n° 115-116, pp. 27-39.

GÉRARDIN, H., GUIGOU, J.D. et ORY, J.N. (2001), « Infrastructures financières et développement », in Brot J., Gérardin H. (dir.), *Infrastructure et développement*, Paris, L'Harmattan, pp. 243-279.

GERBIER, B. (1995), « Globalisation ou régionalisation », *Économies et sociétés*, H.S., n° 33, pp. 29-55.

GODARD, O., HENRY, C., LAGADEC, P. et MICHEL-KERJAN, E. (2002), *Traité des nouveaux risques*, Paris, Gallimard.

HUGON P. (dir.) (1998), « La régionalisation comparée en Afrique subsaharienne et en Asie de l'Est », *revue Tiers-Monde*, tome XXXIX, n° 155, juillet-septembre, pp. 487-697.

HUGON, P. (2003), *Les économies en développement à l'heure de la régionalisation*, Paris, Karthala.

HULOT, N. (2003), *Combien de catastrophes avant d'agir ?*, Paris, Seuil.

JADOT, Y. et QUIRION, P. (2004), « Kyoto ? oui ! Leadership européen ? maintenant ? », *Le Monde*, 21 décembre, p. 1.

KAUL, I., GRUNDBERG, I. et STERN, M.A. (eds.) (1999), *Global Public Goods, International Cooperation in the 21ˢᵗ century*, New York, Oxford, Oxford University Press.

KINDLEBERGER, C.P. (1988a), *The International Economic Order. Essays on Financial Crisis and International Public Goods*, Harvester, Wheatsheaf.

KINDLEBERGER, C.P. (1988b), *La Grande Crise mondiale 1929-1939*, Paris, Economica.

KINDLEBERGER, C.P. (1992), *Les lois économiques et l'histoire*, Paris, Economica.

KINDLEBERGER, C.P. (1996), *World Economic Primacy: 1500 to 1990*, New York, Oxford, Oxford University Press.

MACÉ, L. et SAUREL, L. (coord.) (2003), *Quelles solidarités pour l'Europe ?*, Paris, La documentation française.

MICHALET, Ch.A. (2004), *Qu'est-ce que la mondialisation ?*, Paris, La Découverte/Poche.

NICOLAS, F. (2003), « Mondialisation et intégration régionale, des dynamiques complémentaires », *Les Cahiers français*, n° 317, novembre-décembre, pp. 59-63.

OMAN, C. (1994), *Globalisation et régionalisation : quels enjeux pour les pays en développement ?*, Paris, OCDE.

PARANAGUA, P.A. (2005), « Le Mercosur sur les pas de l'Union européenne », *Le Monde*, 6 janvier, p. 20.

POIROT, J. (2001), « L'intégration économique régionale est-elle créatrice ou destructrice de biens collectifs dans l'Union européenne ? », *Mondes en développement*, tome 29, n° 115-116, pp. 41-52.

SIROËN, J.M. (2004), *La régionalisation de l'économie mondiale*, Paris, La Découverte.

TÉNIER, J. (2001), « La tentative d'un régionalisme de protection : le Mercosur face au projet de zone de libre-échange des Amériques (AFTA) », *Les Cahiers français*, n° 302, mai-juin, pp. 34-35.

TÉNIER, J. (2003), *Intégration régionale et mondialisation*, Paris, La documentation française.

DEUXIÈME PARTIE

QUELLES GOUVERNANCES DU DÉVELOPPEMENT DURABLE DANS LES PAYS EN DÉVELOPPEMENT FACE À LA MONDIALISATION ?

Introduction à la deuxième partie

Quelles gouvernances du développement durable dans les pays en développement face à la mondialisation ?

Olivier PETIT

Université d'Artois, Centre EREIA, France

Combattre la pauvreté, dynamiser l'activité économique et réduire les inégalités écologiques, tel pourrait être le programme de nombreux pays en développement (PED) aujourd'hui. Mais quels sont les enjeux à traiter en priorité lorsque, bien souvent, la dégradation des trois principaux piliers du développement durable se fait de manière concomitante ? C'est bien là tout le défi de la gouvernance, notion présentée comme quatrième pilier du développement durable, dont le caractère polysémique contribue à une sorte de consensus sur sa nécessité. Pourtant, malgré cet apparent consensus, le concept de gouvernance possède un caractère subversif, soulignant la nécessité de rompre avec les modes habituels de décision, basés sur la hiérarchie. Mais la participation des acteurs et la gestion communautaire, notions phares des programmes de développement des institutions internationales (Banque mondiale, Nations unies, etc.) depuis le début des années 1990, s'avèrent délicates à mettre en œuvre, surtout lorsqu'elles paraissent guidées « d'en haut », par des considérations autant idéologiques que pragmatiques.

De fait, dans un contexte de mondialisation économique se manifestant notamment par une libéralisation accrue des échanges, l'arrivée sur le devant de la scène de la notion de gouvernance – et de sa version issue du consensus de Washington, la « bonne gouvernance »[1] – mettant

---

[1] Traduction de *Good Governance*. Bien qu'il soit délicat d'offrir une définition de la « bonne gouvernance », il nous paraît intéressant, afin de circonscrire cette notion, de nous appuyer sur la liste d'aspects fondamentaux relatifs à la bonne gouvernance relevés par Jacques Bourgault (1999, p. 173). Ceux-ci recouvriraient « (1) une perception de la légitimité du pouvoir de l'autorité publique, (2) des citoyens au centre des préoccupations des décideurs, (3) un « projet de société » basé sur l'écoute des ci-

en cause l'organisation des programmes de développement impulsés par les États centraux, pouvait apparaître comme une aubaine pour les opposants à toute intervention de l'État. En effet, après l'échec des programmes d'ajustement structurel, les organisations internationales (Banque mondiale en tête) ont trouvé avec la doctrine de la bonne gouvernance un moyen habile de restaurer leur légitimité en réaffirmant l'autorité des pouvoirs centraux dans les programmes de développement, tout en impulsant une réforme en profondeur dans la manière de gouverner. Ainsi, la participation des acteurs, servie parfois par l'idée d'« auto-gouvernance » (*self-governance*) au niveau local (Ostrom, 1990), allait progressivement constituer le fondement des politiques de développement durable, au côté de l'incontournable partenariat public-privé. Mais au-delà des discours, la participation des acteurs ne se décrète pas et l'on assiste depuis quelques années à une position plus réservée quant aux mérites de la participation et au caractère « démocratique » des décisions qui en résultent.

En effet, d'un point de vue pragmatique, l'intervention publique dans les programmes de développement apparaissait inadaptée, notamment au niveau local. Par exemple, l'adoption de programmes de protection de l'environnement d'envergure nationale, bafouant parfois les droits séculaires des communautés rurales, avait démontré ses limites depuis quelque temps déjà[2]. L'implication accrue des « communautés locales de base » dans la définition des stratégies de développement durable, axées notamment sur la conservation des ressources et la réduction de la pauvreté, est devenue aujourd'hui une norme. Même les gouvernements les plus réticents à toute forme de décentralisation (dévolution), se sont vus contraints de recourir à la pratique participative, pour être en phase avec les orientations de leurs principaux bailleurs de fonds publics comme privés.

Mais, tout comme le centralisme étatique avait éprouvé des difficultés à s'imposer dans certaines zones périphériques peu enclines à se conformer aux décisions du centre, la participation « à tout prix », en faveur d'un développement « durable et rapide », ne pouvait se faire en tout lieu sans rencontrer des obstacles d'ordre institutionnel. Jacques Weber, en marge d'un débat sur le développement durable (Smouts, 2005), revient sur les difficultés rencontrées au niveau local pour la prise de décision dans le domaine de l'environnement. Il affirme en particulier :

---

toyens, et (4) une adaptabilité rapide de l'administration publique aux besoins des citoyens dans la répartition des fonds publics ».

2 Voir Andriananja et Raharinirina (2004) pour l'analyse du cas malgache.

Sur les questions d'environnement, depuis le temps que je travaille dessus, s'il est une chose qui m'apparaît très fortement, c'est qu'il n'y a pas de décideur. Il n'y a que des processus de décision qui font interagir des individus ou des groupes qui ont à la fois des représentations différentes du problème débattu et des poids différents dans la discussion. Donc nécessairement, on a un processus délibératif qui devient sans fin. Le débat local est la meilleure des choses, mais il peut être la pire. Il est la meilleure des choses quand le contexte est approprié et quand l'échelle est appropriée. [...] En revanche, j'ai vu au Cameroun l'année dernière, par exemple, le cauchemar : c'est-à-dire l'idéologie du débat local qui intervient dans un contexte où l'État a été détruit par les ajustements structurels et où le local revient à donner aux potentats locaux un pouvoir qu'ils n'avaient pas, même avant la colonisation. Dans ce cas, le débat local et le concept de gestion locale aboutissent à un asservissement massif des populations rurales. Donc la meilleure des idées peut aboutir à un cauchemar lorsqu'elle devient une idéologie maniée avec la meilleure des bonnes fois par les institutions, en l'occurrence les agences de coopération bilatérale (*ibid.*, p. 119).

Ainsi, transposer dans les PED les idéaux de démocratie des « Lumières », les notions d'équité inter et intra-générationnels (en particulier au niveau des rapports de genre), en imaginant que de telles orientations pourraient faire table rase du passé, était, sinon utopique, du moins largement optimiste. Aussi, après plus d'une décennie d'expérimentations, l'heure est à la réserve et l'enthousiasme passé, il apparaît manifestement que les gouvernances du développement durable sont belles et bien plurielles, et que l'appropriation par les communautés locales des PED, de modes de gouvernance respectueux des dimensions économiques, écologiques et sociales, prend du temps.

C'est dans cette perspective critique que les auteurs de cette seconde partie ont orienté leurs réflexions sur les gouvernances du développement durable dans les PED. Les articles qui suivent tentent d'analyser les mutations qui se sont opérées sous l'effet de la mondialisation actuelle ou comme accompagnement de ce mouvement, à la fois dans les discours et dans les pratiques de développement durable des PED. La remise en cause du rôle de l'État et l'importance croissante des organisations internationales publiques et privées ont servi de socle à l'émergence de politiques de développement orientées vers la préservation des dimensions sociales et naturelles. Qu'il s'agisse des politiques de développement fondées sur le capital social (Jérôme Ballet et Roland Guillon), des documents stratégiques pour la réduction de la pauvreté (Lapeyre), des relations entre femmes et développement (Karen Bähr Caballero et Florence Degavre), de la place des communautés indigènes dans les jeux de pouvoir relatifs aux aires protégées des Basses-Terres de Bolivie (Marc Hufty et Patrick Bottazzi) ou du rôle du secteur privé dans la distribution de l'eau potable dans les PED (Luisa Sciandra), les textes de cette partie évoquent, chacun sous un angle différent, cette question cruciale de la participation des acteurs. Dès lors, plutôt que d'effectuer une présentation générale des thématiques abordées dans chacun des articles, nous nous focalisons sur un aspect commun à l'ensemble des textes, afin de mettre en évidence toute la richesse des points de vue ici exprimés.

En conclusion de leur article, même si ce dernier ne porte pas sur les seuls PED, Ballet et Guillon mettent en garde contre l'assimilation, souvent répétée par de nombreux analystes, entre pratiques participatives et éthiques de la discussion. Les pratiques participatives se rapprocheraient au mieux d'une éthique du forum, favorisant l'expression des points de vue des acteurs, mais ne parvenant pas à dégager de la discussion un intérêt général commun à tous. La gouvernance, en se référant au capital social et aux formes de participation des acteurs, ne condamnerait donc pas toute intervention publique. Elle permettrait de redéfinir les contours et les missions de l'État, orientés vers la défense de l'intérêt général et du bien commun.

Lapeyre discute, pour sa part, assez longuement de « l'illusion participative » propre aux politiques de développement axées sur la réduction de la pauvreté. Selon lui, il est possible de distinguer une approche faible d'une approche forte de la participation. L'approche faible ne remettrait pas en cause les rapports de pouvoir existants et donnerait aux participants l'illusion d'intervenir sur les décisions, alors même que leur participation relève plus d'un jeu de théâtre d'ombres que d'une véritable agora politique. Si la participation faible est de l'ordre de la démocratie déguisée, la participation forte reconnaît explicitement l'importance du conflit des logiques propres à chacun des acteurs et tente de construire des accords ou des compromis basés sur une « démocratie substantive ». Dans ce contexte, les Documents stratégiques de réduction de la pauvreté (DSRP) introduits à partir de 1999 par la Banque mondiale et le Fonds monétaire international, en invoquant la participation des populations pauvres, apparaissent comme des stratégies de déguisement du processus démocratique permettant de donner une légitimité à des mesures de libéralisation déjà prédéfinies.

Les trois textes suivants s'intéressent à une catégorie d'acteurs plus spécifique et analysent la participation de ces acteurs aux gouvernances du développement durable.

Ainsi, le croisement des problématiques de genre et de développement opéré dans l'article de Bähr Caballero et Degavre, permet de découvrir comment l'analyse de la participation des femmes au processus de développement s'est transformée depuis le début des années 1970.

Après avoir critiqué la vision moderniste qui a longtemps cantonné les femmes à un rôle domestique et dévalorisé leur fonction « reproductive », les auteurs proposent de réhabiliter cette fonction en montrant notamment comment la sphère reproductive influence les processus de développement et permet la régénération du lien social et le renouvellement des pratiques d'acteurs. Ceci permet finalement aux auteurs de proposer la notion de « reproduction étendue du vivant » comme base pour une nouvelle définition du développement.

Hufty et Bottazzi étudient la participation des peuples indigènes dans la gestion des aires protégées des Basses-Terres de Bolivie. Ils analysent en particulier la manière dont la production de discours sur les indigènes (utilisation de termes techniques et pratique de l'anglais notamment) induit des rapports de pouvoir que ceux-ci ne peuvent maîtriser, contrairement aux autres participants. Pourtant, l'existence d'une « citoyenneté indigène » et les formes de mobilisation qui en découlent, offrent aux peuples indigènes une légitimité dans la définition des normes de régulation d'accès aux ressources naturelles.

Le dernier article de Sciandra s'attache plus spécifiquement à la participation du secteur privé dans la distribution des ressources en eau dans les pays en développement. La gouvernance qui résulte de cette participation du secteur privé n'offre pas aux citoyens, contrairement à la plupart des autres cas mentionnés dans les articles précédents, de marge de participation. Dans une perspective critique, l'auteur souligne combien les partenariats publics privés ont été soutenus par les organisations internationales et la place prise par les multinationales de l'eau dans la régulation des services d'utilité publique. Puis, en reliant son analyse à de nombreux cas empiriques, elle montre comment ce glissement de perspective conduit à considérer l'eau comme un bien marchand et à l'éloigner progressivement de sa vraie nature : celui de bien commun.

En définitive, aborder conjointement la problématique de la mondialisation et du développement durable aurait pu assez logiquement conduire les auteurs des chapitres qui suivent à s'interroger sur les mécanismes globaux de régulation – à l'instar des politiques liées aux changements climatiques. Ici, en s'attachant aux PED, il semble que pour l'essentiel, les défis à relever s'ancrent dans le local et que c'est l'enchevêtrement des échelles de décision (du local au global) qu'il est intéressant d'analyser. Comme le mentionne Graz (2004), reprenant l'analyse de Tubiana (2004) à propos de la gouvernance de l'environnement dans un contexte de mondialisation, « nous entrons dans une phase où la gouvernance de l'environnement aura d'autant plus de chances d'atteindre ses objectifs qu'elle sera fondée sur des politiques nationales ou sur des initiatives locales. C'est à ces niveaux qu'il conviendrait de penser le rôle des experts, la gestion de l'information, le poids octroyé aux nouveaux instruments économiques et juridiques, et la place des acteurs privés et des actions militantes » (*ibid.*, p. 105). Cet angle d'analyse redonne donc du sens à l'espace national de régulation, qui, loin de disparaître, retrouve un rôle de médiateur que les débats de ces dernières années sur la gouvernance semblaient avoir fait disparaître.

Références

ANDRIANANJA, H. et RAHARINIRINA, V. (2004), « Quels enjeux pour la durabilité et la gouvernance des ressources naturelles et forestières à Madagascar ? », *Mondes en développement*, tome 32, n° 127, pp. 73-87.

BOURGAULT, J. (1999), « Implications de la bonne gouvernance », in Corkery J. (dir.), *Gouvernance : concepts et applications*, Bruxelles, Institut International des Sciences Administratives, pp. 173-189.

GRAZ, J-C. (2004), *La gouvernance de la mondialisation*, Paris, La Découverte, Collection Repères.

OSTROM, E. (1990), *Governing the Commons. The Evolution of Institutions for Collective Action*, Cambridge, Cambridge University Press.

SMOUTS, M-C. (2005), *Le développement durable. Les termes du débat*, Paris, Armand Colin, Collection Compact Civis.

TUBIANA L. (2004), « Synthèse », Conférence sur la gouvernance internationale de l'environnement, 15 et 16 mars.

De l'ajustement au capital social
Quelle gouvernance face à la mondialisation ?

Jérôme BALLET et Roland GUILLON

Université de Versailles Saint-Quentin-en-Yvelines,
C3ED UMR IRD UVSQ n° 063, France
Université d'Évry, Centre Pierre Naville, France

La mondialisation est un ensemble de procès ou de réseaux dont la complexité et l'échelle sont sans précédent. Elle bouleverse les modes de régulation de l'activité économique, notamment en ce qui concerne la place des États-nations. Elle correspond à des mouvements de recomposition des institutions et des pouvoirs économiques qui affectent les puissances publiques. Elle repose la question des rapports Nord-Sud, ainsi que nombre de catégorisations d'activité qui tendent à distinguer ces deux univers. Ainsi, opposer deux types d'économie ou de société – l'un au Nord, l'autre au Sud – selon la part respective qu'y tiennent l'individuel et le collectif, ou l'intérêt et le don, ne résiste pas aux faits.

Au-delà des phénomènes avérés de domination du Nord sur le Sud, au-delà d'une forte segmentation qui réserve certains procès de globalisation, notamment financiers, à une partie du monde seulement (les pays de la Triade[1]), on relève dans un tel contexte des passerelles entre les deux univers. Plusieurs faits relativisent la singularité des économies du Sud par rapport à celles du Nord. La montée des activités informelles, surtout marchandes, la présence de logiques communautaires dans nombre d'actions d'accumulation et d'investissement, touchent certes au premier chef la majorité des activités urbaines des pays du Sud, mais également une part croissante des activités du Nord.

Bien sûr, certains éléments comme le niveau technologique des équipements ou des produits, les critères d'appréciation en matière d'inten-

---

[1]   La Triade est l'espace que représentent trois zones d'économie développée, les États-Unis, l'Europe ainsi qu'une partie du continent asiatique.

sité et de productivité du travail, divergent fortement d'une économie à l'autre, mais une part de toutes les économies se construit à partir de modes d'investissement et d'accumulation reposant sur la constitution d'un capital social. Le capital social désigne toute capacité effective ou potentielle pour un individu ou un groupe de mobiliser des réseaux de relations sociales pour réaliser une valeur ajoutée dans l'exercice d'une activité (Ballet et Guillon, 2003). Ces économies mobilisent ainsi leurs agents dans des formes d'organisation complexe en réseau. Cette mobilisation repose, tant au Nord qu'au Sud, sur des paradigmes dont les valeurs comme la confiance sont les mêmes.

Quels que soient les pays considérés, le développement de l'investissement communautaire et de l'économie informelle résulte en grande partie de l'action que mènent les agents de l'économie formelle, institutions internationales, pouvoirs gouvernementaux, nationaux et locaux, au nom d'une politique qu'est l'ajustement structurel. Celle-ci comporte de nombreuses mesures de déréglementation visant au désengagement de l'État au profit des agents de la société civile. Une telle mobilisation des agents de la société civile est notamment proposée par un spectre très large d'institutions de développement, depuis le Programme des Nations unies pour le développement (PNUD), jusqu'au Fonds monétaire international (FMI).

Ces phénomènes se déploient sur des espaces dont l'échelle est non seulement nationale-infranationale, mais aussi régionale-continentale. À ce second niveau, on observe par exemple, tant au Sud qu'au Nord, l'émergence d'unions ou de communautés politiques et économiques, au nom de la (re)constitution d'espaces publics. Ce qui repose la question des contradictions entre particularismes et universalité de ces approches.

Nous développerons cette problématique en quatre temps. Nous caractériserons d'abord, dans une première section, l'évolution des politiques menées par les grandes institutions internationales, de l'ajustement structurel à la gouvernance participative. Nous mettrons en évidence que parallèlement à ces politiques, l'activité informelle se développe aussi bien au Sud qu'au Nord. Dans la seconde section, nous insistons sur le fait que le développement de l'économie informelle s'appuie sur du capital social. Nous verrons ensuite, dans une troisième section, comment ces grandes institutions tentent désormais d'articuler l'action publique avec le développement du capital social. Enfin, dans une quatrième section, nous reviendrons sur les tensions que produit la dispersion des modes de mobilisation et des projets d'activité dans un contexte de libéralisme professé par les organisations internationales de développement. Nous insisterons sur l'enjeu que constitue la problématique d'un resserrement des rapports entre capital social et action publique en termes de bien commun.

I. L'ajustement structurel et le secteur informel

Dans cette section, comme dans la suivante, nous illustrerons notre propos par des exemples pris en particulier en Afrique de l'Ouest. Deux raisons nous y poussent. La première est celle d'une forte présence de l'urbanisation. La seconde tient à ce que cette région comprend de nombreux pays qui bénéficient des interventions des Nations unies au nom de leur classement en tant que « pays les moins avancés » (PMA). Un tel contexte est susceptible par hypothèse de renforcer la pertinence d'une problématique visant à tester la place du capital social dans le cadre des rapports entre dynamique communautaire et interventions des institutions.

Depuis les années 1980, la crise de la dette des pays en développement a largement contribué à l'idée d'inefficience des modèles fondés sur l'État providence. Dans ce contexte, les politiques d'ajustement structurel sont devenues une orientation majeure, portées par les institutions intergouvernementales, relayées par des gouvernements et des entités régionales comme la Communauté des États de l'Afrique de l'Ouest (CEDEAO), ou l'Union monétaire ouest-africaine (UEMOA).

Toutes ces institutions suivent un ensemble de paramètres libéraux qui dessinent les contours du modèle de l'ajustement structurel. Ce sont notamment des mesures de déréglementation et d'exonération de droits comme les droits de douane, les vagues de privatisation du secteur public, la constitution de zones franches. À cette déréglementation est associée une chute brutale de l'emploi public. Plus généralement, si au travers de différents *Rapports sur le développement dans le monde*, la Banque mondiale souligne l'imperfection des marchés dans les pays en développement, elle se montre incapable de définir la place de l'État dans ces mêmes pays (Assidon, 1992).

Ces politiques ne sont pas neutres quant aux formes de développement qu'elles impliquent. Elles ont d'abord réduit considérablement le pouvoir de l'État : « Après la vague de libéralisation des années 1980, voici, dans la majeure partie des pays en développement, l'État tout nu, sans ses appendices par lesquels il mobilisait le surplus ou entre lesquels il déléguait les tâches de la politique de développement » (Assidon, 1992, p. 87).

Mais elles ont également eu un effet important de relance de l'informel dans les pays du Sud. De nombreuses analyses mettent l'accent sur le développement des circuits parallèles en matière d'import-export et de financement des activités, alors que recule l'aide publique au développement (Coussy et Hugon, 1991 ; Lavergne, 1996), de sorte que comme le note Hugon (1993), les programmes d'ajustement structurel ont paradoxalement plutôt favorisé les circuits informels.

Certes, les programmes d'ajustement structurel ont évolué au fur et à mesure du temps, ils ont davantage pris en compte la dimension sociale de l'ajustement, notamment en raison des effets redistributifs désastreux des premiers programmes (Cornia *et al.*, 1987) et certains programmes ont recherché une meilleure coordination des politiques nationales, voire se trouvent dans une contradiction marquée avec d'autres mesures qui sont prises pour le développement à l'échelle locale ou régionale. Ainsi la CEDEAO propose des programmes d'équipement collectif. L'UEMOA tend à appliquer des mécanismes de compensation et de péréquation des ressources entre les États bénéficiaires et ceux qui ne le sont pas. On peut également évoquer les programmes d'équipement du PNUD pour les PMA. Si finalement, les programmes sont devenus moins standardisés et prennent désormais une apparence de sur-mesure, la ligne politique directrice libérale n'a guère évolué.

Cette dynamique libérale n'a pas touché seulement les pays en développement. Les pays du Nord sont aussi visés par l'ajustement structurel. Ils le sont d'abord en raison d'une dynamique de libéralisation et de globalisation des échanges de produits et de capitaux qui traverse les pays développés et émergents. Cette dynamique partie des États-Unis a atteint les autres régions du monde. Elle a pesé sur les critères d'ajustement des politiques gouvernementales et intergouvernementales. Celles-ci ont libéralisé leurs critères et réduit leur champ d'intervention au nom de la compétitivité, participant ainsi à la montée du chômage et à celle du secteur informel. Les pays du Nord se retrouvent ainsi face à de nouvelles tensions, par exemple autour des zones franches, pour mobiliser les populations des friches industrielles, dont une partie est venue des pays du Sud pour chercher un emploi.

Outre le développement du secteur informel, cette dynamique pose trois problèmes.

D'abord, tous ces programmes révèlent des tensions avec les modes de fonctionnement de l'économie informelle qui se caractérisent par la vétusté des équipements, des problèmes de sécurité, sans parler d'un recul de la scolarisation.

Ensuite, plus récemment, au Nord comme au Sud, le modèle d'ajustement structurel a été associé à la promotion du rôle des agents de la société civile. Celle-ci est encouragée par les institutions des Nations unies, le PNUD, le FMI et la Banque mondiale, dont les paradigmes tournent autour de celui d'une gouvernance démocratique et participative. Le spectre des composantes de la société civile est par définition très large. Il comprend aussi bien les employeurs que les syndicats, les associations que les partis politiques. Mais pour beaucoup de raisons qui tiennent au contexte et aux structures des pays en développement, ainsi qu'à la nature et au poids des formes d'aide extérieure, la situation institutionnelle s'est polarisée sur l'une des composantes, à savoir les Organisations non gouvernementales (ONG).

Enfin, après avoir créé les conditions d'existence du secteur informel, les programmes de développement sont désormais soumis aux conditions de son dynamisme et de son fonctionnement. Or, elles dépendent étroitement du capital social des sociétés dans lesquelles il se réalise.

II.   La sphère de l'économie informelle et le capital social

Nous ne nous préoccupons pas ici de la définition précise du secteur informel, ni même de savoir si on peut le reconnaître, s'il peut être identifié comme un secteur à part[2]. Il nous suffit de considérer que l'informel existe bel et bien et, pour notre problématique, que son développement est en partie le produit des politiques d'ajustement. Ainsi par économie informelle, nous désignons simplement toute activité non officielle, parallèle ou clandestine. Cette sphère d'activité traverse largement le Sud, tout en atteignant aussi le Nord.

À titre illustratif, en Afrique de l'Ouest elle représente, selon les pays, entre 90 % et 70 % de l'activité non agricole, cette dernière pouvant varier entre 10 % et 40 % de l'activité totale en 1990. Les activités informelles sont d'abord commerciales, puis artisanales. Un tiers seulement des emplois informels s'exerce dans des microentreprises. Le reste est itinérant ou à domicile. La plupart des emplois sont féminins.

Chaque unité d'activité est animée par une figure singulière : un entrepreneur à la tête d'une structure de pluriactivité organisée. Celui-ci mobilise une forme de capital – le capital social – constitué par ses réseaux dans le cadre de groupes d'appartenance divers, ethnie, clan, fratrie, famille, voisinage, église, profession. Ce genre de capital sert à drainer de l'argent prêté ou donné, au nom d'un entregent, d'une réputation. Il permet d'offrir en retour des services et du travail. Les échanges de capitaux et d'employés se font entre l'économie formelle et l'économie informelle, comme l'illustre nombre de cas (Adair, 1995 ; Igué, 1999). Les structures d'activité en réseaux se déploient à l'échelle régionale, voire mondiale (Grégoire et Labazée, 1993 ; Marfaing et Sow, 1999). Elles comportent des réseaux marchands avec des chaînes d'approvisionnement et de transport (Ganne, 1995). Et, elles révèlent une dynamique d'épargne et d'investissement individuelle et collective

---

[2]   Pour un débat voir, par exemple, Lautier *et al.* (1991) ou Assidon (1992).

dont les ressorts et les relais sont multiples. On y observe une logique d'investissement avec des attentes de retour d'investissement (Vuarin, 1994), ainsi qu'une multiplicité d'usage des revenus d'activité pour la famille et l'activité – frais de nourriture, de logement et de scolarité, location ou achat du local de l'activité (Fauré, 1994 ; Marfaing et Sow, 1999).

Au cours des années 1990, on a assisté aussi à une montée de l'économie informelle dans les pays du Nord. Celle-ci représente actuellement entre 7 % et 16 % du produit intérieur brut (PIB) des pays de l'Union européenne. Elle s'opère d'abord dans le cadre des pratiques d'externalisation et de sous-traitance de l'économie formelle. Ce qui aboutit à précariser nombre de statuts, ainsi qu'à construire une échelle de statuts transitoires entre le salariat et le travail indépendant, notamment avec les pratiques d'essaimage. On relève aussi une relance des poches de travail à façon dans des secteurs comme la confection. Enfin, dans ce contexte de précarisation de l'emploi, se développent des plages de travail au noir et clandestin dont une part est occupée par des migrants du Sud. Une partie de ces plages d'activité – comme dans les pays du Sud – se déploie dans des cadres différents. La dissimulation de salariés peut en effet exister au sein même d'une structure d'activité déclarée (Le Goff, 2001).

Par ailleurs, les cadres d'organisation formels et informels de l'activité du Nord et du Sud tendent à se rapprocher sur le plan de certaines règles de gestion. Ainsi les organisations du Nord, au nom d'une flexibilité maximale pour soutenir la compétitivité, privilégient de plus en plus des formes de rapports interindividuels aux dépens de rapports collectifs centralisés. La montée de l'informel et des rapports interindividuels participe alors activement au développement de certaines formes de capital social.

Si la dynamique du capital social est surtout repérée dans le cadre des rapports marchands, elle se déploie en fait à plusieurs niveaux des rapports sociaux.

Elle œuvre d'abord au niveau de la constitution et de l'usage individuel d'un capital humain encastré dans le contexte de réseaux de relations sociales. L'agent s'approprie une partie des relations sous forme de capital social. Ce qui implique de sa part une capacité à traiter des informations asymétriques dans le cadre de rapports normatifs et institutionnalisés (Coleman, 1988).

Elle s'exerce aussi au niveau des deux axes constitutifs des rapports sociaux, la communalisation et la socialisation, pour reprendre les termes wébériens (Weber, 1995). La dynamique du capital social, qui est d'abord marchande, est associée à cette autre dynamique qu'est l'accumulation, productrice de rentes dont le bénéfice profite aux individus ainsi qu'aux autres membres des groupes dont ils font partie. De tels groupes sont autant d'espaces communautaires ou sociétaux. Soit pour les premiers, une dynamique qui s'exprime par des manifestations d'attachement à des normes traditionnelles incarnées par la communauté. Soit pour les seconds, des ensembles sociaux plus ouverts au sein desquels se manifestent des conflits d'intérêts ; ces derniers donnant lieu à des compromis et à des contrats. Mais, quel que soit le groupe, on relève toujours deux sortes de conversion de valeurs. Les unes sont économiques et monétaires. Les autres sont en termes d'autorité et de légitimité. Les secondes, désignées par le concept de capital symbolique, représentent une forme d'équivalent général (Bourdieu, 1994).

Mais de telles convergences entre Nord et Sud, entre formel et informel, sont-elles susceptibles de constituer un pôle de mobilisation des ressources qui puisse faire la transition entre une pluralité de formes de management correspondant à des institutions privées et publiques ?

III. Capital social et action publique

Prenant acte du développement de la sphère d'activité informelle et du capital social qui y est associé, les nouveaux programmes des institutions internationales cherchent désormais à articuler leurs objectifs de politique, qui restent à dominante libérale, avec cette nouvelle donnée.

Dans un contexte de globalisation où paradoxalement les niveaux d'activité sont éclatés, il est légitime de chercher à réduire cette fracture. Ce qui revient à renouer avec deux fondements universels du développement que sont l'action publique et la recherche du bien commun.

Les institutions porteuses des modèles d'ajustement intègrent cette question dans une approche de la croissance et du développement durable qui situe la satisfaction des besoins sur plusieurs générations. Cependant, cette approche reste essentiellement inscrite dans une perspective économique néo-classique. Elle intègre le capital social, au même titre qu'elle a déjà intégré le capital humain ou encore le capital naturel. Comme l'indique Sirven (2003), la première étape méthodologique de l'analyse néo-classique du phénomène de croissance consiste « à déterminer les variables spécifiques à ajouter au modèle pour en améliorer la performance explicative » (*ibid.*, p. 59). Le capital social devient donc un facteur de production comme les autres dont on peut évaluer les effets sur l'économie.

Ainsi l'Organisation de coopération et de développement économique (OCDE), met en perspective deux axes de mobilisation et de relations (OCDE, 2001). L'un est le capital humain selon lequel l'individu se constitue un capital de connaissances et de compétences d'activité qu'il cherchera à rentabiliser. L'autre est le capital social grâce auquel l'individu développe son capital humain dans le cadre de réseaux sociaux. Réseaux dont les valeurs motrices sont pourtant plus larges, valeurs de cohésion sociétales et même éthiques.

Cependant, l'intégrer comme un facteur de production ne suffit pas, il reste à en évaluer les effets exacts sur l'économie. Le programme de la Banque mondiale, lancé en 1996 et intitulé *Social Capital Initiative*, vise précisément à répondre à ce questionnement. Mais, il va également au-delà en recherchant les relations à construire entre l'action publique et l'action privée, entre l'État et le capital social. D'ailleurs, ces relations deviennent elles-mêmes un capital social. Deux typologies jouent un rôle particulier dans l'analyse de ces relations. D'abord celle de Collier (1998) qui distingue le capital social civil du capital social gouvernemental, ce qui permet de retrouver la dichotomie entre institution formelle et informelle. Le capital social civil est assimilé à l'ensemble des institutions érigées par le gouvernement et qui ont pour vocation de concrétiser des buts que le marché ne permettrait pas de réaliser. Le capital social civil est par défaut, ce qui n'est pas gouvernemental et émane des individus ou des communautés. Ensuite, la typologie de Krishna et Uphoff (1999) différencie le capital social culturel et le capital social structurel. Selon ces auteurs, le capital social structurel se réfère aux formes diverses d'organisations sociales tandis que le capital social culturel correspond aux processus mentaux et aux idées qui y sont associées.

Les travaux de Narayan (1999) approfondissent la thématique de l'action publique et de sa correspondance avec le capital social civil. Elle propose une typologie générale en quatre configurations. La première est qualifiée de « scénario idéal ». Elle correspond à l'amélioration du bien-être économique et social des populations et se caractérise par un haut niveau de fonctionnement de l'État et une bonne gouvernance, associés à des liens entre les différents groupes sociaux. Cette configuration est donc marquée par une complémentarité entre les deux formes de capital social. Elle classe dans ce cas les pays scandinaves et les Pays-Bas. La seconde repose toujours sur une complémentarité, mais elle génère de l'exclusion. Dans ce cas de figure, le fonctionnement de l'État est plutôt bon, mais ce dernier est essentiellement dirigé par un groupe social dominant. Il y a peu de liens entre les groupes sociaux, ce qui conduit à l'exclusion des groupes dominés. Cette configuration concerne une majorité de pays européens, les États-Unis, mais aussi l'Inde avec son système de castes ou encore certains pays d'Amérique du Sud comme le Pérou ou le Mexique. Elle est parfois relativement instable. Elle peut en effet, soit tendre vers la configuration précédente si des liens sont construits entre les différents groupes sociaux, soit tendre vers une configuration de conflit entre groupes. La troisième configuration est précisément une situation de conflit. Le capital social civil et le capital gouvernemental sont des substituts l'un de l'autre. L'État cesse de remplir ces fonctions et certains groupes dominants s'arrogent l'autorité et exercent un pouvoir coercitif sur les autres groupes sociaux. La violence, la coercition, les mouvements de guérilla dans certains cas, caractérisent parfaitement ce cas de figure. Enfin, dans la quatrième situation, l'absence d'intervention de l'État conduit les individus et groupes sociaux à se substituer à sa charge en se « débrouillant » par le biais de réseaux informels. L'économie est alors marquée par un haut niveau d'activité informelle, aussi bien concernant les domaines économiques que sociaux.

Cette typologie fait apparaître que la meilleure des situations est celle où il y a complémentarité. Cependant, cela ne règle pas toute la question de l'action publique et en particulier cette typologie n'indique rien sur la forme que doit prendre cette complémentarité, sur les types de relations que l'État engage avec la société civile. Toujours dans le cadre des travaux de la Banque mondiale, la synthèse proposée par Grootaert et Van Bastelaer (2001) permet d'avancer d'un pas dans l'analyse. Ils proposent en effet d'associer la dimension culturelle du capital social à la gouvernance. Dans ce cadre, une bonne gouvernance consiste dans la mise au point de programmes qui trouveront appui sur la société civile. La participation des pauvres à leur propre développement est certes un credo qui n'est pas nouveau, mais celui-ci s'enrichit directement de l'analyse du capital social. Tenir compte de la dimension culturelle suppose de proposer des projets de développement en s'appuyant sur les valeurs culturelles des communautés bénéficiaires, autrement dit sur leur capital social.

L'idée sous-jacente est que les gouvernements pourraient s'appuyer sur des mécanismes de management communautaire pour élaborer et gérer des projets de développement. La mobilisation locale fonctionnerait particulièrement dans le cas de services tels que l'électricité, les toilettes publiques et l'écoulement des eaux (Majumbar, 1995 ; Douglass, 1992, 1998 ; Douglass *et al.*, 1994).

Dans la lignée d'un développement durable, le site de la Banque mondiale consacrée au capital social ouvre sa rubrique « environnement et capital social » par cette déclaration de Maurice Strong, secrétaire général de la conférence des Nations unies sur l'environnement et le développement en 1992 :

> Les actions au niveau local telles que la gestion des ressources sont les fondations du plein succès des politiques de développement soutenable. L'expérience montre de manière croissante que la transition impérative vers le

développement soutenable ne peut être réalisée sans le support complet de la communauté et la participation des gens ordinaires au niveau local[3].

Cet accent mis sur la dimension locale repose sur un présupposé concernant la gestion communautaire. Elle permettrait de résoudre le problème du passager clandestin. Mais bien sûr, les avantages que l'on peut attendre de cette démarche dépendent aussi fortement des biens qui sont en jeu. Isham (2000) dresse une première typologie des avantages en fonction des biens, à partir de trois attributs du capital social, qu'il applique au cas de l'environnement. D'abord, le capital social facilite la circulation de l'information ; ensuite, il réduit les coûts de transaction ; et, enfin, il facilite l'action collective.

Tableau 1 : Caractéristiques des biens économiques et pertinence du capital social

Type de biens	Caractéristiques des biens économiques		Exemple de biens	Influence potentielle des mécanismes du capital social		
	R / NR	E / NE		PI	CT	AC
Bien privé	R	E	Engrais	Élevée	Faible	Faible
Bien à péage (*toll good*)	NR	E	Irrigation	Faible	Élevée	Élevée
Ressources communes (*common property resources*)	R	NE	Forêt communautaire	Faible	Élevée	Très élevée
Bien collectif	NR	NE	Route	Faible	Élevée	Élevée

R : Rivalité ; NR : Non rivalité ; E : Exclusion ; NE : Non exclusion

PI : Partage de l'information ; CT : Coûts de transaction ; AC : Action collective

Source : Isham (2000)

D'après ce tableau récapitulatif, le capital social exerce une influence la plus forte dans le cas de projets destinés à gérer les ressources communes et, inversement, l'influence du capital social est la plus faible dans le cas de projets concernant des biens privés.

Plus précisément, les projets qui visent à promouvoir la mise en place de biens privés pourront s'appuyer sur la diffusion de l'information via le capital social. Ainsi même dans le cas de ce type de biens, le capital social joue un rôle positif. Par exemple, Foster et Rosenzweig (1995), Pomp et Berger (1995) ou Isham (1999) ont largement insisté sur le fait que, dans le cas de technologies agricoles complexes, les agriculteurs observent leurs voisins et les imitent. Isham montre, par exemple, que dans le cas de la zone de plateau en Tanzanie, l'apparte-

---

[3] Traduction des auteurs.

nance ethnique agit comme une forme de capital social dans la décision des agriculteurs d'adopter des engrais de meilleure performance.

Si les projets tentent de promouvoir des « biens à péage » l'influence du capital social s'exerce surtout par la réduction des coûts de transaction et la réduction des comportements opportunistes. À l'inverse, la diffusion de l'information par le capital social paraît faible. Dans la mesure où ces projets dépendent fortement de leaders locaux ou d'ONG, le capital social pourrait notamment réduire les coûts liés à la corruption. La confiance mutuelle et la norme de réciprocité favorisées par le capital social permettraient ainsi de mener à bien ces projets et d'éviter des stratégies de détournement de fonds.

Quant il s'agit de projets cherchant à préserver des ressources communes telles que les forêts communautaires, l'influence du capital social s'exerce là aussi fortement par le biais de la réduction des coûts de transaction et la réduction des comportements opportunistes. En particulier pour ce type de biens, le capital social permettrait d'améliorer la gestion de la ressource commune (Ostrom, 1990). Dans le cas des forêts, par exemple, les normes de réciprocité villageoises garantissent que les ménages ne récolteront que la part d'arbres qui leur est allouée.

Enfin, quant il s'agit de biens collectifs, le capital social facilite les projets de la même manière que dans le cas de ressources communes. Cependant, ici en raison de la non-rivalité de la consommation les comportements opportunistes sont moins dramatiques. Le capital social joue un rôle dominant dans la gestion et la maintenance du bien collectif, mais, au contraire des ressources communes, moins dans son utilisation.

Sur cette base, le capital social, interprété comme un ensemble de normes, ou valeurs, communes à une communauté locale, interprétée ici comme une culture commune à un ensemble de personnes, serait en mesure de réduire les coûts de production de la gestion environnementale et d'éviter les comportements opportunistes.

D'une manière générale, l'utilisation de la société civile devient un nouveau credo de l'action publique en relation avec le développement durable. La société civile s'entend ici comme ce qui n'est pas gouvernemental et laisse donc la place aussi bien à une gestion communautaire qu'aux projets de développement relayés par les ONG.

IV. Discussion

L'articulation entre action publique et capital social proposée par les grandes institutions internationales laisse de côté un certain nombre de questions. Tout d'abord, la question d'une complémentarité et des tensions entre individuel et collectif, entre groupes de référence et/ou d'appartenance, groupes primaires et secondaires, reste entière, de même que celle des tensions entre intérêts particuliers et universels. Nous discuterons de ces tensions à partir de différentes problématiques : A/ La distinction entre bien public et bien commun, B/ les ensembles de critères utilisés dans cette articulation, C/ les effets potentiellement négatifs du capital social, D/ la relation éthique fondant cette articulation.

A. La distinction entre bien public et bien commun

Par rapport à l'action publique et au rôle du capital social, se pose d'abord le problème des biens publics. La notion de bien public définit une catégorie de biens et de services dont l'accès est universel, du fait des caractéristiques de non-rivalité et de non-exclusion. Ce qui est vrai, par exemple, pour la défense ou l'éclairage public. Ce qui l'est moins pour une route, l'école ou la santé, dont la jouissance dépend de facteurs comme l'encombrement ou le niveau culturel des usagers. Ce sont des biens pour lesquels la marchandisation et la gestion privée ont des externalités négatives.

Le concept de bien public se décline à plusieurs niveaux, par exemple celui de bien public local et celui de bien public mondial. Il est évident qu'un bien public local ne peut être traité de la même manière qu'un bien public mondial. Quel sens revêt l'action communautaire vis-à-vis d'un bien public mondial ? Pourtant :

- Gérer la mondialisation impose de comprendre et d'organiser la fourniture des biens publics mondiaux de façon à ce qu'ils puissent bénéficier à toutes les composantes du public mondial, [et plus précisément] la gestion de la mondialisation dépend dans une large mesure de la fourniture de biens publics mondiaux (Kaul *et al.*, 2003, pp. 2-3).

- Peut être faudrait-il mieux alors se référer à la notion de bien commun, puisqu'elle renvoie plus directement à une dimension éthique et exclut par principe l'espace marchand.

Quoi qu'il en soit, pris sous cet angle, la mondialisation est associée à la problématique des besoins collectifs et de l'intérêt général. Or, l'intérêt général ne se définit pas *a priori*. Sa définition est liée à des systèmes de négociation collective et il renvoie à un ensemble de critères. Parmi ces critères, un enjeu important est la place du travail, enjeu qui contraste singulièrement avec le développement de l'économie informelle et l'accroissement de la flexibilité.

B. Les ensembles de critères utilisés dans l'articulation entre action publique et capital social

La place accordée au travail dans ces critères est un enjeu rarement souligné. Or, elle est une composante de la hiérarchisation des activités qui est elle-même un vecteur essentiel de la hiérarchisation de toute entité sociale, de groupe ou sociétale.

On doit ici distinguer deux ensembles de critères, les droits fondamentaux et les standards de travail, avec lesquels les agents de la société civile – syndicats et ONG notamment – ont des rapports différents. Si ces deux agents convergent pour défendre ensemble les droits, seuls les syndicats défendent les standards de travail (Guillon, 2000). Bien sûr, les ONG par la fonction de relais des pouvoirs publics, répondant à une dynamique de transferts entre les politiques nationales et diverses actions locales, agissent aussi en matière d'emploi, de formation et de lutte contre l'exclusion. L'Organisation des Nations unies participe par exemple à cette dynamique en développant un ensemble de programmes dont les cibles sont particularisées sur des « groupes sociaux vulnérables ». Mais les ONG ne défendent pas à proprement parler les standards de travail.

Or, l'ajustement structurel, à tous les niveaux, renforce la précarisation des statuts de salariés. On relève notamment sur ce plan une évolution des rapports de type communautaire, notamment chez ceux qui sont congédiés du cadre formel dans les pays du Sud. Ainsi, dans les pays ouest-africains, nombre de salariés licenciés recourent à des réseaux d'anciens élèves et de collègues pour créer une activité. Ils court-circuitent les réseaux familiaux ou ethniques (Leimdorfer et Marie, 2003). Se créent ainsi de nouvelles tensions entre diverses formes de mobilisation de groupe, entre celles-ci et l'individualisation. Ces tensions ne sont pas toujours sans conséquences. Elles dépendent fortement des externalités positives ou négatives produites par les groupes. Or, force est de constater que le capital social construit par différents groupes ou communautés est loin de produire systématiquement des effets positifs.

C. Les effets potentiellement négatifs du capital social

Le recours au capital social comme mode de relais de l'action publique peut s'avérer extrêmement problématique, notamment parce qu'il peut engendrer des risques d'exclusion et d'inégalités accrus. En effet, on peut envisager des situations dans lesquelles les effets du capital social se montrent négatifs et accroissent le risque de pauvreté et d'exclusion des individus concernés. Ceci renvoie à une problématique des externalités intra et intergénérationnelles. À cet égard, ne percevoir que les effets positifs est une vision extrêmement angélique. À plusieurs reprises, des analyses ont relevé les effets négatifs du capital social en termes d'externalités sur le reste de la collectivité. Browning *et al.* (2000) présentent par exemple une telle analyse dans le cas de la délinquance.

Mais, des effets négatifs sont également susceptibles de se produire pour les individus imbriqués dans les relations communautaires. Ce fait a aussi été relevé à plusieurs reprises dans le cadre de l'exclusion (Ballet, 2001). Dans un contexte différent, en Mauritanie, Hamzetta (2003), Ballet et Hamzetta (2003) montrent que certaines formes de solidarité communautaire risquent d'appauvrir les plus pauvres de la communauté en protégeant les plus riches d'entre eux. Bhukuth (2005) et Radja (2005) montrent aussi, dans le cas de l'Inde, que le capital social produit des effets pervers touchant les plus pauvres, tels que la servitude pour dette ou la dot. Finalement, que ce soit aux niveaux local, national ou international, le présupposé qui fait du capital social un axe harmonieux de développement est loin d'être corroboré.

D. La relation éthique sous-jacente à l'articulation entre action publique et capital social

L'articulation proposée par les grandes institutions repose sur une démarche participative dont le fondement réside dans l'éthique de la discussion. Or, il y a une grande différence entre cette éthique de la discussion et la pratique participative qui s'entend au mieux comme une éthique du « forum ». L'éthique de la discussion suppose des participants impartiaux, en mesure de se mettre à la place des autres et d'adopter, de manière neutre, leurs points de vue. Pour citer Habermas (2003, p. 18) :

> Ce n'est qu'en tant que participants à un dialogue inclusif visant un consensus, que nous sommes amenés à exercer la vertu cognitive d'empathie, eu égard à nos différences réciproques qui se manifestent dans la perception d'une situation commune. Nous sommes supposés apprendre la façon dont chacun des participants, à partir de leur propre perspective, procéderait dans le contexte d'une universalisation de tous les intérêts concernés. Ainsi peut-on comprendre la discussion pratique comme un cadre dans lequel se poserait le problème de l'application de l'Impératif catégorique. Les participants à une discussion ne peuvent espérer parvenir à un accord quant à ce qui est de l'intérêt égal de tous que dans la mesure où chacun se soumet soi-même à cet exercice consistant à tenter d'adopter le point de vue de l'autre.

La pratique de forum apparaît plutôt comme une discussion où chacun tente de faire valoir son point de vue, avec toutes les inégalités présentes dans les capacités à le défendre. En ce sens, le bien commun ou l'intérêt général que pourrait réaliser l'éthique de la discussion, ne sera, dans la pratique du forum, qu'un bien imposé par l'intérêt de quelques uns. Finalement, on ne peut écarter du débat la question du rôle de l'État. Il exerce une fonction fédératrice de maintien de la cohésion sociétale au nom de l'intérêt général, en même temps qu'une fonction de domination et de réduction des spécificités. À certains moments, l'État peut également servir, au nom d'une conception de cette cohésion, tel ou tel intérêt hégémonique. Afin de réduire ces tensions, il convient de ménager des rapports de négociation et de valoriser le travail dans une perspective de recherche du bien commun. Mais la question de la segmentation de ces rapports, et celle de leur raccordement à l'échelle de nouvelles structures d'action publique, est alors posée. Ce qui suppose de choisir des niveaux d'échelle qui soient pertinents en regard de la globalisation. En fin de compte, pour réduire ces tensions, il s'avère nécessaire de dessiner les contours d'une action publique qui suive des principes universels.

Références

ADAIR, Ph. (1995), « L'économie informelle au Mali », Les Cahiers du GRATICE, n° 9, deuxième semestre, pp. 165-193.

ASSIDON, E. (1992), *Les théories économiques du développement*, Paris, La Découverte, collection Repères.

BALLET, J. (2001), *L'exclusion, définitions et mécanismes*, Paris, L'Harmattan.

BALLET, J. et GUILLON, R. (dir.) (2003), *Regards croisés sur le capital social*, Paris, L'Harmattan.

BALLET, J. et HAMZETTA, B. (2003), « Le capital social comme protection sociale. Le cas de la Mauritanie », *Tiers Monde*, n° 175, pp. 637-655.

BHUKUTH, A. (2005), « Les marchés interliés crédit-travail et le capital social. Le cas des briqueteries en Inde du Sud », in Ballet J. et K. Radja (dir.), *Les faces cachées du capital social*, Paris, L'Harmattan, pp. 177-202.

BOURDIEU, P. (1994), *Raisons pratiques, sur la théorie de l'action*, Paris, Éditions du Seuil.

BROWNING, C., DIETZ, R. et FEINBERG, S.L. (2000), « Negative Social Capital and urban Crime: A Negotiated Coexistence Perspective », Working Paper, URAI, Ohio State University.

COLEMAN, J. (1988), « Social capital in the Creation of Human Capital », *American Journal of Sociology*, vol. 94, pp. 95-120.

COLLIER, P. (1998), « Social Capital and Poverty », Social Capital Initiative, Working paper n° 4, The World Bank, Washington D.C.

CORNIA, G.A., JOLLY, R. et STEWART, F. (1987), *L'ajustement à visage humain : protéger les groupes vulnérables*, UNICEF, Paris, Economica.

COUSSY, J. et HUGON, Ph. (dir.) (1991), « Programme d'ajustement structurel et intégration régionale en Afrique Subsaharienne », Étude pour le Secrétariat permanent des études, des évaluations et des statistiques, ministère de la Coopération et du Développement, Paris.

DOUGLASS, M. (1992), « The Political Economy of Urban Poverty and Environmental Management in Asia: Access, Empowerment and Community Based Alternatives », *Environment and Urbanization*, vol. 4, n° 2, pp. 9-32.

DOUGLASS, M. (1998), « World City Formation on the Asia Pacific Rim: Poverty, 'Everyday' Forms of Civil Society and Environmental Management », in Douglass M. et J. Friedmann (eds.), *Cities for Citizens*. Chichester, John Wiley & Sons, pp. 107-138.

DOUGLASS, M., LEE, Y. F. et KEM, L. (1994), « Introduction to the Special Issues on Community-Based Urban Environmental Management in Asia », *Asian Journal of Environmental Management*, 2(1), pp. vii-xiv.

DOUGLASS, M. et ZOGHLIN, M. (1994), « Sustaining Cities at the Grassroots: Livelihood, Environment and Social Networks in Suan Phlu, Bangkok », *Third World Planning Review*, vol. 16, n° 2, pp. 171-199.

FAURÉ, Y-A. (1994), *Petits entrepreneurs de Côte d'Ivoire, des professionnels en mal de développement*, Paris, Karthala.

FOSTER, A.D. et ROSENZWEIG, M.R. (1995), « Learning by Doing and Learning from Others: Human Capital and Technical Change in Agriculture », *Journal of Political Economy*, vol. 103, n° 6, pp. 1176-1209.

GANNE, B. (dir.) (1995), « Filières d'activité et développement urbain au Burkina Faso », ministère de la Coopération, Université de Ouagadougou, GLYSI, Université Lumière Lyon II.

GRÉGOIRE, E. et LABAZÉE, P. (dir.) (1993), *Grands commerçants d'Afrique de l'Ouest, logiques et pratiques d'un groupe d'hommes d'affaires contemporains*, Paris, Karthala, ORSTOM.

GROOTAERT, C. et VAN BASTELAER, T. (2001), « Understanding and Measuring Social Capital: a Synthesis of Finding and Recommendations from the Social Capital Initiative », Working paper n° 24, The World Bank, Washington D.C.

GUILLON, R. (2000), *Syndicats et mondialisation, une stratification de l'action syndicale*, Paris, L'Harmattan.

HABERMAS, J. (2003), *L'éthique de la discussion et la question de la vérité*, Paris, Grasset.

HAMZETTA, B. (2003), « Solidarité sociale et lutte contre la pauvreté en Mauritanie », in Ballet J. et R. Guillon (dir.), *Regards croisés sur le capital social, Éthique économique*, Paris, L'Harmattan, pp. 159-177.

HUGON, Ph. (1993), *L'économie de l'Afrique*, Paris, La Découverte, Collection Repères.

IGUÉ, J.O. (1999), *Le Bénin et la mondialisation de l'économie, les limites de l'intégrisme du marché*, Paris, Karthala.

ISHAM, J. (1999), « A Model of Technology Adoption with Social Capital », Miméo, Middlebury College.

ISHAM, J. (2000), « Can Investment in Social Capital Improve Local Development and Environmental Outcomes ? A Cost-Benefit Framework to Assess the Policy Options », Miméo, Middlebury College.

KAUL, I., CONCEIÇAO, P., LE GOULVEN, K. et MENDOZA, R.U. (2003), *Fournir des biens publics mondiaux. Gérer la mondialisation*, résumé, PNUD, Oxford, Oxford University Press.

KRISHNA, A. et UPHOFF, N. (1999), « Mapping and Measuring Social Capital », Social Capital Initiative, Working paper n° 13, The World Bank, Washington D.C.

LAUTIER, B., DE MIRAS, C. et MORICE, A. (1991), *L'État et l'informel*, Paris, L'Harmattan.

LAVERGNE, R. (dir.) (1996), *Intégration et coopérations régionales en Afrique de l'Ouest*, Paris, Karthala, CDRI.

LE GOFF, J. (2001), *Droit du travail et société, I. Les relations individuelles de travail*, Rennes, Presses universitaires de Rennes.

LEIMDORFER, F. et MARIE, A. (dir.) (2003), *L'Afrique des citadins, sociétés civiles en chantier (Abidjan, Dakar)*, Paris, Karthala.

MAJUMDAR, T.K. (1995), « Social Networks, People's Organization and Popular Participation – Process, Mechanisms and forms in the Squatter Settlements », *Norsk Geograisk Tidsskrift*, vol. 49, n° 9, pp. 161-176.

MARFAING, L. et SOW, M. (1999), *Les opérateurs économiques au Sénégal, entre le formel et l'informel (1930-1996)*, Paris, Karthala.

NARAYAN, D. (1999), « Bonds and Bridges: Social Capital and Poverty », Research paper, The World Bank, Washington D.C.

OCDE (2001), *Du bien-être des nations ; le rôle du capital humain et social*, Paris, Centre pour l'innovation et la recherche en éducation.

OSTROM, E. (1990), *Governing the Commons. The Evolution of Institutions for Collective Action*, Cambridge, Cambridge University Press.

POMP, M. et BERGER, K. (1995), « Innovation and Imitation: Adoption of Cocoa by Indonesian Smallholders », *World Development*, 23(3), pp. 423-431.

RADJA, K. (2005), « Capital social et famille. Application aux paiements matrimoniaux en Inde », in Ballet J. et K. Radja K. (dir.), *Les faces cachées du capital social*, Paris, L'Harmattan, pp. 159-176.

SIRVEN, N. (2003), « L'endogénéisation du rôle des institutions dans la croissance ou la (re)découverte du capital social », in Ballet J. et R. Guillon (dir.), *Regards croisés sur le capital social*, Paris, L'Harmattan, pp. 57-90.

VUARIN, R. (1994), « L'argent et l'entregent, Marché et développement », Cahiers des sciences humaines, vol. 30, n° 1-2, ORSTOM, pp. 255-271.

WEBER, M. (1995), *Économie et Société*, Paris, Plon, Agora-Pocket.

Mondialisation, néo-modernisation et « devenirs »

Un autre regard sur les pratiques populaires

Frédéric LAPEYRE

*Université catholique de Louvain,
Institut d'études du développement, Belgique*

Le projet de modernisation de l'après-guerre a constitué une vaste offensive de négation de la pluralité des « devenirs » des populations en offrant un seul chemin linéaire vers le développement calqué sur l'expérience des pays développés (capitalistes comme socialistes). Après une période de crise profonde des processus de modernisation nationale, on a assisté, au début des années 1980, à l'émergence d'un nouveau projet hégémonique de néo-modernisation qui s'inscrivait fonctionnellement par rapport aux transformations du capitalisme dans le cadre d'une économie toujours plus mondialisée. Une nouvelle fois, l'idée va s'affirmer qu'il n'y a qu'un seul « devenir » souhaitable et « rationnel » pour tous les pays soucieux d'améliorer le bien être de leur population ; c'est celui de l'intégration dans l'économie mondiale à travers l'adaptation des structures socio-économiques nationales aux normes de la mondialisation.

Or, les processus de modernisation puis de néo-modernisation « fuient » de partout, comme le montre l'analyse des processus de développement réel marqués par la diversité des dynamiques de changement social résultant de la confrontation des pratiques des acteurs populaires et des offensives modernisatrices des élites. Contrairement aux mythes de la convergence ou de la fin de l'histoire associés aux théories de la modernisation, nous voudrions montrer que les pratiques populaires sont le signe le plus visible d'espaces d'autonomie que les populations arrivent à préserver ou à recréer en termes de gestion des ressources, organisation du travail, des modes de production et de style de vie.

Ce déplacement radical du regard vers les « acteurs oubliés » de la modernisation – c'est-à-dire ceux pendant longtemps considérés comme les non-acteurs du développement – doit amener à une toute autre conception des enjeux actuels du développement. On ne peut, en effet, que constater le décalage abyssal qui existe « entre, d'une part, les demandes de développement des populations telles qu'elles sont révélées à travers la multitude des pratiques développées par ceux-ci et, d'autre part, les ambitions de modernisation du monde des élites » (Peemans, 2002, p. 247).

I. De la violence symbolique du projet modernisateur à la réalité des pratiques populaires

La « doctrine Truman », telle qu'énoncée dans le fameux point IV de son discours présidentiel sur l'état de l'Union de 1949, a marqué profondément et durablement le regard sur le développement. Truman traduisait dans son discours la vision dominante du développement comme processus de modernisation devant assurer la transformation de sociétés traditionnelles en sociétés modernes. Cette vision dichotomique aura des conséquences très importantes sur la place des populations et, en particulier, des acteurs populaires dans la définition des politiques de développement.

Ceux-ci étaient perçus comme des non-acteurs du développement, des porteurs de valeurs traditionnelles qui seraient autant d'obstacles à la modernisation, des « pauvres » passifs et ignorants en attente d'aide extérieure qu'il faut absolument aider à sortir de leur misère. Ils deviennent une population cible pour la coopération au développement et ils vont être soumis à des vagues incessantes d'initiatives visant à les moderniser et à les développer afin d'assurer leur convergence vers des critères universaux de modernité définis à partir de l'expérience historique occidentale de développement. On pose donc, à cette époque, un voile d'ignorance sur la réalité des pratiques populaires qui ont cherché – au fil du temps et des offensives insécurisantes (colonisation, modernisation, néo-modernisation) – à sécuriser les conditions de vie des acteurs concernés, à travers des pratiques économiques populaires et une grande diversité de mécanismes de redistribution et de solidarité axés sur des modes de reproduction collectifs.

Ces acteurs populaires ne sont donc en rien passifs mais sont au contraire activement engagés dans la redéfinition permanente de leur rapport à la nature et de leur mode de vie, afin de sécuriser leurs conditions de vie sur un territoire donné. Ils s'efforcent ainsi de limiter les conséquences des formes violentes de pénétration extérieure et de déstabilisation de leurs conditions de vie, grâce à l'action collective autour de la poursuite de projets plus ou moins autonomes répondant aux défis des transformations de leur environnement et à la nécessité de s'adapter aux nouvelles réalités.

Ces dernières années, on assiste à la multiplication des études de terrain qui montrent au quotidien la capacité d'initiative des populations face à la crise de l'économie et de l'État et une volonté de lutter par des formes diverses pour maintenir ou rétablir une dignité de vie. Malgré les nouvelles formes de précarisation et d'exclusion endogènes à la mondialisation de l'économie, il ne faut pas conclure que les populations subissent passivement cet état de chose. C'est donc précisément dans ces espaces sociaux de précarité qui se multiplient, que les individus sont susceptibles de redonner du sens à leurs conduites et de réélaborer des liens et des échanges avec les autres (Monnier et Droz, 2004 ; Tarius, 2002 ; Scott, 1985).

Les quartiers populaires des grandes villes africaines ne constituent pas un lieu de désorganisation social et d'anomie mais bien un espace vivant où la pauvreté et la marginalité n'excluent pas l'action. Les populations confrontées au processus d'insécurisation sont aussi capables de se mobiliser collectivement pour agir et réinventer en permanence le lien social sur lequel repose la sécurisation de leurs conditions de vie. Ainsi, ces populations ne sont pas seulement les objets passifs d'un destin imposé. À travers des modalités diverses marquées par la diversité culturelle et sociale, ils expriment de manière plus ou moins inventive leur insertion dans le tissu social et leur participation à la production de leur lieu de vie (Lapeyre, 2002).

C'est dans ce cadre qu'il faut analyser la multitude d'initiatives prises au niveau local, émanant de la base et combinant des stratégies individuelles, des formations de réseaux et des constructions associatives plus ou moins élaborées. Le déficit « identitaire » auquel ils sont confrontés peut donc donner lieu à des pratiques de reconstruction d'une identité collective qui concerne directement un rapport à la « construction » d'un territoire. Et cette reconstruction peut devenir le lieu de la reconstruction du lien social. On peut voir se multiplier des processus d'ajustement et de négociation, de détournement et d'appropriation, parfois de reconstruction et d'invention : façons de « faire avec », qui s'apparente souvent à des bricolages mais relèvent parfois de véritables tentatives de définir d'autres modes de « vivre ensemble ».

Cet autre regard sur les acteurs du changement social dans les lieux de vie populaires implique de reconnaître l'idée de la pluralité des sources de régulation et de remettre au centre de l'analyse l'autonomie des acteurs. Même si ces décisions se prennent dans un contexte structuré, le poids de la contrainte n'équivaut jamais à un déterminisme.

L'acteur social dans ces lieux de vie, comme ailleurs, ne se laisse donc jamais totalement emprisonner dans des cadres de dépendance malgré les pressions de son environnement. Il revendique de pouvoir développer des initiatives locales, d'affirmer sa capacité à produire ses propres règles d'action ou sa volonté de cogérer son lieu de vie. Les acteurs tentent d'exercer leur autonomie en grignotant des marges de manœuvre ou en négociant. Cette reconnaissance de l'importance de la participation traduit la reconnaissance du rôle fondamental des acteurs et de leurs stratégies. Un des plus grands dangers pour toutes les initiatives de changement n'est pas seulement la révolte ou la résistance active, mais aussi l'indifférence, c'est-à-dire le risque que les populations se tiennent sur leur quant à soi et développent un « ailleurs » en disant aux initiateurs « cause toujours ». Il faut toutefois se garder de toute vision idyllique et populiste de ces dynamiques de changement social dont la diversité traduit aussi l'hétérogénéité des acteurs populaires et de leurs stratégies qui coexistent, voire s'affrontent.

Toutefois, le risque pour les élites dominantes est bien de voir les « masses » s'autonomiser un tant soit peu par rapport aux régulations de contrôle qu'elles essaient d'imposer et de maintenir et, par la même, de remettre en question le projet néo-modernisateur d'intégration dans l'économie mondialisée comme chemin unique de développement. C'est pourquoi depuis peu, la nouvelle stratégie dominante de développement cherche à reprendre le contrôle de ces dynamiques de changement social qui se sont intensifiées au Sud avec la généralisation des programmes d'ajustement structurel et la montée de l'insécurité. Le discours dominant sur la mondialisation – avec en son cœur l'enchaînement vertueux libéralisation-croissance-réduction de la pauvreté – tout comme les nouveaux dispositifs : les Documents stratégiques de réduction de la pauvreté[1] (DSRP), doivent être vus dans ce contexte comme une nouvelle offensive des acteurs dominants visant à restaurer la légitimité du projet modernisateur et à intégrer une partie de la société civile pour en faire le relais indispensable de la poursuite de ce projet (Lapeyre et Yepez, 2005).

II. Le discours dominant sur la mondialisation et l'illusion participative

Le discours dominant sur la mondialisation est un discours d'adaptation aux normes de l'économie mondialisée, c'est-à-dire un discours dominé par les objectifs de flexibilité et de compétitivité et la logique

---

[1] Les DSRP constituent une nouvelle forme de conditionnalité imposée par le Fonds monétaire international et de la Banque mondiale aux pays du Sud et de l'Est.

économique. Les politiques économiques menées par les États-nations sont déterminées par cette contrainte d'adaptation et de survie ou de consolidation des pôles d'accumulation. Or, comme l'indique Laidi (1998), cette logique de l'urgence associée au développement de la logique de marché est porteuse « d'une éthique de l'inespoir » (*ibid.*, p. 20). La représentation de l'avenir est vue désormais comme survie (avec des gains en termes de croissance et de richesse pour ceux capables d'effectuer les mutations perpétuelles exigées par les nouvelles formes de l'accumulation) et non plus comme espérance d'un autre projet de société comme on pouvait le trouver dans les discours révolutionnaires. Le discours néo-libéral sur la mondialisation, qui tend à s'ériger en théorie normative du changement social, est l'expression d'une violence symbolique extrêmement forte. Avec l'aide des médias et du ralliements d'intellectuelles et de politiques, le mythe justificateur de la mondialisation tend à forger la croyance chez les dominés de l'impossibilité de voies alternatives viables et de la nécessité de répondre de manière urgente aux exigences de l'économie mondialisée sans remettre en question celles-ci : « la violence symbolique ne s'exerçant jamais sans une forme de complicité (extorquée) de ceux qui la subissent » (Bourdieu et Wacquant, 1998, p. 113).

La crise du politique est liée à cette idée de contraintes d'ajustement et d'adaptation qui ne pourraient pas être remises en question mais seulement être gérées par les élites techno-économiques. Ainsi, « l'élite éclairée » – composée d'industriels, d'intellectuels, de banquiers, des politiciens et technocrates au Nord comme au Sud et à l'Est, en charge de l'adaptation des économies domestiques aux normes de l'économie mondialisée – connaîtrait le chemin à suivre vers la croissance. Ce bloc historique, au nom d'un discours crypto-stalinien des lendemains qui chantent, serait engagé pour le bien-être des populations dans la lutte contre les forces nationalistes et protectionnistes qui, en cherchant de maintenir un contrôle social sur l'économique, freineraient la dynamique du système capitaliste mondialisé.

La pensée hégémonique actuelle présente une grille de lecture dualiste qui oppose rationnel et irrationnel, moderne et archaïque, forces progressistes et forces conservatrices ou encore modernité et barbarie. Nous aurions ainsi un face à face entre, d'un côté, les forces de la transnationalisation, et de l'autre, un bloc conservateur aveugle à la réalité des gains matériels considérables que peut engendrer la mondialisation. Le discours hégémonique actuel paralyse de cette manière le débat sur la question de la rationalité d'ensemble de la mondialisation et les interventions légitimées en son nom en postulant, comme l'a dénoncé Bourdieu lors des grèves de décembre 1995 en France, que : « non seulement la raison et la modernité, mais aussi le mouvement, le changement sont du côté des gouvernements, ministres, patrons ou 'experts' ; la déraison et l'archaïsme, l'inertie et le conservatisme du côté du peuple, des syndicats, des intellectuels critiques » (Bourdieu, 1995, p. 1).

Le projet dont le discours dominant sur la mondialisation est le vecteur, est donc un projet totalitaire qui nie la pluralité des possibles. « Il n'y a qu'une voie possible vers la croissance et la réduction de la pauvreté : c'est celle de l'intégration dans l'économie mondialisée » (Gill, 1995). Les contraintes structurelles que font peser les forces de marché et les institutions financières internationales sur les gouvernements qui voudraient mener des stratégies autonomes de développement contribuent fortement à donner corps à l'idée d'inévitabilité des processus en cours.

On peut, dès lors, distinguer une approche forte et une approche faible de la participation. En ce qui concerne l'approche faible, tout le paradoxe tient dans le fait qu'elle prétend donner la parole et l'initiative aux pauvres et aux exclus alors que, dans le même temps, elle redoute que leurs revendications et leurs initiatives ne s'écartent de la voie du dialogue qu'elle a soigneusement balisée. En d'autres mots, ceux-ci peuvent participer tant qu'ils ne cherchent pas à modifier les règles du jeu et n'exigent pas une redistribution des ressources et du pouvoir de façon plus ou moins radicale. L'approche fonctionnelle de la participation comporte un non-dit : la distribution du pouvoir d'initiative n'est jamais égale et on ne s'en empare pas librement. Cette approche peut-être perçue comme un nouveau type de contrôle social dans le cadre duquel la relation de pouvoir ne se traduit plus seulement par le fait de donner des ordres. Elle passe désormais par un travail de persuasion, d'information et de formation ayant pour objectif de faire partager à des groupes d'acteurs l'analyse d'une situation et à les orienter vers un nouveau monde d'action et de réaction.

Au contraire, dans l'approche forte, la participation doit s'inscrire dans un projet plus global de démocratie substantive garantissant les droits à l'auto-expression et à l'autodétermination de la collectivité quant à son projet de développement sur son lieu de vie. Une telle approche de la participation nécessite donc un déplacement radical du regard vers les acteurs dits « exclus » qui ont toujours été considérés dans le passé comme les instruments et les cibles de politiques d'insertion à poursuivre inlassablement. On ne peut, en effet, que constater le décalage qui existe entre, d'une part, les demandes de développement des populations telles qu'elles sont révélées à travers la multitude des pratiques populaires développées par celles-ci et, d'autre part, les priorités définies par les acteurs dominants.

Une telle approche nécessite aussi de reconnaître le caractère central du conflit, de la négociation et du compromis. La notion de conflit permet de découvrir l'acteur collectif qui explicite son projet et confronte ses points de vue, s'affronte à d'autres acteurs, travaille à construire l'accord et le compromis, à préserver son autonomie et sa marge de manœuvre. Le conflit est un mode normal de fonctionnement ; il oblige à rechercher et à formuler une définition commune et mutuellement acceptable de son enjeu à travers la négociation. Il est aussi la voie vers l'élaboration d'un compromis qui délimite une zone de convergence acceptable par les parties en présence mais qui n'efface pas le conflit car il n'est qu'une solution provisoire, imaginée par les acteurs, et qui va dépendre des relations de pouvoir entre eux.

III. Les nouveaux dispositifs de promotion du projet néo-modernisateur

Les DSRP qui ont été introduits fin 1999 à la suite d'une initiative conjointe du Fonds monétaire international (FMI) et de la Banque mondiale sont la matérialisation la plus frappante de la nouvelle idéologie du développement de l'après « consensus de Washington », qui vise à surmonter la résistance grandissante des populations au projet néo-modernisateur par la mise en place de dispositifs participatifs. Mais nous sommes bien ici en présence d'une approche fonctionnelle de la participation des populations locales par rapport aux exigences de l'adaptation aux normes de la mondialisation. La participation, tout comme la démocratie, est réduite dans l'approche dominante à une des composantes institutionnelles requises par l'économie de marché dans un cadre transnational. Il s'agit donc d'une participation très sélective aussi bien au niveau des acteurs intégrés dans le processus participatif qu'au niveau des champs soumis à la participation populaire.

L'objectif des DSRP est de faciliter les changements requis par l'adaptation aux nouvelles exigences de l'internationalisation de l'économie en réduisant les sources de résistance et de freinage (Booth, 2003 ; UNCTAD, 2002 ; World Bank, 2000). Les DSRP matérialisent donc un nouveau discours d'acteurs dominants qui veulent réaménager les différents niveaux de pouvoir de façon à assurer l'adhésion d'un certain nombre d'acteurs locaux et nationaux aux objectifs présélectionnés dans le cadre du projet d'intégration et d'en renforcer ainsi la légitimité. C'est pourquoi le projet d'intégration et les politiques de restructuration socio-économique qui en découlent ne sont jamais négociables dans le cadre de ces dispositifs participatifs, ils sont dans les faits soustraits du champ de la participation.

Dans les DSRP, la participation des acteurs s'inscrit dans les objectifs de croissance et de libéralisation des conditions de l'accumulation, tels que fixés par les élites porteuses du projet d'intégration (Peemans, 2002). Il s'agit là d'une donnée intangible et la participation ne peut dès lors que signifier une meilleure information pour susciter l'adhésion des populations à des objectifs prédéterminés par ces élites. Tout le paradoxe de la nouvelle approche des organisations de Bretton Woods tient dans le fait qu'elles prétendent donner la parole aux pauvres alors que, dans le même temps, elles ne permettent pas que leurs revendications et leurs initiatives ne s'écartent de la voie qu'elles ont soigneusement balisée (Lapeyre, 2002).

Les DSRP et, plus largement, le discours dominant sur la participation apparaît, dans cette perspective, comme une offensive de contrôle social de communautés encore basées sur la préservation du lien social et la reproduction, et qui ont jusqu'à maintenant réussi à préserver une certaine autonomie par rapport à la contrainte externe du projet néo-modernisateur. Nous rentrons ici dans le domaine des relations de pouvoir entre acteurs ayant des logiques et des systèmes de valeurs différents. Dans ce contexte, les DSRP constituent un outil nouveau destiné à assurer le succès du projet de néo-modernisation transnationale et ont à ce titre une nature profondément stratégique.

L'intégration des organisations populaires dans les dispositifs participatifs fixés par les organisations de Bretton Woods a pour but de les entraîner sur un terrain nouveau et de changer leur logique de fonctionnement. C'est une tentative d'imposer une logique économique et technique à des organisations populaires qui répondent avant tout à une logique de sécurisation des conditions de reproduction de leurs membres à travers la réinvention permanente du lien social. Ces dispositifs peuvent donc être vus comme une nouvelle ruse des élites dominantes cherchant à reprendre le contrôle de dynamiques sociales qui échappent au projet néo-modernisateur. En s'appuyant sur certains acteurs de l'économie populaire, ils cherchent à redéfinir les priorités de développement autour desquels des collectivités s'étaient définies et avaient développé des pratiques collectives multiformes.

IV. Les acteurs populaires face aux « ruses » du projet néo-modernisateur

Les pratiques populaires autonomes qui ont toujours existé ne sont pas une simple réaction de rejet de l'autorité des élites modernisatrice qui cherchent à les contrôler de l'extérieur, mais bien une réponse à la nécessité de sécurisation des conditions de reproduction des populations face à des processus socio-économiques déstructurant liés à la continuation du projet d'intégration. Ces pratiques reposent sur des informations pertinentes que les communautés détiennent – et souvent détiennent seules – quant aux besoins des populations et aux moyens d'assurer la reproduction sur un lieu de vie donné. Ces trésors d'ingéniosité, développés par les acteurs populaires pour sécuriser leurs conditions de vie et réinventer continuellement le lien social, constituent un véritable trésor de guerre et ils ne sont pas prêts à en faire cadeau si facilement. C'est cette information que les élites modernisatrices tentent de s'approprier à travers les dispositifs participatifs, afin de la traiter de manière fonctionnelle avec la logique de marché. Il y a donc un aspect cognitif dans les DSRP qu'il ne faut pas sous-estimer.

La nature stratégique des DSRP est aussi très claire car ils constituent non seulement un moyen de renforcer la légitimité du projet d'intégration dans l'économie mondiale, mais aussi un effort d'un type radicalement nouveau de prendre le contrôle des pratiques populaires. En effet, intégrer le dispositif participatif pour les organisations populaires, c'est d'abord en accepter les règles du jeu et les relations de pouvoir. Cela signifie, par conséquent, se conformer aux règles de contrôle émises par les acteurs dominants et adopter une logique économique et technique – la priorité donnée aux notions de coût et d'efficacité – au détriment de sa capacité de régulation autonome basée sur d'autres logiques et, notamment, sur la présence de modes de coordination non marchands, qui sont seuls à même d'apporter un peu de régularité et de stabilité aux acteurs populaires dans un monde incertain marqué par des processus de fragmentation et de précarisation sociale.

Cette régulation de contrôle d'un type nouveau issue d'une évolution dans l'exercice du pouvoir des acteurs dominants constitue aussi une menace d'un type nouveau pour les organisations populaires. La relation de pouvoir ne se traduit plus seulement par le fait de donner des ordres. Elle passe désormais par un travail de persuasion, d'information et de formation ayant pour objectif de faire partager à des groupes d'acteurs l'analyse d'une situation et à les orienter vers un nouveau monde d'action et de réaction. Les pratiques populaires qui ont toujours échappé dans le passé aux efforts d'homogénéisation par rapport à la logique du marché sont donc confrontées à un nouveau défi.

Des tensions apparaissent entre, d'une part, les acteurs qui sont prêts à jouer avec les nouvelles règles du jeu et à entrer dans le dispositif participatif afin de capter les ressources qui y sont disponibles et, d'autre part, les acteurs qui veulent continuer à s'opposer aux régulations de contrôle et à préserver leur autonomie. Il peut en résulter, soit une perte d'autonomie des acteurs populaires qui redéfiniront leurs pratiques en fonction de la logique de marché dominante, soit une implosion-reconstitution d'acteurs collectifs suivant leur capacité à perpétuellement réinventer une autonomie à la fois symbolique et pratique par rapport au projet néo-modernisateur qui insécurise leurs conditions de vie. Dans le futur, ces deux cas de figure vont très vraisemblablement se produire.

Mais si l'on admet la « ruse » des acteurs dominants au sujet des DSRP, on ne peut exclure la capacité de « ruse » des acteurs populaires, qui vont soumettre cette nouvelle régulation de contrôle à leurs pressions incessantes afin de modifier les règles et réaménager l'espace de négociation, en bref réintroduire du mou et du flou dans la rigidité des dispositifs participatifs afin de permettre la poursuite de leur projet de développement qui va alors « s'immiscer dans l'espace culturel du projet dominant, par la dérobade, la ruse, l'esquive ou le simulacre » (Peemans *et al.*, 2000, p. 118).

Toutefois, le risque de la participation pour les organisations populaires même rusées, c'est d'enfermer leur projet et leur action à l'intérieur de paramètres fixés par l'acteur dominant. En effet, en acceptant le dispositif participatif qui leur est proposé par les organisations internationales, ils acceptent dans le même temps leur logique et font capituler la leur (Reynaud, 1997). De plus, les cadres du FMI et de la Banque mondiale sont souvent très compétents et si on se place sur leur terrain, les organisations populaires sont quasi-certaines d'être battues dans le cadre des conflits d'intérêts qui peuvent émerger.

L'enjeu est, dès lors, la capacité des organisations populaires à résister à ce danger de contrôle social et de perte d'autonomie. L'important pour les acteurs collectifs populaires formés autour d'un projet de développement, c'est de refuser de coopérer à n'importe quelles conditions et de mettre en péril le lien social et les mécanismes de production identitaire qui permettent de sécuriser les conditions de vie de la communauté. On ne connaît pas encore l'issue de ce processus et les dangers sont réels, même si par le passé les communautés ont toujours résisté aux offensives de ceux qui voulaient les régler de l'extérieur à partir d'autres systèmes de valeurs.

V. En guise de conclusion : « Devenirs » et pratiques constituantes d'un autre développement

Une approche forte en termes de développement durable et humain nécessite un déplacement radical du regard vers les acteurs populaires qui ont toujours été considérés, dans le passé, comme les instruments et les cibles de la modernisation à poursuivre inlassablement. Cela signifie reconnaître les lignes de fuite poursuivies par les acteurs populaires face au projet néo-modernisateur et la pluralité des devenirs qui en résulte.

Les organisations internationales, gardiennes de l'ordre mondial et des bonnes conditions de l'accumulation dans un cadre mondialisé, se trouvent ainsi confrontées à la question du pouvoir grandissant du refus, de l'indocilité et de la dérobade par lesquels les acteurs populaires tentent de définir des lignes de fuite et de se soustraire à la logique de l'accumulation. Ces luttes et pratiques populaires ne se posent donc pas simplement contre le projet néo-modernisateur – c'est-à-dire comme une force simplement négative et réactive – mais « elles expriment, nourrissent et développent leurs propres projets de développement constituants » (Hardt et Negri, 2000, p. 93).

La prise en compte des pratiques des acteurs populaires implique toutefois de s'interroger sur la nature constituante d'un « autre développement » de ces lignes de fuite. Celles-ci sont souvent de simples stratégies de survie ou bien s'inscrivent dans des tentatives de réinvention d'une identité, qui sont-elles même facteur de désintégration sociale et de nouvelles formes de violence comme dans le cas du développement de communautarisme sectaire, de mouvements ethniques agressifs ou de fondamentalisme sectaire. Les « devenirs » qui émergent de la multitude des pratiques populaires, à la suite de la crise de légitimation d'un projet néo-modernisation qui ne peut tenir ses promesses de modernité pour tous, ne sont donc pas tous constituants d'un projet partagé d'amélioration durable des conditions de vie d'une population dans un milieu donné. Cette constatation doit nous amener à dépasser une approche idyllique des initiatives locales des populations pour essayer de comprendre « quelles sont, parmi ces multiples pratiques populaires de résistance, de survie, de solidarité et de sécurisation des conditions de vie, celles qui peuvent donner lieu à une réinvention d'un « être et faire ensemble » (Peemans, 2004, p. 391).

Loin de la vision de l'acteur populaire comme acteur réactionnaire et archaïque, rétif à toute dynamique de changement, une approche forte en termes de développement durable doit mettre l'accent sur les stratégies en perpétuelle évolution des acteurs populaires marquées par des processus de réinvention permanente de leur identité face aux stratégies de domination qui veulent les capturer. Il est nécessaire de reconnaître la capacité des acteurs populaires de concevoir le monde et leurs projets de développement en fonction de leur identité culturelle, de leur histoire et de leur lieu de vie et non au travers d'une grille de lecture universaliste proposée par les acteurs dominants. Dans ce contexte, la participation doit s'inscrire dans un projet plus global de démocratie substantive garantissant les droits à l'auto-expression et à l'autodétermination de la collectivité quant à son projet de développement. Mais toute collectivité doit aussi se doter de dispositifs réflexifs destinés à vérifier si ses pratiques forgent des parcours de rechange constitutifs porteurs de réelles solutions de remplacement au projet néo-modernisateur et donc de formes nouvelles de « vivre ensemble ».

Références

BOOTH, D. (2003), « Introduction and Overview », *Development Policy Review*, vol. 21, n° 2, pp. 131-159.

BOURDIEU, P. (1995), « Je suis ici pour dire notre soutien... », Discours aux cheminots grévistes – Paris, Gare de Lyon, 12 décembre 1995, http://www.humanite.presse.fr/journal/1995-12-14/1995-12-14-740921.

BOURDIEU, P. et WACQUANT, L. (1998), « Sur les ruses de la raison impérialiste », *Actes de la Recherche en Sciences Sociales*, n° 121-122, pp. 111-115.

GILL, S. (1995), « Theorizing the interregnum: The double movement and global politics in the 1990s », in Hettne B. (ed.), *International Political Economy – Understanding Global Disorder*, Londres, Zed Book, pp. 65-99.

HARDT, M. et NEGRI, A. (2000), *L'Empire*, Paris, Exils Éditeur.

LAIDI, Z. (1998), *Malaise dans la mondialisation*, Paris, Textuel.

LAPEYRE, F. (2002), « Le rêve d'un développement sans conflit », Nouveaux Cahiers de l'IUED, n° 13, Paris, PUF.

LAPEYRE, F. et YEPEZ, I. (2005), « Les processus participatifs dans les Documents stratégiques de réduction de la pauvreté : quelles perspectives pour les pratiques populaires ? », in Froger G., Mainguy C., Brot J., et H. Gérardin (dir.), *Quels acteurs pour quel développement ?*, Paris, Karthala, pp. 29-44.

MONNIER, L. et DROZ, Y. (2004), « Côté jardin, côté cour – Anthropologie de la maison africaine », Nouveaux Cahiers de l'IUED, n° 15, Paris, PUF.

PEEMANS, J-Ph. (2002), *Le développement des peuples face à la modernisation du monde*, Louvain-la-Neuve, Academia-Bruylant.

PEEMANS, J-Ph. (2004), « Quelques remarques introductives », in Charlier S., Nyssens M., Peemans J.-Ph. et I. Yepez (dir.), *Une solidarité en actes – Gouvernance locale, économie sociale et pratiques populaires face à la globalisation*, Louvain-la-Neuve, PUL, pp. 17-52.

PEEMANS, J-Ph., ESTEVES, A. et LAURENT, P.J. (2000), *Stabilité politique, ethnicité et dimensions socio-économiques de la gouvernementalité locale*, Bruxelles, Administration Générale de la Coopération au Développement.

TARIUS, A., (2002), *La mondialisation par le bas*, Paris, Balland.

REYNAUD, J.D. (1997), *Les règles du jeu*, Paris, Armand Colin.

SCOTT, J. (1985), *Weapons of the weak*, New Haven, Yale University Press.

UNCTAD (2002), « The Least Developed Countries Report », UNCTAD, Genève.

WORLD BANK (2000), « Poverty Reduction Strategy Papers, Internal Guidance Note », The World Bank, Washington D.C.

Reproduction contre accumulation

Pour une nouvelle intégration des problématiques « femmes » et « développement »

Karen BÄHR CABALLERO et Florence DEGAVRE

Université catholique de Louvain,
Institut d'études du développement, Belgique

Dans les années 1970, face à l'échec des politiques de développement, les agences internationales sont parties à la recherche de nouvelles approches sur le développement, tout en se gardant de remettre fondamentalement en question sa finalité (la modernisation de type capitaliste) et ses moyens (l'accumulation et la croissance économique) (Peemans, 2002). On a ainsi eu recours à différents types d'explications pour justifier les blocages du développement, telles que la croissance démographique, l'inefficacité de l'État ou la difficulté à mobiliser l'épargne. Ces explications ont, par la suite, été accompagnées d'efforts pour intégrer une dimension plus sociale et humaine à la croissance économique.

La question de la pauvreté, la préoccupation pour les besoins fondamentaux ou l'accès des individus aux biens et services qui commençaient à « compter » dans les approches non conventionnelles sur le développement, ont progressivement été intégrées aux politiques et projets des institutions internationales. En effet, sur le terrain, les projets prenant davantage en considération les besoins des personnes ont commencé à se développer, au profit d'actions plus centrées sur les petites structures d'intervention ponctuelle et focalisée, comme les organisations non gouvernementales (ONG).

Les femmes ont beaucoup bénéficié de cet intérêt pour le « terrain ». C'est ainsi que l'approche « Femmes dans le Développement » – mieux connue sous le sigle WID (*Women in Development*) – s'est considérablement développée depuis les années 1980 et 1990. Les écrits pionniers d'Esther Boserup (1970) ont contribué à engendrer ce courant nouveau de réflexions qui problématisaient ensemble les deux thèmes « femmes » et « développement » (Kabeer, 1994). Aujourd'hui, les théories regroupant « femmes » et « développement » forment un ensemble complexe d'approches hétéroclites. D'un côté, on peut identifier plusieurs formulations d'une intégration pure et simple des femmes à la logique de modernisation. Cette vision reste toujours dominante dans la pensée et la pratique du développement. D'un autre, on trouve des critiques du développement qui s'appuient sur la problématisation de l'expérience des femmes des milieux populaires. Notre contribution vise à discuter de l'apport de ces dernières à une redéfinition du développement en dehors du paradigme de la modernisation, tel qu'il a été défini par Lapeyre dans cet ouvrage.

I. La représentation des femmes dans le discours dominant sur le développement

A. *L'intégration des femmes dans la modernité*

La vision modernisatrice du développement sous-tend encore très largement les politiques et théories du développement (Scott, 1995). Cette vision se construit principalement autour de l'idée que le développement est – idéalement – un processus d'évolution linéaire, poursuivant l'objectif final de généraliser le mode de vie des sociétés industrialisées. Elle repose en grande partie sur les catégories opposées tradition/modernité, comme mesure de l'état d'avancement des sociétés du Sud, le développement permettant à ces dernières de se hisser d'un stade traditionnel, jugé inférieur, vers la modernité, dont la composante principale est la croissance économique.

Dans cette perspective, les causes du sous-développement se trouvent dans la nature même des sociétés du Sud, dont les spécificités se définissent en termes de retard et d'attachement à leurs composantes traditionnelles. Identités culturelles et institutions historiques locales sont perçues comme des obstacles à franchir, ou, au mieux, comme des maux dont on tentera d'aménager la marche afin de les rendre fonctionnelles à la croissance. Pour les premiers auteurs du courant de la modernisation, les sociétés du Sud doivent promouvoir le changement et organiser toutes les composantes sociétales en fonction du passage du stade traditionnel vers la modernité (Rostow, 1960 ; Lewis, 1955 ; Parsons, 1967 ; Lerner, 1964). Dans la vision du courant modernisateur, cet effort de transformation concerne aussi bien les techniques de production, les rapports d'échanges et les institutions sociales que les relations interpersonnelles. Par ailleurs, la prévoyance individuelle et la recherche d'efficacité doivent remplacer le jeu complexe et lent des alliances visant la sécurisation collective du revenu (Peemans, 2002).

Dans ces formulations initiales, certes présentées très sommairement ici, les femmes font partie des strates les plus traditionnelles de la société. Leur « altruisme » les enferme « naturellement » dans la sphère privée, dans le domestique (Scott, 1995). En fait, peu de théoriciens du développement se sont réellement intéressés aux femmes ou aux rapports de genre avant les années 1970. Les quelques écrits qui s'en préoccupent placent la distinction hommes-femmes au rang des multiples oppositions binaires inhérentes au discours modernisateur – hommes-femmes, productif-reproductif – suivant *grosso modo* la frontière de l'opposition modernité-tradition. Un auteur comme Arthur Lewis illustre bien cette caractéristique de la théorie de la modernisation où les femmes sont considérées comme « prisonnières » de la tradition :

> Les femmes profitent même plus de la croissance que les hommes. La femme se libère d'un fardeau, s'émancipe de l'univers reclus du foyer, et gagne ainsi sa chance d'être un être humain complet, qui se sert de son esprit et de ses capacités autant que les hommes. Les hommes peuvent débattre autant qu'ils le veulent de la désirabilité du progrès économique pour eux, mais pour les femmes, c'est comme se demander si elles devaient cesser d'être des bêtes de somme et faire enfin partie de l'espèce humaine. (Lewis, 1955, cité par Kabeer, 1994, p. 19, notre traduction).

La littérature sur les femmes du Sud est ainsi marquée par l'idée d'un « éternel féminin », corseté entre permanence et tradition (Coquery-Vidrovitch, 2001).

En s'intéressant à l'apport des femmes au développement économique, Boserup (1970) rompt avec cette longue tradition. Son ouvrage a été une source d'inspiration puissante pour la pensée du Nord sur la problématique des femmes du Sud. Il est découvert en 1974 par la Commission de la condition des femmes des Nations unies, après que celle-ci ait commencé, sous l'impulsion des mouvements féministes des années 1960, un travail de réflexion sur le rôle des femmes dans le développement économique et social. Les femmes deviennent dès lors progressivement des « bénéficiaires » des politiques internationales.

Mais en rassemblant les problématiques « femmes » et « développement », Ester Boserup ne rejette pas les principes et les moyens de la modernisation. Elle s'inquiète au contraire de faire bénéficier les femmes de ce qu'elle considère comme des bienfaits jusque là réservés aux hommes. Pour la majorité du courant WID qu'elle inspire, Boserup offre un cadre économique néo-classique à l'interprétation du rôle des femmes dans l'économie (Beneria et Sen, 1997). La situation inégale des hommes et des femmes traduit le résultat de leurs choix individuels. Comme pour les théoriciens de la modernisation, les facteurs culturels sont cruciaux pour expliquer le statut inférieur des femmes du Sud. Par ailleurs, le marché n'est pas remis en question dans sa capacité à améliorer la situation des hommes et des femmes. Globalement, les « avocates » de WID dénoncent également les projets affectant négativement la productivité des femmes en les privant de l'accès à l'éducation, ou en les chargeant davantage en tâches domestiques (Tinker, 1997).

Il est important de comprendre ici que l'argument pour l'intégration des femmes dans le développement fait appel à la fois aux principes d'efficacité et de justice, ce qui, en raison du contexte politique et économique des années 1970, pouvait être entendu, même par les partisans les plus orthodoxes de la modernisation. Comme le souligne Naïla Kabeer, en démontrant le biais sexiste de la modernisation et le coût en termes productifs de l'omission des femmes, l'approche WID a su déjouer les intérêts contradictoires du capitalisme et du « patriarcat » (Kabeer, 1994). L'argument directement utilisé par WID pour plaider en faveur de l'égalité des sexes fait tantôt référence au processus d'émancipation des femmes européennes ou américaines (à travers l'importance accordée à l'emploi industriel par exemple), tantôt aux arguments d'efficacité économique. Du coup, l'approche WID ne s'est pas départie des pratiques et projets ouvertement fonctionnalistes par rapport à la croissance. Elle occupe donc une place ambiguë dans les théories du développement et des critiques émanant des courants hétérodoxes lui ont été adressées.

Pour les féministes marxistes par exemple, la subordination sociale des femmes est située dans le cadre du processus historique capitaliste. La séparation des sphères privée et publique, ainsi que l'exclusion des femmes de la production (Giménez, 1975) ou leur renvoi dans la reproduction perçue comme « sphère domestique », en est une conséquence (Beneria et Sen, 1997). Autrement dit, les rapports sociaux de classe contribuent également à l'analyse de l'exclusion des femmes du développement. Les réflexions des féministes marxistes, ainsi que l'influence grandissante des mouvements de femmes du Sud, ont contribué à la formation d'une approche nommée « Femmes et développement », ou *Women and Development* (WAD), critique à la fois de la modernisation et reconnaissant la multiplicité des rapports de pouvoir et de domination : races, sexes, classes.

La rencontre entre certains postulats de WAD et ceux de WID donnera lieu à l'émergence d'une troisième approche, visant à intégrer l'analyse de genre dans les processus de développement : *Gender Analysis in Development* (GAD)[1]. Elle se veut une réaffirmation du carac-

---

[1]   Analyse à travers le genre dans le développement. La Conférence, *The Continuing Subordination of Women*, financée en 1978 par l'Institute for Development Studies

tère problématique de l'intégration des femmes dans le développement, notamment à travers une critique de la façon dont WID a été intégrée dans les programmes et projets de terrain. En effet, de nombreux programmes et projets de développement intégrant la problématique « femmes » ont tenté de faire intervenir les femmes dans des projets, mais souvent en reproduisant des stéréotypes propres à la vision modernisatrice, pourtant dénoncés par les postulats de WID. L'approche GAD déplore le fait que les besoins des femmes aient souvent été théorisés à partir de ceux de la famille sans une réelle prise en considération du problème de la redistribution des ressources au sein de la famille et entre les familles (Kabeer, 1994). Elle déplore aussi que des projets de développement, accessibles uniquement aux femmes, ne leur ont pas permis d'obtenir un revenu suffisant ou n'ont pas réussi à les faire entrer dans des domaines « non traditionnels » (Scott, 1995).

L'approche GAD est au départ fondamentalement critique à l'égard du lien entre émancipation et efficacité. La tendance utilitariste y est dénoncée à plusieurs reprises. Pourtant, on assiste au développement d'une approche plus conventionnelle de GAD sur le terrain. Des projets non centrés sur l'exportation et prenant davantage en considération les besoins des populations, ont commencé à se développer et à gagner la faveur des « développeurs » du Nord, confrontés aux limites des mégaprojets gouvernementaux (Harcourt, 1994). Mais l'intégration de la critique radicale, parce qu'elle remet fondamentalement en question la domination dans les rapports entre hommes et femmes, attire peu de bailleurs et on peut constater, au sein du courant GAD, la tendance à insister sur l'aspect économique de l'émancipation des femmes, les définissant comme des sujets producteurs mal reconnus (Saint Hilaire, 1996).

La division du travail – d'un côté le travail reconnu et productif de l'individu masculin, de l'autre le travail invisible et reproductif de l'individu féminin – est aujourd'hui ce sur quoi la différence sexuelle se fixe dans les discours GAD. L'absence des femmes de la production – suffisamment rémunérée – est perçue comme la raison de leur pauvreté. La pauvreté économique des femmes est non seulement devenue un problème majeur mais elle devient la conclusion obligée de l'approche « genre », estompant toutes les autres caractéristiques de la hiérarchisation des sexes.

Le genre devient dès lors synonyme de pauvreté dans le champ du développement. Établie comme une priorité, la lutte contre la « fémini-

---

de l'Université de Sussex, a joué un rôle non négligeable dans l'introduction du genre dans le développement. Voir Parpart *et al.* (2000).

sation de la pauvreté » justifie l'intervention des spécialistes du développement et des agences multilatérales depuis la première moitié des
années 1990 (Jackson, 1998).

Outre ce concept de « féminisation de la pauvreté » qui prépare men-
talement à l'urgence d'une intervention, les institutions multilatérales
d'aide y ont également trouvé une légitimité nouvelle à leur intervention
envers les femmes en matière de contrôle démographique et d'efficacité
économique (Parpart *et al.*, 2000). Comme dans l'approche WID, élargir
le choix des activités que peuvent exercer les femmes contribue à une
meilleure spécialisation et division du travail entre les sexes. Il est
toujours question ici de la définition par les agences multilatérales des
priorités du développement et de la désignation des acteurs susceptibles
de remplir leurs espoirs en termes de performance. Les femmes pauvres
deviennent dès lors un moyen autant qu'une fin.

Par ailleurs, une partie de l'approche GAD manipule le langage féministe de la subordination des femmes mais n'associe que rarement la
pauvreté à ses causes. La pauvreté devient une catégorie naturelle pour
les femmes, une caractéristique quasi « essentielle » car non problémati-
sée. Sous cet angle, les femmes naissent pauvres (Jackson, 1998). Dans
le problème de la pauvreté, l'approche GAD reste fidèle dans la pratique
à une certaine orthodoxie développementaliste qui constate des situations de mal-développement mais n'interroge pas les rapports sociaux de
sexe ou de classe qui les sous-tendent. Le problème de la pauvreté des
femmes n'est jamais envisagé comme un problème de dépossession
active, et les solutions envisagées sont tournées vers l'accumulation de
moyens financiers dans les mains des femmes.

Certaines auteures voient même dans l'utilisation du genre par des
fonctionnaires ou membres d'organismes internationaux, une façon de
pratiquer autrement le contrôle de la natalité, en s'appuyant par exemple
sur la participation des femmes dans les organisations communautaires
afin d'améliorer la prestation des projets et des programmes de population (Alvarez, 1999 ; Falquet 2003).

B. Les nuances du discours « Genre et développement »

Autrement dit, l'intégration des questions femmes/genre dans le développement est complexe, mais peut être résumée sous la forme de
deux grandes représentations des idées sur le terrain.

D'un côté, on a une approche où le développement est une question
dépolitisée et où les critiques se concentrent sur les rapports individuels
entre hommes et femmes. Ce discours promeut un développement modernisateur grâce aux contributions économiques des femmes et à leur
incorporation au marché. Cette vision s'est sans cesse renouvelée depuis

les années 1970 et a incorporé en partie le souci environnemental. Il se retrouve dans les programmes de lutte contre la pauvreté et dans certains types de projets de micro-crédit, par exemple (Molyneux, 2002). Dans cette approche, il y a une simplification des rapports entre les sexes, qui favorise une perspective individualiste des rapports de genre, en les limitant à la forme qu'ils prennent au sein de l'unité domestique.

Toujours dans la vision dépolitisée du développement, on trouve également une lecture de la problématique femmes/genre liée aux rapports sociaux des sexes où les « problèmes des femmes » sont considérés comme le résultat de comportements masculins opprimants, eux-mêmes replacés dans le contexte des rapports sociaux. Cette approche problématise à nos yeux encore insuffisamment les autres rapports de pouvoir, notamment la répartition inégale des ressources au niveau de la société, la privatisation de la terre et leurs répercussions sur le statut social des femmes.

Si ces approches dominantes « femmes et développement » ont contribué à une accumulation de connaissances inédites sur la situation des femmes, elles ont également construit une vision des femmes comme catégories de populations à « administrer » dans le cadre d'une vision conventionnelle sur le développement international, donnant la priorité à l'accumulation sur les questions sociales. Il ne s'agit évidemment pas de nier ou de minimiser l'importance de la relation entre les sexes dans la subordination des femmes, ni d'autres relations mais bien de questionner la façon dont le genre a été un instrument pour participer à la négation des autres rapports sociaux et surtout, à l'invisibilisation d'autres phénomènes structurels participant à la subordination des femmes.

Enfin, on peut identifier un deuxième ensemble d'écrits, non dominants, s'appuyant sur une vision des femmes comme porteuses d'une autre logique. Cette approche s'inspire de l'analyse féministe de la tradition post-coloniale et de l'analyse féministe poststructuraliste[2], pour questionner la validité de la vision modernisatrice comme synonyme de développement. Le féminisme post-colonial souligne combien les femmes du Sud continuent à être dépeintes – par les acteurs officiels du développement comme par certains féminismes du Nord – comme des victimes passives et opprimées et combien leur capacité à formuler des stratégies propres d'émancipation est niée (Mohanty, 1988 ; Ong, 1988). Le féminisme post-structuraliste dénonce, lui, la façon dont les femmes

---

[2]   Nous situons dans ce courant les féministes puisant dans la pensée des auteurs post-structuralistes qui déconstruisent les concepts et les discours dominants afin de montrer comment, derrière la supposée unicité et universalité des concepts, se cachent des rapports de pouvoir et une subordination implicite des femmes.

sont devenues des « sujets » du développement. Cette représentation des sociétés du Sud et des femmes justifie en effet l'entrée en scène des « expertes de genre » qui viennent traiter la subordination des femmes comme un problème universel et homogène faisant appel à des mesures techniques également homogènes et consensuelles (Parpart, 1995). Dès lors, il y a lieu de partir à la recherche d'une autre intégration des femmes dans le développement, critique à la fois de la subordination des femmes et de la vision modernisatrice sur le développement qui déqualifient les institutions locales, jugées traditionnelles et donc enfermantes[3]. Or, un des traits caractéristiques de la vision dominante à l'égard des femmes et du développement, très peu relevé dans les approches critiques, repose sur la dévalorisation du reproductif comme lieu impossible de l'action émancipatrice des femmes.

II. La dévalorisation de la sphère reproductive dans les approches conventionnelles sur le développement

La critique de la perspective modernisatrice sur les femmes et le développement, mentionnée ci-dessus, laisse entrevoir combien les femmes du Sud ont été inscrites dans leur rapport avec une sphère reproductive réduite à sa seule partie subordonnée. Ceci nous autorise à soulever la question de la place secondaire qui a été faite à la sphère reproductive dans ces différentes approches. De façon générale, la volonté d'intégrer les femmes dans le développement s'est largement posée dans des termes individualistes. L'émancipation est associée au transfert des femmes de la sphère privée à la sphère publique. Privilégiant ainsi une analyse dualiste de la société, la sphère reproductive est associée au privé, espace où s'effectuent des activités considérées comme marginales et secondaires, par rapport aux activités très valorisées de la sphère productive, la croissance économique et l'accumulation.

Cette conceptualisation du reproductif se base essentiellement sur l'expérience historique du Nord et a contribué à l'interprétation étroite qu'il peut jouer dans l'amélioration des conditions de vie des populations. Par ailleurs, cette approche a surtout contribué à la compréhension de la sphère reproductive principalement associée au phénomène démographique ou à la survie. Selon le degré d'alarmisme ou de pragmatisme du discours, il existe plusieurs variantes de cette perspective. Nous allons aborder les deux visions considérées comme les plus radicales, sachant qu'il existe de nombreuses variantes se situant entre ces deux extrêmes.

---

[3] Voir à ce propos la discussion autour de « tradition versus émancipation » dans Flew *et al.* (1999).

Pour une première vision, le reproductif, synonyme de tradition, est un « obstacle » qu'il faut surmonter et constitue même une menace pour le projet modernisateur. C'est ce que démontre l'argumentaire alarmiste dans le domaine des rapports entre « population » et « développement » (Peemans, 2002). Il est important de souligner que dans les années 1970, les débuts de l'intégration « femmes » et « développement » coïncident avec les débats sur la question démographique et sur l'alimentation (Kabeer, 1994).

Les tenants du discours alarmiste prônent un contrôle démographique coercitif et interventionniste, soulignant l'idée que la population constitue « le problème » (Furedi, 1997). Cette vision mène les politiques à prescrire, voire à contraindre, les pauvres et notamment les femmes, à un contrôle de la natalité. La prémisse est que les pauvres compromettent les opportunités de développement en exerçant une pression démographique sur les ressources disponibles, et que l'augmentation du nombre des populations démunies est avant tout due à leur incapacité à limiter leur reproduction démographique.

Dans ces analyses, les femmes apparaissent au centre de la relation entre croissance démographique et développement. Elles ont d'ailleurs reçu une attention disproportionnée dans les programmes de contrôle de la population puisqu'en tant que mères potentielles, elles sont rarement considérées comme des sujets compétents et capables de choisir de façon responsable (Kabeer, 1994). Elles sont plutôt perçues comme des sujets ignorants ou manquant de « quelque chose » : la capacité de contrôler leur corps et l'accès aux contraceptifs.

Cette vision a été inspirée par des études et analyses réalisées par des universitaires des pays développés, notamment les États-Unis. Ce qui a provoqué, dans les années 1990, l'émergence d'un courant critique en partie développé par des auteurs du tiers-monde (Peemans, 2002). Plusieurs études menées dans des centres de recherche africains par exemple, ont dénoncé les déficiences méthodologiques des analyses occidentales en matière de population, les préjudices idéologiques sous-jacents à ces analyses et la méconnaissance des cultures du Sud qu'ils comportent[4].

Ces études critiques fournissent une analyse complètement inverse de la relation entre pauvreté et croissance démographique. Pour Lant

---

[4] Pour Grimes (1998), les pressions politiques agressives exercées sur les auteurs et sur les laboratoires de recherche par les organismes comme la Banque mondiale, l'Agence américaine d'aide au développement (United States Agency for International Development ; USAID), la Fondation Ford, etc. – entités qui financent la recherche dans ce domaine – sont à la base des biais d'analyse et de l'ambiguïté des résultats.

Prichett (cité par Grimes, 1998) la fécondité des pays du tiers-monde n'est pas déterminée par un accès plus large aux contraceptifs, mais par les conditions sociales et économiques dans lesquelles vivent les populations. Les conditions qui permettraient une baisse de la fécondité des femmes des milieux populaires seraient donc plutôt liées à l'amélioration des niveaux de vie et à la baisse de la mortalité infantile, de telle façon que les femmes « qui ont des enfants lorsqu'elles le veulent », ont l'espoir de voir plus d'enfants survivre (Grimes, 1998). La prise en main de la question démographique a donc réduit la sphère reproductive à la fécondité en négligeant les autres aspects, pourtant nombreux, de la reproduction[5].

Une deuxième vision restrictive du reproductif est liée à son assimilation à la sphère domestique et privée. Le reproductif est perçu comme un domaine de réclusion des femmes où les valeurs et les pratiques entérinent leur subordination aux hommes. La construction sociale du genre est « reprochée » à la tradition, voire à la religion, dans la perspective de la dichotomie tradition/modernité. De ce fait, la solution passe par une « libération » de cet espace, ce qui implique un changement de son identité, au travers d'un processus d'individuation grâce auquel les femmes cesseront de « s'occuper des autres » pour « s'occuper d'elles-mêmes »[6].

Pour nous, ces deux visions s'appuient sur une définition extrêmement réduite du reproductif. Dans le paragraphe suivant, nous en proposons au contraire une définition étendue, davantage liée à une compréhension des modes de vie des populations, aux éléments constitutifs de leur identité et de leur culture et à leurs stratégies de reproduction humaine.

---

[5] Nous ne prenons pas position ici contre l'offre de moyens efficaces de contraception aux femmes ou contre toute mesure destinée à faciliter le contrôle de leur sexualité et leur corps, nous critiquons par contre la relation causale établie entre pauvreté et reproduction démographique, ainsi que l'idée selon laquelle l'éradication de la pauvreté passe avant tout par une diminution de la natalité des pauvres.

[6] Cet argument a été avancé notamment par les tenants de la vision de la globalisation en termes d'« opportunités pour les femmes » où l'individuation est synonyme de liberté et d'autonomie (Todaro et Guzmán, 2001). Paradoxalement cette approche se trouve aussi à la base des politiques qui instrumentalisent la sphère reproductive pour la rendre fonctionnelle à l'accumulation. C'est le cas notamment de la valorisation des stratégies de survie des femmes dans un contexte d'ajustement structurel, et du transfert d'une partie des responsabilités sociales de l'État vers les femmes.

III. Pour une reconceptualisation du reproductif au sein des processus de développement

A. *Une hypothèse sur la dévalorisation du reproductif et la subordination des femmes*

Nous venons de voir comment le discours dominant sur l'intégration des femmes dans le développement s'appuie sur une forte dévalorisation de la sphère reproductive. Notre hypothèse est que le champ du reproductif s'est considérablement restreint dans la tension permanente avec les structures socio-économiques capitalistes. Ce processus a une incidence sur la forme spécifique que prend la subordination des femmes dans les sociétés du Nord et du Sud.

La tension « productif/reproductif » se manifeste dans la longue durée, dans le cadre d'une série de processus historiques parmi lesquels en premier lieu, la hiérarchisation entre ces deux sphères. Ainsi, le « productif » est prioritaire et important alors que le « reproductif » est secondaire et banal. Ensuite, on observe un processus de privatisation du reproductif qui, d'une question sociétale, devient une question domestique d'abord, et individuelle et féminine ensuite (Bähr Caballero, 2001 ; Degavre, 2005) Finalement, on constate l'invisibilisation ou la minimisation d'une série de pratiques populaires qui, dans la réalité, remettent en question l'opposition des deux sphères et rendent aux questions reproductives une place centrale, au cœur des stratégies économiques et sociales (Peemans, 2002).

La production théorique dominante a entériné ce double processus de subordination. Si le féminisme l'a contesté en mettant en question la subordination des femmes à la reproduction, au sens étroit, il n'a pas pour autant identifié les processus qui ont mené à l'infériorisation du reproductif, au sens large cette fois. La plupart des analyses féministes sur le développement se sont finalement inscrites dans la continuité de la dévalorisation de cet espace. C'est la littérature critique sur le développement comme modernisation qui nous invite à reconsidérer cette dévalorisation.

Un apport important à la reconceptualisation du développement est proposé par Jean-Philippe Peemans qui, dans l'ensemble de ses ouvrages, développe une grille historico-systémique de lecture des processus spécifiques vécus par les différentes sociétés. À partir de l'analyse historique de long terme, l'auteur identifie notamment l'existence d'une « demande » de développement exprimée dans les pratiques des acteurs populaires, différente du projet de modernité offert par les élites dominantes (Peemans, 2002).

Pour Fernand Braudel également, les processus structurants d'une société se construisent tout au long de leur histoire et c'est dans ce processus que l'auteur inscrit sa conception du développement, comme un processus de transformation déterminé par la dynamique interne de chaque société. À la base de ce processus, se trouve la civilisation matérielle, l'espace du quotidien orienté vers l'autoconsommation et la production réalisée avec une logique de satisfaction des besoins humains fondamentaux (Braudel, 1979). L'analyse de Braudel nous permet de poser un regard différent sur le développement et de dévoiler, dans la longue durée, l'importance de la sphère reproductive qui se trouve ainsi conceptualisée comme la structure de base de toute société[7].

Les femmes, qui entretiennent de par leur socialisation un rapport proche avec la reproduction, ne peuvent donc plus être considérées comme des actrices marginales ou comme des victimes passives, mais plutôt comme des sujets historiques à part entière, ce qui justifie l'introduction à leur égard d'une approche en termes d'acteurs[8].

B. Approche en termes d'acteurs, de pratiques populaires et de capacité d'action des femmes

L'analyse braudelienne est particulièrement intéressante pour repenser la sphère reproductive puisqu'elle permet également de se débarrasser d'une interprétation monocausale du développement (la croissance économique), en faveur d'une reconstruction de l'histoire des milieux de vie et de leur reproduction (Degavre, 2001). Les pratiques des acteurs populaires sont au cœur de cette redéfinition du développement. Elle s'appuie notamment sur l'identification des stratégies de construction des formes de gestion de l'espace local et des réseaux de sociabilité (Peemans, 2004). Dans cette nouvelle définition, les populations sont dans un processus permanent de « régénération », en quête d'une amélioration de leur niveau de vie.

Dans cette perspective toujours, les femmes des milieux populaires sont des actrices très importantes des processus de développement. Leurs stratégies sont effectivement déterminées en grande partie par leurs rapports socialement construits avec la sphère reproductive. Ce-

---

[7] C'est l'existence et l'entretien d'une sphère reproductive qui constituent la base commune et universelle à toutes les sociétés. Celles-ci définissent, en fonction de contextes historiques et matériels locaux, des valeurs ou des besoins fondamentaux.

[8] L'approche en termes d'acteurs ne nie pas les facteurs structurels qui se trouvent à l'origine des transformations sociales. Elle cherche plutôt à introduire dans l'analyse l'idée de capacité des acteurs subordonnés à manœuvrer dans le cadre des espaces disponibles et d'influencer les processus de transformation en fonction de leurs intérêts et de leurs visions du monde (Long et Long, 1992).

pendant, le contenu de ses stratégies varie énormément en fonction des articulations avec les autres systèmes de différenciation sociale, et notamment des classes sociales, ethnies et générations (Sen, 1994). Sans abandonner l'hypothèse féministe centrale des rapports de genre inégalitaires et de la subordination des femmes, la multiplicité de facteurs influençant la vie des femmes des secteurs populaires invite à l'emploi « éclairé et prudent » du prisme de la subordination individuelle et sociale. Celle-ci ne reste pas sans réponse de leur part, et la sphère reproductive pourrait bien être un lieu privilégié pour répondre, voire lutter et résister.

Il n'y a donc évidemment pas lieu de tomber dans une fascination pour les pratiques populaires, au risque de les « essentialiser ». Elles sont bien dans la reproduction sous contrainte, d'une part, et peuvent aussi être porteuses de subordination, en particulier de subordination de genre, d'autre part.

Les pratiques populaires sont, par ailleurs, sans cesse menacées de destructuration, s'inscrivant avec force dans l'histoire mais restant fragiles. Néanmoins, elles sont la preuve de l'existence d'une autre logique autour de laquelle s'organise le développement des populations. On est loin du développement vu comme modernisation, même dans son visage le plus humain. Il s'agit ici de pratiques hautement sensées, loin de ressembler à un paquet de biens pour répondre à des « besoins de base », ce qui nous laisse à penser que l'on est bien dans la reconstruction d'une vision du développement.

Il ne faut toutefois pas confondre cette capacité des acteurs populaires avec les politiques visant à les « aider à se développer par eux-mêmes » tout en conservant la logique d'accumulation. En effet, les conséquences de plus en plus néfastes des stratégies d'accumulation produisent une érosion des institutions locales séculaires et accélèrent la destruction des rapports socioculturels qui faisaient sens (Peemans, 2004). À nos yeux, ceci justifie un questionnement sur la légitimité du discours des acteurs dominants et rend urgente une conceptualisation alternative du développement (Lapeyre, 2001). Les propos développés jusqu'à maintenant, nous permettent d'affirmer que questionner la dévalorisation du reproductif constitue en soi une démarche pour penser autrement le développement.

En fait, reproduction et développement sont deux processus étroitement liés, faisant intervenir des notions complexes et fondamentales de sécurisation du revenu, d'entretien du vivant et de régénération du lien social. Il ne saurait y avoir de développement sans reproduction. De ce fait, l'approfondissement de l'accumulation et des conditions d'une croissance internationalisée, ne saurait être confondue avec le développement.

IV. En guise de conclusion : La reproduction étendue du vivant. Des pistes pour redéfinir le développement

Le raisonnement développé ci-dessus invite à cesser de voir la vie économique uniquement à travers le prisme du productif marchand, comme nous y invitait déjà Karl Polanyi et à trancher avec la représentation courante de la reproduction (Polanyi, 1944). Il s'agit de reconnaître la production d'activités humaines tournées vers la régénération d'une société et des éléments humains et environnementaux qui la composent.

À ce stade, nous pouvons donc identifier des éléments de redéfinition de la reproduction, à partir de l'ensemble des pratiques et des comportements qui concourent aux objectifs de recomposition du lien social, de reconstitution d'un territoire de vie et d'amélioration de la qualité de la vie. Il s'agit d'un concept utile pour saisir le sens et la cohérence entre les pratiques de soin aux personnes, d'entretien de l'environnement social et humain. Ces pratiques relèvent aussi bien de l'économique que du social ou du politique mais sont tournées vers des objectifs bien distincts de l'accumulation.

La notion de territoire nous invite également à parler de reproduction « étendue », à la fois parce qu'elle ne concerne pas que le privé ou le domestique, ni la conception restreinte du reproductif telle que dénoncée ci-dessus, mais bien l'ensemble des pratiques qui visent à renforcer un lien social dans un lieu de vie, défini à partir d'une identité sociale et culturelle.

Il faut également parler de reproduction étendue du « vivant » car il est question, au Nord comme au Sud, à la fois de l'environnement humain et naturel. En fait, pour saisir le concept de reproduction étendue du vivant, il faut se départir de la vision éclatée que nous avons des activités marchandes et non marchandes, monétaires et non monétaires. Aujourd'hui, les pratiques de reproduction étendue sont segmentées, renvoyées en partie aux femmes dans la sphère domestique, en partie aux métiers du social et en partie aux institutions comme la sécurité sociale, dans un processus de déconstruction sélective.

La reproduction étendue du vivant peut servir de base à la redéfinition du développement en dehors de la modernité. En fait, cette proposition s'oppose à la vision modernisatrice en plusieurs points. La reproduction étendue du vivant est bien l'inverse de l'intégration ou de l'insertion de populations considérées comme des « marges » à un mode de production et de consommation conforme à la logique d'accumulation. Loin d'être synonyme de tradition, la logique de reproduction sous-tend une logique universelle de réinvention des conditions de vie à l'intérieur de contraintes que les populations tentent de maîtriser.

Références

ALVAREZ, S. (1999), « Feminismos dispersos y desplazamientos desiguales », in *Feminismos de fin de siglo. Una herencia sin testamento*, Especial Fempress.

BÄHR CABALLERO, K. (2001), « Las mujeres y el proceso de desarrollo histórico en Centroamérica », Monographie, Louvain-La-Neuve.

BÄHR CABALLERO, K. (2004), « Mujeres, procesos históricos y agencia. Por una mirada teórico-metodológica alternativa del sub-campo Mujeres y Desarrollo », Communication au VII Congreso Centroamericano de Historia, Universidad Nacional Autónoma de Honduras y Universidad Pedagógica Nacional, Tegucigalpa, 19-23 juin.

BENERIA, L. et SEN, G. (1997), « Accumulation, Reproduction and Women's role in Economic Development: Boserup revisited », in Duggan N., Nisonoff L., Visvanathan N. et N. Wiegersma (eds.), *The Women, Gender and Development Reader*, Londres, Zed Books Ltd, pp. 42-50.

BOSERUP, E. (1970), *La femme face au développement économique*, Paris, PUF Sociologie d'aujourd'hui, 2ᵉ édition 1983.

BRAUDEL, F. (1979), *Civilisation matérielle, économie et capitalisme*, Tome 1, « Les structures du quotidien : le possible et l'impossible », Paris, Armand Colin.

COQUERY-VIDROVITCH, C. (2001), « Des femmes colonisées aux femmes de l'indépendance, ou du misérabilisme au développement par les femmes : approche historique », communication au colloque international *Genre, population et développement en Afrique*, session 2 : Nouvelles approches méthodologiques, Abidjan, 16-21 juillet.

DEGAVRE, F. (2001), « Interpréter les processus de développement. Proposition pour une grille de lecture », in Delcourt J. et P. Woot (de) (dir.), *Les défis de la globalisation, Babel ou Pentecôte*, Louvain-la-Neuve, Presses Universitaires de Louvain, pp. 451-478.

DEGAVRE, F. (2005), « Enjeux du développement dans les contextes Nord. Le rôle des femmes dans le care et la reproduction du lien social », Thèse de doctorat, Institut d'études du développement, CIACO, Louvain la Neuve.

FALQUET, J-F (2003), « Femmes, féminisme et "développement" : une analyse critique des politiques des institutions internationales », in Bisilliat J. (dir.), *Regards de femmes sur la globalisation. Approches critiques*, Paris, Karthala, pp. 75-112.

FLEW, F., BAGILHOLE, B., CARABINE, J., FENTON, N., KITZINGER, C., LISTER R. et WILKINSON, S. (1999), « Local Feminisms, Global Futures », *Women's Studies International Forum*, vol. 22, n° 4, pp. 393-403.

FUREDI, F. (1997), *Population and Development. A Critical Introduction*, Cambridge, Polity Press.

GIMÉNEZ, M. (1975), « Marxism and Feminism », *A Journal of Women Studies*, vol. I, n° 1, pp. 61-80.

GRIMES, S. (1998), « From Population Control to 'Reproductive Rights': Ideological Influences in Population Policy », *Third World Quarterly*, vol. 19, n° 3, pp. 375-393.

HARCOURT W. 1994, *Feminist Perspectives on Sustainable Development*, Londres et New Jersey, Zed Books Ltd.

JACKSON, C. (1998), « Rescuing gender from the poverty trap », in Jackson C. et R. Pearson (eds.), *Feminist Visions of Development. Gender, Analysis and Policy*, Londres et New-York, Routledge, pp. 39-64.

KABEER, N. (1994), *Reversed Realities, Gender Hierarchies in Development Thought*, Londres, Verso.

LAPEYRE, F. (2001), « De la légitimité du discours néo-libéral sur la mondialisation face à la réalité des processus de fragmentation sociale », in Delcourt J. et P. Woot (de) (dir.), *Les défis de la globalisation. Babel ou Pentecôte*, Louvain-la-Neuve, Presses universitaires de Louvain, pp. 189-202.

LERNER, D. (1964), *The Passing of Traditional Society*, New-York, Free Press.

LEWIS, A. (1955), *The Theory of Economic Growth*, Londres, Allen and Unwin.

LONG, N. et LONG, A. (1992), *Battlefields of Knowledge*, Londres, Routledge.

MESTRUM, F. (2003), « De l'utilité des femmes pauvres dans le nouvel ordre mondial », in Bisilliat J. (dir.), *Regards de femmes sur la globalisation*, Paris, Karthala, pp. 35-73.

MOHANTY, C. (1988), « Under Western Eyes: Feminist Scholarship and Colonial Discourses », *Feminist Review*, n° 30, pp. 65-68.

MOLYNEUX, M. (2002), « Gender and the Silences of Social Capital: Lessons from Latin America », *Development and Change*, vol. 33, n° 2, pp. 167-188.

ONG, A. (1988), « Colonialism and Modernity: Feminist Representations of Women in Non-Western Societies », *Inscriptions*, vol. 3-4, pp. 79-93.

PARPART, J. (1995), « Deconstructing the Development 'Expert': Gender, Development and the 'Vulnerable' Groups », in Marchand M. et J. Parpart (eds.), *Feminism, Postmodernism Development*, Londres et New-York, Routledge.

PARPART, J., CONNELLY, P., et BARRITEAU, E. (eds.) (2000), « Theoretical Perspectives on Gender and Development », International Development Research Centre, Canada.

PARSONS, T. (1967), *Sociological Theory and Modern Society*, New-York, Free Press.

PEEMANS, J.P. (2002), *Le développement des peuples face à la modernisation du monde. Les théories du développement "réel" dans la seconde moitié du XXe siècle*, Centre International de Formation en Développement et Population, Louvain-la-Neuve, Académia Bruylant/l'Harmattan.

PEEMANS, J.P. (2004), « Quelques remarques introductives sur les rapports entre gouvernance locale, économie sociale et pratiques populaires face à la globalisation », in Charlier S., Nyssens M., Peemans J.P. et I. Yépez (dir.), *Une solidarité en actes. Gouvernance locale, économie sociale, pratiques populaires face à la globalisation*, Louvain-la-Neuve, Presses Universitaire de Louvain, pp. 17-52.

POLANYI, K. (1944), *La Grande Transformation. Aux origines politiques et économiques de notre Temps*, Paris, Éditions Gallimard.

ROSTOW, W. (1960), *The Stages of Economic Growth: A Non Communist Manifesto*, Cambridge, Cambridge University Press.

SAINT-HILAIRE, C. (1996), « La production d'un sujet-femme adapté au développement. Le cas de la recherche féministe aux Philippines », *Anthropologie et sociétés*, vol. 20, n° 1, pp. 81-102.

SCOTT, C. (1995), *Gender and Development, Rethinking Modernization and Dependency Theory. Women and Change in the Developing World*, Boulder, Lynne Rienner Publishers.

SEN, G. (1994), « Reproduction: The Feminist Challenge to Social Policy », in Sen G. et R. Snow (eds.), *Power and Decision: the Social Control of Reproduction*, Cambridge, Harvard School of Public Health, pp. 1-17.

TINKER, I. (1997), « The Making of a Field: Advocates, Practitioners and Scholars », in Duggan N., Nisonoff L., Visvanathan N. et N. Wiegersma (eds.), *The Women, Gender and Development Reader*, Londres, Zed Books Ltd, pp. 33-41.

TODARO, R. et GUZMAN, V. (2001), « Apuntes sobre género en la economía global », in *El Género en la Economía, Ediciones de las mujeres* n° 32. CEM, Isis Internacional, pp. 1-17, http://www.cem.cl/pdf/apuntes_genero.pdf.

Peuples indigènes et citoyenneté en Amérique latine

Entre adaptation et résistance à l'ordre mondial

Marc HUFTY et Patrick BOTTAZZI

*Institut universitaire d'études du développement,
Genève, Suisse*

Les peuples indigènes[1] sont réputés être « proches de la nature », en particulier depuis la conférence de Rio en 1992 et l'élargissement du « régime international de la biodiversité » (Hufty, 2001). Ils figurent de plus en plus dans les programmes de conservation ou de développement durable comme « gardiens de la biodiversité ». Cette idée correspond dans certains contextes à la réalité, mais elle est aussi un élément d'un discours stratégique utilisé par différents types d'acteurs pour des objectifs qui leurs sont propres. Proche de l'imaginaire du bon sauvage, l'idée du gardiennage suppose quelque part des communautés identifiées à la « nature », ou qui seraient les détentrices de savoirs ou de savoir-faire écologiques recelant des potentialités extraordinaires.

Cet imaginaire est soutenu tant par les indigènes que par les non indigènes. Les Organisations non gouvernementales (ONG) et les organisations internationales liées à ce que nous qualifions ici de « régimes globaux de la conservation et du développement » participent au maintien de cet imaginaire, qui a la double fonction de légitimer les forums internationaux auxquels participent les représentants des peuples indigènes et les programmes de conservation dominés actuellement par l'idéologie de la participation locale. Certains représentants des peuples indigènes, devenus habiles dans les négociations et de mieux en mieux organisés pour faire valoir leur voix dans les forums internationaux, ont adopté ce discours comme stratégie pour atteindre des objectifs comme

---

[1] Conscients de la querelle sémantique et politique opposant « indigènes » à « autochtones », nous faisons un choix pratique, lié à la terminologie en vigueur en Amérique latine.

la reconnaissance politique et territoriale. La « proximité à la nature » et le « rôle de gardien » sont en ce cas invoqués dans la mesure où ils permettent de créer des alliances avec les acteurs internationaux dans un jeu de négociation avec les États nationaux. Ces alliances avec des acteurs dotés de leviers susceptibles d'influencer les États leur ont permis d'atteindre des objectifs concrets, participation citoyenne, droits collectifs, autodétermination, qui leur étaient inaccessibles auparavant.

Cette utilisation stratégique des discours globalisés peut être interprétée comme la continuité d'une résistance à un mécanisme de domination mis en place avec la colonisation de l'Amérique. Paradoxalement, la mondialisation, le redéploiement partiel des États nationaux et l'ajustement économique, ont eu pour conséquence l'ouverture d'un interstice dans lequel se sont engouffrés certains peuples indigènes et leurs représentants, à leur bénéfice. Alors que d'un côté, « l'économie-monde » capitaliste tend à subordonner les peuples tout en les uniformisant (peu de peuples indigènes sont isolés du « marché »), de l'autre, elle leur a donné la possibilité de se doter de structures politiques et de financement leur permettant une certaine résistance.

Parmi plusieurs exemples possibles, nous présentons ici le cas du piémont andin de la Bolivie. L'observation des relations sociopolitiques autour des aires protégées, spécifiquement la participation des peuples indigènes, semble confirmer ce raisonnement général. Traditionnellement marginalisés, les peuples indigènes des Basses-Terres de Bolivie semblent constituer désormais des interlocuteurs à part entière au sein du programme de conservation mis en place par ce pays depuis les années 1980. Ce phénomène se manifeste de deux façons. D'une part, la gestion participative est incorporée dans les principes de gouvernance des aires protégées (même si les pratiques divergent fortement). D'autre part, le programme de conservation s'accompagne de la mise en place d'un réseau de Terres communautaires d'origine (TCO), attribuant des territoires collectifs à ces populations. Parfois les aires protégées et les TCO coïncident, comme dans le cas présenté ici, à savoir, la Réserve de biosphère et le Territoire communautaire d'origine *Pilón Lajas*, situé à l'ouest du pays, sur le Rio Beni et jouxtant le Parc national Madidi.

Notre réflexion est centrée autour du rôle joué par la mondialisation dans le modèle d'insertion politique des peuples autochtones des Basses-Terres boliviennes. Cette étude de cas nous permet d'illustrer la rencontre de ce que nous qualifions le « champ global du développement » et le « champ global de la conservation », espaces sociaux s'articulant aussi bien aux niveaux local, que national et international, et qui produisent, par l'interaction de leurs logiques et de leurs acteurs, des enjeux considérables.

Au niveau local, se joue un jeu extrêmement complexe entre les acteurs internationaux, nationaux et locaux pour redéfinir, à partir du régime global de la conservation, les normes et pratiques locales : les droits de propriété et d'usage, les circuits économiques et les modes de gouvernance locale. Ce jeu est inextricablement lié à la mondialisation. Ses conséquences, l'ouverture économique et politique du pays, les bouleversements politiques et les nouveaux modes de gouvernance, ont été déterminants dans la reconfiguration de l'espace politique des communautés indigènes des Basses-Terres de Bolivie.

Tout en ne représentant que 2 ou 3 % de la population (entre 125 000 et 200 000 personnes), répartis en plus de trente ethnies, dont les plus nombreux sont les populations de langue guarani (50 000 personnes) du Sud-Est et les *Guarayos, Mostenes, Moxeños, Tacanas, Sirionos* ou *Yuracarés*, ces populations se sont vues accorder un statut symbolique et politique sans précédent du fait du rôle central qui leur est attribué dans le régime global de la conservation. Elles ont gagné un espace politique national, que nous définissons comme citoyen, sans précédent. Toutefois, ce qui semble un « progrès » social demande à être relativisé. L'indigène relève, selon la perspective de Taylor et Wilson (2004) de la *citizen agency* (« agencéité citoyenne »), d'une construction sociale utilisée en fonction des nécessités de la « gouvernementalité » (Foucault, 1994). C'est l'hypothèse principale que nous soutiendrons ici en mettant en relation le développement, la conservation, la gouvernementalité et les formes de la citoyenneté.

I. Gouvernementalité, champ discursif et identité

Dans la perspective de Michel Foucault, à partir du XVIe siècle se développent en Occident de nouvelles manières de gouverner, non plus directement fondées sur la violence physique, mais sur le contrôle de la population par l'élaboration et l'imposition de normes. La « gouvernementalité » donne lieu à un « biopouvoir » dont l'État gouvernemental acquiert le monopole. Michel Foucault lui attribue trois caractéristiques. Ce pouvoir de contrôle s'exerce par :

> les institutions, les procédures, analyses et réflexions, les calculs et les tactiques qui permettent d'exercer cette forme bien spécifique, bien que complexe, de pouvoir, qui a pour cible principale la population, pour forme majeure de savoir, l'économie politique, pour instrument technique essentiel, le dispositif de sécurité (Foucault, 1994, p. 655).

Il se caractérise particulièrement par la prééminence du « gouvernement » comme mode de structuration du pouvoir et de la légitimité politique, ainsi que de la souveraineté, de la discipline, d'une série d'appareils spécifiques de gouvernement et de nouvelles connaissances :

l'économie, la démographie et les statistiques. Enfin, le pouvoir s'exerce par les normes, c'est-à-dire par le contrôle administratif et bureaucratisé de ce qu'il est communément « juste » ou « moral » de faire ou de penser. La gouvernementalité est donc la capacité donnée au gouvernement d'« interpréter la vie » et de redéfinir les codes de son fonctionnement. Elle renvoie à un régime de subjectivation étatique pour laquelle des doctrines, ou des paradigmes cognitifs (comme le libéralisme), s'instituent comme modèles organisateurs de la société (Polanyi, 1983).

Sous cet angle, l'objet de la connaissance n'a pas d'existence autonome. Il est construit dans le cadre d'un discours institutionnalisé, qui lui donne son statut, et qui est produit selon des règles intelligibles. Ainsi, dans chaque contexte spécifique, il est possible de dériver les règles qui construisent un objet, le « jeu des règles qui rendent possible pendant une période donnée, l'apparition d'objet » (Foucault, 1971, p. 46).

Au travers du temps et de l'espace, les « indigènes » ont été objet de discours, ils ont été créés comme objet ou catégorie discursive par les « pratiques technologiques » d'une société dominante (successivement les controverses religieuses, l'ordre colonial, l'État libéral ou populiste, la recherche anthropologique, le droit international, le régime global de la conservation). À travers différentes époques, les critères de définition de l'indigène se sont modifiés en fonction des discours dominants. Le discours religieux du XVIIe au XIXe siècle l'a désacralisé, faisant de lui un être en perdition, légitimant ainsi la suprématie des missionnaires sur les activités colonisatrices. Le discours extractiviste, ayant pour nécessité d'exploiter ses qualités physiques, l'a décrit comme un sauvage, une force de la nature auquel on se doit d'apporter la civilisation. Le discours conservationniste, en faisant de l'indigène un protecteur de la nature, contribue lui aussi à la construction d'une identité sociale déterminée de l'extérieur.

Si ces discours s'opposent dans leur contenu, en réalité, ils expriment la gouvernementalité. L'objet est caractérisé et classifié par différents systèmes de savoir et pratiques selon le temps et l'espace, mais les règles de création du discours restent constantes dans le temps et l'espace. Bien que les êtres humains, ainsi caractérisés, soient si divers qu'ils ne puissent constituer une seule catégorie, ils sont créés comme objet par un discours ancré dans la gouvernementalité. Se désignant souvent eux-mêmes comme « les humains », ces peuples doivent passer par un processus complexe d'adaptation à la société dominante pour se percevoir et s'auto-désigner comme « indigènes », laissant leur identité être structurée par les pratiques discursives de l'autre.

Selon la perspective de Bourdieu (2001), l'espace dans lequel se construit un discours donné peut être lu comme un champ social, le « champ discursif », lieu d'un jeu de pouvoir et défini comme la volonté d'influencer le comportement de l'autre ou de limiter ses possibilités actuelles ou futures d'action. Bien entendu, cet espace n'est pas uniforme, plusieurs discours sont en concurrence, liés à des positions distinctes des individus dans le champ qui dépendent à la fois de facteurs personnels et structurels : compétences discursives, *habitus* et positions symboliques, mais aussi marché de la production et de la réception des discours, ainsi que des institutions qui en fixent les règles. Les individus reçoivent des dotations initiales différentes. Ceux qui dominent le champ maîtrisent la langue socialement légitime : ils possèdent un vocabulaire technique précis, les compétences nécessaires à leur usage et ils sont capables d'imposer les critères favorisant leur propre produit linguistique sur le marché, ce qui suppose une éducation appropriée.

Il existe dans toute société une langue légitime, ou dominante, qui a plus de poids du fait des institutions, de la structure du marché. Ceux qui la maîtrisent sont avantagés, particulièrement dans des circonstances formelles. Les autres tendent à se censurer automatiquement car ils perçoivent le marché comme étant défavorable à leur « produit », perçu comme inférieur, et tentent d'adopter le langage des dominants pour obtenir la validation sociale. Ils acceptent ainsi le pouvoir de l'autre sur eux-mêmes et participent à le maintenir, ce que Bourdieu qualifie de « violence symbolique ».

Le discours est donc davantage qu'un système de communication, il est un véhicule du pouvoir. Son analyse implique de considérer la position sociale du locuteur, ainsi que le contexte institutionnel, les règles de production et de réception du discours. C'est par ces règles que le pouvoir s'exerce, et par le discours que savoir et pouvoir s'articulent. C'est ce champ discursif qui crée l'objet.

Le discours sur les indigènes d'Amérique du Sud a été produit, historiquement, par les acteurs coloniaux, missionnaires, conquistadores et administrateurs de la couronne, ensuite par une administration et une élite créoles, et aujourd'hui par les administrateurs modernes, les ONG et les organisations internationales de conservation ou des droits de l'Homme. Dérivé du latin *indigena* signifiant « né dans le pays », le terme indigène fait référence à l'antériorité de la présence d'individus sur un territoire donné. Le référent de cette notion est, en réalité, une construction sociale stigmatisant un « autre ». La reconstruction permanente de l'indigène par les discours socialement légitimés, se fait par l'intermédiaire d'un pouvoir symbolique, elle s'institue sans pour autant que les acteurs impliqués aient pleine conscience des enjeux : « Le pouvoir symbolique est en effet ce pouvoir invisible qui ne peut s'exercer qu'avec la complicité de ceux qui ne veulent pas savoir qu'ils le subissent ou même qu'ils l'exercent » (Bourdieu, 2001, p. 202).

Il ne s'agit pas de dire que les « indigènes » sont passifs face à ce discours. Certains d'entre eux ont appris à utiliser stratégiquement ces classifications et ont repris à leur compte le discours sur leur proximité à la nature, concluant des alliances avec des acteurs internationaux contre l'État sur le territoire duquel ils vivent. Et durant les années 1990, les transformations politiques en Amérique latine leur ont permis d'accéder à l'espace public et à la citoyenneté dans certain pays, tels que la Bolivie. Toutefois, malgré ces succès, ils ne maîtrisent toujours pas la production discursive dont ils sont l'objet et figurent toujours parmi les dominés. Ce n'est qu'en acceptant les règles du champ qu'ils peuvent en utiliser les interstices pour obtenir quelques gains.

Au sein des régimes globaux de la conservation et du développement, qui partagent les mêmes sources et mécanismes de financement, ce sont les fonctionnaires des organisations internationales, leurs consultants, ou ceux des grandes ONG qui maîtrisent les ressources, ce qui leur permet d'en fixer l'orthodoxie : idéologie, concepts à la mode et règles. La langue anglaise règne sur ces régimes, et leurs intermédiaires nationaux, qui mettent en place les programmes nationaux de conservation, sont des personnes qui parlent anglais et possèdent le jargon technique approprié.

Les indigènes des Basses-Terres participent donc à un jeu de pouvoir dont ils ne maîtrisent pas les règles, ni le processus de leur définition. Ils restent dominés par une société qui désormais inclut les acteurs internationaux. Si des espaces de participation à la gestion territoriale se sont ouverts, c'est à la condition qu'ils acceptent de jouer le rôle que les régimes leur attribuent, celui du « bon sauvage défenseur de la nature ». Leur marge de manœuvre est étroite. Ils s'appuient à leur tour sur des individus que l'ont peut qualifier de « passeurs culturels », éduqués et dotés de compétences techniques, qui servent d'intermédiaires entre les deux mondes. Ces intermédiaires sont capables d'obtenir des avantages pour leurs peuples mais aussi d'inciter ceux-ci à accepter les concessions demandées par les gouvernements ou les acteurs internationaux.

II. La citoyenneté

S'il est une image que l'on tente d'éviter à tout pris en parlant des indigènes amazoniens, c'est bien celle qui en fait des individus comme les autres. La projection des fantasmes occidentaux sur les indigènes ont contraint certains peuples à demeurer les « autres » de la société de consommation, du progrès technologique et pourquoi pas, de la modernité politique. Cette nécessité de conserver l'originalité d'un objet scientifique dont le changement fait craindre à certains anthropologues d'y laisser leur légitimité, les conduit à se garder d'utiliser certains concepts porteurs d'universalité, comme celui de citoyenneté.

Un survol rapide de textes d'anthropologic nous montre en effet que si ce monde est peuplé d'ethnies, ou de groupes ethniques, de cultures, voire même d'institutions, aucun citoyen ne semble y avoir élu domicile, aussi bien sur les terrains plus récemment investis par les anthropologues que sur les plus classiques (Neveu, 1997, p. 70).

Il est certain que le concept de citoyenneté sorti de son contexte de production ne signifie pas grand-chose, surtout lorsqu'on tente de le transposer vers une autre culture. Il nécessite d'être déconstruit et reconstruit avant de pouvoir irradier les objets sociaux de ses vertus explicatives.

Selon Aristote, être citoyen signifiait avant tout quiconque ayant la possibilité de participer pleinement au pouvoir délibératif ou judiciaire d'une cité. Dans cette conception la citoyenneté n'existe que lorsqu'un collectif organisé s'érige en démocratie et offre aux individus les instruments politiques d'une redéfinition des lois qui le constitue. Dans les faits, les citoyens de la cité athénienne étaient les spécialistes de la chose publique. Ils étaient ceux qui se consacraient exclusivement aux activités parlementaires et décisionnelles, alors que les femmes, les esclaves et les étrangers n'y étaient pas conviés (Held, 1990).

Depuis la Déclaration des droits de l'homme et du citoyen du 26 août 1789, les droits individuels reposent sur la liberté, politique, mais surtout, économique. Le libéralisme est inséparable du capitalisme, de l'économie de marché et de la propriété privée. « La propriété fait le citoyen » disait-on : elle est le moteur du progrès qu'elle engendre grâce à l'accumulation du capital. Mais en contraste au lien affirmé entre liberté et égalité, le libéralisme réel concerne surtout l'élite possédante. La condition de la majorité paysanne ou ouvrière reste précaire et son expression limitée. Cette tension permanente entre l'égalité formelle du « statut de citoyen » élargi à toute la population (masculine) et les inégalités concrètes propres au capitalisme, est à l'origine des droits sociaux élaborés entre les XIXe et XXe siècles. La citoyenneté se caractérise alors, selon la typologie classique, élaborée par Marshall, par l'extension progressive à la communauté nationale des droits et devoirs politiques, civils et sociaux. La dimension politique de la citoyenneté permet la participation à l'exercice du pouvoir par le vote. Sa dimension civile donne la liberté de s'exprimer et de détenir la propriété. Sa dimension sociale donne droit à un minimum de sécurité. En échange, le citoyen doit à la collectivité l'obéissance aux lois, l'obligation de servir le pays en cas de guerre et celle de payer l'impôt (Hufty et Cavalière, 2002).

En contraste avec l'approche des droits et des devoirs, peut-on attribuer au concept de citoyenneté une valeur heuristique, explicative ou analytique qui mettrait en perspective un fait social particulier, le fait citoyen ? En sociologie, lorsqu'on cherche à se positionner sur l'axe des diverses positions articulant l'individu à la société, on navigue généralement entre rationalité instrumentale et coercition sociale. On fait référence à l'acteur, à l'agent ou à une catégorie sociale selon le côté de la balance sur lequel on se positionne. Le citoyen, quant à lui, est éminemment politique. Il peut être acteur ou agent mais dans un domaine de spécialisation qui est le sien : l'actualisation du « contrat social » qui lie l'ensemble des autres concitoyens. On rejoindra C. Neveu (1997, p. 74) pour qui la citoyenneté « est une manière originale d'aménager et de faire évoluer la tension entre holisme et individualisme », ce qui rapproche la citoyenneté d'une dialectique classique des sciences sociales, la tension entre présocialisation et libre-arbitre.

Certains courants de pensée ont tenté de démontrer que le holisme était l'apanage des sociétés traditionnelles, tandis que l'individualisme était représentatif des sociétés modernes. L'individualisme serait caractéristique de la citoyenneté moderne puisqu'il implique l'idée de responsabilité individuelle, de propriété privée, de libre choix et de dépassement des liens primordiaux. Or, cette conception de la citoyenneté conduit à faire du citoyen un consommateur des initiatives publiques dans un modèle de parfaite division du travail.

Se pose la question de la nature et du rapport à la citoyenneté. La citoyenneté est-elle un ensemble de statuts, ou faut-il la considérer comme un ensemble de pratiques socialement légitimées ? Est-elle statique ou dynamique ? Qui est davantage citoyen entre celui qui se conforme à des normes existantes et celui qui tente de les modifier par l'action ? Ces questions nous paraissent déterminantes pour élaborer une conception analytique de la citoyenneté, puisqu'elles conduisent à analyser des choses différentes. La perspective bureaucratico-politique s'oppose à une perspective sociologique. La vision statutaire de la citoyenneté place la définition du citoyen dans la gouvernementalité. Elle conduit à considérer certaines catégories sociales comme des non-citoyens, sous prétexte qu'ils ne possèdent pas de carte d'identité, qu'ils ne votent pas, ou qu'ils ne sont pas intégrés culturellement à l'ensemble national dominant.

Contrairement à cette vision libérale, la citoyenneté pensée en termes de processus et non seulement de statut, rend compte des mécanismes d'actions collectives concernant la manière dont des agents sociaux prennent part à l'élaboration d'un espace public, produisent de nouvelles normes et les mettent en pratique. Les individus et les groupes sociaux ont la capacité de rationaliser leur situation et de dégager des stratégies dans le cadre d'une action citoyenne. Dans cette perspective dynamique et analytique, la citoyenneté peut être définie comme l'ensemble des comportements sociaux visant à maintenir ou à redéfinir les normes liant les individus aux collectifs politiques dans lesquels ils s'insèrent.

Les questions de représentation politique, d'identité ethnique, de territorialité (Brackelaire, 1992) et les mouvements sociaux, sont à notre sens les éléments clefs d'une étude de la citoyenneté indigène. En d'autres termes, il nous semble pertinent d'analyser les processus de reformulation des normes liant les individus à un collectif politique en se basant sur quatre dimensions analytiques : les dimensions territoriale, civile, identitaire et sociale.

A. La dimension territoriale

Comme le souligne très justement Neveu, la citoyenneté est toujours « quelque part », ce qui justifie l'intérêt d'étudier les phénomènes de citoyenneté en fonction du mode de construction d'un territoire, des représentations qui lui sont attachées et des conflits qu'il soulève. Le cas des populations indigènes justifie tout particulièrement cette dimension puisque, bien souvent, leur action politique est orientée en vue d'accéder à des ressources naturelles et à la terre. Dans cette perspective, étudier la citoyenneté c'est se demander « comment les citoyens construisent des systèmes de légitimation de l'accès aux ressources... » (Neveu, 1997, pp. 80-81) et comment ils parviennent à produire les normes qui leur sont associées. Le territoire, en tant que conception sociale du rapport à l'espace, est « une construction historique et politique et la vision de la citoyenneté est profondément empreinte non seulement des caractéristiques physiques du territoire, mais aussi des traces de l'histoire de sa constitution » (Lautier, 1995, p. 26).

B. La dimension civile

La dimension civile de la citoyenneté désigne directement les activités de production des normes concernant les statuts des individus et des groupes au sein de la sphère publique (Lautier, 1995). En d'autres termes, il s'agit des modes de légitimations sociales du politique dont la principale tension touche, sans doute, aux formes et aux principes de la représentation. Le contexte indigène impose la recherche d'un compromis entre les jusnaturalistes (Locke), c'est-à-dire, ceux qui prônent l'antériorité des droits individuels sur les droits collectifs et les partisans du contrat social (Rousseau) qui, au contraire, souhaitent une prédominance de la société sur les individus (Schnapper, 2000).

C. La dimension identitaire

La citoyenneté, considérée comme un mode d'appartenance à une communauté, peut être envisagée sur le plan des pratiques de renforcement ou de remise en question des identités : « La citoyenneté peut être vue comme un statut lié à l'appartenance à une communauté (souvent, mais pas exclusivement, un pays), communauté dont la définition implique de délimiter qui y appartient ou non » (Taylor et Wilson, 2004, p. 155, notre traduction)[2].

Sur ce plan, elle est un rapport à l'autre et à soi-même en rapport aux phénomènes d'intégration ou de rejet étroitement liés aux modalités d'accès à un espace public ou privé légitime. Impliquant l'identification à une culture, la citoyenneté intègre l'évolution de cette culture et les mécanismes mêmes de cette évolution.

D. La dimension sociale

Depuis quelques années, les mouvements sociaux sont considérés comme de « nouvelles formes de citoyenneté ». Le contexte tout particulier de développement des modes de participation politique en Europe depuis le XVIIIe siècle avec, le rôle majeur de la salarisation, rend pertinente la prise en compte des revendications salariale comme forme de citoyenneté. Pour Lautier (1995), la citoyenneté sociale désigne tout particulièrement celle qui vise une amélioration des conditions de vie. Même si la volonté d'accéder à l'eau potable, à un système sanitaire, à une école ou à un dispensaire n'a pas pour objectif direct de remettre en question la structuration du pouvoir, elle touche à un ensemble de droits et de devoirs qui correspond à la définition de l'« agencéité citoyenne » (*citizen agency*) (Taylor et Wilson, 2004).

Il est clair que si ces quatre dimensions désignent un aspect bien spécifique de la citoyenneté, elles coexistent au niveau de toutes les problématiques envisagées. Les luttes territoriales poursuivies par les populations indigènes sont à la fois l'occasion d'une remise en question de leurs structures politiques, et un moyen d'affirmer un mode de vie qui leur est propre, une identité culturelle ou une légitimité d'accès à des ressources spécifiques. Les dimensions territoriale, civile, identitaire et

---

[2] Citation originale : « Citizenship can be seen as the status of belonging or pertaining to a community (often, but not necessarily nor exclusively, a country), where part of the definition of that community involves drawing a boundary line between those inside and those outside ».

sociale de la citoyenneté forment une combinaison d'éléments substantiels qui, en rendant nécessaire l'explication de l'un par l'autre, contraignent à penser la citoyenneté dans une perspective dynamique.

III. Les champs de la citoyenneté en Amérique latine[3]

Dans l'espace social national, les droits (et devoirs) attachés au statut de citoyen, la possibilité de participer à l'espace public, la définition des normes relatives à cette participation et la définition même de la citoyenneté comme intrinsèque à toute personne habitant un territoire donné, peuvent être compris comme un enjeu des luttes entre les différents groupes sociaux visant à défendre leurs intérêts spécifiques (Bourdieu, 1994). Comme le dit Schnapper (2000, pp. 303-304), « l'histoire montre que la citoyenneté a été obtenue par les luttes sociales. Elle n'est pas donnée, elle n'est jamais acquise une fois pour toutes ». Chaque espace national constitue un champ politique dont la « structure est un état du rapport de force entre les agents ou les institutions engagées dans la lutte [... qui a pour] enjeu le monopole de la violence légitime » (Bourdieu, 1980, p. 114).

Les bouleversements politiques et économiques qu'a connu l'Amérique latine, tout en accentuant fortement les problèmes sociaux, ont aussi ouvert la possibilité à de nouvelles dynamiques politiques, en particulier du point de vue de la citoyenneté. Un des facteurs de cette transformation a été une ouverture sans précédent aux acteurs extérieurs, un autre a été le développement d'une nouvelle génération de mouvements sociaux.

L'État-providence, modèle des années 1950-1980, a été désarticulé ; l'Amérique du Sud a connu :

un abandon généralisé du *Welfare State*, un démantèlement des structures corporatives des États, des réductions drastiques des déficits budgétaires, une diminution sensible des instruments étatiques de régulation sociale, et donc la perte d'une partie significative du pouvoir d'intervention des États sur la société civile (Couffignal, 1993, p. 34).

Trois conséquences significatives sont à signaler : une augmentation spectaculaire des inégalités sociales et du chômage, la quasi-disparition du filet de sécurité social et l'affaiblissement sans précédent des institutions qui assuraient à la fois la médiation des demandes dans les systèmes politiques et la socialisation politique (les partis politiques et syndicats).

---

[3] Cette section doit beaucoup aux discussions avec Sandra Cavalière et à ses réflexions (Cavalière, 2003).

La dégradation de la situation sociale a incité les acteurs internationaux à intervenir directement, face à l'incapacité des États de faire face à la crise, par une série de mesures d'urgence. Sous le chapeau de la « lutte contre la pauvreté », la Banque mondiale et les acteurs liés au « régime international de l'aide au développement » (Wood, 1986), interviennent désormais activement dans la définition des politiques sociales des États endettés. Et les programmes financés par l'aide publique au développement influencent directement l'articulation du rapport de l'État aux citoyens, encourageant la « décentralisation », la « participation », spécialement des pauvres, des femmes et des minorités ethniques, sans oublier la « bonne gouvernance ».

Les réformes économiques et politiques ont créé un « effet d'appel », un terrain fertile à un « espace citoyen ». Dans un contexte où les problèmes sociaux liés à ces réformes ne peuvent être résolus ni par les États, affaiblis, ni par les institutions intermédiaires, elles aussi amoindries, ni par le marché, dont ce n'est pas la fonction, leur résolution passe par l'intervention d'acteurs distincts. Ce que l'on qualifie abusivement de « société civile » a donc été perçu comme une panacée et a suscité les encouragements de nombreux acteurs à la recherche de solutions « faciles ». Le régime de l'aide a par ailleurs provoqué un « effet de poussée », un appel et souvent un encouragement financier à la participation des organisations et réseaux citoyens à la gouvernance locale et nationale et à la lutte contre la pauvreté. La disponibilité de fonds en provenance de l'extérieur et l'encouragement à ce type d'activité a eu pour effet d'augmenter de manière conséquente le nombre des ONG. Un effet non anticipé a été de multiplier les mouvements de revendication à tendances particularistes, ethniques ou locaux, et pas toujours dans le sens voulu par les États et les organisations internationales de l'aide, si l'on considère l'exemple, en Bolivie, des mouvements *cocaleros* ou de la Guerre de l'eau à Cochabamba.

Cet effet d'appel s'est en particulier manifesté dans le domaine de la gestion environnementale. Il s'est conjugué avec les efforts des organisations internationales de conservation pour la mise en place de programmes nationaux, et plus spécifiquement de réseaux d'aires protégées. De nombreux acteurs ont su profiter de l'ouverture de cet espace, tissant des liens aux niveaux des régimes de l'aide et de la conservation, pour y promouvoir diverses revendications identitaires, foncières, de redistribution des rentes, etc.

Pour reprendre Foucault, on pourrait voir dans le mouvement des populations indigènes le croisement de deux types de luttes : « celles qui s'opposent aux formes de domination (ethniques, sociales, religieuses) [...] et celles qui combattent tout ce qui lie l'individu à lui même et assure ainsi sa soumission aux autres (luttes contre les diverses formes de subjectivité et de soumission » (Foucault, 1994, p. 303).

Le second type de lutte étant la réappropriation du savoir produit autour de leur identité et le retournement de l'« indianité » de stigmate en motif de fierté.

IV. Conservation et citoyenneté indigène en Bolivie

L'imposition du champ de la conservation dans les zones riches en biodiversité a eu une influence considérable sur les formes de citoyenneté. Le poids de l'aide au développement dans le budget des États du Sud et l'enchevêtrement entre le régime de l'aide et celui de la conservation rendent ces États tributaires de la conditionnalité. De nombreux gouvernements ont accepté de modifier leur appareil juridique par l'adoption de normes environnementales redéfinissant les modalités de participation des indigènes aux activités de gestion des ressources naturelles.

Parallèlement, les années 1980 en Bolivie correspondent à d'importantes mobilisations indigènes. Alors que les revendications *quechuas* ou *aymaras* étaient courantes depuis les années 1970, c'est au cours des années 1980 que sont apparues les organisations des peuples indigènes des Basses-Terres. La rencontre entre les représentants de deux groupes indigènes, *Ayoreos* et *Guaranis*, appuyée par des anthropologues, donne lieu à la création, en 1982, de la Centrale indigène de l'orient bolivien (CIDOB) qui jouera, par la suite, un rôle de coordination entre les différentes organisations indigènes. Cette organisation comporte plus de 70 délégations de différents peuples (*Chiquitano, Chiriguano, Tsimane, Guarayo, Ayoreo*, etc.) pour près de 250 000 membres. Leurs revendications débouchent, en 1989, sur les premiers acquis juridiques importants, comme la *Resolución Suprema* 205862 (R.S. del 17/2/1989) permettant la « reconnaissance, l'assignation et la gestion d'aires territoriales en faveur de groupes aborigènes et communautés originaires de l'Orient et de l'Amazonie bolivienne » (República De Bolivia, 1989 : Art. 3, notre traduction)

Par la suite, la « Marche pour le territoire et la dignité » permet la reconnaissance de quatre territoires indigènes dans le Beni, destinés aux peuples *Tsimane, Siriono, Mojeño, Movima* et *Yuracare* (DS 22609, 22610, 23611 du 24 septembre 1990). En effet, mécontents des pressions exercées par les agents économiques extérieurs, les indigènes organisent, en 1990, une marche sur 800 kilomètres, de l'Amazonie aux Andes. Si l'objectif immédiat est l'arrêt de la pénétration des compagnies forestières et des éleveurs de bétail sur les terres indigènes, l'objectif de fond est une reconnaissance politique et foncière. Cette marche est accueillie triomphalement par des organisations indigènes des hauts plateaux, qui descendent les rejoindre pour les accompagner jusqu'à La Paz. Ils entrent directement en négociation avec le président Paz Zamora (1989-1993), qui émet une série de décrets protégeant leurs terres et les invite à participer à la rédaction d'une loi sur les peuples indigènes. Les indigènes des Basses-Terres gagnent ainsi une reconnaissance symbolique et rejoignent les réseaux indigènes internationaux fondant leurs revendications sur le droit à la terre, les droits humains et la conservation des milieux naturels.

Face à la pression conjointe des organisations de conservation internationales et indigènes, le gouvernement bolivien ratifie, dans les années 1990, un ensemble de législations définissant les droits, les obligations et les compétences des différents acteurs impliqués dans la gestion des ressources naturelles, en particulier dans le secteur forestier[4]. L'une des principales innovations de ce « paquet » juridique consiste en la reconnaissance de droits politiques et territoriaux aux populations indigènes. Parmi ces réformes, la création, en 1996, de l'Institut national de la réforme agraire[5] permet l'immobilisation de plusieurs millions d'hectares de terres nationales en vue de leur titularisation, en tant que Terres communautaires d'origine (TCO) destinées aux peuples indigènes. La loi de participation populaire accorde, quant à elle, de nombreuses compétences aux gouvernements locaux (municipalités, organisations territoriales de base).

Deux concepts permettent d'éclairer les mécanismes de redéfinition de la citoyenneté indigène. Le premier est celui de « communauté épistémique » (Haas, 1992). Comme le démontre le travail de Steinberg (2001), la mise à l'agenda politique des réformes environnementales a été conduite par un réseau de chercheurs, d'hommes politiques et de praticiens du développement, nationaux et étrangers, dont la densité des liens a facilité considérablement les transactions. Le second est celui de « régime », qui fait référence à un complexe de normes sociales, de pratiques et de lois vers lesquelles convergent les comportements citoyens.

Le régime de la conservation tel qu'il s'applique en Bolivie s'articule avec la citoyenneté par la question territoriale. Les conditions de titularisation d'un territoire indigène sont, en effet, de puissants instruments de coercition sociopolitique conduisant les différents groupes socio-ethniques à se conformer à des critères préétablis de restructuration

---

[4]   Loi environnementale n° 1333 du 27 mars 1992 ; Loi de participation populaire n° 1551 du 20 avril 1994 ; Loi de décentralisation n° 1654 du 28 juillet 1995, Loi forestière n° 1700 du 12 juillet 1996.

[5]   Loi INRA n° 1715 du 18 octobre 1996.

politique et sociale. Depuis les réformes foncières de 1996, l'accès à un territoire indigène (TCO) en Bolivie est soumis à une véritable épopée administrative exigeant des acteurs impliqués de rendre formelle une identité ethnique et des caractéristiques socioculturelles longtemps restées l'apanage des travaux anthropologiques et des considérations subjectives des différents groupes locaux. Suivant le règlement de l'Institut national de réforme agraire (INRA), la première démarche nécessaire à l'obtention d'un territoire consiste en la rédaction d'un mémorial faisant état de l'histoire du peuple « indigène » ou « originaire » en question. Ce mémorial doit comporter les documents suivants : un certificat de personnalité juridique du peuple ; un acte d'élection et de possession des représentants accrédités ; une liste des communautés qui intègrent le TCO ; et un plan de référence avec l'identification des différentes communautés fait par un topographe accrédité selon les normes de l'INRA.

Le rôle des représentants locaux du régime de la conservation demeure, par conséquent, central lors de l'élaboration des documents permettant la formalisation des caractéristiques d'authentification ethnique des populations indigènes concernées. Les ONG ainsi que les agents des services techniques déconcentrés de l'État deviennent des intermédiaires incontournables face à la complexité des procédures d'accréditation de l'identité indigène. Ils contribuent dans les faits à l'actualisation des critères d'identification et de « transcodage » (Lascoumes, 1994) de ces critères dans le référentiel administratif de l'État bolivien, et parviennent, grâce à cela, à conserver un pouvoir important au niveau local.

Du côté des populations locales, les restructurations sociopolitiques sont inévitables. Dans un premier temps, leur identification à la catégorie sociale indigène devient de plus en plus naturelle et souhaitée. Elles se plient aux consignes en adoptant une personnalité juridique, en élisant des instances représentatives, en identifiant les ensembles sociaux constitutifs du « peuple indigène » concerné et en incorporant progressivement de nouvelles représentations de l'espace géographique donnant lieu à une nouvelle territorialité, géométrique (liée à la politique foncière de l'État et à la propriété foncière) plutôt que topocentrique (liée à la configuration du milieu et au sacré).

L'étude de terrain effectuée par Herrera *et al.* (2003) montre comment les nécessités d'accéder à la terre ont été des facteurs de redéfinition des catégories ethniques *tacana* et *ayoreo* propres aux populations des Basses-Terres boliviennes. La construction de nouveaux « marqueurs ethniques » (Barth, 1969) s'est effectuée conjointement à la redéfinition des rapports de pouvoir entre les acteurs impliqués dans le processus. Les appellations *tacana* et *ayoreo*, qui étaient passées par différents stades de références symboliques durant les périodes du missionnariat et de l'économie extractive, ont fini par devenir des enjeux de lutte identitaire lors du processus de titularisation foncière. Considérée auparavant comme un attribut péjoratif, la modification des opportunités politiques en ont fait des objectifs identitaires convoités donnant lieu à des luttes de pouvoir entre groupes ethniques et entre les catégories sociales internes à ceux-ci. Les dimensions territoriales, civiques, identitaires et sociales s'enchevêtrent de manière à ce que les actions citoyennes, visant la redéfinition des normes au sein de l'une d'elles, remettent automatiquement en question les autres dimensions.

Comme nous l'avons vu plus haut, la citoyenneté est un enjeu partagé par plusieurs agents en compétition. Les différentes formes de citoyenneté considérées comme la capacité d'influencer les normes régulant la relation entre les individus et le collectif politique dans lequel ils s'insèrent, trouvent leur légitimité dans d'autres champs sociaux qui peuvent paraître relativement antagoniques. Il est pour cela intéressant de constater comment, dans les Basses-Terres boliviennes, ces champs sociaux se rencontrent, s'enchevêtrent et se repoussent, multipliant les modalités de participation des populations indigènes à la définition des normes régulant leur accès aux ressources naturelles.

Références

BARTH, F. (1969), *Ethnic Groups and Boundaries*, Boston, Little, Brown and Company.

BOURDIEU, P. (1980), *Questions de sociologie*, Paris, Les Éditions de Minuit.

BOURDIEU, P. (1994), *Raisons pratiques : Sur la théorie de l'action*, Paris, Seuil.

BOURDIEU, P. (2001), *Langage et pouvoir symbolique*, Paris, Seuil.

BRACKELAIRE, V. (1992), « La problématique des terres indiennes d'Amazonie », *Problèmes d'Amérique latine*, n° 7, pp. 99-122.

CAVALIÈRE, S. (2003), « Les champs de la citoyenneté en Amérique latine : Ébauche d'une réflexion », Mémoire de Diplôme d'études approfondies en études du développement, IUED, Genève.

COUFFIGNAL, G. (1993), « Démocratisation et transformation des États latino-américains », in Marques-Pereira B. (dir.), *L'Amérique latine : vers la démocratie ?*, Bruxelles, Éditions Complexe, pp. 33-48.

FOUCAULT, M. (1971), *L'ordre du discours*, Paris, Gallimard.

FOUCAULT, M. (1994), *Dits et Écrits. 1954-1988*, Paris, Gallimard.

HAAS, P.H. (1992), « Epistemic Communities and International Policy Coordination », *International Organization*, vol. 46, n° 1, pp. 1-35.

HELD, D. (1990), *Models of Democracy*, Londres, Polity Press.

HERRERA, E., CÁRDENAS, C. et TERCEROS, E. (2003), « Indentidades y Territorios Indígenas. Estragegias identitarias de los tacana y ayoreo frente a la ley INRA », La Paz, Programa de Investigación Estratégica en Bolivia.

HUFTY, M. (2001), « La gouvernance internationale de la biodiversité », *Études internationales*, vol. 32, n° 1, pp. 5-29.

HUFTY, M. et CAVALIERE, S. (2002), « Les nouvelles formes de régulation et la citoyenneté », *Revue Économique et Sociale : Bulletin de la Société d'études économiques et sociales*, vol. 60, n° 3, pp. 207-211.

LACLAU, E. (2000), *La guerre des identités, Grammaire de l'émancipation*, Paris, La Découverte/MAUSS.

LASCOUMES, P. (1994), *L'Éco-pouvoir : environnements et politiques*, Paris, La Découverte.

LAUTIER, B. (1995), « Citoyenneté et politique d'ajustement. Quelques réflexions théoriques suscités par l'Amérique latine », in Marques Pereira J. (dir.), *La citoyenneté sociale en Amérique latine*, Paris, L'Harmattan, pp. 23-52.

LAVAUD, J.P. (1998), « La Bolivie de la réforme », *Problèmes d'Amérique latine*, vol. 28, pp. 3-18.

MARSHALL, T. (1973), *Class, Citizenship and Social Development*, Westport, Greenwood (édition originale de 1950).

NEVEU, C. (1997), « L'anthropologie de la citoyenneté », in Abélès M. et H.P. Jeudy (dir.), *Anthropologie du politique*, Paris, Armand Colin, pp. 69-90.

POLANYI, K. (1983), *La grande transformation : Aux origines politiques et économiques de notre temps*, Paris, Gallimard (édition originale de 1944).

REPÚBLICA DE BOLIVIA, Consejo De Ministros, Resolución Suprema 205862 del 17 de febrero de 1989.

SCHNAPPER, D. (2000), *Qu'est-ce que la citoyenneté ?*, Paris, Gallimard.

STEINBERG, P. (2001), *Environmental Leadership in Developing Countries. Transnational Relations and Biodiversity Policy in Costa Rica and Bolivia*, Cambridge, The Massachusetts Institute of Technology.

TAYLOR, L. et WILSON, F. (2004), « The Messiness of Everyday Life: Exploring Key Themes in Latin American Citizenship Studies », *Bulletin of Latin American Research*, vol. 23, n° 2, pp. 154-164.

WOOD, R.E. (1986), *From Marshall Plan to Debt Crisis: Foreign Aid and Development Choices in the World Economy*, Berkeley, UC Press.

Le service universel dans les pays en développement

Aspects critiques de la participation du secteur privé à la gestion de la ressource en eau

Luisa Sciandra

Institut d'études et d'analyses économiques, Rome, Italie

Les services d'utilité publique (eau, gaz, électricité, etc.) ont toujours été fournis par de grands monopoles, dont la propriété était en général publique. Le développement technologique, les pressions exercées par les organisations internationales, les innovations sur le plan de la régulation ont amené de nombreux pays à amorcer la privatisation des entreprises publiques et à introduire des formes de concurrence dans les services d'utilité publique. Ces réformes, qui contribuent à rendre la gestion des entreprises de service public plus efficace, risquent cependant d'aller à l'encontre d'un objectif social important : garantir un « service universel »[1]. Dans les pays en développement (PED), cette question est considérée non seulement comme faisant partie de la réforme de la régulation, mais aussi, de manière plus générale, comme une des conditions nécessaires d'une stratégie de développement équitable et, notamment, comme un moyen de redistribution entre riches et pauvres, entre zones développées et non développées. La littérature économique en la matière est encore limitée (Chisari et Estache, 1999 ; Laffont et N'Gbo, 2000 ; Clarke et Wallsten 2002 ; Estache *et al.*, 2004 ; Estache, 2004)[2], mais elle se développe rapidement et elle est centrée sur

---

[1] En général, lorsqu'on parle de service universel, on entend un service dont l'accès est assuré à tous à des prix abordables. Pour une analyse économique de la notion de service universel, consulter Cremer *et al.* (2001).

[2] Estache *et al.* (2004) ont cherché à comprendre les fondements théoriques du service universel d'un point de vue normatif en se servant de la théorie des incitations. Ils analysent l'impact de « l'asymétrie de l'information » et de la menace d'une « capture » du régulateur sur les obligations de service universel dont une entreprise privée fournissant un service public dans un pays en développement doit s'acquitter. Pour

des questions qui sont débattues sur le plan aussi bien pratique que théorique :
- la promotion du développement de l'infrastructure (surtout dans les zones rurales),
- l'élaboration d'une stratégie de prix permettant l'accès universel aux services publics.

L'objectif de cette contribution est d'examiner – bien que l'analyse soit limitée et circonscrite – quelques aspects problématiques liés à la participation du secteur privé dans les PED, notamment en ce qui concerne les effets sur l'accès à l'eau et sur la garantie du service universel. Notre contribution se décline en deux parties : la première explique comment la situation critique concernant l'eau a conduit les organismes internationaux à affronter le problème de manière coordonnée et globale. Elle décrit, en particulier, les politiques d'intervention mises en œuvre par les organismes internationaux et la manière dont celles-ci sont liées aux stratégies (commerciales) des multinationales de l'eau. Dans la deuxième partie, on cherche à vérifier, sur la base d'expériences de privatisation de la gestion des services hydriques, l'impact de la participation du secteur privé sur l'accès à l'eau et sur la garantie du service universel.

I. La « mondialisation » du problème de l'eau

A. L'eau comme bien public ou business privé ?

Aujourd'hui environ 1,3 milliard de personnes ne disposent pas d'eau potable et, sans interventions ciblées, en 2025/2035, lorsque la population mondiale dépassera huit milliards, plus de la moitié résidera dans des zones qui connaîtront des problèmes hydriques (Banque mondiale, 2002a ; PNUE,2002; OMS, 2003).

Au milieu des années 1990, étant donnée la gravité du problème de l'eau dans les PED, les organismes internationaux ont commencé à élaborer et à organiser des réponses et des stratégies d'intervention « globales » et coordonnées. Un rôle prioritaire est attribué à l'accès à l'eau dans le but de favoriser le développement : l'étendue et les temps de cet accès sont explicitement indiqués dans les Objectifs de développement du Millénaire[3]. La Banque mondiale (2002b) estime en outre que, de 2000 à 2005, 380 milliards de dollars d'investissements (soit 25 milliards de dollars par an) seront nécessaires pour atteindre ces

---

une analyse de la littérature théorique sur le sujet, consulter, entre autres, Sciandra (2005).

[3] Voir le site : http://www. developmentgoals.org/Environment.htm.

objectifs, soit le double des dépenses actuelles de ce secteur à l'échelle mondiale. Le *Water Resources Management Policy Paper* publié en 1993 par la Banque mondiale (Banque mondiale, 1993) illustre la stratégie de cette institution et les principes adoptés pour faire face à la crise de l'eau dans les PED. Dans ce document, l'expression « gestion des ressources en eau » se réfère aussi bien au contexte institutionnel (juridique, réglementaire et organisationnel) qu'aux instruments de gestion proprement dits (financiers ou non), au développement, à l'entretien et à l'utilisation des infrastructures. Cette approche reflète la position qui s'est dégagée au cours de la conférence des Nations unies de 1992, indiquant les principes fondamentaux, dénommés « Principes de Dublin », sur lesquels doit être basée la gestion des ressources en eau : un principe écologique, qui définit le contexte fleuve-bassin comme l'unité d'analyse et de référence de l'impact sur l'environnement ; un principe institutionnel, qui prévoit la participation de toutes les parties prenantes (secteur public, secteur privé et société civile) à la gestion de cette ressource suivant un critère de subsidiarité ; enfin, un principe instrumental qui qualifie l'eau de bien économique[4], c'est-à-dire une ressource insuffisante dont l'attribution exige le recours à des instruments et à des incitations économiques[5]. Ce dernier aspect est d'une grande importance car c'est lui qui inspire, sur le plan pratique, les stratégies d'intervention dans le secteur concerné sollicitées par les organisations internationales, à savoir :

– une forte impulsion de l'intervention et de la participation du secteur privé ;

– la privatisation de la gestion des services hydriques suivant le modèle du partenariat public-privé ;

– la libéralisation des services hydriques dans le cadre des négociations OMC (Organisation mondiale du commerce) / AGCS (Accord général sur le commerce des services) et sur la base du principe de la conditionnalité imposé par la Banque mondiale et par le Fonds monétaire international (FMI)[6].

---

[4] « L'eau, utilisée à de multiples fins, a une valeur économique et devrait donc être reconnue comme bien économique » (Conférence internationale sur l'eau et l'environnement, 1992, principe n° 4).

[5] Il manque, dans cette approche, la notion de l'eau comme droit inaliénable de l'individu, notion qui caractérise la position non seulement des organisations non gouvernementales, mais aussi de l'Organisation mondiale de la santé (OMS, 2003). Consulter à ce sujet Petrella (2003).

[6] Principe selon lequel un pays peut obtenir des prêts à condition de libéraliser, déréglementer et privatiser le secteur pour lequel il a obtenu les crédits.

Dans le document *Stratégie de développement du secteur privé* (Banque mondiale, 2002b), la Banque mondiale a récemment réaffirmé le rôle crucial du secteur privé dans la fourniture des services de base et le développement des infrastructures. À cela s'ajoutent les positions du Panel Camdessus[7] et de l'initiative sur l'eau de l'Union européenne[8] lancée en 2002 à Johannesburg, qui attribuent un rôle fondamental aux fonds privés dans le financement des réseaux de distribution de l'eau des PED.

Toutefois, au-delà de l'impulsion donnée à la privatisation et à la libéralisation de la gestion des ressources en eau, le « marché global » de l'eau est caractérisé par une organisation et une structure de la propriété qui risquent de compromettre l'accès universel à cette ressource[9]. Le « marché » mondial de l'eau est en fait un oligopole dominé par quelques grandes multinationales, dont deux (Vivendi et Suez) contrôlent environ 70 % de l'offre privée mondiale. La stratégie d'intervention et de repositionnement stratégique de ces sociétés – qui comprend des opérations de *joint venture* ou d'acquisition et de fusion (voir *infra*, tableau 1), et la création de fortes barrières à l'accès de nouveaux entrants grâce à la durée très longue des concessions[10] – affectent de manière dramatique la compétitivité du marché. Par conséquent, les risques de cette approche globale du problème de l'eau sont liés au fait que cette dernière est considérée comme un bien purement économique (et comme un *business* privé) soumis, en tant que tel, aux stratégies de marché (et de profit) des multinationales de l'eau.

---

[7] Le Partenariat global sur l'eau (*Global Water Partnership*, GWP) et le Conseil mondial de l'eau, deux organismes internationaux où sont représentées les positions des institutions financières multilatérales et des multinationales de l'eau, ont créé un panel international sur le financement de l'eau présidé par l'ancien directeur du FMI, Michel Camdessus, dont les positions ont été communiquées au 3ᵉ Forum mondial de l'eau de Tokyo en mars 2003 (Camdessus, 2003).

[8] Il existe, à ce sujet, de nombreuses initiatives de l'Union européenne qui visent à promouvoir la participation du secteur privé à la gestion des ressources en eau, dont le document *Guide to a Successful Public-Private Partnership* publié en 2003. Ce document est disponible sur le site : http://europa.eu.int/comm/research/water-initiative/index_en.html.

[9] Voir, par exemple, le travail de l'Observatoire européen des entreprises (CEO) : http://www.corporateeurope.org/water/infobriefs.htm.

[10] À Guayaquil, en Équateur, une compagnie privée a un contrat de concession de 75 ans ; à Mendoza, en Argentine, le contrat a une durée de 95 ans et à Santiago, au Chili, la concession a une durée illimitée.

Tableau 1 : Opérations de *joint venture* des multinationales de l'eau

Ville	Type d'accord	Sociétés concernées
Paris	Géographique	Suez, Vivendi
Marseille	*Joint venture*	Suez, Vivendi
Berlin	*Joint venture*	Vivendi, RWE (Rheinisch Westfälische Elektrizitätswerke)
Milan	*Joint venture*/géographique	Suez, Vivendi
Budapest	Secteur/*joint venture*	Suez, RWE
Prague	*Joint venture*	Vivendi, Anglian, Saur
Manille	Géographique	Suez, IWL (International Water Limited)
Jakarta	Géographique	Suez, RWE
Adélaïde	*Joint venture*	Vivendi, RWE
Buenos Aires	*Joint venture*	Suez, Vivendi, Anglian
Rio de Janeiro	*Joint venture*	Suez, Vivendi

Source : Hall (2002)

B. La participation du secteur privé à la gestion des services hydriques

Le terme de « privatisation » se réfère à une vaste gamme de relations contractuelles entre le secteur public et les particuliers pour la fourniture des services publics. Elles vont de la « privatisation substantielle » – qui prévoit le transfert total (physique) de l'actif du secteur public au secteur privé – au simple contrat de service. Dans les différentes formes de privatisation, la mesure dans laquelle l'actif, les responsabilités et les fonctions sont transférés, varie donc sensiblement et il en est de même pour les régimes de régulation associés (Komives, 1999).

La participation du secteur privé à la fourniture et aux investissements dans les services urbains d'eau et d'assainissement a intéressé les PED, notamment l'Asie du Sud-Est et l'Amérique latine, à partir des années 1980 ; elle s'est ensuite considérablement étendue dans les années 1990, en arrivant également en Afrique du Nord et au Moyen-Orient (voir tableau 2). Les raisons pour lesquelles le processus de privatisation a démarré peuvent se résumer à deux types de facteurs, internes et externes (Johnston et Wood, 1999). Les premiers sont liés principalement à l'urbanisation croissante et aux difficultés financières auxquelles les gouvernements locaux se sont heurtés, dans les années 1980, pour assurer la fourniture des services urbains. Les facteurs externes, en revanche, sont liés aux pressions que les organismes internationaux ont exercé pour réduire les dépenses publiques, un des objectifs des politiques d'ajustement structurel imposés par ces organismes. À cela s'ajoute le renforcement de l'idée que le secteur privé – qui suit les règles du marché – est à même de garantir une meilleure efficacité et une meilleure qualité des services (Johnston et Wood, 1999 ; Calaguas, 1999).

Tableau 2 : Investissements avec participation du secteur privé dans les plans des services d'eau et d'assainissement

Pays	1990-1994 (millions de $)	1995-2000 (millions de $)
Argentine	4 075	4 173
Brésil	3	2 891
Chili	128	3 720
République tchèque	16	37
Indonésie	4	883
Malaisie	3 977	1 116
Mali	0	697
Mexique	295	277
Philippines	non disponible	5 820
Roumanie	non disponible	1 025
Afrique du Sud	non disponible	209

Source : Banque mondiale (2002b)

Cependant, dans les PED, la participation du secteur privé au financement des investissements dans le secteur de l'eau demeure limitée par rapport à celle du secteur public. En particulier, on estime que le secteur public fournit environ 69 % des fonds (Hall, 2003). Pour atteindre les objectifs du Millénaire pour le développement d'ici 2015, le nombre des personnes ayant accès à l'eau potable devrait augmenter d'environ 1,5 milliard, et le nombre de celles disposant de systèmes d'assainissement appropriés, d'environ deux milliards. Sachant qu'actuellement 5 % seulement de la population mondiale (soit 300 millions d'individus) reçoit l'eau par l'intermédiaire d'un gestionnaire privé (PNUD, 2003), on comprend que le marché ne peut être à lui seul le moteur du développement[11].

II. L'évaluation de la participation du secteur privé

A. La définition de l'accès à l'eau et l'insuffisance des données officielles

L'Organisation mondiale de la santé définit comme dotation minimale en eau pour vivre (« accès de base ») une disponibilité de vingt litres par personne et par jour, fournie par une source située à moins

---

[11] La difficulté d'attirer des investisseurs dans ce secteur est liée, en partie, à un manque de compétition au niveau de l'offre : les sociétés multinationales – Suez, Vivendi, Saur et RWE/Thames – sont dans une situation d'oligopole, ce qui, *de facto*, empêche toute concurrence sur le marché.

d'un kilomètre du lieu d'utilisation. C'est sur cette définition que sont basées les statistiques sur l'accès à l'eau élaborées par le PNUD, d'après lesquelles, en 2003, 80 pays – soit plus de 40 % de la population mondiale – ont accès à des ressources en eau inadéquates d'un point de vue hygiénique et sanitaire.

On voit bien que, dans les statistiques du PNUD, la définition de l'accès à l'eau est basée sur la notion de « pénurie », autrement dit sur la disponibilité quantitative de la ressource (carence ou abondance dans certaines zones) et sur les infrastructures existantes qui assurent la présence sur place de la ressource en question. Par contre, la notion d'accès en tant que capacité de payer le service fourni n'est pas prise en compte alors que, dans les régions particulièrement pauvres, elle peut représenter une véritable barrière à l'approvisionnement en eau. Cet aspect est d'une grande importance lorsqu'il s'agit d'évaluer l'impact de la participation du secteur privé sur la population car les redevances pour l'accès à l'eau et les tarifs de l'eau sont la principale source de revenus pour un opérateur privé. Ne pas prendre en compte cet aspect signifie altérer l'ampleur d'un phénomène (l'absence d'accès à l'eau) qui, autrement, s'avèrerait beaucoup plus grave. On comprend donc que cette lacune, à laquelle s'ajoutent des données fragmentées et non homogènes, complique et conditionne l'évaluation de l'effet de la participation du secteur privé sur l'accès à l'eau : cependant, avec toutes les précautions d'usage et sur la base de travaux importants sur le plan empirique, un certain nombre d'évaluations peuvent être faites.

B. Les effets sur les infrastructures existantes et sur le prix du service

La principale difficulté est l'absence de données officielles. Les organisations internationales fournissent des données regroupées par pays (voir tableau 3). Il n'existe pas d'informations homogènes et détaillées sur le nombre d'individus n'étant pas raccordé au réseau et sur les sources d'approvisionnement alternatives aux sources habituelles qui permettraient d'évaluer de manière précise l'impact de la privatisation sur l'accès à l'eau, de faire des comparaisons et d'établir les effets possibles sur les couches sociales les plus pauvres.

**Tableau 3 : Accès à l'eau par grandes régions géographique
(% de la population ayant accès à tout moment
à des points d'eau aménagés, 2000)**

	Moyenne	Valeur maximum	Valeur minimum
Moyen-Orient et Afrique du Nord	80	100 (Liban)	39 (Oman)
Asie de l'Est	71,1	100 (Singapour)	30 (Cambodge)
Asie du Sud	86,2	100 (Maldives)	62 (Bhoutan)
Afrique subsaharienne	61,8	99 (Île Maurice)	24 (Éthiopie)
Amérique latine et Caraïbes	88,3	100 (Bahamas)	46 (Haïti)
OCDE	100	100 (OCDE)	100 (OCDE)

Source : Données PNUD (2003) adaptées par ISAE (2003)

L'effet sur l'accès à l'eau d'un projet de Participation du secteur privé (PSP) peut être analysé sous un double aspect : celui de l'extension et de l'élargissement éventuels du réseau de distribution et celui du prix du service fourni.

La littérature semble indiquer que la réalisation d'un projet de PSP peut contribuer à développer la capacité productive et la dotation en infrastructures et, dans certains cas, à améliorer la qualité du service fourni ; mais elle peut aussi contribuer, dans d'autres, à entraver l'accès à l'eau des couches sociales les plus pauvres, qui continuent à utiliser les citernes, les puits ou d'autres sources informelles pour s'approvisionner en eau. Les données fournies par une étude menée dans six villes, avant et après la privatisation du secteur hydrique (Shirley et Ménard, 2002), témoignent d'une augmentation évidente de l'accès à l'eau à la suite de la participation du secteur privé. Cependant, dans cette étude, la meilleure couverture du service fourni correspond à une extension du réseau ou à l'augmentation du volume d'eau distribué (en effet, une extension du réseau avec des robinets utilisés par plusieurs personnes n'est pas significative). Ces données ne prennent évidemment en compte ni le nombre des nouvelles connexions, ni l'accessibilité du service. Par ailleurs, les autorités disposent d'informations très limitées concernant le nombre et les zones où il n'existe pas de raccordements au réseau, ce qui ne permet pas de rédiger des contrats contenant des mandats d'extension du service suffisamment détaillés (Komives, 1999)[12].

---

[12] Le contrat de concession de La Paz-El Alto prévoyait un mandat d'extension du raccordement aux services de distribution et d'assainissement de l'eau (installation de

Les contrats de concession contiennent parfois des clauses qui prévoient un « mandat d'extension » du service à la population qui n'est pas raccordée au réseau. Par exemple, le contrat de concession de La Paz-El Alto en Bolivie, de même que celui de Manille aux Philippines, prévoyait explicitement qu'un mandat d'extension serait inclus dans l'appel d'offres (Rosenthal, 2001).

Mais de nombreuses difficultés surgissent quand il s'agit d'évaluer l'effet sur l'accès à l'eau. Bien que certains contrats prévoient explicitement que la société concessionnaire a des obligations d'extension du service (en développant les infrastructures), le fait de ne pas prendre en compte la notion d'accès comme capacité de payer le service (tarifs et redevances pour l'accès à l'eau) rend les évaluations fragmentaires[13]. Cependant, ce type de mandat est souvent « étalé » sur toute la durée du contrat, généralement plus de vingt ans. Les couches sociales les plus pauvres sont, par conséquent, celles qui risquent d'en bénéficier en dernier, voire même jamais. La présence de cette clause ne garantit pas forcément son application.

En effet, dans les PED, les contrats pour la gestion des services publics sont souvent renégociés dans les dix premières années, en faveur généralement de la société privée. Une étude menée par Guasch *et al.* (2003) sur les concessions des services de transport urbaine et de distribution de l'eau en Amérique latine de 1989 à 2000, indique que sur 307 contrats analysés, 162 ont été renégociés durant cette période (avec modification des clauses tarifaires et du mandat d'extension) (voir *infra*, tableau 4).

---

71 752 nouveaux raccordements avant la fin de l'année 2001 et couverture à 100 %). Dans les cinq premières années du contrat, la société concessionnaire a réalisé la plupart des raccordements en remplaçant le réseau de distribution existant, au lieu d'étendre ce dernier aux zones dépourvues d'infrastructures (Komives, 1999).

[13] En 1993, la concession de trente ans pour la fourniture des services hydriques et d'épuration des eaux à la ville de Buenos Aires fut attribuée au Consortium d'Aguas Argentinas – formé par Suez, Vivendi, Aguas de Barcelona (contrôlée par Suez) et Anglian Water – qui a remporté le marché en proposant la réduction de tarifs la plus forte (26,9 %). Cette concession est une des plus importantes licences individuelles du monde : elle couvre l'aire métropolitaine de Buenos Aires et dix-sept districts environnants, soit près de dix millions d'habitants au total.

Tableau 4 : La renégociation des contrats de concession des services de distribution et de transport de l'eau en Amérique latine

	Argentine	Chili	Brésil	Colombie	Mexique	Total
1989	0	-	-	-	0	0
1990	12	-	-	-	1	13
1991	2	-	-	-	1	3
1992	1	-	0	0	8	9
1993	0	0	0	0	12	12
1994	0	0	0	0	14	14
1995	1	0	0	1	21	23
1996	3	0	0	1	11	15
1997	11	1	0	0	3	15
1998	3	5	1	0	2	11
1999	0	24	0	3	0	27
2000	0	6	0	14	0	20
Total	33	36	1	19	73	162

Source : Guach *et al.* (2003)

Dans le contrat de concession de Buenos Aires, les renégociations répétées ont permis à la société, dès les cinq premières années d'activité, de réduire sensiblement les objectifs initialement prévus (Azpiatzu et Forcinito, 2002). À cause des révisions continuelles des termes du contrat, les résultats obtenus par le gestionnaire n'ont pas été particulièrement satisfaisants pour les usagers : les objectifs de l'extension ont alors été progressivement réduits[14]. Selon les estimations fournies par le comité des usagers pour les cinq premières années, les services de distribution et les services d'assainissement n'ont concerné respectivement que 63 % et 88 % de la population prévue dans l'offre initiale. Par ailleurs, l'augmentation des tarifs autorisés par les autorités gouvernementales a entraîné une hausse de 88,2 % de ces derniers de mai 1993 à janvier 2002. Par conséquent, la réduction initiale de 26 %, qui a permis à la société d'obtenir la licence, a été ensuite plus que compensée par cette augmentation que, par ailleurs, le cours des prix à la consommation de la même période ne justifiait nullement. Parallèlement, les renégociations ultérieures de la concession ont contribué à accroître les profits : Aguas Argentinas, en particulier, a enregistré pour toute la période un taux de profit sur les revenus nets de plus de 19 %. Le contrat initial prévoyait pourtant que le taux de rendement ne serait pas modifié durant les dix premières années, sauf pour des raisons particulières.

---

[14] Pour une analyse approfondie de la concession des services hydriques de la ville de Buenos Aires, voir Schneier-Madanes (2005) ; Azpiazu et Forcinito (2002), Abdala *et al.* (2000), Abdala (1996).

Il en est de même de l'expérience de Manille ouest, où la société concessionnaire (Manyla-Onedo) a obtenu une révision du contrat autorisant des augmentations des prix du service[15]. Grâce à cette révision, la société a également pu limiter les objectifs d'extension du service établis au départ : ils ont été encore différés de 3 à 5 ans, ce qui a considérablement modifié les paramètres de la soumission initiale (Montemayor, 2003 ; Dumol, 2000). D'où une hausse de 500 % des tarifs de l'eau de 1997 à 2001 et un nombre de nouveaux raccordements, malgré son augmentation, inférieur au nombre prévu au départ.

À cela s'ajoute le poids des compagnies privées et, parallèlement, la faiblesse des cadres institutionnels dans lesquels elles opèrent, dont l'impact est important même sous d'autres aspects. En particulier, il semblerait que le choix du type de contrat est souvent lié à la situation générale du pays plus qu'à la volonté d'assurer le service à ceux qui en ont besoin. En Guinée-Conakry[16], par exemple, le choix d'un contrat d'affermage, aux termes duquel un particulier n'est pas obligé d'apporter des investissements (Clarke et Ménard, 2002 ; Clarke *et al.*, 2002), est en contradiction avec le fait que le pays dispose de l'un des réseaux de distribution de l'eau les moins développés d'Afrique occidentale. De même, à Trinité-et-Tobago, le contrat de gestion choisi est un contrat à durée limitée, bien que le pays manque d'infrastructures de distribution et d'assainissement de l'eau (Brook, 1999). Il en est de même au Burkina Faso, où la gestion de la distribution de l'eau a été confiée à une société privée avec un contrat de service de cinq ans. Il apparaît donc que, dans les PED considérés comme étant particulièrement à risque, les gouvernements locaux tendent à offrir des contrats où la participation du secteur privé est moins importante (essentiellement des contrats de gestion ou de service), sans aucune obligation d'étendre le réseau.

C. Le financement du service universel

Dans la plupart des contrats de PSP, les tarifs et les redevances sont la principale source de profit pour la société qui fournit le service. Un projet de PSP n'est pas attractif pour les investisseurs privés si les tarifs ne sont pas fixés de manière réaliste. S'ils sont trop bas, la qualité du

---

[15] Justifiée, formellement, par l'exigence de recouvrer les pertes dues aux taux de change à la suite de la crise financière de 1997, qui a entraîné une dépréciation de 100 % de la devise nationale par rapport au $.

[16] En 1989, le gouvernement de la Guinée décida de confier à un gestionnaire privé la fourniture des services hydriques en optant pour un contrat d'affermage, d'une durée de dix ans, qui ne prévoyait pas la participation de la société à la construction des infrastructures, dont la responsabilité et la propriété restaient aux mains des autorités locales.

service pourrait s'en ressentir ; si, par contre, ils sont trop élevés, ils risquent de réduire l'accès à l'eau des couches sociales les plus pauvres.

Le barème tarifaire choisi influe sur le rendement de la société essentiellement à trois niveaux : en établissant dans quelle mesure les coûts de la concession peuvent être recouvrés, en influant sur l'incitation marginale qu'entraîne la fourniture du service à un type d'usager plutôt qu'à un autre et en influençant la demande du service fourni. Par ailleurs, si le barème n'est pas structuré de manière à assurer un rendement au moins égal à un certain seuil, il peut arriver, dans le cas d'un appel d'offres pour l'attribution de la concession, qu'il n'y ait pas de soumissionnaires ou que la société demande de renégocier le contrat en cours de route.

Le prix du service et les redevances indiquent ainsi à quel usager il convient de fournir le service et sont donc une incitation à étendre ce dernier. Par conséquent, la société privée pourrait être amenée à favoriser les zones où le coût des dépenses en capital est plus limité ou, du moins, recouvrable dans de brefs délais et où les tarifs permettent de couvrir les frais d'exploitation (Johnston et Wood, 1999). Par ailleurs, le risque que les ménages les plus pauvres ne paient pas le service dissuade souvent les sociétés privées d'étendre la fourniture aux zones où ils résident. Ils sont en effet considérés comme des usagers à risque, en raison de leurs disponibilités financières incertaines et irrégulières, et ils habitent en général dans des zones particulièrement difficiles. Il faut ajouter à cela que les opérateurs réguliers ne disposent pas d'informations adéquates sur les caractéristiques potentielles des clients, sur la demande et sur la disponibilité à payer, et que le coût de ces informations est très élevé.

Dans la partie sud du monde, les populations, qui n'ont pas accès normalement aux ressources hydriques, ont recours à des sources alternatives qui sont, le plus souvent, peu sûres et insuffisantes (OMS, 2003). Néanmoins, dans certains cas, même les couches sociales les plus pauvres sont disposées à payer des prix plus élevés que ceux pratiqués par le gestionnaire public en échange d'une meilleure qualité du service (voir *infra*, tableau 5)[17].

En effet, dans les zones plus périphériques, la fourniture d'eau est souvent discontinue ; par conséquent, même les ménages raccordés au réseau doivent recourir aussi à des sources informelles pour s'approvi-

---

[17] Des rapports indiquent que les services alternatifs informels coûtent souvent jusqu'à dix fois plus cher (Garn, 1993). Pour l'Inde, voir PNUD-World Bank Water and Sanitation Program (1999).

sionner en eau, avec des coûts supplémentaires[18]. Par ailleurs, chez les couches sociales les plus pauvres, les dépenses pour l'achat de l'eau représentent une part importante du revenu disponible (PNUD, 2003) : le paiement de tarifs et de redevances est un véritable obstacle à l'accès à l'eau.

Tableau 5 : Rapport entre le prix payé au secteur informel et le prix de la gestion publique

Pays	Ville	Ratio prix du secteur informel/ prix du secteur formel
Bangladesh	Dacca	12-25
Colombie	Cali	10
Équateur	Guayaquil	20
Haïti	Port-au-Prince	17-100
Indonésie	Jakarta	4-60
Nigéria	Lagos	4-10
Pakistan	Karachi	23-83
Togo	Lomé	7-10
Ouganda	Kampala	4-9

Source : Garn (1993)

Établir un régime tarifaire qui concilie tous les intérêts est certes complexe. Dans certains cas, les modalités de recouvrement sont une contrainte pour les plus démunis. Même dans la phase qui précède la privatisation, on relève souvent une hausse des tarifs pour encourager la participation du secteur privé (Shirley et Ménard, 2002), comme çà a été le cas à Buenos Aires dans les mois qui ont précédé l'appel d'offres. Les tarifs sociaux, joints aux subventions que le gouvernement accorde aux entreprises de service public, ont toujours été un instrument de protection et de garantie du service pour les couches sociales les plus pauvres[19]. La passation d'un contrat de concession ou d'affermage a permis en général de maintenir ces instruments : dans la plupart des contrats, des tarifs privilégiés sont prévus pour les niveaux les plus bas de consommation domestique (« tarifs par paliers »), ainsi que des subventions croisées entre les usages industriel et domestique. Il semble, cependant, que les tarifs sociaux peuvent aider les consommateurs les

---

[18] Une étude menée en 1998 à Delhi montre que, pour les services informels, les familles paient jusqu'à 2 000 roupies par an de coûts directs et indirects à cause de l'irrégularité et du manque de fiabilité de ces services (Zerah, 1997).

[19] En général, les tarifs plus faibles dont bénéficient les premières unités de consommation visent à assurer les quantités d'eau nécessaires pour satisfaire les besoins essentiels.

plus pauvres, mais seulement s'ils sont déjà raccordés au réseau[20]. Dans la pratique, les principaux bénéficiaires des hausses des « tarifs par paliers » sont les couches sociales les plus nanties lorsque leur consommation est limitée (Komives, 1999). En outre, les nouvelles formes de marché rendent les subventions croisées – traditionnellement utilisées pour financer les zones moins développées – difficilement applicables et augmentent le risque que l'entreprise privée sélectionne les consommateurs auxquels est destiné le service (c'est ce qu'on appelle « écrémage »). Il s'agit là d'un aspect important car, dans les PED, les dysfonctionnements et les distorsions du système fiscal ne favorisent pas le recours à des instruments autres que la diversification des prix et les subventions croisées, d'ailleurs difficilement utilisables dans une situation de concurrence[21].

Une étude récente sur le Cambodge montre que le paiement de la redevance qui assure l'accès au réseau de distribution[22] représente une véritable barrière pour les plus démunis, contrairement aux tarifs de fourniture du service[23]. Par ailleurs, les redevances des sociétés privées sont bien plus élevées que les redevances publiques, mais il faut dire que le service fourni est meilleur (on est plus vite raccordé au réseau). Le contrat de concession signé à Buenos Aires prévoyait le paiement d'un prix de raccordement au réseau pour les nouveaux usagers et un coût pour l'extension du réseau secondaire qui donna lieu à une redevance très élevée. La population qui n'était pas raccordée au réseau habitait en grande partie dans les zones les plus pauvres de Buenos Aires (où le revenu par personne était estimé en moyenne à 245 dollars par mois). La redevance moyenne pour les nouveaux raccordements étant d'environ

---

[20] Boland et Whittington (2000) observent en effet que ce régime de tarifs a des répercussions négatives sur les plus démunis, surtout lorsqu'ils ne sont pas raccordés au réseau ou, s'ils le sont, lorsqu'ils partagent ce raccordement. Par ailleurs, les subventions croisées entre les différentes utilisations n'encouragent pas l'opérateur à étendre le service aux zones les plus pauvres car les clients commerciaux et industriels et les gros consommateurs domestiques s'avèrent plus rentables (Brook et Komives, 1998).

[21] À ce sujet, de nouvelles méthodes de financement telles que le fonds pour le service universel (*Universal Service Fund*) ont été expérimentées (voir Clarke et Wallsten, 2002).

[22] À ce propos, Foster (1998) souligne que la principale barrière à l'accès à l'eau dans les PED est le prix du raccordement au réseau de distribution et non le prix du service.

[23] Une étude sur les entreprises publiques et privées qui fournissent les services hydriques au Cambodge indique que les principaux obstacles d'un raccordement au réseau de distribution de l'eau sont les limites de la zone desservie et le coût du raccordement. L'étude indique, en effet, que 35 % des questionnés estiment que la redevance est trop élevée, alors qu'un nombre plus restreint (8 %) pense que ce sont les tarifs de l'eau qui le sont (Garn *et al.*, 2002).

44 dollars par mois dans les deux premières années, ces consommateurs devaient consacrer environ 18 % de leur revenu pour le simple raccordement au réseau de distribution de l'eau (Shirley et Ménard, 2002). C'est pourquoi environ 30 % de la population qui n'était pas raccordée au réseau continua à utiliser l'eau des puits et des nappes souterraines polluées.

Conclusion

Les organisations internationales ont inséré, parmi les objectifs du Millénaire pour le développement, un accès plus large à l'eau dans les PED. Les investissements considérables nécessaires pour atteindre ces objectifs ont favorisé la participation du secteur privé, à différents niveaux, comme l'indique explicitement la *Stratégie de développement du secteur privé* de la Banque mondiale (Banque mondiale, 2002b). Dans la plupart des PED, la réforme et la modernisation du secteur de l'eau sont donc passés (ou passent) par le transfert à des sociétés privées d'une partie des compétences et des fonctions exercées auparavant par des entreprises de service public.

Le contenu de cette contribution montre bien que les objectifs de « service universel » pour ce qui concerne l'eau (autrement dit l'accès à l'eau en tant qu'accès au réseau et la possibilité de payer le service) risquent de ne pas être pleinement réalisés dans les pays où l'opérateur privé intervient dans la fourniture du service. Les problèmes sont essentiellement liés à deux aspects, qui sont exacerbés dans les PED :

– En premier lieu, le fait de considérer l'eau comme un bien économique (affirmation progressive dans les enceintes internationales) contribue à faire de la gestion de cette ressource l'objet des stratégies commerciales des compagnies privées et à détourner les intérêts qui, de publics (garantie du service universel), deviennent essentiellement privés ;

– En second lieu, le pouvoir économique des compagnies privées, qui se traduit par un grand pouvoir contractuel de ces dernières, favorise et facilite ce « détournement » des intérêts. Il est évident qu'en l'absence d'un cadre institutionnel et réglementaire adéquat, le respect des contrats passés entre le secteur public et le secteur privé est compromis et que le contenu même du contrat tend à faire ressortir des intérêts essentiellement privés.

La mise en place d'un cadre réglementaire crédible dans les pays concernés est un objectif appuyé par les organismes internationaux. Ceux-ci demandent, en général, l'établissement de politiques et de solutions institutionnelles susceptibles de réduire les risques locaux qui peuvent décourager les investissements privés. La littérature théorique montre donc que la réalisation des objectifs de service universel est compromise par l'absence d'un cadre institutionnel et régulatoire garantissant l'exécution des contrats passés entre le secteur public et le secteur privé[24]. À ce sujet, « il existe un consensus de plus en plus large sur le fait que la régulation, notamment dans les pays pauvres, doit être conçue en tenant compte tant des asymétries de l'information que des difficultés de la mise à exécution » (Banque mondiale, 2001, p. 321, notre traduction). Toutefois, face à l'opposition politique de la plupart des communautés locales à la privatisation des entreprises de service public[25], les sociétés multinationales se retirent progressivement des marchés des PED, en cherchant, notamment, à vendre une partie de leurs activités (de la Motte *et al.*, 2003).

Le nouveau plan d'action en matière d'infrastructures de la Banque mondiale (2003), confirme une réduction de plus de 50 %, de 1993 à 2002, des prêts octroyés aux PED pour les services hydriques, ainsi qu'une réduction sensible des investissements privés, de 128 millions de dollars en 1997 à 58 millions de dollars en 2002. Bien que la stratégie des institutions internationales vise encore aujourd'hui à favoriser la participation du secteur privé[26], on relève un changement d'attitude pour ce qui concerne le rôle du secteur public et le principe du recouvrement complet des coûts (Banque mondiale, 2003).

---

[24] D'où l'exigence d'intégrer les obligations de service universel dans le processus de privatisation (Clarke et Wallsten, 2002), en mentionnant explicitement dans le contrat de concession les investissements que l'entreprise doit réaliser pour développer les infrastructures. Toutefois, de ce point de vue, les difficultés dans les PED sont multiples, en raison notamment de l'inefficacité qui caractérise le contexte institutionnel et l'exécution des contrats. La littérature économique à ce sujet se concentre essentiellement sur les économies avancées, où la qualité des institutions et le degré d'exécution des contrats sont tels que leur révision est assez rare. Par contre, la fréquence avec laquelle les clauses des contrats de concession des services publics sont renégociées dans les PED – surtout lors des phases initiales de la mise en œuvre du contrat – illustre des contextes présentant des aspects particuliers, ces derniers doivent être pris en compte dans les projets de régulation et dans l'analyse théorique (Guasch *et al.*, 2003).

[25] Une forte opposition des communautés locales a été constatée dans de nombreux pays, notamment en Bolivie et en Argentine. Les sociétés ont donc tendance à préférer les marchés plus stables, comme l'Europe et l'Amérique du Nord (Baron et Bauby, 2005 ; Clarimont, 2005 ; Breuil, 2005).

[26] Un nouveau département, le Department for Private Participation and Finance, est en cours de création. Il est chargé de développer des approches innovantes pour favoriser la participation du secteur privé (de la Motte *et al.*, 2003).

Références

ABDALA, M.A. (1996), « Welfare Effects of Buenos Aires' Water and Sewerage Services Privatization », Expectativa-Economic Consultants, Universidad de San Andrés, Còrdoba, Argentina.

ABDALA, M.A, ALCAZAR, L. et SHIRLEY, M.M. (2000), « The Buenos Aires Water Concession », World Bank Policy Research Working Paper n° 2311, avril, The World Bank, Washington D.C, http://www.worldbank.org.

AZPIAZU, D. et FORCINITO, K. (2002), « Privatisation of the Water and Sanitation Systems in the Buenos Aires Metropolitan Area: Regulatory Discontinuity, Corporate Non-Performance, Extraordinary Profited and Distributional Inequality », FLASCO, Buenos Aires.

BANQUE MONDIALE (1993), « Water Resources Management Policy Paper », Washington D.C., http://www-wds.worldbank.org.

BANQUE MONDIALE (2001), *World Development Report, 2000/2001: Attacking Poverty*, Washington D.C., http://econ.worldbank.org.

BANQUE MONDIALE (2002a), « Water – The Essence of Life », Washington D.C., http://www-wds.worldbank.org.

BANQUE MONDIALE (2002b), « Private Sector Development Strategy », Directions for the World Bank Group, avril, Washington D.C., http://econ. worldbank.org.

BANQUE MONDIALE (2003), « The World Bank Group Infrastructure Action Plan », janvier, Washington D.C., http://econ.worldbank.org.

BARON, C. et BAUBY, P. (2005), « Figures d'eau », *Sciences de la Société*, n° 64, pp. 1-15.

BOLAND, J. et WHITTINGTON, D. (2000), « The Political Economy of Water Tariff Design in Developing Countries: Increasing Block Tariff versus Uniform Price with Rebate », in Dinar A. (ed.), *The Political Economy of Water Pricing Reforms*, Oxford, Oxford University Press, pp. 215-235.

BREUIL, L. (2005), « Quels modèles de gouvernance pour la gestion des services d'eau dans les pays en développement ? Rôle de la participation des usagers au sein de partenariats innovants », *Sciences de la Société*, n° 64, pp. 137-155.

BROOK, C.P. (1999), « The Guinea Water Lease – Five Years on: Lesson in Private Sector Participation », Viewpoint 78, The World Bank, Washington D.C., http://rru.worldbank.org.

BROOK, C.P. et KOMIVES, K. (1998), « Expanding Water and Sanitation Services to Low-Income Households: the Case of La Paz-El Alto Concession », World Bank Public Policy for the Private Sector, note 178, http://rru.world bank.org/.

CALAGUAS, B. (1999), « Private Sector Participation », Water Supply and Sanitation Collaborative Council, Thematic Paper, n° 7, Genève, 37 p., http://www.wsscc.org.

CAMDESSUS, M. (2003), « Report of the World Panel on Financing Water Infrastructure », World Water Council, http://www.worldwatercouncil.org.

CHISARI, O. et ESTACHE, A. (1999), « Universal Service Obligations in Utility Concession Contracts and the Needs of the Poor in Argentina's Privatizations », Policy Research Working Paper Series 2250, The World Bank, Washington D.C.

CLARIMONT, S. (2005), « Eau, marché et mouvements citoyens. L'association espagnole 'Nouvelle Culture de l'Eau' face à la question de la marchandisation de la ressource », *Sciences de la Société*, n° 64, pp. 104-126.

CLARKE, G. et MENARD, C. (2002), « A Transition Regime: Water Supply in Conackry, Guinea », in Shirley M. (ed.), *Thirsting for Efficiency: The Economics and Politics of Urban Water System Reform*, Oxford, Elsevier Press, pp. 274-316.

CLARKE, G., MENARD, C. et ZULUAGA, A.M. (2002), « Measuring the Welfare Effects of Reform: Urban Water Supply in Guinea », *World Development*, vol. 30, n° 9, pp. 1515-1530.

CLARKE, G. et WALLSTEN, S.J. (2002), « Universal(ly Bad) Service: Providing Infrastructure Services to Rural and poor Urban Consumers », World Bank Policy Research Working Paper n° 2868, juillet, The World Bank, Washington D.C., http://econ.worldbank.org.

CONFÉRENCE INTERNATIONALE SUR L'EAU ET LE DÉVELOPPEMENT (1992), « The Dublin Principles », http://www.wmo.ch.

CREMER, H., GASMI, F., GRIMAUD, A. et LAFFONT, J.J. (2001), « Universal service: an Economic Perspective », *Annals of Public and Cooperative Economics*, vol. 72, n° 1, pp. 5-42.

DE LA MOTTE, R., LOBINA, E. et HALL, D. (2003), « Public solutions for private problems ? Responding to the Shortfall in Water Infrastructure Investment », Report Public Services International Research Unit, University of Greenwich, Greenwich, http://www.psiru.org.

DUMOL, M. (2000), « The Manila Water Concession: A key Government Official's Diary of the World's Largest Water Privatization », The World Bank, Washington, D.C., 149 p.

ESTACHE, A. (2004), « Emerging Infrastructure Policy Issues in Developing Countries: A Survey of the Recent Economic Literature », Policy Research Working Paper Series n° 3442, The World Bank, Washington D.C., 43 p., http://econ.worldbank.org.

ESTACHE, A., LAFFONT, J.J. et ZHANG, X. (2004), « Universal Service Obligations in Developing Countries », Policy Research Working Paper Series n° 3421, The World Bank, Washington D.C., 31 p., http://econ.worldbank. org.

FOSTER, V. (1998), « Consideration for Regulating Water Services while Reinforcing Social Interests », United Nations Development Program, Washington D.C., http://www.wsp.org.

GARN, M. (1993), « Pricing and Demand Management », Theme Paper on Managing Water Resources to meet Megacity Needs, Transportation, Water and Urban Development Department, The World Bank, Washington D.C.

GARN, M., ISHAM, J. et KÄHKÖNEN, S. (2002), « Should we bet on Private or Public Water Utilities In Cambodia ? Evidence on Incentives and Performance from Seven Provincial Towns », Middlebury College Economics Discussion Paper n° 02-19, Middlebury, Vermont, http://www.middlebury.edu.

GUASCH, J.L., LAFFONT, J.J. et STRAUB, S. (2003), « Renegotiation of Concession Contracts in Latin America », Policy Research Working Paper n° 3011, The World Bank, Washington D.C., 41 p., http://www.econ.ed.ac.uk.

HALL, D. (2003), « Water Multinationals in Retreat: Suez Withdraws Investment », Report Public Services International Research Unit, University of Greenwich, Greenwich, http://www.psiru.org.

HALL, D. (2002), « The Water Multinationals 2002 – Financial and other Problems », Report Public Services International Research Unit, University of Greenwich, Greenwich, http://www.psiru.org.

HALL, D., BAYLISS, K. et LOBINA, E. (2002), « Water Privatisation in Africa », Report Public Services International Research Unit, University of Greenwich, Greenwich, http://www.psiru.org.

ISAE (2003), « Finanza Pubblica e Redistribuzione », Rapporto di Ottobre, Roma, pp. 155-182, http://www.isae.it.

JONHSTON, N. et WOOD, L. (1999), « Private Sector Participation in the Water Sector », Water Supply and Sanitation Collaborative Council, thematic paper, Genève, http://www.wsscc.org.

KOMIVES, K. (1999), « Designing Pro-poor Water and Sewer Concessions. Early Lessons from Bolivia », Policy Research Working Paper, The World Bank, Washington D.C, 35 p., http://econ.worldbank.org/docs/977.pdf

KOMIVES, K., WHITTINGTON, D. et WU, X. (2001), « Access to Utilities by the Poor: A Global Perspective », Discussion Paper n° 2001/15, World Institute for Economics Development Research, United Nations University, http://www.wider.unu.edu.

LAFFONT, J.J et N'GBO, A. (2000), « Cross-Subsidies and Network Expansion in Developing Countries », *European Economic Review*, vol. 44, n° 4, pp. 797-805.

MONTEMAYOR, A.C. (2003), « The Manila Water privatisation Fiasco and The Role of Suez/Lyonnaise/Onedo/ », Summit For Another World, Évian, http://www.tni.org.

OMS (2003), « The Right to Water », Health and Human Rights Publication Series n° 3, Genève, 44 p., http://www.who.int.

PETRELLA, R. (2003), *L'eau. Res publica ou marchandise ?*, Paris, La Dispute.

PNUD (2003), *Rapport mondial sur le développement humain*, Bruxelles, De Boeck Université.

PNUD-WORLD BANK WATER AND SANITATION PROGRAM (1999), *Credit Connections*, Rapport, http://www.wsp.org.

PNUE (2002), *L'avenir de l'environnement mondial 3 – GEO-3*, Paris, De Boeck.

ROSENTHAL, S. (2001), « The Manila Water Concessions And Their Impact On The Poor », Yale School of Forestry and Environmental Studies, New Haven, 12 p.

SCHNEIER-MADANES, G. (2005), « La gouvernance de l'eau : l'émergence des usagers. La concession de l'eau de Buenos Aires », *Sciences de la Société*, n° 64, pp. 190-220.

SCIANDRA, L. (2005), « Une évaluation des effets de la privatisation sur l'accès aux ressources en eau dans les pays en développement », *Annals of Public and Cooperative Economics*, vol. 76, n° 2, pp. 231-251.

SHIRLEY, M.M. et MÉNARD, C. (2002), « Cities Awash: A Synthesis of the Country Cases », in Shirley M.M. (ed.), *Thirsting for Efficiency: the Economics and Politics of Urban Water System Reform*, Oxford, Elsevier Press, pp. 1-70.

ZERAH, M. (1997), « Some Issues in Urban Water Management: Household Response to Water Supply Unreliability in Delhi », Centre de Sciences Humane Working Paper 97/6, New Delhi.

TROISIÈME PARTIE

QUELLE(S) GOUVERNANCE(S) DU DÉVELOPPEMENT DURABLE FACE À LA MONDIALISATION ?
LE CAS DE MADAGASCAR

Introduction à la troisième partie

Quelle(s) gouvernance(s) du développement durable face à la mondialisation ?
Le cas de Madagascar

Florence GALLETTI

Institut de recherche pour le développement (IRD),
Université de Versailles Saint-Quentin-en-Yvelines,
C3ED UMR IRD-UVSQ n° 063, France

La diffusion du concept de développement durable, et l'exercice de définition uniformisée dont il a fait l'objet, du moins dans les sciences humaines, a précédé, historiquement, le débat sur la gouvernance, plus récent. Plusieurs disciplines, dont le droit et l'économie, s'accordent désormais sur les trois éléments constitutifs du développement durable suivants : la protection et la conservation des ressources naturelles, l'augmentation de la croissance et des productivités ainsi qu'une meilleure répartition des richesses entre les bénéficiaires du développement, et enfin, la réduction de la pauvreté. Le consensus s'est fait autour de la convergence de ces trois notions intermédiaires de « protection », de « croissance » et de « répartition » (Galletti, 2000, 2002). Toutefois, au-delà du consensus sur la nécessité de la promotion d'un développement durable, l'exercice généralisé de traduction de ce concept dans des formes concrètes d'intervention de l'État vers la société, et réciproquement, ne fait que commencer[1]. Cette question croise alors, en s'ajoutant à elle, la problématique actuelle de la « gouvernance ».

Il faut prioritairement faire rappel ici de l'évolution de la doctrine du développement, pour y inscrire cette notion de gouvernance, d'autant

---

[1] Notons que si des axes de conduites (de durabilité) plutôt précis ont été fixés pour le volet protection et gestion des ressources naturelles renouvelables et épuisables, volet souvent le plus affiché dans le discours sur le développement et l'entreprise de coopération, les deux autres volets du développement durable sont moins commentés et fournis en solutions.

plus mal maîtrisée qu'elle est envisagée dans le cadre de pays en recherche de développement.

La doctrine du développement connaissait déjà le mouvement d'internationalisation qui a commencé à unifier les valeurs, les référents, l'économie, et le droit dans certains aspects. Il est finalement un peu ancien. Mais il n'est pas suffisant pour rendre compte de la réalité plus récente à laquelle les États en recherche de développement sont exposés. Depuis une dizaine d'années, un autre mouvement, ou plutôt un phénomène, celui de la mondialisation, succède à cette internationalisation et poursuit la transformation des économies et des ordres juridiques économiques étatistes[2]. Si la mondialisation est le plus souvent traitée sous l'angle de l'économie, via de multiples définitions et déclinaisons, elle n'est plus hermétique au droit. De même n'est-elle plus hermétique à des questionnements transversaux, tel celui de la « gouvernance nationale » à construire ou à réformer, et tel celui, plus prospectif encore, « des » gouvernances à construire et à harmoniser au sein du même État. Pour l'État en recherche de développement, la question qui se pose est davantage celle de la nouvelle place de l'État, de l'économie publique et du droit de l'interventionnisme public, dans la mondialisation, que celle de la description problématique et conceptuelle de la « mondialisation ».

Face à ces directions (im)posées que sont le libéralisme économique et le libéralisme démocratique, piliers constitutifs d'un nouveau modèle hybride d'État, à la fois libéral et en développement[3], c'est donc la question de la gouvernance qui couvre les autres questions, surtout quand est en jeu la mise en œuvre de politiques publiques destinées à matérialiser les objectifs, aujourd'hui exhaustifs ou presque, d'un développement durable dans les pays en recherche de développement, en général, et à Madagascar, en particulier.

Alors, quelle(s) gouvernance(s) possibles, pour l'État, dans un contexte mondialisé ? La notion de « gouvernance », située à l'articulation de la rhétorique nationale et des prescriptions internationales a souffert d'être listée parmi ces référents multidimensionnels, « État de droit », « gouvernance », « démocratie », « participation », etc., souvent mal définis et objets d'acceptions contradictoires anglo-saxonne et francophone[4]. Ainsi, par exemple, la question de savoir si la gouvernance ne

---

[2]   La véritable réforme de l'Économie est la réforme du cadre juridique de l'Économie selon Allais (1945).

[3]   Sur cette construction, voir Galletti (2004).

[4]   Par exemple, à l'occasion de la recherche de meilleures formes de gouvernance administrative, le terme de « décentralisation » anglo-saxon est souvent interprété différemment ; la *decentralization* serait presque synonyme de localisation ou de supériorité de l'échelon local sur l'échelon national, tandis que la « décentralisation à la

constitue pas un doublon du concept de démocratie, ou la question de savoir si la gouvernance est un des aspects de la démocratie ou si elle englobe la démocratie, ou enfin s'il n'est de démocratie à rechercher que la démocratie économique, etc. Peut-être la gouvernance est-elle mieux appréhendée depuis le rapprochement entre les termes, intervenu ces dernières années, en vertu duquel on évoque désormais la « gouvernance démocratique » ou la « bonne gouvernance »[5], ou encore « l'État de droit ».

Gouvernance démocratique : ainsi mariés, et formant « un nouveau tout », les termes concurrents auraient été réconciliés. À défaut, ici encore, de vrai exercice conceptuel de définition de cette expression de gouvernance démocratique, on doit reconnaître qu'il existe un accord quant aux « critères » de la gouvernance démocratique ou de la bonne gestion des affaires publiques. Cinq dimensions sont convoquées : l'efficacité de la gestion publique, la légitimité du pouvoir et l'acceptation par l'ensemble de la société, la responsabilité de l'ensemble des acteurs, la transparence, le pluralisme politique, enfin la question du pluralisme juridique et de son organisation dans l'État ; cette dernière ambition – du pluralisme juridique – se trouve largement en friche[6] dans les pays en recherche de développement, elle est toutefois porteuse de nouveautés et de syncrétisme que n'hébergent pas les autres dimensions.

Le point essentiel ici est que la « gouvernance », comme d'autres notions, telle la « décentralisation », est d'abord un phénomène administratif, reposant sur davantage d'efficacité de l'appareil d'administration et sur la démocratie des pratiques administratives usitées dans l'État[7]. La nouvelle gouvernance, ou gouvernance réformée, renvoie donc très concrètement à ces nouvelles formes d'administration et de gouvernement vers lesquelles l'État en développement est amené, par les bailleurs de fonds des grandes institutions financières, et par quelques aspects du droit international qu'il peut chercher à réceptionner quand il n'est pas déjà dans l'obligation de le faire.

Le contexte dans lequel s'est réalisé le renchérissement autour de la gouvernance n'est pas si différent à Madagascar que dans d'autres États voisins. Il est composé d'une entreprise de contestation de la puissance publique et du phénomène bureaucratique, dans sa nature, comme au

---

française » est un concept précis, historiquement daté : c'est une forme particulière et rigoureuse d'organisation administrative insérée dans l'organisation centralisée et déconcentrée, organisation administrative qui se décentralise pour ce qui est de certaines parts de l'activité des pouvoirs publics.

[5] Traduction littérale de la *good governance* anglo-saxonne.

[6] Voir aussi, Gbotogbia (2002).

[7] Sur cette conception, voir Féral (2000).

travers de ses interventions. Cet interventionnisme économique étatique de nature administrative et politique est remis en cause, et les prescriptions du droit public paraissent comme les complices de la déroute économico-financière. Dans une première phase, les États sous ajustements ont dû, parfois auraient dû, organiser leur propre « retrait » de la sphère économique, retrait imposé par les bailleurs de fonds. Ce mouvement de retrait est à l'opposé des options et des procédés par lesquels les États se sont affirmés comme moteurs du développement depuis les années 1960. Toutefois, les exhortations au retrait se sont muées en « réduction », tandis que depuis quelques années, plutôt que de parler de « réduction », c'est plutôt à une « transformation de l'interventionnisme de l'État puissance-publique » que l'on assiste.

Les transformations à engager sont d'abord celles des modes d'interventions de l'État dans l'économie. Elles supposent des aspects de refondation de l'appareil d'État, donc de ses administrations, et des nouveaux usages du pouvoir réglementaire et du droit administratif de l'économie dans une majorité de secteurs. Certains sont de véritables illustrations : ainsi, il est curieux de constater que si le droit international relatif aux forêts et aux activités sur le domaine forestier est marqué par l'immobilisme, les droits nationaux, eux, ont fait évoluer leurs législations et tentent de modifier leurs pratiques avec un certain dynamisme.

Les transformations à engager sont ensuite celles des relations entre l'État et la (les) société(s) civile(s). On explicitera plus avant ce pluriel possible des sociétés civiles. La transformation, dans l'État, des relations entre gouvernants et gouvernés, est un cadre qui dépasse de beaucoup le seul cadre du nouveau droit économique. En effet, il ne s'agit plus seulement de modifier les relations entre l'État et les personnes morales du secteur privé économique, comme les entreprises par exemple, ou même de reprendre les cadres juridiques de l'économie, mais plutôt d'avancer sur les relations de droit entre l'État et les individus-citoyens. L'organisation formelle rénovée des relations « juridiques » entre les gouvernés/administrés et les gouvernants se fonde ici sur la négociation et non sur l'autoritarisme et l'unilatéralisme généralisés. Elle se fonde également sur la transparence et l'information relative à l'activité des pouvoirs publics et l'orientation du droit, sur l'existence et le respect des droits de l'homme et du citoyen dans l'espace étatique, sur l'organisation de la participation des citoyens à la vie publique politique, voire à la production du droit public[8] national, etc. La liste n'est pas exhaustive.

---

[8]   De manière générale, le droit public a pour objet l'organisation des pouvoirs publics (politiques, administratifs et judiciaires), et la mise en œuvre de l'action publique définie par les gouvernants et appliqués par leurs administrateurs.

Retenons donc que la gouvernance se diffuse eu égard à un mouvement d'internationalisation mais qu'elle s'applique dans un contexte d'Étatisation.

S'interroger sur la « nouvelle » gouvernance, c'est alors nécessairement s'interroger sur la capacité de l'État à absorber des réformes dans leur principe, et à les mettre en œuvre aux moyens de divers instruments, dont la Législation *lato sensu*, l'intervention publique, et les politiques publiques. On le voit, le débat a glissé de la question de la gouvernance vers la recherche des conditions d'application d'une meilleure gouvernance. Nul doute que la diffusion du développement durable (exigences théoriques et modalités concrétisées), qui croise la question gouvernance, n'ait été un accélérateur de ce glissement.

Désormais, les conditions d'efficacité des systèmes bureaucratiques centralisés d'administration publique d'un pays en recherche de développement représentent le questionnement récurrent, quasi transdisciplinaire, en économie, droit et science administrative, science politique. Or, on remarque que les évaluations de ces interventions publiques pour le développement[9] et les réorientations suggérées à ces occasions, s'appuient d'abord sur des postulats, dont la validité sera à « évaluer » *a posteriori*.

Parmi ces postulats/solutions, devenus en dix ans des référents de l'action de l'État dans ses relations dialectiques avec sa société civile, citons :

- Le désengagement progressif de l'État en terme de secteurs d'intervention (retrait, déréglementation) ou en terme de méthodes d'interventions (moyens privés utilisés par l'État public, faire faire plutôt que réaliser lui-même, assouplissement des règles rigides de l'intervention publique au profit des modes contractuels publics et privés, etc.) ;
- Le redéploiement de l'État sur certaines fonctions jadis ignorées (la construction d'un cadre pour l'écotourisme par exemple), empêchées ou mal exercées (la construction d'une réforme du secteur substantiel et commercial des activités forestières, l'épineux problème de la sécurisation foncière dans ses aspects agraires par exemple, le développement d'une régulation de secteurs oubliés mais devenus stratégiques) ;
- Et surtout ce postulat auquel de plus en plus d'États en développement ont entrepris d'offrir une réalité matérielle : le transfert

---

9   Les interventions sont ici qualifiées de publiques au sens où leur origine formelle, officielle et visible est celle des grandes administrations ou établissements publics de l'État.

des compétences juridiques, économiques, et de responsabilités institutionnelles à des institutions régionales ou communales décentralisées, ou à des institutions locales non inscrites dans le schéma décentralisé *stricto sensu* mais qui constituent également des éléments de ce « répondant local » multiforme dont les bailleurs de fonds sont friands.

Ces solutions limitativement proposées par les théoriciens du développement restent du domaine de la prospective, de plus en plus agrémentée, il est vrai, d'éléments de comparaison tirés d'expériences entreprises par des États voisins ; voisins, c'est-à-dire partageant la même condition d'État « en recherche de développement », ou comportant une similarité de configuration géographique (existence d'un potentiel touristique, biodiversité particulière, etc.) et partageant une même série de difficultés sur un secteur (halieutique, forestier, etc.) de l'économie nationale.

Reste que ce qui n'est qu'un ensemble de solutions conceptualisées et prospectives se mue en obligations pour les administrations destinataires. Ces obligations sont peu négociables pour les décideurs politiques publics de l'État concerné. Elles sont en toute hypothèse des obligations expérimentales, tout autant que les résultats et conséquences auxquels elles aboutiront. Mais il importe d'engager les réformes en matière d'administration, d'économie par secteur, de fiscalité décentralisée, de politique touristique, de redéfinition de la protection des ressources naturelles, dès lors que des financements les supportent. On entend ici les financements extérieurs, ou intérieurs, nés de ce mouvement d'ingérence dans les modes d'actions publics et privés de l'État interventionniste. C'est là une constante à laquelle le raz-de-marée de la mondialisation – dans ses aspects institutionnels – commence à nous habituer.

La mise sur agenda politique est alors sur-déterminée par le caractère « financé » ou « à financer » de la réforme envisagée au plus haut niveau de l'État ; les réformes sont simultanément ou successivement confortées au sein d'agences ou autres grandes institutions d'appui, publiques ou privées, liées statutairement ou financièrement à l'État et aux ministères concernés. Au niveau de la décision publique politique portant sur les actions à entreprendre pour le développement de tel ou tel secteur, c'est-à-dire au cœur de ce que l'on croit être l'action volontariste et régalienne à l'initiative des pouvoirs publics, le caractère « financé » prime dans les faits celui de la « nécessité » ou de « l'urgence » d'entreprendre une réforme ; cette dernière même criante est alors reportée faute de supports financiers.

La règle n'est pas absolue, parfois nécessité urgente croisera financements directs ou indirects rendant possible l'initiative publique et la revêtant du sceau de l'opportunité. Parfois, dans le contexte de mondialisation des relations, des économies, des opportunités, le désintérêt de grands partenaires de l'État-nation en développement amène celui-ci à repousser des interventions publiques à la périphérie ; très concrètement, on voit s'arrêter des interventions publiques sous la forme de projets en friche ou de propositions abouties, qui pourtant avaient été conçues dans les alcôves ministérielles de manière endogène, opportune, voire même suite à une demande ou une participation d'éléments de la société civile nationale.

En définitive, la mondialisation dans ses applications à des systèmes étatisés porte en elle ce double aspect, d'une part, une dynamique à laquelle rien ni personne ne semble pouvoir résister et, d'autre part, une capacité de blocage d'initiatives (sélection des initiatives) ou d'actions sur temps courts (soutien à court terme) qui sont sans précédent dans l'histoire de la pensée du développement.

Parmi ces « coups de boutoirs institutionnels » que porte, aux hautes administrations et aux logiques économiques par secteurs, la mondialisation dans ses aspects de promotion de politiques publiques, de rénovation de législations et de mutations réclamées des pratiques, les contributions qui suivent se sont arrêtées sur le cas de Madagascar à travers trois analyses monographiques. Frank Muttenzer s'interroge sur les caractéristiques de l'activité de « l'État forestier » à Madagascar et sur sa capacité à se transformer. Jean-Patrick Ranjatson, sur la question agraire, rurale et forestière et sur quelques-uns de ses particularismes. Enfin, Djohary Andrianambinina et Géraldine Froger explorent le modèle de l'écotourisme confronté au contexte malgache. Ces monographies relatives au traitement public et privé d'une ou de plusieurs ressources naturelles sont riches en enseignements. On retiendra liminairement ceux-ci.

Si ce sont des secteurs d'intervention plus anciens, tel le domaine forestier ou agraire, qui illustrent le mieux les difficultés dans lesquelles l'État interventionniste est plongé, entre pressions allochtones et autochtones, ce sont les secteurs non couverts par une politique publique au sens strict du terme – tel l'écotourisme qui ne fonde pas à lui seul une politique publique autonome et n'est que faiblement intégré à une politique publique environnementale – qui ouvrent des champs d'actions nouveaux pour l'État malgache (cf. ce redéploiement de l'État sur certaines fonctions ignorées telle la construction d'un cadre pour l'écotourisme par exemple, la réorientation d'une filière classique comme le tourisme ordinaire vers une filière écotourisme, etc.).

Concernant les secteurs plus anciens ou traditionnels d'intervention de l'État, les secteurs « à politiques publiques », l'administration parait, aux auteurs, prise en étau entre des données fixes de l'action publique administrative du secteur public forestier et le mouvement rampant, puis général, de réformes du secteur forestier. La réforme, pour fermement suggérée, l'est contradictoirement, à la fois par l'urgence d'un couvert forestier qui se dégrade de manière alarmante, par les nouvelles harmonisations du commerce international à organiser, par la précarisation de la situation de survie économique des producteurs en amont tels les petits commerçants et charbonniers, par les résistances de grands exploitants, par celles de corps de fonctionnaires de ce secteur professionnel, par les incitations de grandes institutions de développement économique s'intéressant aux activités forestières comme catalyseur de développement, etc.

Face à un secteur d'activité essentiel, le secteur forestier, et face à une ressource naturelle vitale, le couvert forestier, ne faisant pas ou faisant insuffisamment « l'objet d'investissements pour l'entretien et la régénération qu'implique une gestion durable » (Ramamonjisoa, 2001, pp. 31-33, cité par Muttenzer, *infra*), les (dés)équilibres à arbitrer, entre étatisme historique et libéralisation en cours, devront l'être au quotidien en fonction des éléments suivants :

– D'abord, l'existence d'un fond de données institutionnelles pérennes difficilement négociables, et dont l'origine précède la mondialisation économique de ces quinze dernières années. Ce fond est ainsi composé : l'encadrement de l'activité forestière par le régime juridique du domaine forestier, puis l'existence de monopoles publics visant l'exploitation de la ressource et l'attribution de droits de coupe et gestion, la perception de devises publiques, le contrôle et la répression des infractions à la réglementation, puis la présence d'une culture professionnelle du service public forestier – contestée par certains, du moins son uniformité n'est-elle pas démontrée –, enfin le constat de l'usage d'un droit des autorisations ancien et immobile, parfois obsolète, parfois même usité alors qu'il a été abrogé.

– Ensuite, au delà de l'organisation institutionnelle formelle de l'exploitation des filières bois-énergie, et bois-tropical dans une moindre mesure, c'est une connaissance du fonctionnement du secteur qu'il importe de comprendre, en s'attachant particulièrement à la logique légale, et para légale, en tous cas toujours économique, qui détermine les comportements des acteurs publics et privés du secteur forestier.

- Enfin, dans ce contexte, l'État malgache moderne et mondialisé recherche tout instrument de gestion forestière, la réglementation traditionnelle évidemment, mais aussi les instruments fiscaux, ou les suggestions que lui offre le processus de décentralisation récemment engagé, pour « réussir l'essai » en terme d'uniformisation, de nouvelles régulations de filières, de transfert officiel de compétences à des autorités décentralisées pour les fonctions de prélèvements, de gestion, de réallocations, etc. À côté des compléments apportés à la législation forestière, un projet de réforme de la fiscalité et de décentralisation fiscale en matière forestière – sous forme de décret – n'est-il pas conçu, suite à plusieurs projets-pilotes expérimentaux ?

Mais peut-être le point central de ces contributions est-il de montrer combien les administrations étatiques, aux prises avec l'obsession de l'uniformité des régimes, législations et pratiques, sont en permanence et très concrètement destinataires, ou plus rarement créatrices, d'ajustements, de réajustements, de l'application des règles. Des procédés de régulations naissent, dans un cadre légal, ou parallèle, ou informel, dont l'explication, pour d'aucuns la justification, est de rendre la vie économique et juridique possible dans un contexte de pauvreté (Frank Muttenzer). D'ajustements, il en est de tous types : certains permettant de faire face à l'absence de contrôle sur des secteurs d'activités en leur substituant d'autres formes de contrôles parallèles ; certains permettant au contraire de saper l'autorité de la réglementation et de la répression officielle sans substitution ; certains à discrétion des agents de l'État, d'autres subis par ces même agents, etc. Le tout produisant un ensemble de (contre) régulations, non anarchique, mais néanmoins opaque, qui tente *de facto* de « concilier la fiction importée du domaine forestier avec les réalités économiques du monde rural » (Frank Muttenzer) par exemple, ou qui pose, à nouveau, la question du pluralisme juridique tel qu'il peut être admis par un État : quels éléments l'État reconnaît-il comme dignes de composer, à côté de sa législation et réglementation, un contenu juridique acceptable, fut-il mixte quant à son origine ? (Jean-Patrick Ranjatson).

On voit ici que le contexte d'Étatisation ne va pas systématiquement de pair avec une gouvernance *pro forma*, une gouvernance uniformisée que l'on retrouverait dans tous les États[10]. Le contexte d'Étatisation et

---

[10] Naturellement il est des fonctions régaliennes essentielles qui appartiennent à l'État, et que l'on retrouve partout dans les États du Sud, comme la fonction de sécurisation foncière, l'assainissement, la décentralisation, etc. qui composent un fond commun des rôles étatiques non transférables auxquels la gouvernance (formes d'administration et de gouvernement) doit donner corps.

les sociétés civiles à Madagascar opposent, à cette gouvernance pré-pensée, des résistances, lui imposent des syncrétismes, ou offrent à cette gouvernance devenue nationale une nouvelle physionomie, c'est selon. On signifie ici qu'on ferait une erreur à analyser l'inspiration libérale des transformations interpénétrées de l'économie et du droit comme une inspiration exclusivement exogène. Internationalisation et mondialisation exogènes ne sont pas la seule source de libéralisation, ni son seul repère. Le contexte actuel de renouvellement du droit et de l'action publique dans l'État n'est pas une simple réactivation des phénomènes de mimétisme vis-à-vis de l'international ou des États de l'occident ; phénomènes de mimétisme juridique et politique par lesquels certains voudraient tout expliquer dès lors qu'il s'agit de rendre compte des modes d'action des États au Sud[11].

Toutefois le renouvellement endogène de la gouvernance est un aspect extrêmement récent. Il implique, d'abord, la question du glissement de l'usage du singulier, « la » gouvernance, vers la reconnaissance du pluriel, l'existence de « gouvernances » distinctes, à Madagascar.

Ces gouvernances, si pluralité de gouvernances il y a, avant de les étudier, il convient d'en identifier les acteurs. On sait bien que si l'État reste formellement le maître du droit national formel, il n'apparaît plus aussi solidement ancré dans sa position de producteur privilégié des normes juridiques et institutionnelles : en plus des partenaires internationaux, acteurs concurrents, ou au moins acteurs intégrés à la production des règles en matière économique, il y a d'autres acteurs endogènes qui coexistent avec (ou s'excluent de) cet État matrice de politiques publiques et de normes, et détiennent, en fait, sinon en droit, la capacité de produire et de mettre en œuvre un certain nombre de règles. Ces dernières sont parfois contradictoires entre elles, ou témoins de lutte entre intérêts catégoriels concurrents au sein d'un même secteur d'activités ou de secteurs d'activités distincts.

Effectivement, la mondialisation n'a pas encore produit de société civile uniforme, même si cette mondialisation contribue à diffuser un fond commun minimum. Ce fond est d'ailleurs plus juridique que social, il est relatif au respect, par l'État, de quelques droits de la personne et est finalement limité. Les sociétés civiles sont donc particulières à l'État considéré. Elles sont au moins de deux types et elles offrent ici à l'État malgache une nouvelle fonction de régulation, qui lui est originale. S'il choisit de reconnaître ces sociétés civiles et d'accepter divers aspects des gouvernances qu'elles utilisent, alors il doit trouver les moyens

---

[11] L'idée du droit et de l'économie importés, comme clef d'explication, est à présent désuète, du moins doit-elle être très sérieusement nuancée.

d'harmoniser ces formes de gouvernances avec la gouvernance étatique, éventuellement il les englobe dans cette dernière. Le chantier est alors immense. Il serait, pour d'aucuns, une condition de réalisation du développement durable.

Quelle harmonisation de gouvernances entre elles alors ? Et pour quoi faire, si ce n'est réaliser des réussites en terme de durabilité ? Entre deux écueils que l'État cherche à éviter, celui de l'autoritarisme et celui du risque de dilution de l'autorité publique, l'État peut-il devenir un État régulateur ? État régulateur, celui dans lequel on ne vise plus le mode de création des législations et réglementations économiques par une minorité gouvernante et une minorité d'institutions et de pouvoirs publics, mais où l'on vise expressément l'intervention de la société civile reconnue dans le champ d'élaboration du droit et de l'activité économique, champ dont elle a été exclue. État régulateur, celui dans lequel la construction d'un droit public n'est plus autoritaire, unilatérale, coercitive et ineffective, mais édifiée et usitée en relation avec la société civile formelle (groupes et institutions juridiquement nommés, reconnus comme compétents, et titulaires de droits et d'obligations), ou même la société civile informelle (existante et dynamique mais non enregistrée par le droit officiel formel).

Dans l'absolu, la société civile pourrait réintégrer la construction de la gouvernance nationale, par la participation à la mise en œuvre de mesures de politiques publiques sectorielles et appliquées, par la participation à l'élaboration du droit formel, etc. Elle peut le faire, soit en apportant à l'édifice de la gouvernance nationale des éléments de droit formalisé dans la société civile enregistrée, soit en présentant des aspects de droit informel usités par une société civile non connue mais éventuellement acceptables par l'État producteur de normes, s'ils sont susceptibles de répondre aux exigences actuelles d'efficacité et de juridicité, exigences qui dépassent aujourd'hui l'État seul ou l'État isolé par ses sociétés civiles. Ceci explique que des spécificités endogènes, propres à l'État en développement, tels que la richesse du droit de l'informel, les processus de régulation des comportements et des infractions, les règlements non juridictionnels, conçus par la société, retrouvent aujourd'hui une respectabilité, dès lors que ces spécificités s'accommodent des exigences libérales modernes, et dès lors qu'elles se présentent comme une des modalités d'application de celles-ci. Les procédés informalisés de participation et d'implication des individus ou des communautés commencent ainsi à être « travaillés » pour favoriser la participation, élément constitutif de la démocratie libérale, élément problématique également en Europe, et que les États en développement sculptent et re-sculptent d'années en années avec les plus grandes difficultés.

Au titre des secteurs non anciens, mais à l'avant-garde cette fois, la question du tourisme durable et plus précisément celle de « l'écotourisme », retient la dernière contribution. L'écotourisme pourrait devenir un témoin de l'extension du champ d'intervention environnemental des pouvoirs publics ; deux raisons y conduisent, l'écotourisme apparaît, d'une part, comme un nouvel instrument non érodé de conservation des ressources naturelles et des milieux, et, d'autre part, comme un instrument de développement économique national et surtout localisé, dont on escompte qu'il réduise les niveaux de pauvreté, voire élève les niveaux de vie économique des populations riveraines des zones concernées par une activité touristique particulière et encadrée comme telle.

Madagascar recherche une matérialisation empirique du concept de développement durable, sous la forme de politiques publiques, de législation au sens large[12], de financements. L'État malgache entreprend une rénovation de ses dispositifs institutionnels environnementaux, et à l'intérieur de cette programmation, le tourisme durable, puis l'écotourisme gagnent une place. L'écotourisme renvoie naturellement à une activité limitée, toutefois la notion d'écotourisme est complexe. Au-delà de la maturation internationale du terme, cette notion n'est ni simple, ni simplifiée en terme de définitions, de postulats et de réalisations. Le mérite de Djohary Andrianambinina et de Géraldine Froger est de confronter ces définitions et implications multiples et de les mettre en perspective avec des situations déjà existantes. On cerne mieux alors le type d'activités que l'écotourisme abrite, le type d'acteurs qui s'y adonnent ou y contribuent, les chances et tares de cet instrument que d'aucuns présentent comme une alternative possible aux échecs d'instruments plus classiques[13] utilisés par les pouvoirs publics, ou détournés par des initiatives privées sans résultats positifs significatifs sur la conservation et l'amélioration des niveaux de vie. Jusqu'alors en friche, et peu traité, l'écotourisme commence à être débroussaillé, les auteurs abordent alors la question des impacts de l'écotourisme, puis celle des conditions par lesquelles l'écotourisme peut devenir un facteur de développement durable. Cette problématique centrale est abordée de manière théorique,

---

[12] Sur la question des incarnations juridiques du développement durable, dans son aspect de protection, conservation et gestion des ressources naturelles, voir Galletti (2002).

[13] Tels le zonage et la constitution d'aires protégées soumises à des régimes stricts de police administrative sans tolérance d'activités de prélèvement ou de circulation, ou la constitution de filières touristiques ordinaires supposées induire en elles-mêmes une protection de la nature environnante pour ne pas compromettre la fréquentation future de la zone touristique, ou encore la fixation et le contrôle minimal par les institutions d'État de normes sanitaires et environnementales relatives aux infrastructures touristiques ordinaires, etc.

en s'appuyant sur les travaux de Chaboud *et al.* (2004) relatifs au « cercle vertueux de l'écotourisme », puis confrontée à quelques réalités relevées sur les sites des sept lacs et du parc de Ranomafana.

Par ce dernier article consacré au thème de la gouvernance du développement durable à Madagascar, deux grandes pistes d'intérêts sont ouvertes : la question nettement économique du financement de l'activité écotouristique et du partage équitable des ressources économiques retirées, d'abord, et celle du rôle des pouvoirs publics dans la construction d'une filière économique, législative et réglementaire (encadrement, normalisation sanitaire, mesures incitatives, contrôle, etc.) d'écotourisme, ensuite.

En définitive, il importe que quelques éléments d'analyse, extraits d'une expérience dans un État du Sud, apparaissent et soient explicités : d'une part, parce qu'ils apportent des éléments de réponse à l'ambitieuse question d'ouverture « quelle(s) gouvernance(s) du développement durable face à la mondialisation ? », d'autre part, parce qu'ils sont autant de contraintes et de potentialités croisées qui participent, à Madagascar, d'une volonté de gérer plus durablement les ressources naturelles.

Références

ALLAIS M. (1945), *À la recherche d'une discipline économique*, Paris, Sirey.

CHABOUD C., MÉRAL Ph., ANDRIANAMBININA D. (2004), « Le modèle vertueux de l'écotourisme : mythe ou réalité ? L'exemple d'Anakao et Ifaty-Mangily à Madagascar », *Mondes en développement*, vol. 32-2004/1, n° 125, pp. 11-32.

FÉRAL F. (2000), *Approche dialectique du droit de l'organisation administrative. L'appareil d'État face à la société civile*, Paris, L'harmattan, collection Logiques juridiques.

GALLETTI F. (2000), « Le développement durable dans les stratégies évolutives de coopération. Contribution à l'étude d'un concept en droit international du développement », *Revue Némésis*, n° 1, pp. 77-101.

GALLETTI F. (2002), « Le droit de l'environnement, un ensemble de normes juridiques pour le développement durable ? », *Revue Némésis*, n° 4, pp. 239-275.

GALLETTI F. (2004), *Les transformations du droit public africain francophone. Entre Étatisme et Libéralisation*, Bruxelles, Éd. Bruylant.

GBOTOGBIA M.B. (2002), « La problématique de l'exercice des droits et des devoirs par les États africains au regard des principes de bonne gouvernance », Thèse de droit, Faculté de Nice.

Fiscalité, corruption et culture de « l'État forestier » à Madagascar

Frank MUTTENZER

Institut universitaire d'études du développement, Genève, Suisse

Les forestiers conviennent que l'État est trop centralisé et trop « urbain ». Pour freiner la dégradation des forêts puis les régénérer, il doit transférer des responsabilités à des institutions régionales et locales. Pour les forestiers, ce transfert ne doit pas se faire automatiquement, mais seulement quand les conditions de viabilité du système de régulation, à un niveau régional ou local, sont assurées. Or, la taxation forestière est la seule source autonome de revenus pour le secteur forestier. De ses modes de recouvrement et de répartition entre les acteurs dépend la viabilité même du système de gestion des forêts (Ramamonjisoa, 2001). Ce que les forestiers oublient est le fait qu'en présence d'une administration corrompue, on ne peut assurer la viabilité financière du système de régulation sans au préalable transférer des compétences aux instances locales et régionales chargées de sa réforme.

En 2000 et 2001, la direction des Eaux et Forêts et le CIRAD Forêt (Centre de coopération internationale en recherche agronomique pour le développement) ont mené une enquête d'envergure nationale sur l'organisation des filières des produits forestiers les plus importants[1], sur les procédures d'attribution des permis, de contrôle, de répression, sur les redevances et ristournes perçues par les services forestiers et les collectivités territoriales décentralisées (CIRAD, 2000). Les pratiques forestières qui dégradent (défrichement, surexploitation de produits forestiers) sont souvent liées à des pratiques commerciales. Les circuits sont dominés par des négociants urbains qui décident seuls de l'importance des prélèvements. La loi n'est pas effective car l'État est absent et les règles techniques de gestion inadaptées. Les systèmes de production agricole

---

[1] Les produits « porteurs » ont été identifiés par les services forestiers : bois de palissandre, de rose et d'ébène, *raphia, katrafay, arofy, hernandia voyroni, prunus africana*, huiles essentielles (*katrafay*), produits de plantation (pin et eucalyptus), bois-énergie et champignons.

intègrent une part importante de revenus issus de la forêt. Celle-ci est considérée comme une épargne, mais sans pour autant faire l'objet d'investissements pour l'entretien et la régénération qu'implique une gestion durable (Ramamonjisoa, 2001). Compte tenu de ces constats, une fiscalité forestière réformée devrait tenir compte de la diversité des produits et de leurs caractéristiques locales, être cohérente avec la politique de transfert de gestion et les évolutions administratives au niveau des collectivités territoriales décentralisées (Bertrand *et al.*, 1999 ; CIRAD, 2000).

Pour les spécialistes en économie forestière, le système de taxation actuel fondé sur la capacité de croissance naturelle est remis en cause puisqu'il n'incite pas à entretenir et à régénérer la forêt. Le nouveau système de taxation devrait permettre de passer d'une économie d'extraction à une économie de production et partir non pas de la structure des forêts mais, dans une logique beaucoup plus économique, des volumes et quantités prélevées, de la structure des prix et des logiques des acteurs. Cette approche de la réforme fiscale présente comme un problème de sous financement du secteur forestier ce qui est en fait un problème de positions de pouvoir liées à des monopoles étatiques. Car on ne change pas de fiscalité forestière en changeant de système de taxation si la crise fiscale est une conséquence de l'économie de prédation. Ce qui est discutable n'est donc pas le constat du sous financement qui n'est que trop réel, mais le postulat selon lequel la viabilité financière du système de gestion des forêts pourrait être améliorée sans toucher aux monopoles étatiques capturés.

I. La question de la réforme de la fiscalité forestière

Une approche sociologique de la fiscalité forestière rencontre, à Madagascar, deux obstacles qu'il faut essayer de ne pas confondre. Le premier est lié au contenu et au champ d'application de la réforme. La seule expérience de décentralisation fiscale dans le secteur forestier à Madagascar vient d'une application pilote de la réforme dans le cadre d'un programme régional de gestion de l'énergie domestique[2]. Le deuxième obstacle a trait aux causes de la corruption et à ses effets sur le fonctionnement quotidien du service forestier. Que la décentralisation fiscale soit limitée pour l'heure à quelques dizaines d'associations de charbonniers n'interdit pas en effet de tirer des leçons générales de ces expériences particulières.

---

[2]   Ce programme, qui comporte également une série d'autres activités relatives à la crise de l'énergie domestique, est mis en œuvre conjointement par le ministère de l'Énergie et des Mines et le ministère de l'Environnement et des Eaux et Forêts, coordonné par le CIRAD Forêt et financé par la Banque mondiale.

A. Les objectifs de la décentralisation fiscale

Entre 2000 et 2002, l'Organisation des Nations unies pour l'alimentation et l'agriculture (FAO) a conduit des études sur les modes de financement du secteur forestier dans 32 pays d'Afrique. À Madagascar, les dépenses publiques consacrées au secteur forestier se chiffraient à environ 11 millions de dollars pour l'année 1999, dont 62 % issus de financement extérieurs, 14 % du budget de l'État et 23 % des taxes forestières (FAO, 2003, p. 111). Étant donnée l'insuffisance du niveau de dépenses publiques, de nombreux pays africains sont actuellement en train d'expérimenter de nouvelles méthodes pour trouver et maintenir des moyens de financement du secteur forestier. Parmi ces méthodes, la FAO cite notamment la décentralisation fiscale, l'autonomie financière des administrations forestières, le partage des coûts et des avantages avec les communautés locales, l'utilisation de fonds forestiers et la privatisation des forêts publiques (FAO, 2003). Deux types de décentralisation fiscale peuvent être envisagés :

> Quelques pays ont conféré aux communautés un contrôle total sur les ressources forestières, y compris la responsabilité de collecter les taxes […] En revanche, ces communautés doivent reverser une part des recettes à l'administration forestière et, dans certains cas, en consacrer une partie à la gestion des forêts. Cependant, la plupart des pays ont introduit des systèmes plus simples dans le cadre desquels l'administration forestière garde le contrôle et verse une partie des recettes fiscales aux communautés ou à l'autorité locale (FAO, 2003, p. 117).

À Madagascar, la direction générale des Eaux et Forêts a reconnu, dès 2000, la nécessité de compléter la législation forestière élaborée au cours des années 1995 à 1999 par un dispositif de taxation différencié par province et par produit, incitatif pour une bonne gestion des ressources (bois notamment, mais aussi produits non-ligneux, produits de la châsse, pêche, etc.). Pour le CIRAD Forêt, la nouvelle fiscalité forestière devait en effet « remplacer les textes actuels qui ne sont souvent que des notes et circulaires sans vraie force juridique et incohérents d'un service à l'autre ou entre différentes régions » (CIRAD, 2000, p. 2).

Jusqu'ici, le rôle de la fiscalité a été limité au seul approvisionnement budgétaire de l'État. Par contraste, les réformes actuelles tendent à considérer les redevances et ristournes comme « un outil de politique économique et de politique de l'environnement qui est structurant dans la mesure où il adresse des 'signaux' aux agents économiques » (Karsenty, 1999b, p. 102). Les instruments fiscaux et les autres instruments de gestion forestière, y compris la réglementation, constituent un ensemble d'éléments en interaction. Considérés comme un ensemble, « ils représentent un système produisant des effets globalement prévisibles », donc potentiellement maîtrisables à travers différentes combinaisons d'instruments qui « doivent être adaptés en fonction des situations nouvelles, des changements institutionnels, des processus d'apprentissage des acteurs et des capacités de maîtrise des différents outils par l'administration » (Karsenty, 1999b, p. 102).

Pour la FAO, les faibles taux de taxation forestière constatés dans la plupart des pays africains traduisent des politiques délibérées des gouvernements qui « subventionnent » la consommation de bois énergie pour des raisons sociales. Pour internaliser le coût écologique de l'exploitation des produits ligneux, les taxes forestières devraient donc être relevées et il vaudrait mieux, pour en fixer le montant, recourir à des critères économiques plutôt qu'à la consultation politique avec les intéressés. Toute augmentation des taxes devrait également s'accompagner de mesures propres à éviter des dérives telle que la corruption (FAO, 2003).

Dans une approche qui se propose d'internaliser les externalités à travers des taxes incitatives, il est essentiel de connaître la différence entre coûts privés et coûts sociaux. Les travaux préparatoires de la révision de la fiscalité forestière à Madagascar visaient d'abord à comprendre le fonctionnement des principales filières de produits forestiers. Les études de filière cherchaient à déterminer, pour chaque catégorie d'acteurs, les coûts liés à l'utilisation des produits forestiers, même si les données recueillies étaient si lacunaires qu'il a fallu recourir à des simulations pour calculer les montants de la taxe (Ramananarivo et Ramamonjisoa, 2001). L'avantage d'une écotaxe par rapport aux redevances forestières classiques serait non seulement de pouvoir imposer les profits des intermédiaires (collecteurs, commerçants, transformateurs, etc.), mais aussi d'inciter les acteurs à intégrer volontairement le coût des dommages dans leur calcul de rentabilité individuelle. À la différence d'une imposition déduite d'un budget global, la prise en compte des coûts sociaux permettrait ainsi d'améliorer le recouvrement des taxes (Ramananarivo et Ramamonjisoa, 2001).

Les expériences pratiques en la matière suggèrent, cependant, qu'un relèvement même minimal de l'assiette fiscale est de nature à encourager l'évasion fiscale selon les formes endémiques de la petite corruption. Faute d'un système de contrôle qui fonctionne à peu près correctement, le relèvement de l'assiette fiscale rend encore plus difficile le recouvrement des taxes, étant donné que l'évasion fiscale est dans ces conditions le choix économique rationnel. Pour fixer le montant d'une taxe incitative selon des « critères économiques » comme le suggère la FAO, il faudrait pouvoir imposer les transporteurs et autres intermédiaires entre charbonniers ruraux et consommateurs en ville, faut de quoi même une très faible augmentation des taxes locales rend le charbonnage prohibitif pour les producteurs ruraux travaillant au sein d'une association de charbonniers. Les charbonniers cherchent alors à obtenir des autorisations légales exceptionnelles ou à régulariser leur situation à travers la petite corruption administrative[3].

Ces observations suggèrent que le problème de la fiscalité forestière ne peut être correctement appréhendé à travers les notions de coût social et d'effet externe. Lorsque les stratégies des acteurs consistent à se positionner en fonction des allocations abusives qui empêchent le contrôle forestier de fonctionner correctement, une taxe pigouvienne ne peut pas conduire à la modification des conduites individuelles même si elle est calculée à partir de chiffres réels. On doit, par ailleurs, se demander si la faiblesse des taxes recouvrées est due à une politique délibérée de l'administration ou à son incapacité structurelle à exercer un contrôle efficace sur les filières. Dans ces conditions, le calcul d'une écotaxe différentielle par des experts sert à légitimer l'augmentation des redevances forestières et non pas à mettre en place des incitations économiques. Les initiateurs de la réforme ont jugé opportun d'enquêter sur les coûts sociaux des produits forestiers parce qu'ils estimaient que le relèvement de l'assiette fiscale serait plus facile à défendre politiquement en le répartissant selon l'optimum de Pareto sur les différents acteurs de la filière bois, tels que par exemple les exploitants, bûcherons tâcherons, collecteurs, transporteurs, commerçants, artisans, industriels et exportateurs (Ramananarivo et Ramamonjisoa, 2001).

Un deuxième argument souvent cité par les économistes de l'environnement en faveur de la décentralisation fiscale est celui des coûts de transaction. Il consiste à présenter comme une inefficience du marché ce qui est en fait un problème de distribution de la valeur entre les acteurs de la filière. Il est repris sous forme de recommandation par la FAO (2003, p. 119) :

> L'expérience ayant montré que les taxes locales génèrent souvent davantage de revenus, les pays devraient adopter des modes de taxation plus simples et plus efficaces. Plus le nombre de producteurs est grand, plus les coûts de transaction sont élevés ; les pays devraient donc envisager de répartir la perception des taxes en développant les mécanismes de partage des coûts et avantages.

Les imperfections des marchés ruraux seraient dues à la présence de coûts de transaction que la décentralisation fiscale permettrait de réduire. En réalité les coûts de transaction sont plus élevés dans un marché

---

[3]   Malgré les constats des travaux préparatoires, le projet de réforme fiscale ne prévoit pas d'imposer les intermédiaires.

parfait (où tout est librement échangeable) que dans un marché imparfait structuré par des pratiques coutumières. Nos enquêtes menées en 2003-2004 sur les marchés ruraux de charbon de bois dans la province de Mahajanga montrent que le commerce des filières parallèles constitue la solution la plus efficiente, étant donné le grand nombre de producteurs, intermédiaires et agents de contrôle impliqués dans le système d'activité. La coordination spontanée du charbonnage et commerce au sein de marchés ruraux parallèles est moins coûteuse que la négociation et le respect de plans d'aménagement locaux. En revanche, la répartition du revenu entre producteurs et intermédiaires dans ces marchés est si inégale que l'augmentation des taxes à l'amont a des effets prohibitifs même si elle est associée à un mécanisme négocié de partage des recettes avec le service forestier. À moins que la négociation inclue tous les acteurs d'une filière et porte sur tous les coûts et avantages considérés par eux, un tel mécanisme ne peut avoir d'effets incitatifs. La FAO (2003) précise à cet égard que : « La plupart de ces systèmes [de partage des recettes] ont été introduits récemment, dans le cadre de projets pilotes spécifiques qui étaient financés et administrés par des donateurs. Aussi la capacité institutionnelle à inscrire ces systèmes dans la durée fait-elle souvent défaut » (*ibid.*, p. 117).

Fondée sur une comparaison de 32 rapports nationaux sur les modalités de financement du secteur forestier, cette conclusion est confirmée par le cas de Madagascar. Un dispositif de décentralisation fiscale a été testé dans le cadre d'un programme régional sur l'énergie domestique dans la province de Mahajanga. Il n'existe pas d'expériences de décentralisation concernant d'autres produits forestiers, dans le cadre des concessions d'exploitation de bois tropical par exemple. Même dans la zone d'intervention du programme pilote, le nouveau système fiscal s'applique uniquement aux exploitations régies par un contrat de gestion avec une association villageoise, non pas à celles régies par les autorisations de carbonisation. La perception des taxes forestières par une association villageoise suppose que celle-ci se conforme aux formes réglementaires et que l'administration forestière lui ait préalablement accordé le droit de gérer la parcelle d'où provient le charbon de bois. Les deux modalités du partage des bénéfices distinguées par la FAO selon que l'administration garde ou non le contrôle du recouvrement fiscal s'appliquent ainsi simultanément sur un même espace territorial, le choix entre les deux options s'opérant théoriquement à l'échelle des parcelles[4].

---

[4] L'évasion fiscale n'implique ici même pas de fraude, mais un choix entre deux options légales.

B. Les structures administratives de mise en œuvre de la nouvelle fiscalité forestière

Pour éviter le dédoublement des procédures, la FAO recommande que la décentralisation des fonctions de perception des taxes et d'engagement des dépenses s'inscrive dans le cadre d'une politique fiscale nationale (FAO, 2003). À Madagascar, les travaux sur la fiscalité et les procédures administratives initiées en 2000 s'étaient déjà donnés pour objectif :

> de rester cohérent par rapport aux évolutions administratives nationales induites par les lois relatives à la décentralisation de 1995 pour prévenir en particulier les effets négatifs que pourront avoir ces évolutions en terme de financement des collectivités locales et provinciales et [...] d'aider à ce qu'une nouvelle répartition des bénéfices du trafic des produits forestiers puisse être instituée notamment pour que chaque niveau de contrôle puisse s'autofinancer depuis les communautés de base jusqu'aux services des Communes, des Provinces et de l'État (CIRAD, 2000, pp. 1-2).

Ces travaux et les expériences pratiques avec les associations de charbonniers du programme pilote de Mahajanga ont finalement débouché en 2003 sur un projet de décret relatif à la décentralisation fiscale dans le secteur forestier[5].

Le dispositif défini à travers ce décret concerne l'ensemble des produits forestiers et sera applicable sur l'ensemble du territoire. Dans ses grandes lignes, la principale innovation par rapport au système existant est la création de régies de recettes appelées « guichets uniques » au niveau de chaque commune. Elles sont chargées de recevoir à la fois les produits du recouvrement des redevances forestières et des ristournes dues aux collectivités territoriales (Art. 16). Le montant des redevances forestières recouvrées est ensuite reparti entre les fonds forestiers provinciaux et national[6]. Une autre innovation est que le suivi et le contrôle s'exercent en principe conjointement par l'administration forestière, les provinces autonomes, les communes et les communautés de base (associations paysannes) (Art. 21), bien que le texte précise que chaque autorité reste compétente pour fixer le montant correspondant à sa propre taxe. Ainsi, les collectivités territoriales sont habilitées à contrôler le transport et la commercialisation des produits forestiers mais « sans qu'il soit fait aucun préjudice de la compétence réglementaire des organes déconcentrées de l'État » (Art. 24). Rien n'empêche par ailleurs

---

[5] Projet de décret relatif à la réorganisation de la fiscalité forestière et du système de suivi et de contrôle du secteur forestier, ministère de l'Environnement et des Eaux et Forêts, Antananarivo, 2003.

[6] Décret n° 2001-1123 fixant les modalités de gestion des fonds forestiers.

le service forestier national et ses antennes régionales déconcentrées de continuer à abuser de ses compétences fiscales pour autoriser des exploitations irrégulières.

Même d'un point de vue formel, la décentralisation du recouvrement n'implique pas en elle-même le partage des recettes. Malgré le principe du guichet unique et quelques changements dans la façon d'établir les redevances[7], le parallélisme entre redevance forestière, redevance d'exportation et ristournes des collectivités territoriales est conservé dans le nouveau dispositif. Restent également intactes les prérogatives du service forestier en matière d'attribution des droits d'exploiter qui justifient ces redevances, ce qui relativise quelque peu la signification de cette réorganisation fiscale du point de vue du partage des bénéfices avec les communautés locales (associations paysannes). Lorsqu'elles existent, celles-ci pourront être chargées du recouvrement des redevances, mais elles n'en retireront aucun revenu à moins que leur contrat de gestion avec l'administration forestière n'en décide autrement[8]. Indépendamment de ces considérations, on note que le projet de décentralisation fiscale n'a pas connu de suite depuis qu'il a été soumis au gouvernement en 2003. À moins qu'une condition explicite des bailleurs de fonds internationaux ne l'exige, la réforme ne devrait pas être décrétée. L'administration fiscale s'y oppose parce que le principe du guichet unique serait contraire au code fiscal[9].

La problématique fiscale est la conséquence d'un système inopérant de contrôle territorial des produits forestiers. Et le mauvais fonctionnement du contrôle s'explique moins par le système de taxation que par l'organisation du service forestier. La réforme fiscale ne pourra donc à terme faire l'économie d'une réforme de l'administration forestière. Mais les obstacles à ce niveau ne sont pas moins lourds. Le maintien d'un service forestier centralisé par la nouvelle politique forestière se justifie avec l'argument selon lequel un organe décentralisé viderait de ses meilleurs éléments l'administration centrale, laquelle s'enliserait dans le « manque de moyens », la « paperasse », la « jalousie » et la

---

[7] Le montant est déterminé en fonction de la valeur du lot en ce qui concerne les produits ligneux, de la quantité récoltée en ce qui concerne les produits non ligneux (Art. 14).

[8] Selon la FAO, les problèmes sont liés à l'identification des parties appelées à bénéficier du partage, au manque de compétences des communautés en matière de gestion des fonds, aux difficultés d'accès aux fonds détenus à l'échelon central et au manque d'intérêt des administrés dont la majorité opère dans l'informel.

[9] Selon l'argument de certains fonctionnaires, l'augmentation de la fiscalité forestière serait contraire à la politique de détaxation (de certains biens d'importation !) du gouvernement actuel.

« médiocrité » (République de Madagascar, 1995, p. 30)[10]. Depuis lors, la question de la réforme de l'administration forestière et celle du contrôle qui lui est lié ont été soulevées à intervalles réguliers par divers bailleurs de fonds (Raharison, 2000 ; POLFOR, 2000 ; PAGE, 2001). Ces initiatives ont au mieux débouché sur des mesures « cosmétiques »[11], c'est-à-dire des mesures d'affichage, ou ponctuelles et dont l'action en profondeur n'est pas avérée, ou même souhaitée. Quant à la création d'une agence nationale de gestion des forêts sollicitée par la Banque mondiale, elle ne vise apparemment pas non plus à réformer cette administration, mais à créer une autre structure d'appui qui, selon la formule consacrée, risque de la « vider de ses derniers bons éléments ».

En traitant des questions liées au contenu et à l'application de la réorganisation fiscale, un problème plus fondamental se fait jour. Le problème de fond n'est pas le faible montant des taxes ni la difficulté à les recouvrer, mais l'impossibilité de contrôler les autorisations irrégulières. Il semble en effet que les causes de la résistance passive aux réformes dans le secteur forestier soient les mêmes que celles à l'origine de la corruption forestière. Si cette hypothèse est correcte, l'élaboration d'un projet de réforme fiscale pour le secteur forestier et l'analyse de son application pilote supposent une connaissance du rôle et de l'importance relative des transactions illégales dans le fonctionnement routinier de « l'État forestier » (Karsenty, 1999a).

II. L'« impensé » sociologique de la réforme fiscale dans le secteur forestier

La fiscalité forestière peut s'analyser comme un ensemble de pratiques légales et illégales d'allocation de monopoles administratifs dans un secteur particulier. Les enquêtes du CIRAD Forêt menées en 2000-2001 sur les procédures administratives forestières dans les six provinces de Madagascar contiennent de nombreuses informations sociologiques dont le projet de réforme ne tient pas compte. L'étude recense les textes et initiatives locales portant sur les permis forestiers et la taxation forestière qui y est relative, les ristournes prélevées par les collectivités territoriales sur le commerce des produits forestiers, ainsi que les dispositifs de contrôle du trafic de ces produits. Il en ressort que :

---

[10] Il faut se demander si les meilleurs éléments du service forestier n'étaient pas déjà « jaloux », « médiocres » et « insuffisamment dotés en moyens de fonctionnement » au moment des travaux préparatoires en 1995.

[11] Par exemple, l'arrêté n° 12703/2000 portant création d'un observatoire du secteur forestier.

- les systèmes de contrôle, de délivrance des autorisations d'exploitation et de prélèvements fiscaux fonctionnent d'une manière indépendante et très diversifiée ;
- les procédures élaborées respectivement par les administrations forestières et des collectivités décentralisées relatives aux produits forestiers sont mises en œuvre indépendamment l'une de l'autre ;
- l'application des textes de portée nationale est difficile dans la mesure où les spécificités régionales ne sont pas prises en compte et les agents de terrain ne disposent pas toujours des textes les plus récents ;
- le laisser-aller dans l'exploitation des ressources forestières est favorisé par un désengagement de tous les acteurs dans la prise des responsabilités (Andriambahoaka et Randrianarivelo, 2001).

Comment expliquer l'inefficacité du contrôle, la tendance à la multiplication des procédures et le manque de coordination entre autorités parallèles ?

Étant donné que la « corruption » revêt plusieurs sens selon les points de vue culturels adoptés, on pourrait d'abord faire l'hypothèse d'une économie morale particulière au contexte malgache. En englobant les différentes sortes de pratiques illégales dans un « complexe de la corruption » (Olivier de Sardan, 1996), cette hypothèse fait non seulement l'économie d'une définition analytique du phénomène, mais aussi de la diversité des points de vue des acteurs partageant une même économie morale. Alternativement, on pourrait expliquer l'inefficacité du contrôle forestier par la culture professionnelle locale du corps administratif qui en a la charge. Mais une culture professionnelle particulière à l'administration forestière existe-t-elle à Madagascar ? N'est-ce pas simplement la structure des opportunités d'allocation qui unit l'administration forestière ? Comme la définition culturelle, la définition socioprofessionnelle de la corruption est normative même si elle insiste plus sur le dysfonctionnement du droit importé que sur les logiques culturelles endogènes. Les définitions normatives explorent des significations, mais elles ne cherchent pas à comprendre les transactions officieuses sous l'angle de leurs fonctions sociales et les raisons pour lesquelles « l'esprit de corps » ne détermine pas les conduites routinières des agents forestiers. Pour tenter de répondre à cette question, nous proposons d'articuler une variante minimaliste de culture professionnelle avec une variante minimaliste de culture commune ou économie morale.

A. L'hypothèse d'une « économie morale de la corruption » dans le secteur forestier

La notion du « complexe de la corruption » gomme la différence entre la corruption au sens strict, la petite corruption et les dérives de l'aide internationale, l'ensemble de ces pratiques illégales étant justifié, du point de vue des acteurs, par une économie morale (Olivier de Sardan, 1996). La présence de logiques sociales spécifiques (négociation, courtage, cadeau, entraide, prédation, redistribution, etc.), combinées à deux facilitateurs (sur-monétarisation, honte, etc.), ferait que la continuité est impossible à démêler entre la petite délinquance, les dérives des projets de développement et la grande corruption politique. Toutes ces pratiques formeraient le complexe de la corruption qui caractérise « l'État africain déliquescent » (Olivier de Sardan, 2000). Le concept d'économie morale n'empêche pas de distinguer petite et grande corruption. Elle permettrait même d'en distinguer une troisième forme, liée aux dérives du système de l'aide internationale.

Si on adopte le point de vue des certains acteurs, seules quelques formes de corruption forestière (la « petite » corruption, le dévoiement des projets d'aide) se justifient tandis que d'autres ne se justifient pas. Les abus de fonction autorisant l'agriculture de subsistance ou l'approvisionnement des villes en énergie domestique à bas prix ne rentrent pas dans la catégorie des actes répréhensibles parce que l'application conforme du droit forestier n'y est pas une option réaliste. Des raisons objectives expliquent pourquoi, du point de vue des acteurs, il ne s'agit pas de corruption. En revanche, il n'existe aucun principe moral qui justifie les abus de fonction d'un ministre des Eaux et Forêts. La preuve en est que les agents forestiers enquêtés tendent à nier l'existence d'allocations abusives de ce type, alors qu'ils justifient les autres formes d'illégalité par un discours sur la pauvreté et la nécessité d'y apporter des régulations, fussent-t-elles *stricto sensu* illégales, para légales, etc. Là encore des raisons objectives liées à la hiérarchie du commandement au sein de l'administration expliquent cet état de choses ; par exemple, affecter un client à un poste élevé dans l'administration forestière, ou lui attribuer une concession irrégulière, sert directement à produire un bénéfice politique[12].

Le détournement de l'aide internationale constitue du point de vue moral une sorte de « zone grise ». Ceux qui croient dans le bien-fondé

---

[12] Ces allocations (tout comme d'ailleurs les allocations dans le cadre des projets d'aide) apparaissent moins importantes sinon en termes monétaires, du moins en terme d'impact sur le couvert forestier, que les abus de fonction dont la justification invoquée est la satisfaction des besoins des populations.

de l'aide et de l'expertise étrangères assimilent les pratiques de courtage, les commissions sur les projets, l'adoption de politiques injustifia-
bles au plan éthique dans une logique de captation de la rente, etc., à des
formes de corruption. D'autres estiment en revanche que le détournement des financements extérieurs est une stratégie nécessaire pour éviter
que des politiques injustifiées soient effectivement mises en œuvre. Les
plus nombreux sont ceux qui sont « dupes » des programmes de réforme
mis en place avec l'aide internationale, mais cherchent néanmoins à en
détourner les moyens à leur profit personnel. L'idée d'économie morale
suppose de regarder de près comment les différents discours d'acteurs
divers qualifient des phénomènes variés, plutôt que de diluer ces différences dans un complexe africain de la corruption sans autre interrogation. Que les conceptions du bien et du juste soient, dans une certaine
mesure, relatives à des significations culturelles ne dispense pas de
rechercher les raisons pour lesquelles les acteurs eux-mêmes qualifient
certaines conduites d'illégales ou d'immorales.

B. L'hypothèse d'une « culture professionnelle » favorable à la corruption dans le secteur forestier

Jean-Pierre Olivier de Sardan a récemment modifié ses propos théoriques sur la corruption en Afrique. Le nouveau modèle explore les relations entre des « cultures professionnelles locales », qui seraient spécifiques aux différents services publics (sages-femmes, douaniers, etc.) et
une « culture bureaucratique privatisée » commune à l'ensemble des
services publics. Ce n'est plus que dans un troisième temps qu'interviennent désormais les logiques culturelles de l'économie morale, après
les logiques professionnelles spécifiques et les logiques bureaucratiques
générales. Il semble plus pertinent d'analyser le fonctionnement routinier d'un service public à l'aide du concept de « culture professionnelle
locale », beaucoup plus précis que celui de « complexe de la corruption ». Selon la définition de l'auteur, une culture professionnelle comporte trois éléments au moins :

> des « traces » directes des normes et compétences officielles respectives ;
> des traces plus indirectes, en ce qu'elles ont été « adaptées » et « trafi-
> quées », on pourrait dire « détournées » ; un ensemble de comportements
> appris sur le tas, autrement dit de normes informelles produites localement,
> à la fois d'ordre « technique », d'ordre « relationnel » et d'ordre « économi-
> que », dont la corruption fait partie (on pourrait ici parler de *coping strate-
> gies*, de « débrouilles ») (Olivier de Sardan, 2001, p. 69).

Cette définition répond aux objections qui doivent être adressées à
l'hypothèse du complexe de la corruption. En définissant la « culture
professionnelle forestière » par les trois éléments précités, on peut

distinguer : (1) les allocations de monopole abusives dans le cadre de la domanialité, (2) les transferts sociaux réalisés en échange (ou par redistribution) des biens publics détournés et (3) la structure de pouvoir qui tient ensemble allocations abusives et transferts sociaux. La notion d'une « culture bureaucratique privatisée » – que l'on comprendra comme une privatisation/personnalisation d'une action censée être une action publique d'État au service de l'intérêt général et non au service d'intérêts particuliers – semble en revanche plus difficile à concilier avec une démarche analytique. À suivre l'auteur, « quels que soient les services publics ou les administrations concernées, un certain nombre de comportements récurrents se manifestent dans la façon de travailler des fonctionnaires et leurs rapports avec les usagers » (Olivier de Sardan, 2001, pp. 69-70). Les traits récurrents de cette culture bureaucratique sont : la tendance à privilégier quelques uns ou quelques activités, la « privatisation interne », le clientélisme, l'improductivité, ainsi que la déshumanisation des relations administratives économiques et la personnalisation[13] des relations de pouvoir conférées par la fonction administrative. Par ailleurs, ces termes stigmatisent sans l'expliquer le détournement de l'aide internationale par des groupes et individus qui croient pourtant fermement en son utilité pour le développement.

Même si une culture de la corruption commune à plusieurs services publics contribuait à reproduire les pratiques abusives d'allocation de monopole dans le secteur forestier, ce sont les « transferts sociaux », économiques, politiques et symboliques ainsi réalisés qui justifient ces allocations du point de vue de l'économie morale (Mbembe, 2001). Or, il n'y a aucune raison analytique pour englober tous ces transferts dans une seule « culture bureaucratique privatisée ». Les indicateurs de cette dernière (octroi de privilèges, privatisation, clientélisme, etc.) caractérisent seulement les transferts politiques (grande corruption) et les transferts idéologiques dans la mesure où l'expertise internationale en matière de politiques publiques se trouve complice ou caution de la corruption. Les rapports de pouvoir ne laissent peut-être pas d'autre option aux bailleurs de fonds que d'être complices de la corruption forestière. Mais la notion d'une culture bureaucratique privatisée ne permet pas d'extrapoler davantage que la notion d'une culture professionnelle locale ne le permet.

L'État forestier peut apparaître comme une structure de pouvoir traversée, sinon constituée, par des opportunités d'allocation abusives légalement définies. Ainsi, on peut se demander si le concept de « culture

---

[13] Sur la déshumanisation et la personnalisation, voir Olivier de Sardan (2001, pp. 70-71).

professionnelle locale » est vraiment indispensable à l'analyse de cette structure d'opportunités caractérisant un secteur particulier d'activités, le secteur forestier avec ses exigences, ses mécanismes, ses régulations et ses tares. Ce ne sont pas les mêmes agents forestiers qui autorisent la conversion agricole et la production de charbon illégales, qui octroient des concessions d'exploitation illégales à leurs clients, qui transigent avec les projets étrangers tout en en « bloquant » les réformes législatives trop radicales. Les cultures professionnelles locales qui caractérisent les différents compartiments de l'administration forestière ne sont pas la cause, mais la conséquence d'opportunités d'allocation inégalement réparties. Le seul trait commun à toutes les catégories de fonctionnaires est l'idéologie du domaine forestier sans laquelle aucun des trois monopoles administratifs exposés n'existerait. Mais au-delà de cette idéologie, il est problématique de postuler une identité professionnelle commune à tous les membres du corps forestier.

Au-delà de la définition légale des monopoles du service forestier, cette idéologie conduit à deux états. D'une part, elle fonde une appartenance commune inculquée aux agents forestiers de tous les échelons (et pourrait ainsi justifier le concept de culture professionnelle locale malgré la différenciation hiérarchique à l'intérieur du service forestier). Les travaux préparatoires de la nouvelle loi forestière de 1997 illustrent le fondement de cette identité commune :

> Les périodes de réformes libèrent beaucoup d'initiatives qui ne sont pas toutes des plus heureuses. Il serait peut-être prudent d'inscrire dans la loi que l'administration forestière est animée par des professionnels (cela semble aller de soi mais pourrait être remis en question). On pourrait prévoir des compétences qui ne pourraient être exercées que par des ingénieurs diplômés ou sous leur responsabilité. [...] Il serait bon aussi de prendre garde à ce que les agents locaux ne se trouvent pas soumis à des supérieurs hiérarchiques non forestiers à la faveur de regroupements de services relevant d'administrations complémentaires (par exemple intégration des agents forestiers dans un service local polyvalent de développement rural). Si la coordination locale des administrations doit être recherchée, en revanche la confusion entre agronomes, forestiers et vétérinaires peut conduire à de sérieuses difficultés (République de Madagascar, 1995, p. 31).

D'autre part, l'idéologie de la domanialité forestière perpétue l'illusion d'une hiérarchie organisationnelle fondée sur le contrôle territorial.

> À Madagascar, un effectif réel réduit à 400 forestiers est censé s'occuper de quelques dix millions d'hectares, lesquels sont théoriquement accessibles à une population rurale potentielle évaluée à huit millions de personnes (soit une densité moyenne de gardiennage d'un forestier pour 20 000 ruraux sur 25 000 ha) (Buttoud, 1995, p. 47).

Au-delà de l'insuffisance du personnel technique, la répartition spatiale déséquilibrée de ce personnel conduit à une utilisation inadéquate des ressources humaines disponibles. Pour ne citer qu'un exemple, la superficie des forêts classées par technicien (toutes catégories confondues) varie de quatre hectares pour la province d'Antananarivo à 47 136 hectares pour Toamasina. Pour la couverture forestière en général, le ratio est respectivement de 11 086 hectares pour Antananarivo et 84 000 hectares pour Toamasina (Raharison, 2000). Dans ces conditions, le domaine forestier consistant théoriquement à administrer des espaces géométriquement délimités est réinterprété comme un droit administratif personnalisé s'appliquant aux membres d'une structure hiérarchique dépourvue de support territorial. Faute d'ancrage spatial, les capacités personnelles d'allocation et de transfert, la proximité relative de chaque individu par rapport au centre du pouvoir, deviennent les seuls éléments structurants du service forestier et les principaux facteurs déterminant de l'allocation ou du refus d'allocation. Tentons de cerner avec un peu plus de précisions cette culture de l'État forestier.

III. Allocations de monopole et transferts sociaux dans le secteur forestier

Représenté par l'administration des Eaux et Forêts, l'État exerce légalement trois monopoles pour gérer le domaine forestier dans l'intérêt général de la nation : punir les infractions à la réglementation forestière, attribuer les droits d'exploiter ou de gérer, redéfinir sa mission et réorganiser le service public forestier. Punir, attribuer et réorganiser sont les trois modalités légales pour allouer des ressources publiques à la réalisation de l'intérêt général dans le secteur forestier. De la définition légale du domaine forestier s'ensuit un ensemble de possibilités pour allouer des ressources publiques à des fins privées ou particularistes (Buttoud, 1995). Les allocations se distinguent quant aux stratégies et justifications mises en œuvre pour détourner (ou infléchir) chacun des trois monopoles de sa fonction initiale, leur seul point commun étant de ne pas se conformer aux modalités légales d'allocation.

A. *Le monopole de la répression des infractions dans le domaine forestier*

La répression des infractions forestières (défrichement, coupe illicite d'arbre, etc.) s'effectue généralement sur le mode de la transaction immédiate, qu'elle soit légale ou non. La loi prévoit deux principales catégories de sanctions en fonction de la gravité du délit, soit la « transaction » entre le contrevenant et l'agent verbalisateur, soit la sanction stricte sous forme d'amende ou d'emprisonnement. Seulement les délits graves sanctionnés par l'emprisonnement ne peuvent faire l'objet de transaction. Dans tous les autres cas, il est possible de convertir une catégorie dans l'autre, la sanction stricte n'étant prononcée que lorsque la transaction échoue. Les « transactions » favorisent plus généralement des arrangements entre le garde forestier et le paysan qui sont perçus localement comme une forme de négociation *a posteriori* d'une redevance pour des autorisations exceptionnelles. Ajustées aux ressources du contrevenant, les sanctions réelles sont bien inférieures à celles prévues par la loi et conduisent à une « démocratisation de la répression » (Buttoud, 1995), c'est-à-dire une administration non sélective et égalitaire des amendes. La fréquence des transactions officieuses, lesquelles représentent une part considérable du revenu des fonctionnaires à l'échelon inférieur de l'administration, explique pourquoi les services forestiers africains sont généralement hostiles à des politiques incitatives susceptibles d'assigner à leur personnel un rôle de technicien et non de policier. Suffisamment présent pour percevoir sa dîme, mais pas assez pour dissuader le paysan, le forestier se contente d'effectuer un prélèvement sur le produit généré à travers la dégradation des espaces boisés dont il a la charge (surveillance, contrôle, évaluation, etc.)

À travers ce type d'allocation, le devoir de réprimer les délits et les contraventions est réinterprété comme un droit de tolérer l'infraction. Le transfert social réalisé en contrepartie de l'abus de fonction est la reconnaissance de la production de subsistance ou commerciale dans le cadre de l'économie paysanne. Nos enquêtes de terrain, menées en 2003-2004 sur les marchés ruraux de charbon de bois dans la région de Mahajanga et sur la colonisation agraire des forêts naturelles à l'Est et au Nord de Madagascar, montrent cependant que la « transaction » abusive est associée à une procédure officieuse consistant à « mettre en règle » le délinquant. L'illégalité n'est d'ailleurs pas la seule option pour y arriver, puisqu'il existe toute une série d'exceptions légales au régime forestier commun. La pratique administrative la plus fréquente ne consiste donc pas à négocier les amendes, mais à réinterpréter des procédures d'octroi de permis de défrichement, d'autorisation de carbonisation et d'anciens permis de coupe, de façon à régulariser les pratiques irrégulières avant même qu'elles ne deviennent des infractions. Ces procédures ont toutes un fondement légal, mais elles sont souvent appliquées hors contexte ou après avoir été formellement abrogées. Les autorisations officielles mais irrégulières ne se limitent donc pas aux concessions d'exploitation, où l'on a tendance à les associer avec la corruption. Il s'agit d'une pratique beaucoup plus générale qui s'explique par la nécessité de concilier la fiction importée du domaine forestier avec les réalités économiques du monde rural.

B. Le monopole d'attribuer les droits d'exploitation

Dans le domaine de l'exploitation forestière, appliquer la réglementation ne se limite pas à surveiller et à dresser des procès-verbaux, mais implique l'intervention du service forestier comme collecteur des diverses redevances d'exploitation et de transport instituées par la réglementation en échange du droit d'exploiter. Le monopole d'attribuer les droits d'exploiter ou de gérer est défini légalement par les dispositions sur l'exploitation forestière, les autorisations de défrichement, permis de coupe, autorisations de carbonisation ou de collecte de produits non ligneux, auxquelles il faut désormais ajouter le transfert de gestion de ressources renouvelables à des associations à des fins de valorisation économique. Comme le souligne Buttoud (1995), l'arrangement trouve ici de nouvelles et intéressantes perspectives. Les autorisations se résument toujours à un titre-papier écrit pourvu de plusieurs tampons dont il est possible de monnayer alternativement ou cumulativement l'obtention, les délais nécessaires à l'obtention ou encore une fausse datation. Les enquêtes, menées en 2001 par le CIRAD Forêt et ses partenaires malgaches sur l'organisation de la filière palissandre à partir des ports d'exportation les plus importants (Tamatave, Majunga), constatent que les textes juridiques sont obsolètes au regard de l'évolution des marchés (Andriambanona *et al.*, 2001 ; ESSA-Forêts, 2000). Les procédures sont trop longues et trop opaques pour que les arrangements informels ne trouvent pas leur pleine efficacité. Parmi les problèmes relevés dans la province de Majunga, on peut citer :

> L'ignorance des *fokontany* (quartier) et communes sur les permis authentiques ; l'empiètement des lots d'exploitation ; la présence d'autorisations d'exploitation parachutées sans avis des communes et des *fokontany* ; la présence d'autorisations d'exploitation délivrées par des chefs de DIREF (service forestier provincial) hors de leur zone de responsabilité (Andriambahoaka et Randrianarivelo, 2001, p. 18).

Les enquêtes de filières précitées distinguent entre des arrangements relevant d'un circuit parallèle, qui calque strictement son organisation sur le circuit légal, et ceux relevant d'un circuit clandestin, qui fonctionne en marge de tout cadre juridique, administratif et fiscal. La conclusion de ces enquêtes est que, d'une part, l'administration forestière cautionne le circuit parallèle et, d'autre part, les deux circuits légal et parallèle servent ensemble de « paravent » au circuit clandestin. À mesure que l'on se rapproche de l'aval de la filière, l'origine du produit devient de plus en plus difficile à discerner. L'origine illégale du palissandre est « maquillée » en aval de la filière, étant donné que le produit peut intégrer le circuit légal à tout moment avant d'arriver au port d'exportation (Andriambanona *et al.*, 2001).

Lorsque le droit d'exploiter ou de gérer est attribué hors des procédures réglementaires, l'allocation abusive de la ressource publique consiste, comme dans le cas de figure précédent, dans la somme illégalement perçue par le fonctionnaire. Mais ici le bien visé en échange de l'allocation est ce que les exploitants forestiers appellent la « concurrence déloyale », c'est-à-dire le privilège que représente l'autorisation illégale par rapport à l'autorisation réglementaire, au-delà de l'activité illégale. Ce privilège ne se limite pas à l'aspect économique de l'activité illégale, mais il vise, en premier lieu, à produire de l'allégeance de la part des bénéficiaires envers ceux qui attribuent le privilège. C'est dans la mesure où ces transactions ont une fonction politique détachée de leur fonction économique, où elles convertissent le monopole de gérer une ressource économique en un monopole de privilégier des « clients » au détriment d'autres acteurs, qu'il fait sens de les qualifier de « corrompues ».

Ne rentrent pas dans une définition morale de la corruption les autorisations abusives mais non sélectives des activités de l'économie paysanne. Étant donné la nécessité d'approvisionner la masse urbaine pauvre en combustibles ligneux à bas prix, il convient politiquement de ne pas restreindre l'exploitation aux seules zones autorisées, trop peu nombreuses, et de tolérer l'exploitation illégale. Mais la fonction politique des « transactions » sur les amendes et des autorisations données aux agriculteurs et charbonniers ne peut être distinguée de leur fonction économique, contrairement aux autorisations de transport abusives dont bénéficient les intermédiaires. Les ententes entre fonctionnaires et négociants urbains rendent impossible la hausse des prix du charbon qui pourrait résulter d'une situation de libre concurrence. Une autre conséquence de la collusion à ce niveau, est d'empêcher la perception de l'impôt et donc des investissements publics dans le renouvellement de la ressource. Tous ces facteurs concourent à maintenir les prix du bois énergie trop bas pour justifier des comportements productivistes de la part des charbonniers ruraux. Dans la mesure où le bénéfice net immédiat de chaque opération dans ce système d'interactions reste positif, la ressource est exploitée comme une ressource non renouvelable (Buttoud, 1995).

La logique qui préside à l'exploitation du bois tropical à Madagascar ne diffère pas fondamentalement de celle de la filière bois énergie. L'aval de la filière domine partout l'amont. Les exploitants, qui sont souvent dans une situation financière précaire, n'ont qu'un faible poids sur la filière, tandis que les transformateurs et les exportateurs occupent une position dominante (Andriambanona *et al.*, 2001 ; ESSA-Forêts, 2000). À la différence des grands pays forestiers de l'Afrique équatoriale, les occasions d'exploitation illégale de bois tropicaux – principalement motivée par des considérations politiques et donnant lieu à la perception de sommes importantes par les clients et patrons du régime – seraient-elles inexistantes à Madagascar ?

C. Le monopole de définition du service public forestier et de réorganisation des modalités de celui-ci

Le contenu du monopole de réorganiser le service public est légalement circonscrit par l'énoncé de politique forestière de 1997, la nouvelle mission du service étant de généraliser l'aménagement à l'ensemble des forêts de l'État et de transférer par contrat des responsabilités à la société civile. Le transfert des responsabilités à la société civile est l'une des justifications programmatiques de l'aide aux secteurs environnemental, forestier et du développement rural, au même titre que la conservation de la biodiversité. Les membres du corps forestiers jouent un rôle de « courtiers du développement » dans la réorganisation interne du service. Du moment où les programmes d'aide internationale ne consistent plus seulement à financer des interventions locales de développement, mais à réformer l'État (méthodes et actions publiques, régimes de droit public), la notion de courtage s'applique potentiellement à l'ensemble de la fonction publique[14].

Depuis la promulgation de la loi sur le transfert de gestion des ressources renouvelables en 1996, quelques centaines de contrats ont été signés entre des associations villageoises et l'administration forestière sur financement extérieur, mais il n'existe à ce jour aucun contrat de gestion qui ait été élaboré à l'initiative propre des bénéficiaires ou de l'administration forestière. En collaborant à l'application de cette loi dans le cadre des projets d'aide, le service forestier a pu sécuriser un certain nombre d'avantages offerts par les nombreux projets d'aide qui souhaitent engager leurs fonds pour la gestion communautaire. Mais il n'est pas le seul « courtier » pour mettre en relation bailleurs de fonds et populations locales. Il existe des opérateurs spécialisés dans la préparation de contrats de gestion communautaire et qui sont capables d'offrir un service plus efficace que l'administration forestière[15]. La réorganisation du service forestier en fonction des priorités de l'aide internationale

---

[14] Dans les travaux sur la sociologie de l'aide internationale dans les pays sahéliens, ce terme fait référence à la croissance, en milieu rural, d'une couche sociale d'intermédiaires entre le dispositif de développement mis en place par les bailleurs internationaux et les bénéficiaires potentiels des interventions (Chauveau, 1994).

[15] Il s'agit en l'occurrence d'un organisme d'appui à la politique environnementale financé par le Programme des Nations unies pour le développement (PNUD) qui se spécialise dans l'expansion de la gouvernance environnementale participative (Froger *et al.*, 2004).

est devenue plus explicite depuis que la Banque mondiale conditionne le financement de l'administration forestière, dans le cadre du troisième programme environnemental, par la création d'une Agence nationale de gestion des forêts. L'objectif est de créer une nouvelle « structure d'appui » à l'administration forestière sous contrôle des bailleurs plutôt qu'une autorité administrative indépendante conçue sur le modèle d'un Office national des forêts qui remplacerait définitivement l'administration forestière en assumant les fonctions qui sont actuellement les siennes.

Conclusion

En réorientant son fonctionnement routinier aux niveaux local, provincial et central pour bénéficier des financements extérieurs, l'administration forestière ne renonce ni aux monopoles dont elle bénéficie légalement, ni aux privilèges conférées par les abus de ces monopoles. À la demande des clientèles respectives, le devoir de réprimer les infractions et de punir les contrevenants est réinterprété comme un droit de taxer les économies rurales, le devoir de gérer la production de bois comme un droit de privilégier les négociants urbains, et le devoir de fournir un service public efficace comme un droit d'abandonner la réforme administrative aux « projets-pilote », faute de pouvoir la monnayer. Loin d'annoncer la fin de « l'État forestier », ces réinterprétations concourent au contraire à maintenir son unité, car elles supposent que le monopole légitime sur le domaine soit dans chaque cas revendiqué avec succès par l'administration. La dissociation fonctionnelle des espaces forestier et agraire, qui fonde cette revendication dans l'imaginaire du forestier, n'a certes pas de réalité extérieure dans la mesure où les pratiques administratives *sus* évoquées en interdisent la traduction dans l'étendue physique. Il n'empêche que plus les forestiers s'accommodent des pouvoirs fonciers réels en transigeant dans l'informel, et moins les processus de légitimation du domaine échappent à leur emprise. La reconnaissance contractuelle du droit coutumier revêt dans ces conditions un caractère paradoxal, à défaut de rupture avec le mode colonial de gestion forestière. Plus les services étatiques monopolisent le pouvoir légitime dans l'intérêt de leurs clientèles, et moins le transfert de compétences administratives et fiscales à des instances villageoises et communales répond à une demande sociale. De cette manière, la fiction unitaire du domaine colonial reste structurante pour un « secteur » dont l'organisation effective obéit à une logique fondamentalement différente.

Références

ANDRIAMBAHOAKA, H. et RANDRIANARIVELO, G.B. (2001), « Étude sur les procédures d'attribution des permis, de suivi et de contrôle des produits forestiers », Rapport final, Direction générale des Eaux et Forêts/Coopération française, Antananarivo, 42 p.

ANDRIAMBANONA, R.D., ISLE DE BEAUCHAINE, C., LEFÈVRE, B. et RASAMOELINA, M. (2001), « Étude de la filière palissandre à Madagascar », tome 1 : étude socio-économique de la filière, DGEF/FOFIFA/CIRAD/ESSA, Antananarivo, 74 p.

BERTRAND, A., BABIN, D. et NASI, R. (1999), « Les composantes de l'aménagement forestier et leurs incidences financières », *Bois et forêts des tropiques*, 261(3), pp. 51-59.

BUTTOUD, G. (1995), *La forêt et l'État en Afrique sèche et à Madagascar : Changer de politiques forestières*, Paris, Karthala.

CHAUVEAU, J.P. (1994), « Participation paysanne et populisme bureaucratique. Essai d'histoire et de sociologie de la culture du développement », in Jacob J.P. et Ph. Lavigne Delville (dir.), *Les associations paysannes en Afrique*, Paris-Marseille-Genève, APAD-Karthala-IUED, pp. 25-60.

CIRAD (2000), « Étude et révision de la fiscalité et des procédures administratives forestières », Note technique n° 8, Projet FAC (Fond d'appui à la coopération), Coopération française, Antananarivo, 11 p.

ESSA-FORÊTS (2000), « Rapport d'investigation sur Tamatave de l'étude de la filière palissandre », ESSA-Forêts, Antananarivo, 16 p.

FAO (2003), « Régimes fiscaux applicables aux forêts en Afrique : tendances récentes », in *Situation des forêts du monde*, Rome, Organisation des Nations unies pour l'alimentation et l'agriculture, pp. 108-121.

FROGER, G., MÉRAL, PH. et HERIMANDIMBY, V. (2004), « The Expansion of Participatory Governance in the Environmental Policies of Developing Countries: the Example of Madagascar », *International Journal of Sustainable Development*, 7(2), pp. 164-184.

KARSENTY, A. (1999a), « Vers la fin de l'État forestier ? Appropriation des espaces et partage de la rente forestière au Cameroun », *Politique africaine*, 75, pp. 147-161.

KARSENTY, A. (1999b), *Les instruments économiques de la forêt tropicale. Le cas de l'Afrique centrale*, Paris et Montpellier, Maisonneuve et Larose/ CIRAD.

MBEMBE, A. (2001), *On the Postcolony*, Berkeley, University of California Press.

OLIVIER DE SARDAN, J.P. (1996), « L'économie morale de la corruption en Afrique », *Politique africaine*, 63, pp. 97-116.

OLIVIER DE SARDAN, J.P. (2000), « La dramatique déliquescence de l'État africain », *Le monde diplomatique*, février.

OLIVIER DE SARDAN, J.P. (2001), « La sage-femme et le douanier. Cultures professionnelles locales et culture bureaucratique privatisée en Afrique de l'Ouest », *Autrepart*, 20, pp. 61-73.

PAGE (2001), « Appui à la gouvernance forestière à Madagascar : Stratégie et état d'avancement de l'appui de PAGE », Projet PAGE, Antananarivo, 22 p.

POLFOR (2000), « Termes de référence sur l'élaboration de manuel de procédures de déconcentration et de décentralisation de l'administration forestière », Gesellschaft für Technische Zusammenarbeit (GTZ ; Société pour la Coopération technique ; Agence allemande de coopération au développement), Antananarivo, 4 p.

RAHARISON, R. (2000), « Contexte institutionnel de la conservation des forêts à Madagascar », Série Études sur la politique de conservation des ressources forestières à Madagascar, Conservation International et Direction générale des Eaux et Forêts, Antananarivo.

RAMAMONJISOA, B. (2001), « Rapport de Madagascar sur le régime fiscal forestier et l'appui financier à l'aménagement durable des forêts », Programme de partenariat CEE-FAO (2000-2002), Antananarivo, 40 p.

RAMANANARIVO, S. et RAMAMONJISOA, B. (2001), « Rapport d'étude et de révision de la fiscalité forestière », FAO, octobre, Antananarivo, 74 p.

RÉPUBLIQUE DE MADAGASCAR (1995), « Documents concernant le processus de préparation de la révision de la législation forestière à Madagascar », ministère du Développement rural et de la Réforme foncière, Direction générale des Eaux et Forêts, Intercoopération/ESSA-Forêts, Antananarivo, 50 p.

Les situations foncières de colonisation agraire de la forêt de Madagascar

Du pluralisme du discours normatif au syncrétisme du droit de la pratique[1]

Jean-Patrick RANJATSON

*Université d'Antananarivo, ESSA,
département Eaux et Forêts, Madagascar*

La richesse et le fort taux d'endémisme de la faune et de la flore malgaches suscitent une implication croissante d'acteurs internationaux dans la gouvernance de la biodiversité à Madagascar. Les financements extérieurs pour la conservation des forêts abondent. Plus encore, certains affirment que les politiques publiques environnementales ne sont pas entièrement conçues par l'État malgache à cause d'une ingérence politique des bailleurs de fonds qualifiée de « néocolonialisme vert » (Hufty et Razakamanantsoa, 1995). La Charte de l'environnement[2] malgache peut être considérée comme un produit de l'intégration croissante du pays dans le mouvement mondial en faveur de la conservation de la diversité biologique. Elle détermine les orientations des politiques foncières et forestières qui sont fortement influencées par des idées importées comme le transfert de gestion, et elle s'insère explicitement dans le cadre des réformes administratives et politiques imposées par le Fonds monétaire international (FMI) et la Banque mondiale, à savoir le désengagement de l'État et la privatisation. Les politiques publiques environnementales portent ainsi les marques de la mondialisation non seulement

---

[1] L'auteur remercie les référés pour leurs remarques et commentaires. Il remercie également Frank Muttenzer pour son aide sur la dernière version de cette contribution ; toutefois, il reste seul responsable de la version finale ainsi que des erreurs subsistantes.

[2] Loi 90-033 du 21 décembre 1990 sur la Charte de l'environnement (République de Madagascar, 2001).

politique mais aussi financière[3]. Conséquence des programmes d'ajustement structurel qui prônent le désengagement de l'État et la décentralisation ou de l'influence des théories relatives à la gestion communautaire des ressources naturelles, les politiques foncières et forestières s'orientent de plus en plus vers la décentralisation et la reconnaissance variable des pratiques locales. À Madagascar, les principales politiques de décentralisation en matière environnementale sont le transfert de gestion des forêts (TGF), consacrés par la loi 96-025 du 30 septembre 1996 portant sur la GELOSE (Gestion locale sécurisée des ressources naturelles renouvelables) et le décret 2001-122 du 4 février 2001 sur la gestion contractualisée des forêts ainsi que la sécurisation foncière relative (SFR), consacrée par le décret 98-610 du 13 août 1998 (République de Madagascar, 2001). Analyser les politiques publiques environnementales et leurs impacts réels selon la méthode énoncée par Thoenig (1984), c'est donc aussi voir à travers elles les impacts locaux des enjeux internationaux sur la biodiversité. Les ressources de la biodiversité, comme les ressources naturelles en général, constituent un facteur de première importance pour le développement à Madagascar où le secteur primaire reste prépondérant. En admettant qu'il faille conserver les forêts, la question est de savoir comment concilier les besoins des populations rurales vivant des forêts et les exigences de la conservation fortement influencées par la conception qu'en proposent certains bailleurs de fonds internationaux.

Dans ce contexte, la reconnaissance des capacités locales de gestion des ressources naturelles appelle de nouvelles perspectives théoriques quant à la gestion de ces ressources. En effet, les théories actuelles sur le droit africain, foncier et forestier notamment, convergent sur un point, le pluralisme juridique. Cette tendance est née du constat de l'inefficacité du droit positif[4] introduit à partir de la colonisation (1896-1960) et poursuivi ensuite par les États. Elle dénote une certaine réhabilitation des cultures africaines qui étaient, estime-t-on, reléguées au second plan, sinon ignorées, par les États coloniaux et post-indépendants. On pense trouver dans le pluralisme la voie idéale pour l'Afrique, celle qui

---

[3] La Charte de l'environnement stipule clairement que la gestion de l'environnement doit être laissée aux malgaches tandis que la responsabilité revient à la communauté internationale.

[4] Le droit positif est un ensemble de règles écrites et découlant de la constitution, mises en œuvre par l'autorité publique, qui doivent déterminer le comportement des individus et groupes. Il prévoit même les limites de sa propre application en conférant un pouvoir discrétionnaire aux juges, par exemple pour trancher dans des situations non prévues par les règles. Il est « unique » ou « uniformisant » car il exclut toute autre forme de droit.

conduira à la mise en place d'un droit compatible avec les réalités africaines.

Le pluralisme juridique est une alternative à l'idée de supériorité du droit étatique. En effet, tant qu'on pensait que le droit étatique comme le seul valable, les autres types de droit, coutumier par exemple, étaient considérés comme des « écueils » à l'application des lois formelles officielles. Pourtant, force est de constater qu'il y a une certaine résistance à l'application totale du droit étatique, même en Occident où l'on découvre que les droits traditionnels sont parfois encore de mise dans certaines pratiques sociales, et plus encore dans les anciennes colonies/ territoires européens devenus des États. Il faut admettre que d'autres sources de droit que le droit étatiste produit par les plus hautes institutions de l'État centralisé sont mobilisées.

Le pluralisme juridique a été construit à partir de la notion de société plurielle caractérisée par des différences culturelles. Il stipule l'existence de plusieurs ordres normatifs. Un ordre peut apparaître comme un système de normes composé à partir de sources distinctes. Un ensemble de normes constitue un système quand les normes s'emboîtent une à une par déduction logique ; par itérations successives, on peut remonter la chaîne jusqu'à une norme dite fondamentale car évidente et qui fonde la validité de toutes les autres normes du système (Kelsen, 1997).

Vanderlinden (2000) distingue le « pluralisme radical » du « pseudo-pluralisme » qui reconnaît d'autres ordres normatifs tout en les subordonnant à la supériorité d'un ordre, en l'occurrence l'ordre étatique dans les États modernes. Selon von Benda-Beckmann *et al.* (2003, p. 3), la plupart des États contemporains abritent une pluralité d'idéologies et d'institutions légales que l'on retrouve dans le système légal officiel et ses contradictions internes, dans les droits traditionnels et dans les droits religieux. Dans le cas de Madagascar, l'introduction de l'État « moderne » postule l'existence d'au moins deux ordres normatifs, l'ordre coutumier et l'ordre étatique. Les distinctions réalisées par Le Roy (1996) entre les droits étatiques et communautaires illustrent l'incommensurabilité des statuts juridiques des ressources et des personnes définies respectivement par la conception du droit étatique et le communautarisme ; alors que la première repose sur les distinctions public/ privé et chose/bien, le communautarisme est fondé sur les relations interne/externe et une différenciation des usages et des usagers.

Une fois posée la distinction entre, au moins, deux ordres normatifs, il convient de s'interroger sur les mécanismes d'articulation qui les lient. Ces ordres normatifs sont-ils commensurables et comparables, sans retomber dans la hiérarchie du pseudo-pluralisme ? Peut-on décrire les rapports juridiques (et sociaux) d'un ordre avec la terminologie issue d'un autre ? Par ailleurs, le caractère déterministe des règles reste un point commun entre le monisme du positivisme et le pluralisme juridique. Or, le droit positif n'est pas nécessairement appliqué dans la pratique. Dans le pluralisme juridique, les ordres normatifs servent de matrice de normes auxquelles les acteurs ont recours à leur convenance. Les ordres non étatiques permettent, notamment, de trouver des solutions pour échapper aux normes étatiques quand celles-ci s'avèrent trop contraignantes. Si nous admettons le pluralisme juridique, alors il convient d'admettre que les comportements sont déterminés par des règles choisies dans l'un des ordres normatifs disponibles. D'un côté, on pourrait penser que ces ordres se complètent dans la mesure où les individus, les groupes, pallient les lacunes qu'ils perçoivent dans le droit positif en mobilisant des règles issues d'autres ordres qui leur sont plus profitables. Mais d'un autre côté, on peut penser que cette complémentarité des règles ne va pas de soi. Le pluralisme juridique pourrait entraîner un conflit entre règles. Comment des règles potentiellement conflictuelles peuvent-elles déterminer les pratiques ? Ceci justifie un questionnement sur les modalités de l'articulation des règles et donc des ordres normatifs avec les comportements des acteurs. Comment le recours conceptuel aux ordres normatifs peut-il rendre compte de la pratique et l'expliquer ? Dans quelle mesure le pluralisme juridique sécurise-t-il les pratiques économiques et sociales foncières ? Comment des normes puisées dans des ordres normatifs ayant leur logique propre peuvent-elles êtres utilisées par des individus ou des groupes tout en restant cohérentes et valides ?

Deux cas de foncier forestier vont nourrir notre étude, la commune de Miarinarivo[5], et la commune d'Ambohimarina[6]. Dans les deux communes rurales, la conversion des terres forestières à l'usage agricole constitue un enjeu économique majeur. Un des critères qui a justifié le choix de ces deux régions est la différenciation liée à la coutume ancestrale, présente à Miarinarivo mais absente à Ambohimarina où l'occupation humaine est plus récente. Dans le premier cas, une expérience de gestion contractualisée des forêts (GCF) est en cours dans le corridor forestier au nord du parc national d'Andringitra, précisément sur la forêt de Vohitsakoho que se partageaient traditionnellement différents clans de la commune de Miarinarivo pour leurs pâturages. Le regroupement des propriétaires traditionnels de la forêt en association d'usagers étant

---

[5]   Sous-préfecture d'Ambalavao, province de Fianarantsoa au centre-sud de Madagascar dans la région betsileo de l'Arindrano qui donne sur le corridor forestier du versant oriental.

[6]   Sous-préfecture d'Ambanja, province de Diego Suarez au nord de Madagascar dans la région du fleuve Sambirano.

une des conditions pour bénéficier de la GCF, une grande majorité des paysans s'est regroupée et a choisi le discours de la « forêt ancestrale » pour demander le transfert de gestion ; une exploitation forestière était présente avant la mise en place de la CGF et est toujours en cours dans une portion du massif forestier concerné, portion qui n'a donc pu être incluse dans le transfert de gestion. Dans le second cas, des habitants ont commencé par réaliser des cultures sur brûlis à la suite du déclassement d'une forêt classée (forêt d'Antafondro) vers 1974. Mais depuis, certains d'entre eux ont transgressé les limites de la réserve spéciale de Manongarivo, contiguë à la précédente forêt classée. Le phénomène s'est amplifié au début des années 1980. Si la conquête de la forêt est le fait des autochtones dans le premier cas, elle est surtout le fait des migrants dans le second. Les défricheurs sont diversifiés quant à leur origine géographique et peu d'entre eux ont des liens de parenté.

Au-delà des différences entre les communes choisies et à partir de l'analyse des documents politiques et législatifs, d'une part, et de nos enquêtes de terrain[7], d'autre part, nous constatons que la pratique des acteurs est régie par un droit de la pratique dans les deux cas de figure ; ce droit de la pratique semble « syncrétique » au sens où il emprunte au droit étatique tout en actualisant les droits coutumiers traditionnels présents ou résiduels, l'ensemble étant réinterprété selon la logique coutumière contemporaine. Si le droit syncrétique permet l'émergence d'un consensus social entre différents acteurs locaux y compris les agents de l'État, il n'en reste pas moins que ce consensus se fait au détriment de la protection des ressources forestières (Ranjatson, 2003).

I. Le pluralisme de droit étatique en matière de politique foncière et forestière

Depuis la colonisation (1960-1986), les politiques et législations foncières et forestières favorisent une domination de l'État, que ce soit dans les choix stratégiques sur la gestion ou dans la maîtrise et le contrôle des forêts et des terres. Le discours étatique est malgré tout équivoque et laisse une certaine place à la reconnaissance des droits coutumiers. De surcroît, les orientations politiques actuelles reconnaissent de plus en plus, et de manière officielle, le droit et la capacité des communautés usagères locales à gérer elles-mêmes les ressources naturelles. Il s'ensuit que les politiques et les lois ne sont pas toujours cohérentes et sont

---

[7]   Réalisées en 1999-2000 et en 2003 dans le cadre de partenariats de recherche entre l'ESSA-Forêt de l'Université d'Antanarivo et l'Institut universitaire d'études du développement à Genève, sur financement du Fond national suisse pour la recherche scientifique.

parfois sujettes à des interprétations divergentes qui autorisent des applications contradictoires des législations.

A. *Le pluralisme dans les discours politique et législatif*

Le droit étatique répartit le territoire en domaines public et privé et en domaine forestier. Ce sont les deux dernières catégories qui nous intéressent, le domaine public étant un régime juridique dont ne relèvent pas nécessairement les terres agricoles et les forêts. Le classement des terres selon leur vocation est un thème récurrent dans les politiques et législations foncières et forestières successives mais la question de son effectivité reste entière.

La terre, distinguée des forêts, est considérée comme un bien immeuble par nature, de même que les ressources végétales qui y poussent tant qu'elles ne sont pas récoltées. De plus, la propriété sur la terre confère directement des droits sur les biens immobiliers qui s'y rattachent.

Le régime foncier est l'ensemble des lois réglementant l'utilisation et la gestion des forêts et des terres, mais aussi des ressources naturelles qui se rattachent à la terre. Il se fonde sur la distinction entre domaine privé de l'État et propriété privée de droit commun. Selon la loi du 9 mars 1896, l'immatriculation devait assurer une mise en valeur paisible des terres. Il est donc sous-entendu que les droits pré-coloniaux n'apportaient pas de sécurité juridique suffisante. Il est sous-entendu que les investissements sur la terre ne peuvent être assurés d'une sécurité que par la propriété privée. Toutes les terres dites « vacantes et sans maître » sont présumées appartenir à l'État.

Cependant, une jouissance sur les terres antérieure à cette loi de 1896 sur le régime foncier de l'immatriculation peut être reconnue sous certaines conditions, dont l'interdiction de prêter ou de vendre pendant plus de trois ans tant que le titre foncier n'est pas établi. Ainsi, malgré le préambule qui signifie que l'immatriculation est envisageable « pour ceux qui le désireront », le titre foncier est « inattaquable et définitif ». Même dans l'ordonnance 60-146 du 3 octobre 1960 (relative au régime foncier de l'immatriculation) stipulant dans son article 3 que l'immatriculation est facultative à quelques exceptions près, le titre foncier est considéré comme supérieur à toute autre forme de droit foncier. La suprématie présumée du titre foncier se retrouve en particulier dans le discours sur le cadastrage, l'aménagement du territoire ainsi que les migrations organisées par l'État. Dans ces cas, l'immatriculation est obligatoire et à l'initiative de l'État. Les exemples sont les zones d'aménagement foncier[8], les aires de mise en valeur rurale[9] et la migration[10] liée aux précédentes. Le motif de ces différentes initiatives est de promouvoir la production agricole dans certaines régions choisies selon les potentialités économiques et la densité de la population, surtout sur les hautes terres (Julson, 2000).

Malgré la supériorité du titre foncier, les références explicites aux communautés locales ont toujours été présentes. Nous avons mentionné la reconnaissance, certes provisoire, des jouissances antérieures à la loi de 1896. Dans l'exposé des motifs de l'ordonnance 60-146, l'État affirme son souci d'édicter des lois malgaches visant « l'intérêt des usagers et de l'économie publique » qui inclut une reconnaissance des usages. La loi 96-025 relative à la gestion locale des ressources renouvelables va plus loin en établissant les bases légales du transfert de gestion des ressources naturelles aux communautés locales. Elle prévoit par ailleurs une procédure dite de « sécurisation foncière relative » (SFR) qui, sans avoir la même reconnaissance par le service des domaines que le « titre », inventorie et cartographie les droits fonciers reconnus localement par tous les usagers. Il est cependant à noter que le métayage, en tant que droit d'exploitation dérivé d'un autre droit supérieur (première mise en valeur, héritage, etc.), n'est pas inscrit sur le parcellaire SFR tandis que les modifications conséquentes à une vente de la terre le sont.

En résumé, le régime foncier correspond, d'une part, à la distinction public/privé et, d'autre part, à une option communautaire. En ce sens, il y a un pluralisme apparent au niveau du discours de l'État ou plutôt un pseudo-pluralisme, le discours communautaire étant subordonné à celui de l'immatriculation (Maldidier, 2001)[11].

Toujours dans la conception étatique, les forêts sont vouées à la fourniture de produits forestiers dont les ressources de la biodiversité constituent de plus en plus l'une des principales potentialités. La transformation agricole est explicitement interdite « à l'intérieur du domaine forestier national ou dans les zones en défens » selon l'article 2 de l'ordonnance 60-127 du 3 octobre 1960 fixant le régime des défriche-

---

[8]   Ordonnance 74-022 du 20 juin 1974 portant orientation du régime foncier (République de Madagascar, 2001).

[9]   Ordonnance 62-042 du 19 septembre 1962 sur les aires de mise en valeur rurale (AMVR) (République de Madagascar, 2001).

[10]   Ordonnances 62-042 sur les AMVR et 73-073 du 1 décembre 1973 sur l'orientation du développement rural (République de Madagascar, 2001).

[11]   La SFR est une procédure simplifiée de sécurisation foncière basée sur les droits d'usages effectifs. Selon Maldidier (2001, p. 31), « la SFR, représenterait une sorte de première étape cartographique et topographique d'une opération classique d'immatriculation foncière ».

ments (Muttenzer, 2001, p. 12), mais des autorisations de défrichement peuvent « être délivrées [...] pour l'établissement de cultures vivrières ou autres en dehors des périmètres de culture quand ceux-ci s'avèrent insuffisants » (*ibid.*, p. 15). Il y a donc possibilité d'interprétation contradictoire de la loi, et c'est d'ailleurs sur cela que se fonde « l'État rizicole vertueux » (*ibid.*, p. 14) qui cherche à se rapprocher des préoccupations des populations rurales par une stratégie « populiste » au lendemain de la colonisation.

Les politiques forestières successives visent à enrayer la dégradation forestière. Pour cela, l'État s'est doté d'un régime forestier de plus en plus élaboré et précis. Concernant les forêts naturelles, sauf quelques exceptions, elles se répartissent en forêts domaniales et aires protégées. Les forêts domaniales peuvent être exploitées selon des règles précises. Depuis 1997, un plan d'aménagement est exigé pour chaque exploitation et les exploitants doivent avoir suivi des formations techniques. Tout ceci vise l'exploitation rationnelle de la ressource forestière afin que la capacité de régénération des forêts ne soit pas entamée de manière irréversible. Concernant les aires protégées, l'objectif est de parvenir à une protection plus ou moins stricte selon les catégories mobilisées. La politique de conservation forestière tend à se renforcer. En effet, alors que la politique de 1985 stipulait explicitement la refonte des limites des aires protégées pour aboutir à des « limites réalistes » à l'horizon 2000, la nouvelle politique de 1995, renforcée par la politique environnementale, veut étendre le réseau des aires protégées à Madagascar.

D'une manière générale, les politiques forestières se sont renforcées progressivement depuis l'adoption de la stratégie nationale de la conservation en 1984 et surtout de la Charte de l'environnement en 1990. Cette tendance pourrait aussi être comprise comme une conséquence de la politique générale de l'État. Pendant la deuxième République (1975-1990), l'objectif a été l'autosuffisance alimentaire. Cela explique, au moins en partie, les raisons pour lesquelles la politique forestière de 1985 a projeté de redessiner les limites des aires protégées, et « d'encadrer les paysans forestiers » même si le défrichement est qualifié de « non besoin ». De même, il a été question d'un plan d'aménagement mais les textes étaient moins élaborés que le nouveau code forestier de 1997 et ses textes d'application (ministère de l'Agriculture et du Développement rural, 1995). Progressivement, la politique forestière semble être englobée dans la politique environnementale dont la conservation de la biodiversité est une finalité. Cela explique l'insistance sur les plans d'aménagement et la professionnalisation des exploitations ainsi que sur l'extension voulue des aires protégées.

La tendance des politiques forestières et environnementales dénote une volonté de mobiliser des moyens plus efficaces pour conserver les forêts. Ceci nous amène à parler du transfert de gestion instauré par la loi 96-025 sur la gestion des ressources naturelles. Il existe en effet une alternative communautaire de la politique forestière centralisée. Elle prévoit le transfert de gestion des forêts aux communautés locales. Il est stipulé que les usagers locaux, à condition de se constituer en association, peuvent demander de gérer les forêts. Le discours sur la politique forestière en général et sur le foncier en particulier est donc plural, du moins à double facette. Il contient un élément conservateur fondé sur le domaine forestier national qui s'oppose à la reconnaissance des usages communautaires et il contient des éléments qui se présentent comme « novateurs » : la reconnaissance ou la « résurrection » de droits des communautés sur leurs espaces, au moins en matière d'usage et de gestion.

Il y aurait donc un pluralisme souhaité effectif dans le discours normatif de l'État mais il convient de s'interroger sur la manière dont ce double discours se répercute au plan des pratiques. Par pratiques, on vise aussi bien les pratiques des administrations d'État que les pratiques des communautés locales. Abordons précisément quelques-uns de ces « impacts locaux » du discours étatiste pluraliste.

B. *Quelques impacts locaux du pluralisme de droit étatique*

En reprenant notre deuxième cas d'étude, vers 1974, les limites d'une forêt classée, Antafondro, contiguë à la réserve spéciale de Manongarivo, ont été repoussées afin que les individus puissent avoir accès à des terres agricoles pour la production rizicole. En 1975, le régime socialiste porté au pouvoir scande le slogan *mamokara, mamokara, mamokara hatrany*[12] ; la production agricole est encouragée dans la ligne de l'objectif de l'autosuffisance alimentaire. En 1985, une nouvelle politique forestière prévoit la révision des limites des aires protégées afin d'avoir des « limites réalistes [...] compte tenu des contingences psychosociologiques et même économiques des populations riveraines » (ministère de la Production animale et des Eaux et Forêts, 1985 : 37). L'idée de réaffecter le sol à un autre usage n'est peut-être pas nouvelle quand on sait que la réserve naturelle n° 2 d'après le décret du 31 décembre 1927 a été déclassée en 1964 (Andriamampianina, 1971, p. 23). S'agissant de la réserve spéciale de Manongarivo, les premiers occupants illicites se sont établis vers la fin des années 1970 tandis que nos enquêtes de terrain évoquées plus haut permettent de situer l'intensifi-

---

[12] « Produisez, produisez, produisez encore » (notre traduction).

cation du flux de migration à l'intérieur de la réserve au début des années 1980. Était-ce avant ou après la politique de 1985 ? La difficulté pour les personnes interrogées à se rappeler les dates exactes ne permet pas de répondre à cette question. Le fait est que les responsables de la commune d'Ambohimarina et le chef du triage forestier local ont autorisé ces défrichements dans la réserve. Quels que soient les termes utilisables pour qualifier la pratique de la commune et du triage forestier, comme « corruption » par exemple, n'est-il pas raisonnable de voir aussi qu'il pourrait y avoir une référence implicite à la politique des limites réalistes des aires protégées ou, en tout cas, à l'encouragement de la production agricole ? Plus encore, nous pourrions expliquer cette situation par l'accommodation des agents locaux de l'État aux pratiques et demandes locales. Mais cette accommodation n'est pas proprement arbitraire ou discrétionnaire car elle se serait appuyée sur une interprétation possible de la politique forestière de 1985 ou au moins, elle se réfère à la politique générale de la production agricole à outrance.

En ce qui concerne notre premier cas d'étude, la GCF et l'exploitation forestière à Miarinarivo montrent également une incohérence dans les politiques publiques. L'octroi d'un permis d'exploitation forestière de l'État à des exploitants extérieurs à la société locale a incité la majorité des locaux à se regrouper pour demander le transfert de gestion de la forêt restante dès 1999. Actuellement, l'exploitation forestière et la GCF coexistent. Il y a un désaccord entre les partisans de l'exploitation, d'une part, et ceux de la GCF, d'autre part. Ce différend montre le caractère équivoque du discours de l'État par rapport au massif forestier considéré. D'un côté, l'État favorise l'intérêt privé des exploitants qui ne viennent pas de la région tandis que de l'autre, il reconnaît la valeur communautaire de la forêt et le droit, sinon une certaine légitimité, des populations riveraines à en assurer la gestion.

II. Pluralisme local et pluralisme d'État en matière de politiques foncières et forestières

Le discours de l'État est pluriel, il s'agit de voir comment il est (ou non) pris en compte dans les pratiques des acteurs locaux, y compris celles les agents locaux de l'État. En admettant qu'il y ait volonté réelle de l'État d'ajuster les politiques et les lois devant les réalités localisées, ces dernières doivent logiquement corroborer les conceptions juridiques locales pour être validées et reconnues comme effectives. Or, au niveau local, les acteurs tiennent un discours pluriel évoquant tantôt le droit coutumier (traditionnel quand il y a lieu), tantôt le droit étatique. C'est ce que nous appelons le « pluralisme local » ; il convient de le comparer avec le discours pluriel de l'État.

Afin d'analyser les pluralismes d'État et local, nous pouvons faire appel à deux éléments : « le statut de la ressource » et « les rapports sociaux-juridiques » entre les utilisateurs des ressources. Les images croisées que nous renvoient ces deux éléments permettent de comparer les droits fonciers coutumiers et les droits fonciers étatiques, et au final de retirer peut-être une meilleure définition de chacun d'eux.

A. *Représentations d'espaces et statuts juridiques des ressources forestières*

Une représentation commune de la forêt dans les deux cas d'étude souligne qu'elle est « pour tout le monde » parce qu'elle a été crée par *Zagnahary* (« le créateur », notre traduction). Reprenons l'exemple de Miarinarivo : les ancêtres ont un droit primaire sur la forêt ; celle-ci n'appartient à aucun individu mais tout membre de la communauté a le droit d'en user. La forêt n'est pas un bien, c'est un patrimoine collectif. Les usages légitimes sont la transformation agricole, qui apparaît tardivement avec la pression démographique, et l'utilisation pour les pâturages et la production de miel. Ainsi, la forêt a un usage plural : elle continue à fournir des produits forestiers ligneux et non ligneux malgré les activités agricoles qui s'y développent, et cet usage n'est pas immuable car il change au fil de l'évolution des besoins économiques. Notre exemple montre que la forêt n'est pas considérée comme un massif constituant un ensemble, des distinctions sont faites entre les surfaces boisées et les clairières incluant ou non des marécages. Ces subdivisions déterminent aussi des fonctions : si le couvert forestier a servi initialement de cachette, d'abri et d'espace de divagation pour les troupeaux, la pression foncière actuelle amène les individus à utiliser de plus en plus les marécages pour la riziculture irriguée et les clairières pour les cultures sèches.

Les représentations de la forêt diffèrent en plusieurs points de celle que l'on retrouve dans les politiques forestières où la forêt est considérée comme un bloc homogène de végétation voué à la fourniture de produits forestiers ou à la protection (réservoir de capacité de régénération de la ressource naturelle). De plus, la distinction entre forêt et terres agricoles existe seulement dans les politiques publiques, et non dans les représentations locales, du moins n'y est-elle pas si tranchée car la frontière forêt/terres agricoles est sans cesse repoussée par la transformation agricole.

B. *Les rapports sociaux entre les utilisateurs de la ressource*

À Miarinarivo, l'unité de gestion économique de la terre (des parcelles) est l'*ankohonana*, famille élargie constituée par l'ensemble des descendants des *lohaolona*, aînés encore vivants. Dans l'espace, des groupes d'*ankohonana* différents occupent ensemble un territoire villa-geois en formant des communautés de résidence. Autrement dit, les *ankohonana* dans un village n'ont pas les mêmes *lohaolona*. Cependant, les liens de parenté comptent beaucoup ainsi que le respect des aînés. À une autre échelle, plusieurs *ankohonana* constituent un *fagnahiana* qui se définit par un ou plusieurs ancêtres communs constituant ainsi une parenté fondée sur une structure fragmentaire. C'est une entité créée du temps de la monarchie *merina*. Ont été élevés au rang de *fagnahiana*, les groupes d'individus pouvant constituer une communauté de résidence, avoir un représentant auprès des dirigeants *merina* et fournir des soldats pour défendre la région. Ces *fagnahiana* ne sont pas nécessairement des personnes d'une même famille à l'origine. Du temps du royaume de Madagascar, les huit *fagnahiana* locaux constituaient une sorte de fédération autour d'un même dirigeant *Hova* (chef traditionnel betsileo intégrée dans l'administration royale *merina*), c'est pourquoi ils avaient des porte-parole communs pour discuter avec ces derniers.

À Ambohimarina, les rapports sociaux sont beaucoup plus individua-lisés. Il y a une communauté de résidence organisée autour d'anciens défricheurs qui font venir de nouveaux défricheurs ; du moins, ces derniers les rejoignent grâce à des liens réciproques antérieurs[13]. Ainsi, bien que les gens affirment que quiconque a le droit de cultiver dans la forêt, l'intégration dans la communauté locale est en réalité conditionnée par la familiarité avec un ou plusieurs anciens défricheurs. Parmi les nouveaux défricheurs, certains empruntent temporairement des terres aux anciens en attendant d'avoir leurs propres terres à défricher. Ainsi, les liens parentaux valent moins que la connaissance et la confiance mutuelle pour ce qui est de l'accès à la terre et de l'exercice d'activités y afférant.

Dans l'ensemble, les rapports sociaux ne sont pas fondés sur l'oppo-sition public/privé. Les individus se définissent par leurs rapports intra-communautaires, les rapports intercommunautaires entre groupes d'appartenance, puis les rapports d'alliance individuelle avec d'autres individus de groupes exogènes se créant lors d'alliance matrimoniale par exemple, qui permettent à des étrangers de défricher à Ambohimarina. La même alliance est à la fois individuelle et intercommunautaire. Il n'y a pas opposition mais complémentarité des échelles économique/poli-

---

[13] Il peut s'agir de liens de voisinage entre des personnes ayant habité auparavant un même village, de liens d'amitiés antérieurs, de liens entre défricheurs autochtones et anciens salariés agricoles temporaires, etc. Ces liens antérieurs justifient la confiance mutuelle entre les deux parties.

tique, parcelle/territoire. En définitive, tous les rapports intercommunautaires impliquent des relations entre individus membres[14].

C. Le poids du localisme dans les droits fonciers et l'infléchissement des pratiques administratives et juridiques des agents locaux de l'État

Si l'on considère Miarinarivo, les droits fonciers dépendent de la position hiérarchique des individus et des familles dans l'appartenance aux *fagnahiana*.

Selon les droits ancestraux décrits lors des entretiens menés en 2003, chaque *fagnahiana* avait à l'origine son propre territoire constitué de bas fonds pour la riziculture irriguée, de forêts pour les produits forestiers et les pâturages ; des ruches étaient positionnées dans les forêts et servaient, entre autres, à marquer les territoires occupés par les individus. Enfin, les *tanety*, des terres dégradées sur pénéplaine servant à des cultures complémentaires (haricot, maïs, tubercules, etc.), complètent le territoire du groupe. Tant qu'il n'y a pas de transformation agricole, ces droits sont transmissibles à la descendance tout en restant une « propriété » acquise par les ancêtres, donc un patrimoine du *fagnahiana*. Les droits sur la forêt étaient plus restreints pour les étrangers au *fagnahiana*. Par exemple, un gendre appartenant à un autre *fagnahiana* ne peut mettre ses zébus avec le troupeau de celui de sa femme.

Or, ce modèle renvoie à un discours sur l'ancestralité qui ne correspond pas aux pratiques contemporaines observées sur le terrain. Dans les espaces agricoles comme les *tanety* et les rizières notamment, l'autorité de gestion des parcelles cultivées se trouve au niveau de l'*ankohonana*. Le droit de cultiver est transmis de père en fils mais ces derniers peuvent le perdre si la terre est vendue à un tiers. La seule façon de récupérer la terre dans ce cas est qu'un parent autre que l'héritier rachète la parcelle à vendre, c'est le *lova trahabidy* (« rachat d'héritage », notre traduction). En dehors de la vente, l'alliance matrimoniale et le *dian-tany* (don de terre promis en échange d'un service rendu) sont les seules possibilités pour un étranger à l'*ankohonana* d'accéder aux terrains de culture. D'après nos entretiens, ni le métayage, ni la location des terres n'existent à Miarinarivo. Quelles conclusions pouvons-nous tirer de cette description des droits locaux à Miarinarivo ?

Tout d'abord, l'*ankohonana* gère le système d'exploitation des sols, c'est-à-dire l'exploitation économique des parcelles. Mais c'est aussi à

---

[14] Sauf en cas de sujétion à un pouvoir public auquel tout le monde est soumis sans distinction, ce qui aurait pu être le cas autrefois quand la fédération des *fagnahiana* était soumise au délégué du roi.

ce niveau que se font les transactions qui permettent aux étrangers d'acquérir le droit d'exploitation. Notons en particulier les alliances matrimoniales et les ventes. Ce système d'exploitation des sols s'insère dans le système de répartition des terres où interviennent les *fagnahiana*. Ces derniers agissent en tant qu'autorité politique et administrative au niveau territorial. Quelques exemples illustrent nos propos. D'abord, nous avons constaté, en demandant aux individus de dessiner les limites des pâturages actuels, que les troupeaux sont regroupés par *ankohonana* et non plus par *fagnahiana* comme cela ce faisait autrefois. Donc le *fagnahiana* n'a plus qu'un patrimoine résiduel (les pâturages dont personne ne se souvient plus très exactement) puisque l'économie est désormais l'affaire de l'*ankohonana*, voire des familles nucléaires. Par ailleurs, d'après nos entretiens, les *fagnahiana* interviennent quand il y a un conflit d'usage des terres agricoles. On a recours à la généalogie en remontant aux parents et aux ancêtres pour établir les droits antagonistes. Enfin, un enquêté a évoqué une fois l'affaire d'un zébu volé. L'affaire a été portée devant le tribunal, le motif de la plainte étant le fait que les accusés ont été vus entrer et circuler dans la forêt du *fagnahiana* « propriétaire ». Cette plainte a été déposée au nom du *fagnahiana* et non pas du propriétaire individuellement, ni de son *ankohonana*.

En définitive, le *fagnahiana* se concentre sur la fonction première qui est de faire de la politique territoriale locale. Qui a droit de cultiver dans la forêt ? Qui a droit de commercer avec les exploitants forestiers, avec les organisations non gouvernementales, avec le service forestier, avec la commune, etc. ? Ceci relève localement du *fagnahiana* qui fait autorité sur un plan politique mais qui ne fait plus tellement autorité sur un plan économique depuis que le grand élevage s'est développé. Cette analyse justifie le regroupement des *fagnahiana* dans l'association *Ala soa an'ny fagnahiambe* (« la belle forêt du grand *fagnahiana* », notre traduction) pour la gestion contractuelle de la forêt en collaboration avec une ONG américaine, Landscape Development Intensification (LDI). Le système de répartition des terres est donc fonction de ce pouvoir politique et administratif de l'ensemble des *fagnahiana*.

Ce modèle à deux niveaux articulant des droits individuels ou familiaux de gestion sur les parcelles avec une institution administrative territoriale locale confirme l'analyse d'Ottino (1998). Si la projection des rapports sociaux sur l'espace est réelle dans l'exploitation économique des parcelles, la notion de territoire communautaire est en revanche moins évidente. En effet, Ottino (1998) distingue trois types de parenté à Madagascar. Il s'agit des parentés, « identitaire d'ancestralité », « par le patrimoine », « par alliance et affinité ». Ces trois formes sont distinctes symboliquement mais pratiquement enchâssées l'une dans l'autre. Notamment les deux premières, « identitaire » et « par le patrimoine » coïncident largement et se renforcent mutuellement dans la mesure où les descendants d'un même ancêtre résident ensemble et partagent une terre ancestrale, c'est-à-dire un patrimoine commun. L'application de cette typologie au cas de Miarinarivo suggère que :

- Le *fagnahiana* – ensemble de lignages et/ou familles élargies partageant un même ancêtre éloigné – implique une parenté surtout « identitaire ancestrale », mais seulement résiduellement une parenté patrimoniale (réduite aux pâturages claniques en forêt) parce que tous les *ankohonana* constitutifs d'un *fagnahiana* ne résident pas sur un espace contiguë ;

- L'*ankohonana* – lignage et/ou famille élargie sous l'autorité de l'aîné (le *lohaolona*) – renvoie à une parenté « par le patrimoine » impliquant une résidence commune, ce qui n'empêche pas qu'il soit aussi ancestral, les *ankohonana* réunissant les descendants d'un lignage ou segment du *fagnahiana*.

Ottino (1998) souligne l'absence de territoires villageois à Madagascar ; autrement dit, la parenté identitaire (villageoise ou clanique comme dans notre cas des *fagnahiana*, « politique » en tout cas, par opposition à économique ou « patrimoniale ») n'implique pas elle-même de patrimoine territorialement contigu mais seulement un droit d'administration exercé en commun sur les membres des *ankohonana* constitutifs du *fagnahiana*. Qui plus est, selon Rarijaona (1967), le droit de « propriété de la famille élargie » est matérialisé par un patrimoine commun de la famille. En revanche, le droit de « propriété villageoise » est caractérisé seulement par un droit d'administration sur ses membres, ce qui exclut par exemple l'institution du tutorat de type ouest-africain parce qu'il n'existe pas de chefs de terre lignagers exerçant un pouvoir territorial. Pour un étranger, il suffit simplement que le village soit d'accord avec sa résidence : c'est un pseudo-tutorat et sans redevance envers le détenteur du droit de propriété villageoise qui n'est qu'un droit administratif sur les résidents exercés par le *fokonolona*.

Si l'on considère *Ambohimarina*, les droits fonciers naissent du premier défrichement de la forêt. Les anciens défricheurs délimitent leur exploitation et leurs successeurs se doivent de les respecter. Les nouveaux défricheurs peuvent intégrer le groupe parce qu'ils connaissent d'anciens défricheurs. Pragmatiquement, les nouveaux arrivants, défricheurs, doivent demander les limites des parcelles aux anciens avant de s'installer, et parfois même, quand ils ne sont pas encore prêts pour faire leur propre défrichement, ils s'installent provisoirement chez ces derniers. Par ailleurs, les liens familiaux sont moins importants que les relations de confiance pour les transactions foncières, notamment l'emprunt ou la vente de terre. Le métayage, en tant qu'obligation du

Jean-Patrick Ranjatson

preneur à rendre une partie de sa production au bailleur, n'existe pas d'après nos entretiens. Les enquêtés disent souvent que c'est la confiance qui est à l'origine des emprunts et des ventes de terre. La seule obligation pour l'emprunteur est de rendre les moyens dont il a été gratifié par le bailleur, ce qui est dénommé localement par l'expression *mangala voam-bary* (« prendre des grains de riz », notre traduction). Selon les contrats, ils doivent parfois en échange planter des arbres d'ombrage pour les caféiers sur les parcelles qu'ils cultivent. Ce qu'ils apportent, c'est leur main d'œuvre, précieuse pour le bailleur car il lui permet d'intensifier l'exploitation de ses terres, preuve d'une mise en valeur de la forêt. De même, il est dit qu'en cas de vente, on choisit le preneur en qui on peut avoir confiance de manière à ce qu'il ne risque pas de créer, ou d'être à l'origine, de disputes foncières plus tard.

Le système d'exploitation des sols concerne les ménages qui prennent les décisions économiques. Par contre, faute d'une plus longue occupation des lieux, le système de répartition des terres fait intervenir le réseau des défricheurs qui joue le même rôle que les *fagnahiana* à Miarinarivo : ce réseau est à l'origine d'une certaine répartition de la forêt par villages ou groupes de villages. C'est ainsi que les défricheurs d'Ambohimarina mènent leurs activités dans un territoire forestier commun et distinct de celui des villageois de Migiko, un village voisin. La communauté est donc structurée en fonction du capital social (Accardo, 1986) relatif des défricheurs[15]. Par ailleurs, il existe une institution locale dénommée « canton », créée à l'initiative de la commune ; il s'agit d'une représentation des défricheurs avec son président et son adjoint nommés parmi eux. Cette institution joue le rôle d'intermédiaire entre les défricheurs et la commune. Par exemple, lors de l'organisation d'élections ou lors de conflits fonciers, elle essaye de régler les conflits quand les tentatives spontanées (témoignage des voisins et arrangement par le *fokon'olona*) échouent. Mais ce canton n'a pas la légitimité absolue, son président ne faisant pas l'unanimité, et il n'intervient pas systématiquement dans les conflits. Ce n'est qu'un prolongement de la commune ; son efficacité et sa légitimité peuvent être remises en question.

Les agents locaux de l'État, (c'est-à-dire les agents de l'État qui interviennent au niveau local) s'accommodent à divers degrés des prati-

---

[15] Les individus admis parmi les défricheurs sont « sélectionnés » parmi des candidats potentiels qui doivent remplir une condition essentielle : avoir des liens sociaux préalables avec au moins un des anciens défricheurs. Ces liens sociaux déterminent un réseau social de défricheurs potentiels mobilisables. Ces candidats potentiels au défrichement ne sont pas nécessairement originaires de la région. Ils peuvent résider dans des régions d'origine éloignées de celles des anciens défricheurs.

ques locales. C'est perceptible à *Miarinarivo* à travers la coexistence de l'exploitation forestière et de la GCF ; le lot exploité fait partie du massif forestier que les acteurs locaux revendiquent comme étant leur forêt ancestrale. Dans ce cas, le service forestier a agi à l'encontre des conceptions locales en attribuant l'exploitation forestière à un particulier. À Ambohimarina, la forêt classée d'Antafondro a été déclassée en 1974 en faveur des demandes locales. Par ailleurs, les défrichements dans la réserve spéciale de Manongarivo ne sont pas réprimés conformément à la loi sur les réserves spéciales. Au contraire, chaque année, des demandes de défrichement sont signées par le maire et sont ensuite adressées au triage forestier. Chacune de ces étapes est payante, les gens donneraient en *sus* une partie de leur récolte au chef de triage forestier. Par ailleurs, malgré l'interdiction légale d'habiter et de défricher dans la réserve, la commune d'Ambohimarina a reconnu les cantons dans la réserve comme entités territoriales administratives. Nous avons déjà évoqué les contradictions inhérentes aux politiques forestières pour illustrer le discours plural de l'État. Ces constats montrent que des pratiques économiques qui, *a priori* sont illégales, ne le sont pas *a posteriori*. Plus encore, elles trouvent même des justifications dans les textes politiques ou législatifs, ce qui leur confère un caractère « officiel ». En somme, les agents de l'État interviennent effectivement dans la gestion des forêts, mais de façon imprévisible. Les situations les conduisent parfois à utiliser les incohérences des textes liées au discours plural de l'État, et au besoin ils vont jusqu'à enfreindre la loi.

D. Comparaison du pluralisme d'État et du pluralisme local

Nous pouvons à présent mieux éclairer les questions du statut de la ressource et des rapports sociaux sous l'angle du pluralisme d'État et du pluralisme local.

Les politiques publiques foncières et forestières établissent une subdivision des espaces, notamment en distinguant les forêts selon la vocation des sols, alors que dans les conceptions locales, les ressources sont multifonctionnelles selon les usages dans l'échelle espace-temps et la frontière forêt/terres agricoles est mobile. De plus, la notion de territoire communautaire étant floue, l'approche territoriale géographique implicite dans les législations forestières[16] et foncières peut être source de décalage par rapport aux représentations locales du territoire.

---

[16] La politique de transfert de gestion des forêts peut conduire à une délimitation arbitraire des terroirs villageois si nous admettons que les institutions communautaires locales n'exercent essentiellement qu'un droit administratif sur les personnes d'une certaine origine et non pas sur des étendues délimitées de manière géométrique.

Quel peut alors être le rôle de l'État au niveau local ? L'application intégrale des lois est impossible sans moyens de contrôle juridiques, administratifs et financiers car le discours de l'État ne correspond pas aux discours locaux. Les stratégies différenciées au sein de l'appareil étatique, telles que l'accommodation des agents locaux de l'État aux pratiques juridiques locales, rendent fictive l'imposition uniforme de l'ordre juridique étatique. L'État ne peut pas cumuler d'une manière absolue les faisceaux de droits fonciers (Muttenzer, 2003) contrairement à ce que pourrait laisser penser l'analyse de Schlager et Ostrom (1992)[17]. Du point de vue légal, l'État est le propriétaire exclusif des espaces forestiers. En application du régime foncier des forêts domaniales, il peut octroyer des droits d'usage ou des permis d'exploitation, ou encore interdire l'accès même aux forêts dans le cas des réserves spéciales. Pourtant, dans la réalité pratique, il ne contrôle ni les défrichements, ni même l'installation permanente dans la réserve de Manongarivo. Le Roy (cité par Muttenzer, 2003) nous propose en revanche un modèle plus approprié pour interpréter le rôle de l'État dans les droits fonciers locaux. Ce modèle distingue le mode d'usage, d'une part, et la sécurisation de ce mode d'usage, d'autre part.

Ainsi, dans le cas de Miarinarivo, l'État, par l'intermédiaire de ses agents locaux de l'administration forestière, s'est appliqué, à un moment donné, à mettre en œuvre le régime domanial en réglementant l'usage et la gestion de la forêt. Il n'a pas tenu compte de la distinction locale entre les deux niveaux de répartition des terres et d'exploitation des sols parce que le régime domanial est fondé sur un faisceau public cumulatif qui empêche de différencier le niveau de la parcelle de celui des divisions territoriales. Dans l'instauration de la GCF, l'État se rapproche en principe de la gestion locale des forêts en reconnaissant en partie la répartition des terres (transfert de gestion d'une partie de la forêt de l'ensemble des *fagnahiana*) ; il influence les décisions collectives qu'il renforce en quelque sorte. Par contre, par rapport aux pratiques locales, il agit négativement sur les règles de gestion de la forêt en ne permettant plus l'agriculture en forêt. L'État interfère sur le mode d'usage et la sécurisation de ce mode d'usage, non pas en imposant ses législations (les défrichements continuant malgré la loi), mais en mettant celles-ci à la disposition des acteurs locaux qui les réinterprètent avec leurs logi-

---

[17]   Ces auteurs proposent cinq catégories de droits sur une ressource se référant successivement à l'accès, au prélèvement, à la gestion, à l'exclusion et à l'aliénation. Selon eux, ces droits sont cumulables dans un faisceau selon le précédent ordre d'énonciation. On aboutit ainsi à différentes catégories de détenteurs de droits selon le nombre de droits cumulés. Celui qui détient l'ensemble des cinq droits cités est considéré comme l'équivalent du propriétaire.

ques. Ceci vaut aussi dans le cas de Ambohimarina. Les agents de l'État (commune, *fokontany*[18] et triage forestier) influencent directement l'exploitation de l'espace qu'ils reconnaissent par les autorisations illégales ; en quelque sorte, ils renforcent la politique locale de gestion du territoire[19]. La commune est partie prenante dans le système de répartition des terres car le choix du territoire à défricher est directement dépendant de la commune d'accueil des nouveaux migrants. Le triage forestier, quant à lui, appuie le système d'exploitation des sols.

En définitive, le pluralisme d'État ne coïncide pas avec le pluralisme local. En outre, le régime domanial n'existe pas dans la pratique, c'est une pure fiction juridique. Nous réitérons l'hypothèse que la pratique syncrétique réinterprète le régime domanial en fonction du double système coutumier parcelle/territoire. Les observations dans les communes rurales de Miarinarivo et Ambohimarina confirment cette hypothèse. La différence entre les deux cas s'explique par le fait que le syncrétisme est plus « harmonieux » quand il n'existe pas de précédent traditionnel (du type pâturage de *fagnahiana*) qui autorise des « surenchères conflictuelles » (en l'occurrence entre partisans de l'exploitation forestière et de la GCF). Mais harmonieux ou conflictuel, le syncrétisme est une tragédie pour la biodiversité car il permet aux usagers de la forêt d'éluder les restrictions légales sur le défrichement et de continuer à exercer des droits d'usages.

III. Entre pluralisme de droit étatique et pratiques foncières locales, la construction d'un droit syncrétique

Dans la conception de Vanderlinden (2000), le pluralisme est fondé sur l'existence d'ordres normatifs qui sont circonscrits. Pouvons nous alors circonscrire le droit positif et un autre ordre normatif que serait le droit traditionnel ? Le droit positif en lui-même a évolué en « créant » l'option communautaire qui apparaît comme effectivement distincte des propos classiques sur l'opposition public/privé. Par ailleurs, il y a le discours communautaire local (voir *supra*) qui fait référence à un droit traditionnel à Miarinarivo, droit traditionnel dépassé par les pratiques contemporaines renouvelées. Dans les deux cas, la logique coutumière est fondée sur une première occupation dont naît un droit primaire transmis par génération, puis sur la mise en valeur et enfin sur l'hospitalité et le devoir d'alliance ou de transaction. Cette logique ne corres-

---

[18] Le *fokontany* est une subdivision de la commune.

[19] L'adjoint au maire de la commune d'Ambohimarina dit que la signature du maire n'autorise pas le défrichement en soi mais « justifie » la demande de défrichement des villageois.

pond pas à celle qui sous-tend le discours communautaire de l'État qui ne reconnaît ni le devoir de transaction (droit des sans-terres de travailler les terres appropriées par d'autres)[20], ni les droits de chacun sur les fruits de son travail[21]. Les transferts de gestion, au lieu d'émaner des communautés, sont dans la réalité une manière détournée de renforcer l'application des lois restrictives en vigueur. Le pseudo pluralisme est finalement confirmé au niveau du discours juridique de l'État.

Au niveau du discours, nous pouvons donc accepter l'existence d'ordres normatifs qui s'excluent effectivement. Cependant, certaines pratiques se pérennisent, même si elles ne correspondent pas aux solutions du droit étatique[22] et si elles ne sont pas prévues dans le droit traditionnel[23]. Les solutions pratiques ne sont pas les mêmes que celles du droit positif et que celles du droit traditionnel et pourtant, elles existent. Elles sont décelables dans cette pratique qu'elles fondent et dans laquelle elles sont légitimement incluses. On peut dès lors parler du « droit de la pratique » qui, sans « récuser » l'unitarisme du droit positif, est une façon de trouver des « solutions plurales dans un modèle pluraliste » (Le Roy, 1991). En même temps, les droits traditionnels ne peuvent pas expliquer ces pratiques, dont certaines sont récentes. En dehors des discours, on lira l'évolution des-dits ordres normatifs avec nuance. Par exemple, la création des *fagnuhiana* n'a pas à être perçue comme totalement autonome car elle a été initiée par la monarchie *merina* de l'époque à Miarinarivo. Même si la colonisation de la forêt précède l'implication des services locaux de l'État, ce dernier reste partie prenante de la mise en valeur de la forêt. De même, il y a une réinterprétation ou une réinvention du rôle de l'État qu'on retrouve encore dans les ventes de terres à Ambihomarina : les ventes sont au sens strict illégales dans la réserve de Manongarivo, mais des écrits faisant office d'acte de vente sont signés par les contractants et par la commune. Rochegude (2001, p. 18), à partir d'exemples similaires en Afrique, conclut que ce type de pratique, sans établir « un droit précis, légalement défini », fonde « la sécurisation foncière » et le « droit d'agir ».

---

[20] Les sols exploités en mode de faire valoir indirect ne doivent pas figurer sur les croquis relatifs aux droits fonciers locaux établis dans le cadre d'une SFR.

[21] Sauf cas exceptionnel, par exemple à Manongarivo, les défricheurs, après avoir écopé d'une peine d'emprisonnement, ont obtenu le droit d'aller cueillir les fruits des caféiers et des cacaoyers qu'ils ont plantés dans la réserve, mais ils n'ont plus le droit d'y habiter, ni d'y cultiver.

[22] Pour le droit positif, le défrichement dans une réserve est interdit.

[23] Rappelons encore que traditionnellement, la forêt est un pâturage à Miarinarivo, et la tendance actuelle à l'agriculture sur brûlis n'est donc pas prévue par les droits traditionnels car c'est une nouvelle forme d'exploitation des sols.

Nous rejoignons l'affirmation de von Benda-Beckmann (2003) selon laquelle « [...] les comparaisons explicites entre régimes de propriété [...] sont généralement fausses parce qu'elles assument l'existence de caractéristiques de la propriété, que ce soit dans les systèmes juridiques occidentaux ou dans les sociétés non occidentales, dont des études empiriques ont démontré l'irréalité » (*ibid.*, p. 10, notre traduction[24]). Il reste cependant que la pratique n'est pas aussi plurale qu'on le croit. Le droit de la pratique offre des solutions que les deux autres systèmes de droit (d'origine étatiste moderne et d'origine traditionnelle) n'offrent pas. C'est la raison pour laquelle le droit de la pratique, ou le droit que se construisent les acteurs, est syncrétique parce qu'il réinterprète la coutume traditionnelle et le droit étatique selon une même logique fondée sur les principes de reconnaissance de la mise en valeur, de la première occupation et du devoir d'hospitalité envers les étrangers. On peut imaginer qu'un État en vienne à reconnaître des pans de droit syncrétique comme un droit hybride mêlant modernité et tradition.

Conclusion

Dans les discours normatifs, tant de l'État que des communautés locales, le pluralisme est quelques fois affiché mais c'est un pseudo-pluralisme qui n'évite pas les conflits. Ce pluralisme, en tant que notion, reste donc théorique. Par contre, la pratique, dans ses aspects juridiques, est une pratique syncrétique. Il y a donc un droit de la pratique qui est syncrétique et parfois non officiel, voire parfois encore contre la légalité. Au fur et à mesure que de nouvelles pratiques apparaissent, ce droit se consolide et il est impossible de l'ignorer. La pratique syncrétique finit par créer son propre discours légitimateur, lui aussi syncrétique, qui voue le pluralisme *stricto-sensu* à la disparition et offre à sa place une autre sécurisation de transactions, les règles du droit de la pratique étant en définitive assez pérennes. Mais ce schéma de régulation, dont nul ne peut dire s'il est bon ou non, est susceptible de durer tant que de nouvelles pratiques contradictoires n'apparaissent pas. Or, celles-ci peuvent se manifester suite à une modification des rapports de pouvoirs impulsée « d'en haut » – transformation des relations de pouvoirs de et dans l'État central – ou « d'en bas » – changement de perception des rapports d'autorité et de hiérarchie à l'échelon politique et administratif régional et/ou décentralisé, ou local –. Enfin, le syncrétisme juridique n'empêche pas la dégradation des ressources forestières ; au contraire, il permet des arrangements pour perpétrer la déforestation.

---

[24] « [...] explicit comparisons between property regimes [...] are usually false, because they assume characteristics of property both in western legal systems and in non-western societies, which empirical studies have demonstrated do not exist in reality ».

La décentralisation et la démocratisation de la gestion des forêts, comme nouveaux systèmes d'administration, tant prônées par les bailleurs de fonds et les organisations non gouvernementales environnementales, ne doivent pas occulter les risques qui accompagnent la reconnaissance de ce syncrétisme et qui joueraient aux dépens de la conservation forestière.

Références

ACCARDO, A. (1986), *La sociologie de Bourdieu*, Bordeaux, Le Mascaret.

ANDRIAMAMPIANINA, J. (1971), « La protection de la nature à Madagascar », Rapport au gouvernement, Repoblika Malagasy, Antananarivo, 51 p.

HUFTY, M. et RAZAKAMANANTSOA, A. (1995), « Le néocolonialisme vert à Madagascar ? », in Sabelli F. (dir.) *Écologie contre nature, développement et politiques d'ingérence*, Les nouveaux cahiers de l'IUED, n° 3, Paris, PUF, pp. 143-148.

JULSON, J. (2000), « Analyse historique et pratique des modes de sécurisation foncière à Madagascar », Rapport de l'Atelier sur le Foncier à Madagascar, *Quelle politique de sécurisation foncière pour Madagascar ? Constats, problèmes, expériences et pistes pour le futur*, Ambohimanambola, 8-9 avril 1999, vol. 3, pp. 32-40.

KELSEN, H. (1997), *Théorie générale du droit et de l'État*, Paris, Bruxelles, Bruylant, LGDJ (trad. Laroche B. de l'édition originale de 1947).

LE ROY, E. (1991), « Les usages politiques du droit », in Coulon C. et Martin D.C. (dir.), *Les Afriques politiques*, Paris, La découverte, pp. 109-122.

LE ROY, E. (1996), « La théorie des maîtrises foncières », in Le Roy E. et Karsenty A. (dir.), *La sécurisation foncière en Afrique*, Paris, Karthala, pp. 59-76.

MALDIDIER, C. (2001), « 1996-2000 : La GELOSE a 4 ans. La décentralisation de la gestion des ressources naturelles à Madagascar. Les premiers enseignements sur les processus en cours et les méthodes d'intervention », Office national pour l'environnement, Antananarivo, 133 p., www.ksurf.net/~smb-mad/new.htm

MINISTÈRE DE L'AGRICULTURE ET DU DÉVELOPPEMENT RURAL (1995), « Politique forestière malagasy », Document d'orientation, Direction des Eaux et Forêts, Intercoopération suisse, ESSA-Forêts, Département des Eaux et forêts, École supérieure des sciences agronomiques, Antananarivo, 28 p.

MINISTÈRE DE LA PRODUCTION ANIMALE ET DES EAUX ET FORÊTS (1985), « Politique forestière », République Démocratique de Madagascar, 76 p.

MUTTENZER, F. (2003), « The Folk conceptualization of Property and Forest-related Going Concerns in Madagascar », communication à la conférence internationale *Changing Properties of Property*, Max Planck Institute for Social Anthropology, Halle, Allemagne, 2-4 juillet.

MUTTENZER, F. (2001), « L'État frère de sang. Violence, conflit et coopération en marge d'une aire protégée à Madagascar », communication à l'atelier de travail *Dispositifs locaux d'administration foncière en Afrique rurale* organisé par le Comité de pilotage foncier rural, ressources renouvelables et développement, avec le soutien du ministère des Affaires étrangères, Paris, GRET, 12-14 décembre.

OTTINO, P. (1998), *Les champs de l'ancestralité à Madagascar. Parenté, alliance et patrimoine*, Paris, Orstom/Karthala.

RANJATSON, J.P. (2003), « Relations sociales et maîtrises foncières : Invention de la réciprocité pour une sécurisation sociale du présent et une sécurisation foncière future aux alentours de la Réserve spéciale de Manongarivo », Mémoire de DES, IUED, Genève.

RARIJAONA, R. (1967), *Le concept de propriété en droit foncier de Madagascar*, Paris, Cujas.

RÉPUBLIQUE DE MADAGASCAR (2001), « 1000 textes », ministère de la Justice, 345 p.

ROCHEGUDE, A. (2001), « Foncier et décentralisation. Réconcilier la légalité et la légitimité des pouvoirs domaniaux et fonciers », Bulletin n° 29, Laboratoire d'Anthropologie Juridique de Paris, 33 p.

SCHLAGER, E. et OSTROM, E. (1992), « Property-Rights Regimes and Natural Resources: A Conceptual Analysis », *Land Economics*, 68(3), pp. 249-263.

THOENIG, J.C. (1984), « L'analyse des politiques publiques », in Grawitz M. et J. Leca (dir.), *Traité de science politique*, Paris, PUF, pp. 1-60.

VANDERLINDEN, J. (2000), « Les droits africains entre positivisme et pluralisme », *Bulletin des séances de l'Académie royale des sciences d'outre-mer*, 46, pp. 279-292.

VON BENDA-BECKMANN, F., VON BENDA-BECKMANN, K. et WIBER, M. (2003), « The Properties of Property: an Introduction to the Workshop », communication à la conférence internationale *Changing Properties of Property*, Max Planck Institute for Social Anthropology, Halle, Allemagne, 2-4 juillet.

L'écotourisme, facteur de développement durable dans un contexte de mondialisation ?

Le cas de Madagascar[1]

Djohary ANDRIANAMBININA et Géraldine FROGER

Université d'Antananarivo, C3ED-M, Madagascar /
Université de Versailles Saint-Quentin-en-Yvelines,
C3ED UMR IRD-UVSQ n° 063, France

C'est à partir des années 1990 qu'on assiste à la promotion de l'écotourisme :

> Autour du monde, l'écotourisme a été acclamé comme une panacée : une façon de financer la conservation et la recherche scientifique, de protéger les écosystèmes vierges et fragiles, de bénéficier aux communautés rurales, de promouvoir le développement dans les pays pauvres, de renforcer la sensibilité écologique et culturelle, d'insuffler une conscience sociale et environnementale à l'industrie touristique, de satisfaire et d'éduquer les touristes, et même, d'après certains, de bâtir la paix mondiale (Honey, 1999, cité par Tardif, 2003, p. 2).

Cet engouement pour l'écotourisme s'est manifesté sur le plan scientifique, avec un nombre croissant d'études et de publications issues de différentes disciplines, et sur le plan politique avec la consécration par les Nations unies de l'année 2002 comme « année internationale de l'écotourisme »[2].

Dans un contexte de mondialisation, où les pays en développement (PED) sont souvent en mal de spécialisation internationale tout en étant soumis aux conditionnalités de l'aide, Madagascar s'est positionnée sur

---

[1] Les auteurs tiennent à remercier Jonathan Tardif pour ces remarques et commentaires sur une version antérieure de cette contribution. Ils remercient également Florence Galletti et Philippe Méral pour leur relecture et leurs suggestions ; toutefois, ils restent seuls responsables de la version finale de cette contribution ainsi que des erreurs qui pourraient subsister.

[2] L'évènement culminant a été le Sommet mondial de l'écotourisme, organisé à l'initiative de l'Organisation mondiale du tourisme (OMT) et du Programme des Nations unies pour l'environnement (PNUE), qui s'est tenu à Québec en mai 2002.

le champ du développement durable et a mis, au premier plan de ses dispositifs institutionnels, l'écotourisme comme instrument de développement durable :

> L'avantage de Madagascar par rapport à d'autres pays est de pouvoir combiner la gestion et la protection de son patrimoine écologique exceptionnel avec un tourisme nouveau : le tourisme écologique. Cette forme de tourisme associée au tourisme local et/ou traditionnel pourrait se révéler à terme comme l'un des secteurs les plus importants pour l'apport de devises (ministère de l'Économie et du Plan, 1990, p. 38).

Appuyée par la Banque mondiale, des agences internationales et des organisations non gouvernementales, Madagascar a en effet élaboré un Plan national d'action pour l'environnement (PNAE) qui vise à lutter contre la dégradation de l'environnement, à promouvoir des modes durables de gestion des ressources naturelles, et à intégrer les préoccupations environnementales dans la planification économique et sectorielle.

Ce PNAE, dont la réalisation a été amorcée avec l'adoption de la Charte malgache de l'environnement en 1990, comporte trois phases dans lesquelles l'écotourisme occupe une place non négligeable, surtout au travers de la mise en place et de la pérennisation du réseau d'aires protégées[3] :

– La première phase (programme environnemental I ; 1991-1997) a vu la création de l'Association nationale pour la gestion des aires protégées (ANGAP), association chargée de la coordination et du suivi des activités au niveau des aires protégées ;

– La deuxième phase (programme environnemental II ; 1997-2002) est caractérisée par la mise en place de politiques de dévolution de la gestion des ressources naturelles. La gestion directe des aires protégées est confiée à l'ANGAP, dont l'objectif est d'assurer l'effectivité de la conservation et le développement de l'écotourisme. L'écotourisme est considéré comme une activité génératrice de revenus et d'emplois dans le cadre de programmes communaux ou intercommunaux de gestion durable de la biodiversité ;

– L'objectif de la troisième et dernière phase (programme environnemental III ; 2003-2008) est de pérenniser les actions de conservation de manière à ce que l'autonomie financière de ces derniè-

---

[3] Les aires protégées constituent des lieux privilégiés pour la pratique de l'écotourisme, qui dépend en grande partie des ressources naturelles. Mais elles n'en sont pas pour autant des lieux exclusifs : tout site présentant un intérêt écologique est susceptible d'être voué à l'écotourisme. L'avantage des aires protégées est que leur organisation favorise la gestion des activités touristiques en en limitant les impacts négatifs éventuels.

res soit assurée. L'écotourisme apparaît comme un élément important de financement durable du réseau d'aires protégées, d'une part, et de justification de la politique de conservation, d'autre part (Carret et Loyer, 2003).

L'écotourisme est-il pour autant un véritable facteur de développement durable dans les pays moins avancés ? Il est difficile de répondre à une telle question, sachant qu'il existe de multiples interprétations du développement durable et que cette notion ne fait pas toujours l'unanimité. Toutefois, sans considérer l'écotourisme comme une solution miracle, il est intéressant d'analyser les potentialités d'une telle activité au regard du développement durable. Pour ce faire, nous reviendrons, dans un premier temps, sur les différentes définitions de l'écotourisme pour tenter d'en appréhender les multiples facettes et les ambiguïtés. Nous analysons les impacts hypothétiques de cette activité pour nous focaliser sur un « modèle » d'écotourisme comme activité capable d'assurer un développement durable sous certaines conditions. Ensuite, nous mettons en perspective ce « modèle » au regard d'études de cas à Madagascar. L'objectif de cette contribution n'est pas d'étudier l'ensemble des impacts de l'écotourisme sur la totalité du territoire de l'île mais de dégager quelques faits stylisés pour mettre en perspective les apports théoriques de l'écotourisme à la réalisation d'un développement durable à un niveau local.

I. L'écotourisme, une notion polysémique aux impacts multiples

A. L'écotourisme, définitions et interprétations

Tout comme le développement durable, la notion d'écotourisme n'a pas de définition unique et précise. Chaque auteur propose « sa » définition, avec des éléments de convergence et de divergence qui rendent difficile une appréhension claire de ce qu'est l'écotourisme.

Ce terme est récent[4] : on estime sa première apparition dans la littérature en 1978 (Miller, 1978, cité dans Ashton et Ashton, 1993), le développement de l'activité elle-même datant environ des années 1990. Selon Tardif (2003), la vulgarisation du terme est associée à Elizabeth Boo (1990) qui reprend la définition formulée par Ceballos-Lascuràin en 1987. Quelques définitions courantes que l'on rencontre dans la littérature académique ou dans des rapports sur l'écotourisme figurent dans le tableau 1.

---

[4] Même s'il n'utilise pas le terme en tant que tel, Budowski (1976) évoque les enjeux de la relation entre le tourisme et l'environnement en faisant comprendre le sens contemporain donné à l'écotourisme.

Tableau 1 : Quelques définitions de l'écotourisme

Ceballos-Lascuràin (1987) cité dans Boo (1990)	Forme de tourisme qui consiste à visiter des zones naturelles relativement intactes ou peu perturbées, dans le but d'étudier et d'admirer le paysage, les plantes et animaux sauvages qu'elles abritent, de même que toute manifestation culturelle (passée et présente), observable dans ces zones.
Ziffer (1989)	Forme de tourisme qui s'inspire avant tout de l'histoire naturelle d'une région, notamment de ses cultures autochtones, qui nécessite aussi une gestion active de la part du pays ou de la région d'accueil, qui prend l'engagement d'établir et de maintenir les sites de concert avec les résidents, d'assurer une commercialisation appropriée, d'assurer l'application de la réglementation et d'affecter les recettes de l'entreprise au financement de la gestion de la terre et au développement communautaire.
Société internationale de l'écotourisme (1991)	Forme de voyage responsable, dans les espaces naturels, qui contribue à la protection de l'environnement et au bien-être des populations locales.
Ceballos-Lascuràin (1996)	Forme de voyage responsable sur le plan environnemental, visite de milieux naturels peu perturbés dans le but d'apprécier la nature – ainsi que toute manifestation culturelle passée ou présente observable de ces milieux –, encourageant la conservation, ayant un impact négatif très limité et s'appuyant sur une participation très active des populations locales dans le but de générer des avantages.
Honey (1999)	Voyage à destination de zones naturelles fragiles et intactes – habituellement des aires protégées – visant un effet négatif très limité, s'adressant la plupart du temps à des petits groupes, favorisant l'éducation des visiteurs, générant des fonds pour la conservation, supportant directement le développement économique des milieux d'accueil et la prise en charge du développement par les communautés locales et favorisant le respect des différentes cultures et des droits humains.
OMT-PNUE (2002), cité par Tourisme Québec (2003)	L'écotourisme rassemble toutes les formes de tourisme axées sur la nature et dans lesquelles la principale motivation du tourisme est d'observer et d'apprécier la nature ainsi que les cultures traditionnelles qui règnent dans les zones naturelles. Il comporte une part d'éducation et d'interprétation. Ce sont des groupes restreints, des petites entreprises locales spécialisées, ou des opérateurs étrangers de dimensions variables qui organisent, gèrent ou commercialisent des circuits écotouristiques, habituellement pour de petits groupes. L'écotourisme limite les retombées négatives sur l'environnement naturel et socioculturel. Il favorise la protection des zones naturelles : en procurant des avantages économiques aux communautés d'accueil, aux organismes et administrations qui veillent à la préservation de zones naturelles, en créant des emplois et des sources de revenus pour les populations locales et en faisant davantage prendre conscience aux habitants du pays comme aux touristes de la nécessité de préserver le capital naturel et culturel.

Tourisme Québec (2003)	Forme de tourisme, qui favorise la découverte d'un milieu naturel tout en préservant son intégrité, qui comprend un volet éducatif (interprétation des composantes naturelles ou culturelles du milieu), qui favorise une attitude de respect envers l'environnement, qui repose sur les notions de développement durable et qui entraîne des bénéfices socio-économiques pour les communautés locales et régionales.

Source : Tardif (2003, p. 3), complété par les auteurs

Cet échantillon de définitions nous permet d'illustrer l'évolution des différentes perceptions à l'égard du terme.

L'écotourisme est d'abord identifié à un tourisme de nature (Ceballos-Lascuràin, 1987, cité dans Boo, 1990) : dans le milieu des années 1980, c'est la « recherche d'une proximité avec la nature » qui passe au premier plan. Les définitions plus récentes mettent l'accent sur divers principes associés au développement durable : maintien des sites visités (minimisation des impacts environnementaux et conservation des ressources) et satisfaction des besoins des pays et régions hôtes ; Ziffer (1989) insiste sur le rôle actif des pays et régions d'accueil pour que l'écotourisme aille de pair avec un développement local. Si l'écotourisme est défini comme une forme particulière de tourisme durable[5], il comprend aussi des principes particuliers : il s'exerce dans des milieux naturels peu perturbés (Société internationale de l'écotourisme, 1991 ; Ceballos-Lascuràin, 1996) ; il correspond à une forme de tourisme « communautaire » et « participatif » lorsque les communautés locales sont intégrées dans sa planification et son développement (Ceballos-Lascuràin, 1996 ; Honey, 1999) ; il comprend un volet éducatif et d'interprétation du patrimoine naturel et culturel (Honey, 1999 ; OMT-PNUE, 2002 ; Tourisme Québec, 2003) ; enfin, il se prête mieux aux voyages individuels ou en petits groupes (Honey, 1999 ; OMT-PNUE, 2002).

Hall (2003) distingue l'écotourisme d'autres formes de tourisme qui ne se limitent pas au tourisme en milieu naturel ; il le distingue du tourisme durable (philosophie qui s'adresse aux promoteurs), du tourisme responsable (faisant référence à la façon de voyager du touriste lui-même), du tourisme équitable (souci que les retombées économiques du tourisme soient équitables) et du tourisme social (accès aux vacances

---

[5] Les principes du tourisme durable ont été arrêtés par l'Organisation mondiale du tourisme dès 1988 : le tourisme durable doit permettre la satisfaction des besoins actuels des touristes et des régions-hôtes, tout en protégeant et en mettant en valeur les opportunités pour le futur. Il conduit à une gestion des ressources permettant de satisfaire les besoins économiques, sociaux et esthétiques tout en préservant l'intégrité culturelle, les processus écologiques essentiels et la diversité biologique.

pour les travailleurs et les classes défavorisées), et ce même s'il comprend certains principes des formes de tourisme mentionnées.

Les différentes interprétations possibles de l'écotourisme peuvent aller d'un écotourisme focalisé sur l'environnement à celui centré sur l'espèce humaine, d'un écotourisme poussé à un écotourisme discret, de l'action à la passivité et d'un écotourisme pur et dur à un écotourisme amateur dont l'expérience se borne aux tour-opérateurs (Weaver, 1998).

Si les définitions et les interprétations actuelles sont nombreuses, l'écotourisme, dans une vision globalisante :

– est axé sur la nature (sans être synonyme de tourisme vert ou de tourisme d'aventure[6]),

– comporte une composante éducative et culturelle (sans se limiter à un tourisme culturel pour autant[7]),

– repose sur le respect de principes de durabilité environnementale, économique et socioculturelle, et

– correspond à une forme de tourisme communautaire qui impliquerait totalement et activement les communautés locales dans l'ensemble de la filière.

Dans une vision moins globalisante, la notion d'écotourisme prend en compte deux thèmes récurrents :

– la conservation des écosystèmes composant le site visité ;

– la création des retombées économiques (y compris pour les communautés résidentes à proximité et/ou au sein du site visité).

Selon la vision adoptée, l'étude des impacts de l'écotourisme ne sera pas la même ; la première, plus complète, rend difficile toute évaluation globale de l'écotourisme (les impacts étant très nombreux et risquant de se neutraliser entre eux). La seconde, moins complète, relevant d'une définition anthropocentrique du développement durable, présente l'avantage de constituer une première étape importante pour rendre compte des effets économiques et environnementaux de l'écotourisme, et aussi pour

---

[6] L'écotourisme se distingue du tourisme vert car il ne consiste pas en une simple contemplation de la nature. Il se distingue également du tourisme d'aventure qui se déroule aussi dans un milieu naturel, mais est plutôt associé à un certain danger, lié aux conditions physiques de déplacement ou à des risques inhérents au milieu. Le tourisme d'aventure revêt différentes formes, allant de l'aventure extrême à l'aventure douce. Dans ce dernier cas, les risques sont réduits, mais il subsiste un parfum d'aventure lié au fait que l'expérience sort de l'ordinaire du client. La compatibilité entre l'écotourisme et le tourisme d'aventure n'est donc pas systématique.

[7] Le tourisme culturel pouvant être pratiqué hors des milieux naturels.

dégager des conditions nécessaires à la réussite des projets écotouristiques, mêmes si elles n'en restent pas moins suffisantes.

B. Des multiples impacts de l'écotourisme à la « modélisation » de cette activité comme facteur d'un développement durable

Quelle que soit la démarche adoptée, il convient d'indiquer, même de manière non exhaustive, les effets hypothétiques principaux, tant positifs que négatifs, de l'écotourisme aux niveaux environnemental, économique et socioculturel[8].

Nous nous inspirons du travail réalisé par Tardif (2003) qui recense un certain nombre d'impacts positifs et négatifs de l'écotourisme (voir tableau 2, *infra*)[9].

Au-delà de cet inventaire, et de par ces caractéristiques, l'écotourisme devrait idéalement s'accompagner de retombées socio-économiques et environnementales positives (impact social et environnemental minimum, implication active des populations locales pour des retombées économiques maximales et une dynamisation de l'économie locale).

La suite de nos développements porte sur ces retombées de l'écotourisme pour tester cette hypothèse aux niveaux théorique et empirique. Sur la base du travail réalisé par Chaboud *et al.* (2004), nous montrons comment le modèle du « cycle vertueux » permet de rendre compte des conditions d'efficacité de l'écotourisme comme facteur de développement durable (la dimension socioculturelle étant mise au second plan).

---

[8] Les effets socioculturels sont plus difficiles à identifier et à quantifier que les effets environnementaux et économiques : « Les impacts sociaux et culturels du tourisme renvoient aux changements induits dans les systèmes de valeur, les comportements individuels, les relations familiales, les modes de vie collectifs, le niveau de sécurité, la conduite morale, les expressions créatives, les cérémonies traditionnelles et l'organisation des communautés » (Fox, 1997, cité par Tardif, 2003, p. 8).

[9] L'analyse des divers impacts de l'écotourisme doit être alimentée par une pluralité d'études de cas même s'il convient d'aborder tout travail de terrain avec une certaine prudence (Buckley, 2003). La recherche en écotourisme gagnerait aussi à croiser des méthodes quantitatives et qualitatives dans une même étude (Tardif, 2003).

Tableau 2 : Les divers impacts de l'écotourisme

Écotourisme et effets sur l'environnement	
Impacts positifs :	*Impacts négatifs :*
– Encourage la protection de l'environnement (dans les aires protégées). – Incite à la restauration et à la conservation des habitats naturels. – Avantages environnementaux (protection hydrologique des bassins versants).	– Risque de dépassement de la capacité de charge de l'environnement dû à une croissance rapide du nombre d'écotouristes (effets d'encombrement ; activités récréatives non contrôlées ; perturbation de la faune ; érosion ; etc.). – Valeur financière donnée à la nature qui perd de son « authenticité ».
Écotourisme et effets économiques	
Impacts positifs :	*Impacts négatifs :*
– Génération de revenus directs grâce aux écotouristes. – Initiation de projets de développement et financement de micro-projets de développement par les organismes d'aide. – Source de revenus indirects (effet multiplicateur, augmentation de la vente de produits locaux, etc.). – Création d'emplois directs (service d'accueil, transporteurs, guides, etc.). – Propension des écotouristes à fréquenter des attractions culturelles et patrimoniales comme compléments. – Avantages économiques d'une utilisation durable des aires protégées valorisées par l'écotourisme (recherche médicale, plantes médicinales).	– Investissements (infrastructures hôtelières, etc.). – Coûts de démarrage et coûts du maintien des sites en l'état (acquisition de terrains, établissement d'aires protégées, surveillance, etc.). – Incertitude des revenus (cf. réduction du nombre de touristes suite à la crise politique à Madagascar en 2002). – Coûts dus aux importations de produits étrangers pour satisfaire les écotouristes. – Coûts d'opportunité liés à la substitution de l'activité écotouristique aux autres activités traditionnelles. – Coûts de planification touristique pour les autorités publiques.
Écotourisme et effets socioculturels	
Impacts positifs :	*Impacts négatifs :*
– Sensibilisation des écotouristes et des populations locales à l'environnement. – Expériences esthétiques et spirituelles. – Ouverture d'esprit. – Accessibilité des expériences à un large éventail de la population.	– Facteur de destructuration sociale (divisions claniques). – « Effet de jardin zoologique » avec la commercialisation de rites culturels et l'observation de cérémonies religieuses. – Domination des élites étrangères et non appropriation des projets écotouristiques par les populations locales. – Opposition de cultures (écotouristes ; populations locales) avec possible ressentiment des uns envers les autres.

Source : Adapté de Tardif (2003, p. 7)

En théorie, l'écotourisme est une incitation à la gestion durable des ressources naturelles, ou encore un instrument de conservation de la biodiversité et des écosystèmes menacés, en particulier dans les PED (Boo, 1990 ; WWF, 1995 ; Goodwin, 1996 ; Bookbinder *et al.*, 1998).

Sous certaines conditions, l'écotourisme peut favoriser la protection de zones naturelles grâce aux programmes de conservation qu'il suscite, ces derniers étant financés par des organismes d'aide ou des organisations non gouvernementales (Brandon, 1996). Ensuite, les touristes issus des pays industrialisés expriment un important consentement à payer pour la conservation de la biodiversité dans les PED. Les retombées économiques correspondantes pourraient servir à financer la conservation des écosystèmes des pays en question (Gössling, 1999). Enfin, il peut exister des changements de comportement. À titre illustratif, certains auteurs comme Wunder (2000), Wearing (2001) ou Lindberg *et al.* (1996), estiment que les revenus générés par l'écotourisme servent à améliorer le niveau de vie des communautés locales, les incitant à réduire leur pression sur l'environnement : les diverses activités écotouristiques (guides, artisanat à destination des touristes, gardiennage, etc.) peuvent se substituer[10] aux activités traditionnelles moins respectueuses de l'environnement (exploitation irrationnelle et illicite des ressources forestières, agriculture sur brûlis, braconnage, prélèvement d'espèces de la faune et de la flore, etc.). Un lien homme-nature pourra être rétabli, même si celui-ci risque d'être artificiel dans un premier temps, dans la mesure où la protection de l'environnement ne serait motivée que par les revenus générés par l'écotourisme. Dans ce cadre, l'écotourisme serait une stratégie doublement gagnante (stratégie *win-win*).

Pour que l'écotourisme soit considéré comme facteur de développement durable, il doit avoir des retombées socio-économiques en contribuant au développement des communautés locales (Boo, 1990), qui devraient être impliquées activement dans l'ensemble de la filière (Lequin, 2001). Comme le souligne Tardif (2003, p. 8), « de par son emphase sur les voyages individuels ou en petits groupes, il serait utopique de croire que l'écotourisme puisse insuffler une vigueur nouvelle à l'économie d'un pays en difficulté. Cependant, nous pouvons reconnaître le fort potentiel de cette activité à améliorer l'économie locale ».

Théoriquement, l'écotourisme favorise la création d'emplois (services d'accueil des touristes avec retombées financières à l'échelle locale,

---

[10]   Notons que les possibilités de substitution risquent d'être partielles lorsque les retombées économiques liées à l'écotourisme ne sont pas immédiates et assez conséquentes.

transporteurs, guides permanents[11] et temporaires[12], etc.) ; il dynamise aussi l'économie locale *via* la génération de revenus directs (Lindberg *et al.*, 1996 ; Honey, 1999 ; Scheyvens, 1999) et le financement de micro-projets. À Madagascar, jusqu'à 50 % des droits d'entrée perçus par l'ANGAP à l'entrée des aires protégées et acquittés par les touristes (DEAP) servent au financement de micro-projets de développement au sein des villages en périphérie de l'aire protégée ; sous réserve que ce mode de gestion soit efficace et qu'il permette d'initier un nombre suffisant de micro-projets, il peut favoriser le développement local des communautés. Des revenus indirects sont aussi générés par les activités écotouristiques avec l'augmentation de la vente de produits locaux, par exemple. Cette condition n'est remplie que si ce sont des producteurs locaux qui fournissent les infrastructures d'accueil du site (hôtels et restaurants) et s'il y a augmentation de vente de produits locaux par vente directe aux touristes. Des effets multiplicateurs sont donc à escompter.

Si l'écotourisme recèle un fort potentiel pour le développement de l'économie locale, il n'en reste pas moins que plusieurs éléments viennent nuancer cette appréciation positive (Ceballos-Lascuràin, 1996 ; Tardif, 2003). Par exemple, les emplois créés pour les membres des communautés sont souvent secondaires, sous-payés et saisonniers (gardiens, femmes de ménages, etc.), les « meilleurs » emplois étant détenus par des personnes extérieures aux communautés. Une grande part des bénéfices économiques que l'écotourisme est susceptible d'engendrer ne revient pas à l'économie locale : les sommes dépensées par les touristes vont d'abord aux compagnies aériennes internationales, aux agences de voyage des pays du Nord organisant les voyages « clés en main », ainsi qu'aux importateurs de biens de consommation, plus familiers aux voyageurs[13]. Les recettes économiques de l'écotourisme

---

[11] Les guides permanents sont présents toute l'année, y compris en saison où aucun touriste n'est présent (saison des pluies à Madagascar par exemple). Leur tâche, outre le guidage des touristes, est de maintenir les infrastructures touristiques en bon état.

[12] Par exemple, les guides temporaires n'ont un contrat avec un parc naturel que durant la période de haute saison touristique (de juin à novembre à Madagascar).

[13] Si la Banque mondiale estime que 55 % des dépenses touristiques dans les PED sont captées par les pays du Nord, la proportion irait jusqu'à 90 % selon d'autres analyses (Koch, 2001). Selon Wilkie et Carpenter (1998) qui citent IRG (1992), « la plus grande source des fuites [de revenus] est constituée par les billets d'avion, qui sont le plus gros poste de dépense pour un voyage (33 %), et sont rarement captés par des compagnies nationales assez faibles. Les voyagistes internationaux (23 %) sont la deuxième source de fuite de revenus. Les droits d'entrée dans les aires protégées et les salaires des guides locaux constituent seulement 120 $ (2,5 %) des 4 850 $ dépensés par l'écotouriste européen moyen en Afrique » (*ibid.*, p. 10). Il est difficile de réduire ces fuites dans les PED car le plus souvent, peu de fournisseurs de services

sont parfois modestes sur le court terme, et les micro-projets financés peuvent paraître dérisoires eu égard aux besoins vitaux des communautés locales.

De même, théoriquement, l'écotourisme stimule la protection de l'environnement et encourage la restauration et la conservation des habitats naturels (Weaver, 1998). Toutefois, s'il est mal géré et planifié, l'écotourisme peut avoir des impacts négatifs sur l'environnement. À titre illustratif, « au Zimbabwe, l'exceptionnelle forêt humide entourant les chutes Victoria serait irrémédiablement endommagée à cause du piétinement des milliers de visiteurs (…). Au Kenya, on a montré dans plusieurs parcs que les guépards ont modifié leur comportement de chasse à cause du tourisme » (Wilkie et Carpenter, 1998, p. 15).

En occultant ces limites, Chaboud *et al.* (2004) ont étudié les conditions nécessaires à l'existence d'un « cycle vertueux » de l'écotourisme (voir figure 1, *infra*). Un développement local sera la condition préalable à l'amélioration de l'état de la nature, objet des visites. Plus précisément, la création et la distribution de revenus issus de l'écotourisme induiraient ou favoriseraient des changements sociaux et institutionnels locaux, qui se traduiraient par des changements dans les modes d'usage, de gestion et d'exploitation de l'environnement. Ces derniers iraient dans le sens d'une amélioration de l'état de la biodiversité et des habitats naturels, qui agirait, de manière rétroactive, positivement sur l'attrait écotouristique d'un site et les possibilités de développement.

Pour être vérifié, ce cycle doit reposer sur deux hypothèses principales :

– La première, relative à la création et à la distribution de revenus locaux « significatifs », suppose une participation importante des communautés locales à la mise en place, à la gestion et au développement des activités touristiques. L'autre condition, sous-jacente à la vérification de cette première hypothèse, correspond à la « capacité locale » à répondre aux opportunités d'emplois et d'activités que crée l'écotourisme.

– La seconde hypothèse, selon laquelle la conservation serait favorisée, suppose que soient remplies les conditions suivantes : une plus grande durabilité des modes de production traditionnels, une substitution d'activités nuisibles à l'environnement par des activités plus « respectueuses », des changements ou renforcements institutionnels allant dans le sens d'une plus grande durabilité.

---

locaux ont suffisamment de capitaux à investir dans les infrastructures nécessaires pour attirer les touristes (Ceballos-Lascuràin, 1996).

Djohary Andrianambinina et Géraldine Froger

Figure 1 : Le « cycle vertueux » de l'écotourisme

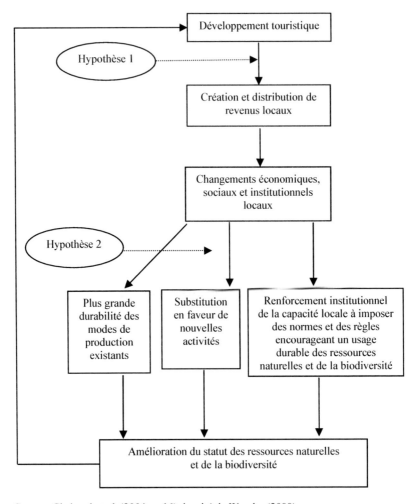

Source : Chaboud et al. (2004, p. 16), inspiré de Wunder (2000)

Ces éléments hypothétiques méritent d'être validés ou invalidés par des études de cas sur les potentialités de l'écotourisme. D'ailleurs, Chaboud et al. (2004) ont réalisé une étude comparative sur les sites d'Anakao et d'Ifaty/Mangily à Madagascar. Nous proposons, dans la suite de cette contribution, de tester ce modèle sur deux autres sites – la région des sept lacs au sud-ouest de Madagascar et le parc national de Ranomafana dans les hautes terres du Sud-Est.

II. L'écotourisme, facteur de développement durable à Madagascar ? Analyse à partir de deux études de cas[14]

Madagascar, île continent dans le sud-ouest de l'océan indien[15], figure parmi les dix grands sites de la diversité biologique mondiale et possède l'un des écosystèmes les plus riches du monde[16]. Avec un indicateur de développement humain égal à 0,469 US $ en 2002, et classée au 150e rang (sur 177), Madagascar figure également parmi les pays les plus pauvres de la planète : sept Malgaches sur dix vivent en dessous du seuil de pauvreté avec un PIB par tête de 250 US $ en 2003 (PNUD, 2004).

L'engouement pour l'écotourisme à Madagascar est croissant : l'île veut attirer 500 000 touristes en 2007 ; le secteur touristique est en plein essor avec une croissance moyenne par an de 4 % pendant les années 1990 et de 10 % à la fin des années 1990[17] ; il a permis la création d'emplois directs (15 574 en 1999 et 18 690 en 2003, soit une hausse de 20 %) et est une source importante de devises[18] ; sur les 160 000 person-

---

[14] Cette section résulte du travail réalisé par Djohary Andrianambinina dans le cadre du programme IFB coordonné par Christian Chaboud (2002-2004), *Enjeux sociaux et économiques de la biodiversité dans un contexte de grande pauvreté : la côte ouest de Madagascar*, et de l'ATI soutenue par l'Institut de recherche pour le développement (IRD), coordonnée par Catherine Aubertin (2004-2006), *Effets sociaux, économiques et environnementaux des aires protégées : des aires protégées aux territoires de conservation*. Elle repose sur des enquêtes et entretiens réalisés de novembre 2002 à octobre 2004.

[15] Avec 587 014 kilomètres (superficie de la France et du Benelux réunis), c'est la quatrième plus grande île du monde après le Groënland, la Papouasie Nouvelle-Guinée et Bornéo.

[16] À titre d'exemple, sur 200 000 espèces répertoriées, à peu près 150 000 sont endémiques.

[17] Le nombre de touristes est passé de 138 253 en 1999 à 170 208 en 2001. La crise politique de 2002 s'est traduite par une baisse considérable du nombre de touristes (61 674 seulement) et de 80 % de l'activité en général ; les derniers chiffres datent de 2003 : 109 802 touristes sont venus à Madagascar de janvier à septembre 2003. Source : ministère de la Culture et du Tourisme, Office national du tourisme à Madagascar, http://www.tourisme.gov.mg/investir/stats.cfm, consulté en juillet 2005.

[18] Le montant estimé de devises est de 625,9 milliards de francs malgaches (FMG) en 1999 (soit environ 103,4 millions d'euros), de 821 milliards de FMG en 2000 (soit 132 millions d'euros), de 755,5 milliards de FMG en 2001 (soit 128,5 millions d'euros), de 243,9 milliards de FMG en 2002 (soit 36,7 millions d'euros), et de 213,4 milliards de FMG pour le premier semestre 2003 (soit 30,3 millions d'euros). Source : ministère de la Culture et du Tourisme, Office national du Tourisme à Madagascar, http://www.tourisme.gov.mg/investir/stats.cfm, consulté en juillet 2005. Base des équivalences : un euro = 6 053 FMG en 1999, un euro = 6 214 FMG en 2000, un euro = 5 881,4 FMG en 2001, un euro = 6 615,5 FMG en 2002, un euro = 7 051,9 FMG en 2003.

nes ayant visité Madagascar en 2000, plus de la moitié (55 %) ont effectué le déplacement pour l'écotourisme (Carret et Loyer, 2003) ; l'écotourisme connaît la croissance la plus rapide de l'industrie du voyage dans les années 1990 avec un taux annuel se situant entre 10 et 30 %[19] ; les aires protégées actuelles (où est promu l'écotourisme) attirent un nombre de plus en plus important de visiteurs à Madagascar (100 000 visites pour 2001) ; en rapportant le nombre total de visiteurs étrangers pénétrant sur les aires protégées au total des arrivées touristiques dans une même année, les écotouristes constituent 30 % de la demande touristique totale de Madagascar durant les années 1990 : cette évolution devrait s'accentuer compte tenu du potentiel spécifique de l'île (diversité des paysages, faune et flore, diversité des sites naturels, etc.)[20].

L'objectif de cette seconde section est d'évaluer les impacts effectifs de l'écotourisme tant sur le développement local que sur l'incitation à la gestion durable des ressources naturelles. Nous avons vu que l'écotourisme est un tourisme qui a lieu dans les milieux naturels peu dégradés. Il est très souvent directement lié à la présence d'aires protégées, en raison des paysages uniques qu'elles abritent. Cependant, il peut avoir lieu dans des sites non statutairement classés comme aires protégés, dans lesquels les caractéristiques biologiques et physiques et les paysages sont autant d'attraits touristiques. C'est la raison pour laquelle nous avons retenu deux sites : le premier, dans la région des sept lacs, est un site d'intérêt biologique hors cadre des aires protégées malgaches actuelles, tandis que le second, le parc de Ranomafana, correspond à un site faisant partie du réseau actuel d'aires protégées à Madagascar.

A. Le cas du site des sept lacs[21]

1. Les particularismes du site

La forêt des sept lacs se trouve à 70 km à l'est de la ville de Tuléar[22], dans le Fivondronana[23] de Tuléar II. Se situant dans un relief fortement accidenté, le site fait partie du plateau de Belomotse, un massif forestier d'une superficie estimée à 10 500 ha dans la région du sud-ouest de

---

[19] Source : http://madagascar-contacts.com/fasp/sectourindex.htm.

[20] *Ibid.*

[21] Cette étude a été réalisée à l'aide d'enquêtes effectuées entre novembre 2002 et décembre 2003.

[22] Tuléar est le chef lieu de province de la région du sud-ouest de Madagascar.

[23] Le Fivondronana représente une circonscription administrative comprise entre la province et la commune, traduite tantôt par sous-préfecture, tantôt par préfecture (Chaboud *et al.*, 2004).

Madagascar. La forêt des sept lacs couvre une part des quatre communes rurales suivantes : Adranovory, Vatolatsake, Ambohimahavelona et Tongobory. Le site est géré par les villages de Mahaleotsy et d'Ifanato se trouvant respectivement sur le territoire des deux dernières communes. En traversant la zone, une rivière forme une douzaine de lacs organisés en cascades. L'appellation « sept lacs » s'explique par l'accessibilité aisée aux sept principaux lacs en aval, à proximité de la route.

Le site étudié fait partie des forêts sèches tropicales du sud-ouest de Madagascar qui sont parmi les écosystèmes les plus riches au monde, avec une faune et une flore uniques (WWF, 2002). Les plantes (*didieracées* et *euphorbes*) s'adaptent au climat aride et au sol très pauvre, donnant à la région un paysage spectaculaire. Les lémuriens les plus connus à Madagascar (*Lemur catta* et *Propithecus v. verreauxi*) et plusieurs espèces d'oiseaux, de reptiles et d'amphibiens sont endémiques à cette région.

Comme dans l'ensemble de la région du sud-ouest, la forêt des sept lacs et les ressources naturelles qu'elle abrite subit de fortes pressions induites par l'activité humaine. La culture sur brûlis du maïs et du manioc pour la consommation familiale contribue fortement au défrichement. Cette menace est accentuée par l'exportation de maïs vers l'île de la Réunion. Le défrichement est aussi dû à la production de charbon de bois pour approvisionner les habitants de la ville de Tuléar. Ces populations consomment d'importantes quantités de bois d'œuvre et de bois de chauffe prélevées dans cette forêt naturelle. Les feux de brousse constituent une menace importante, notamment les feux de pâturage (WWF, 2002).

2. Les structures de gestion du site

En 1998, à Madagascar, avec l'aide du Service d'appui à la gestion environnementale (SAGE), une structure de gestion intercommunale et de concertation a été mise en place pour préserver l'ensemble de la forêt de Belomotse. Cette structure dénommée FKMB (Fikambanan'ny Kaomina Miaro ani'i Belomotse)[24] est composée d'autorités locales, de deux communautés locales de bases (COBA[25]) rattachées respectivement aux villages de Mahaleotse et d'Ifanato et réunies en une associa-

---

[24] « Association Intercommunale de la Forêt de Belomotse », notre traduction.

[25] La COBA est un groupement volontaire d'individus, unis par les mêmes intérêts et obéissant à des règles de vie communes. Elle peut regrouper les habitants d'un ou de plusieurs villages. Une commune comprend le plus souvent plusieurs COBA, et une COBA peut recouvrir le territoire de plusieurs communes. La COBA est dotée de la personnalité morale et fonctionne comme une organisation non gouvernementale avec des statuts, une assemblée générale et un organe exécutif (décret 2000-027).

tion dénommée FIMPIAFAMA[26], d'opérateurs économiques, de notables, d'agriculteurs, d'associations de femmes, d'éleveurs et de pêcheurs. La zone des sept lacs est prioritaire au sein du PNAE. Les principaux partenaires de cette structure sont :

- le SAGE, qui contribue au renforcement des capacités de la FKMB dans la promotion de l'écotourisme et la mise en place d'un projet de Parc naturel régional.

- le WWF (World Wildlife Fund) et l'ANGAP, qui assurent l'assistance à la mise en place des petites infrastructures touristiques[27] ;

- La Banque mondiale qui, au travers du FID (Fonds d'intervention pour le développement) et du PSDR (Programme de soutien au développement rural), appuie la FKMB dans l'élaboration et la mise en œuvre des plans communaux de développement (PCD) ;

- l'Université de Tuléar, qui assure la formation de guides villageois, en matière de création de circuits et de sentiers botaniques ;

- la Fondation Tany Meva, qui soutient l'inventaire de l'écosystème et la mise en œuvre d'activités alternatives à celles exerçant des effets nuisibles sur l'environnement.

L'implication de ces divers acteurs confirme l'importance de la conservation de la zone.

Dans le cadre d'une approche que tous souhaitent participative, l'État malgache a fait adopter une loi particulière, dite GELOSE (Gestion locale sécurisée des ressources naturelles renouvelables). Cette loi, datant du 30 septembre 1996, vise essentiellement à confier à des communautés locales de base (COBA) la gestion de certaines ressources relevant du domaine de l'État, situées dans leur terroir, afin de mieux les protéger[28] ; à cette fin, un contrat d'une durée limitée (3 puis 10 ans) est passé entre une ou des COBA, l'État représenté par le chef de cantonnement des eaux et forêts, et la commune.

---

[26] Association pour la protection de la forêt d'Ifanato et de Mahaleotse.

[27] Il s'agit de la construction d'aires de campement et de toilettes au sein du site.

[28] Toute COBA peut demander un transfert de gestion des ressources naturelles et fixe un système de gestion adéquat : réglementation de l'accès aux ressources, modalités de vente, typologie des droits et répartition des revenus. Elle doit faire appel à un médiateur environnemental (obligatoirement lors de sa première demande) ; ce dernier l'assiste dans l'élaboration du règlement d'accès aux ressources, les modalités de vente, etc. Les médiateurs sont indépendants, agréés et n'ont pas de pouvoir autoritaire. Ils sont rémunérés par l'Office national de l'environnement (ONE) durant la phase expérimentale (programme environnemental II) et le seront ultérieurement par le demandeur.

Dans le site étudié, c'est en décembre 1999 dans le cadre de la dite loi GELOSE, que la gestion de la forêt domaniale des sept lacs a été transférée aux COBA des deux villages sus-cités à la suite de la demande de la FIMPIAFAMA, association villageoise les représentant. Cette dernière a fait appel à un médiateur, le SAGE, pour l'assister dans le processus de transfert de gestion des ressources naturelles. Le contrat de gestion passé comprend :

– une convention signée entre la FIMPIAFAMA, les maires des deux communes concernées et le représentant de la circonscription régionale des eaux et forêts (CIREF) ;

– une carte manuscrite localisant la forêt des sept lacs et les villages concernés ;

– un cahier des charges du transfert de gestion de la forêt comprenant les types admis d'exploitation des ressources (comme la cueillette des plantes médicinales) et celles qui ne le sont pas (comme la pêche dans le septième lac). Les règles pour faire respecter les principes de gestion sont également détaillées ;

– une convention sociale ou *dina* qui énumère, d'une manière précise, les activités autorisées (comme le prélèvement de bois pour la confection de cercueils) ou interdites (comme l'exploitation commerciale de ressources forestières) et les sanctions et amendes dont sont passibles les contrevenants ;

– les statuts de la FIMPIAFAMA qui fixent ses règles de composition et modalités de fonctionnement ;

– les procès-verbaux des réunions importantes relatives à la constitution de l'association et à la demande de transfert.

L'objectif de la FIMPIAFAMA, tel qu'il est mentionné dans la demande de transfert, est de transformer la forêt des sept lacs en site écotouristique.

3. L'activité écotouristique sur le site

En termes de curiosités écotouristiques, en sus des richesses biologiques endémiques à la zone[29], les visiteurs peuvent être séduits par l'authenticité des légendes des lacs, des grottes et de leurs interdits. Les écotouristes peuvent également assister à la cérémonie culturelle et cultuelle du *fisa*[30], qui est une manifestation artistique occasionnée par

---

[29] Parmi les espèces faunistiques, on pourrait citer les lémuriens, le crocodile, les chauves-souris, les caméléons, etc. En ce qui concerne les espèces floristiques, le site abrite de différentes plantes médicinales comme le *baudouinia* ou les *dioscoreacées*, etc. Voir WWF (2002).

[30] La traduction littérale est « jeu ».

l'inhumation définitive d'une dépouille mortelle[31]. Dans un sens, les visites d'étrangers contribuent à la pérennisation des cultures locales, mais elles pourraient également provoquer un « effet de jardin zoologique » (mentionné dans le tableau 2, voir *supra*) occasionné par l'absence d'interaction entre les touristes et les communautés locales.

On relève que la FIMPIAFAMA a instauré un droit de visite de 3 000 ariary (soit 1,2 euros)[32] par touriste. Elle a également mis au point une organisation particulière pour les visiteurs qui doivent payer la moitié du droit lors de leur passage au percepteur du premier village, celui de Mahaleotsy, et la seconde moitié à celui du village d'Ifanato après la visite du site. Pour d'aucuns, cette organisation serait inappropriée.

Dans les documents de l'association, il est mentionné que les fonds réunis dans chaque village vont servir à financer des projets de développement, notamment la construction d'écoles et le financement des salaires des instituteurs et/ou la réhabilitation des infrastructures routières. On note qu'à Mahaleotsy, la seule école primaire existante manque d'instituteurs et qu'Ifanato ne dispose d'aucun établissement scolaire. Par ailleurs, la piste d'accès au site est en très mauvais état. Les véhicules tout terrain mettent plusieurs heures pour faire le trajet de 70 km de la ville de Tuléar au site des sept lacs.

En matière d'aménagement touristique, les deux villages gestionnaires et plus proches de l'entrée du site ne disposent pas véritablement d'infrastructures d'accueil aux normes, destinées à recevoir des touristes. À Ifanato en 1999, un opérateur local malgache, membre de la FIMPIAFAMA, a investi dans la construction d'une petite infrastructure de restauration et d'hébergement (« Chez Jean Claude »), comprenant six bungalows avec une capacité d'accueil de dix visiteurs. Sur le plan des règles d'hygiène, la construction est conçue selon des « normes locales »[33].

Le décompte des talons de tickets de droits de passage vendus, ou le montant des recettes inscrites dans le livre comptable, semble être la meilleure façon d'avoir une idée du nombre exact des visiteurs du site. Toutefois, cette procédure n'a pas toujours été possible parce que les deux percepteurs des villages ne sont pas complètement disposés à

---

[31] Après la construction de la tombe et de la confection du cercueil, la fête commence et peut durer quelques jours.

[32] En 2004 et en 2005, un euro équivaut en moyenne à 2 500 ariary, nouvelle monnaie malgache dont l'entrée en vigueur date de juillet 2003. Un ariary équivaut à 5 FMG.

[33] Il n'y a pas d'électricité, ni d'eau courante. L'hôtel utilise l'eau de la rivière. Les sanitaires sont collectifs.

attendre les rares clients. Ils travaillent aux champs à l'instar d'autres villageois et quand ils perçoivent les droits de passage, il leur arrive d'oublier de les inscrire dans le livre comptable. Le seul moyen permettant d'estimer approximativement le nombre des visiteurs du site a été de compter le nombre de touristes ayant écrit dans le livre d'or du site d'hébergement « Chez Jean Claude ». Selon Brachet et Guinet (2004, p. 29) qui ont adopté la même démarche, le nombre d'écotouristes est de 58 en 1999, 170 en 2000, 98 en 2001, 50 en 2002, 71 en 2003, 20 à la date de juin 2004 (avant l'influence touristique de juillet, août et septembre). On retiendra alors que la fréquentation du site des sept lacs reste encore très faible[34].

4. Le site des sept lacs et le cycle vertueux de l'écotourisme

Nous allons tenter de vérifier les deux principales hypothèses sur lesquelles repose le modèle du cycle vertueux de l'écotourisme en les confrontant aux spécificités du site des sept lacs.

En ce qui concerne la première hypothèse sous-jacente à la création et à la distribution de revenus locaux, nos travaux de terrain ont montré l'existence de deux sources de revenus liés à l'écotourisme dans le site des sept lacs : celle relative à la création d'emplois et celle des droits de passage acquittés par les écotouristes. Toutefois, l'accès physique à notre zone d'étude est très difficile pendant la saison de pluies[35] : les activités touristiques sont saisonnières, elles ne constituent pas des activités principales génératrices de revenus.

Les emplois créés au sein des villages d'accueil constituent l'une des modalités de redistribution des dépenses touristiques (Chaboud *et al.*, 2004). De 1999 à 2004, ils ont été estimés au nombre de six. La petite infrastructure d'accueil pré-citée a engendré la création d'un emploi pour le responsable – qui assure les services auprès des clients – et un autre pour sa femme – qui travaille comme femme de chambre et cuisinière. La perception des droits de passage a généré deux emplois dans les villages de Mahaleotsy et d'Ifanato et deux autres ont été créés pour des activités de guides. Le nombre d'habitants des deux villages est estimé à 750 en 2003, ce qui donne un taux très faible de création d'emplois. Il est à noter que le chômage « n'existe pas » dans le monde rural à Madagascar. Nous ne sommes pas en mesure de fournir le taux de chômage dans cette zone ; sur les cartes d'identité nationale, tout le

---

[34] Ces statistiques doivent être reçues avec une grande précaution car elles ne sont pas exhaustives. Tous les visiteurs ne font pas étape « Chez Jean Claude » et les clients n'écrivent pas nécessairement dans le livre d'or.

[35] Cette période correspond à la basse saison touristique à Madagascar : elle commence au mois de novembre pour se terminer au mois d'avril.

monde est agriculteur ou éleveur. Cette situation laisse supposer que dans la région, chacun dispose d'un terrain de culture, du moins, est occupé à des activités agricoles[36]. Les retombées économiques de l'écotourisme sur les communautés locales sont encore très limitées et ne sont pas reparties convenablement. D'une manière générale, elles profitent surtout à la famille du responsable de l'hébergement. À titre d'illustration, le chiffre d'affaires réalisé par cette structure d'hébergement en 2003 équivaut à 426 000 ariary (soit 302 euros en 2003). Le montant des salaires relatifs aux quatre autres emplois créés n'est pas connu mais les personnes concernées affirment qu'il est relativement faible.

La seconde source de revenus provient des droits de passage des touristes dans les villages de Mahaleotsy et d'Ifanato. Le livre de compte de l'association n'ayant pu être consulté, il n'est pas possible de disposer d'un montant précis. Toutefois, de 1999 (date du transfert de gestion des ressources naturelles de ce site) à 2003, le montant estimé par oral est de 140 000 ariary (soit 99 euros), somme qui serait dans les caisses des communautés locales. Cette somme n'est pas suffisante pour financer les projets initialement prévus dans la demande de transfert de gestion. Par ailleurs, si les communautés locales des deux villages ont participé aux processus de mise en place du transfert de gestion, elles restent peu impliquées dans la gestion et le développement des activités touristiques (manque de capacités, etc.).

Ni la première hypothèse, ni les conditions sous-jacentes, ne sont vérifiées sur le site des sept lacs.

La seconde hypothèse suppose que la création et la distribution des revenus locaux générés par les activités écotouristiques induisent une amélioration de l'environnement *via* des changements économiques, sociaux et institutionnels au niveau local. Sur le site des sept lacs, les enquêtes effectuées dans les villages ont montré qu'aux niveaux économique et social, ces mutations n'ont pas eu lieu, et la population locale ne se sent pas impliquée dans les activités touristiques, malgré les efforts déployés en matière de renforcement institutionnel[37]. Contrairement à ce qui a été escompté, la population locale continue à pratiquer

---

[36] La pauvreté sévit fortement dans cette zone qui est régulièrement exposée aux aléas naturels tels que les cyclones, la sècheresse ainsi que les invasions acridiennes et les épidémies. En 2001, le revenu annuel moyen était de 291 US $ par habitant à Madagascar ; 70 % des malgaches (80 % en milieu rural) vivaient au dessous du seuil de pauvreté.

[37] À titre d'exemple, le SAGE contribue à renforcer les capacités de la FKMB dans la promotion de l'écotourisme et la mise en place d'un parc naturel régional, projet qui remonte au début de l'année 2003. Jusqu'à maintenant, ce projet de parc naturel régional n'a pas été réalisé et les activités écotouristiques ont du mal à se développer.

des activités destructrices – activités extractives, comme la production de charbon de bois ou les cultures sur abattis-brûlis – ne correspondant pas à des modes de production soutenable. En 2004, des exploitants miniers ont trouvé un gisement important de saphir à l'intérieur du site et ont voulu s'installer, ce qui va à l'encontre de l'amélioration du statut des ressources naturelles et de la biodiversité du site. On ne constate pas encore de substitution d'activités destructrices par des activités plus respectueuses de l'environnement. Il y a une faible capacité locale à imposer des normes et des règles encourageant un usage durable des ressources naturelles, malgré le soutien de la FKMB (dont le président est le maire de la commune d'Ambohimahavelona) et des institutions de conservation.

En définitive, dans le site des sept lacs, les enquêtes ont montré que l'écotourisme n'engendrait pas actuellement de revenus conséquents pour les communautés locales, ni de changements significatifs relatifs aux comportements vis-à-vis de la conservation de la biodiversité.

B. Le cas du parc national de Ranomafana[38]

1. Les particularismes du site

Le parc national de Ranomafana est l'un des quatre parcs nationaux[39] situés dans la province de Fianarantsoa. Il s'étend sur le territoire de sept communes : Ranomafana, Ambalakindresy, Morafeno, Tranovoy, Kelilalina, Tsaratanana, Vohimery. La forêt de ce parc a une particularité : elle est dense, humide, à vocation *sempervirens* ; autrement dit, c'est une forêt humide et verte toute l'année. Avec une superficie de 41 601 ha, elle fait partie du corridor forestier de Fianarantsoa. Ce parc est également connu pour son fort taux d'endémicité. Une espèce floristique a été découverte récemment, le *Vahimena*[40] qui caractérise Ranomafana par rapport à d'autres régions. Cette plante figure sur le logo du parc. Historiquement, le site de Ranomafana est devenu parc national en 1991, sur la base d'un statut particulier régi par le décret interministériel n° 91-250. Il a été géré par l'Institut for the Conservation of Tropical

---

[38] Cette étude est issue d'enquêtes réalisées au cours des mois de septembre et d'octobre 2004. Pour le détail des résultats obtenus, voir Andrianambinina (2004).

[39] Madagascar compte aujourd'hui 46 aires protégées dont cinq réserves naturelles intégrales, 18 parcs nationaux et 23 réserves spéciales. Seuls les parcs nationaux et les réserves spéciales sont ouverts aux touristes. Ce sont des espaces relativement peu dégradés où la plupart des activités (agricoles et forestières) sont proscrites, hormis l'écotourisme.

[40] Il s'agit d'une espèce de plante lianescente qui tend à occuper les espaces libres dans une formation primaire pour avoir le maximum de luminosité (Andrianambinina, 2004).

Environments (ICTE) de l'Université de Stony Brook, aux États-Unis. Sa gestion a été transférée à l'ANGAP en 1994. Il n'est pas possible de pénétrer dans le parc sans motif enregistré, ni d'y développer une exploitation agronomique, forestière ou minière.

2. *L'activité écotouristique sur le site*

Les activités de recherches scientifiques et écotouristiques sont aujourd'hui les principaux modes de valorisation du parc. Conçues pour préserver les éléments de diversité biologique, les aires protégées se présentent comme des vitrines très attrayantes pour les écotouristes. Au niveau national, en termes de fréquentation touristique nationale, Ranomafana tient la troisième place, après les sites d'Andasibe et d'Isalo[41]. En comparaison avec le site des sept lacs, le site de Ranomafana est largement développé en matière d'infrastructures d'accueil. En octobre 2004, les établissements d'hébergement et de restauration sont au nombre de dix. Ils sont détenus par des malgaches. La route nationale 27, reliant la ville de Fianarantsoa à la côte-est de Madagascar, traverse le parc. Le site est à proximité de la commune de Ranomafana, une petite ville relativement développée en terme d'infrastructures de base (écoles primaires et secondaires, centre de santé de base, etc.).

Les écotouristes et chercheurs paient des droits d'entrée et des frais de guide pour visiter le parc. Les DEAP (droits d'entrée dans les aires protégées), payés par les visiteurs, ont été initialement conçus pour appuyer financièrement les activités du réseau malgache des aires protégées. L'ANGAP, gestionnaire des droits de visites des aires protégées malgaches, suivant la décision de son conseil d'administration par délibération en date du 27 novembre 1992, a adopté le principe suivant de ventilation des recettes des DEAP : 50 % au profit de la population riveraine des aires protégées sous forme de financement de micro-projets (par exemple, projets d'adduction d'eau potable, de construction d'écoles, d'hôpitaux ou de barrages, ou encore petits projets agricoles),

---

[41] De 1992 à 2002, le site d'Andasibe (superficie de 10 000 ha, site composé du parc national de Mantadia et de la réserve spéciale d'*Indri indri* d'Analamazaotra) a reçu 168 455 visiteurs, Isalo (superficie de 81 540 ha), 137 892, et Ranomafana, 81 341 (ANGAP, 2003). En 2003, le site d'Andasibe et le parc national de l'Isalo sont les plus visités avec respectivement un taux de fréquentation de 27 % et de 28 %, suivis du parc national de Ranomafana (16 %). Cette forte fréquentation peut s'expliquer par la relative facilité d'accès. En effet, Andasibe se situe seulement à 160 kilomètres de la capitale et est accessible tous les mois de l'année (y compris pendant la saison des pluies), le parc national de Ranomafana près de Fianarantsoa (accessible tous les mois de l'année ; seule une piste de 15 km pour accéder au parc rend le voyage délicat durant la saison des pluies) et enfin le parc national de l'Isalo est sur la route de Tuléar le long de la route nationale 7.

les 50 % restants étant utilisés pour couvrir les charges récurrentes de l'ANGAP (financières, salariales et d'entretien des parcs dont elle assure la gestion et la pérennité).

3. Le parc national de Ranomafana et le cycle vertueux de l'écotourisme

À l'instar de la démarche adoptée pour le site des sept lacs, nous allons tenter de vérifier les deux principales hypothèses sur lesquelles repose le modèle du cycle vertueux de l'écotourisme en les confrontant aux spécificités du site de Ranomafana.

En ce qui concerne la première hypothèse, la création et la distribution de revenus locaux ne sont pas négligeables. Celles-ci se manifestent à travers : (1) la création d'emplois, (2) la part des DEAP revenant aux structures associatives villageoises représentant les populations locales et (3) le reversement des taxes de séjours touristiques à la commune.

Sur ce site, nos enquêtes ont permis de distinguer trois catégories d'emplois créés par les activités écotouristiques : les emplois directs, les emplois indirects et ceux induits.

Les emplois directs, ceux fournis par le secteur touristique proprement dit, renvoient à des emplois pourvus par des malgaches, crées par les établissements d'hébergement et de restauration, par la gestion du parc et l'accompagnement des touristes (activités de guide). En 2004, les dix infrastructures d'accueil ont employé 75 salariés permanents et 20 salariés saisonniers qui représentent 90 ménages dans l'ensemble. Le montant du salaire moyen mensuel est de 53 000 ariary (environ 21 euros). De plus, 33 guides ont été formés par l'ANGAP depuis 1991. Les guides stagiaires sont payés au tarif de 5 000 ariary (2 euros) la tranche de deux heures, les guides semi-professionnels, 6 000 ariary (2,4 euros), et les guides professionnels, 7 500 ariary (3 euros). Pendant la haute saison touristique, chacun travaille en moyenne quatre heures par jour et en période basse (de janvier à avril), chacun effectue au maximum quatre courses de guide de deux heures par mois. D'une manière générale, en moyenne dans l'année, avec les pourboires, les gains mensuels approximatifs des guides sont de 40 000 ariary (16 euros). Par ailleurs, parmi les emplois directs générés par les activités écotouristiques, l'ANGAP emploie 31 salariés pour la gestion du parc. 60 % des salariés sont originaires de la région et leur salaire mensuel moyen est de l'ordre de 200 000 ariary (80 euros). Il y a également des emplois créés par le musée et le centre VALBIO (Centre international de formation pour la valorisation de la biodiversité) pour lesquels nous manquons d'informations.

Les emplois indirects relèvent d'activités pouvant être rattachées indirectement au secteur touristique. Le développement du secteur hôtelier dans les zones périphériques du parc implique une demande accrue de produits de la terre, de la pêche et de l'élevage auprès des paysans riverains. À titre illustratif, un pêcheur d'écrevisses, fournisseur de certains hôteliers, affirme avoir réalisé, pendant la haute saison, un chiffre d'affaires moyen mensuel de 35 000 ariary (14 euros). Il y a également les métiers associés à la vente d'articles de souvenirs et de confection de produits artisanaux, dont le chiffre d'affaires moyen mensuel s'élèverait à 270 000 ariary (108 euros).

Les emplois induits, c'est-à-dire ceux résultant de l'apparition d'activités rendues nécessaires par la concentration d'une population vivant directement du tourisme, concernent différents services publics, la santé, l'éducation, etc. Pour le site de Ranomafana, ces emplois ne se concentrent pas dans le seul secteur touristique, mais leur développement est certainement renforcé par l'existence du parc et de ses activités.

La deuxième source de création de revenus locaux relève des DEAP perçus et réalloués aux populations locales. Les tarifs relatifs aux droits d'entrée varient selon les parcs et selon les types de visiteurs ; ils dépendent aussi du nombre de jours de visite. Pour le cas de Ranomafana, en 2005, un visiteur étranger acquitte par exemple 25 000 ariary (10 euros) pour une journée de visite, tandis qu'un visiteur malgache acquitte 1 000 ariary (80 centimes d'euros). Les cinéastes acquittent 200 000 ariary (80 euros) de droit d'entrée par personne et 5 000 000 ariary (2 000 euros) de droit de filmer. Les chercheurs étrangers acquittent 100 000 ariary (40 euros) tandis que, pour le même statut, les chercheurs nationaux acquittent 5 000 ariary (2 euros)[42]. Le montant des recettes relatives aux DEAP à Ranomafana représente chaque année des sommes conséquentes, ce qui a permis le financement de micro-projets bénéficiant aux communautés locales avoisinant le parc : depuis 1994, 234 micros-projets relatifs à l'élevage, à l'irrigation de petits périmètres etc., ont été réalisés. Le versement de 50 % des DEAP à destination des communautés locales n'est pas systématique et dépend de la forte motivation conservationniste des projets qui sont présentés par les membres des communautés et déposés pour examen auprès de la direction du parc puis à l'administration de l'aire protégée. Avant d'accepter de financer des micro-projets, l'ANGAP est sensible à l'existence des indicateurs de conservation. Par ailleurs, un nouveau système de gestion des DEAP a été mis en place. Depuis avril 2005, un comité appelé COSAP (Comité d'orientation et de suivi de l'aire protégée), constitué

---

[42]   Voir http://www.parcs-madagascar.com/tarifs.htm.

par plusieurs entités (membres de la société civile, maires, associations, etc.), est chargé de l'étude de la faisabilité et/ou de l'éligibilité des projets de développement local, de leur planification et de leur suivi, l'ANGAP et son administration intervenant en amont pour financer les projets sélectionnés.

La troisième source de revenus concerne les taxes de séjours reversées par les établissements d'hébergement à la commune de Ranomafana. En 2004, les touristes acquittent 2 500 ariary (un euro) par nuitée et, en 2003, la commune a reçu un versement de 282 000 ariary (112 euros).

D'une manière générale, les enquêtes réalisées ont permis de constater que le développement de l'écotourisme dans la zone a induit la création et la distribution de revenus locaux relativement significatifs et ressentis comme tels par les populations locales (Andrianambinina, 2004)[43]. Dans les zones périphériques de Ranomafana, les changements économiques et sociaux ont commencé lors de la transformation du site en aire protégée. Depuis 1991, les populations environnantes ne peuvent plus continuer leurs activités destructrices de l'environnement. D'une certaine façon, cette situation oblige les acteurs locaux à développer des modes de production ne dépendant pas directement de l'exploitation de la ressource forestière du parc. Les revenus locaux générés par l'écotourisme ne font que renforcer et stabiliser l'assise de cette transformation productive, entamée depuis le changement du statut du parc[44].

La vérification de la seconde hypothèse repose sur la durabilité des modes de production existants, la substitution en faveur de nouvelles activités plus durables et le renforcement d'institutions capables d'imposer des normes et des règles permettant un usage durable des ressources naturelles et de la biodiversité.

On constate ici, que depuis la création du parc, des modes de valorisation respectueux de l'environnement se sont développés dans les zones périphériques, les principales activités génératrices de revenus étant l'agriculture, l'élevage et la pêche. À titre d'exemple, la culture de

---

[43] À un niveau national, cette impression est nuancée par Preuil (2005). Ce dernier souligne que, même pour les aires protégées malgaches assez populaires, les retombées socio-économiques restent finalement relativement succinctes au niveau local en comparaison des dépenses totales du visiteur pour son séjour. En 2001, 66 % des recettes de l'écotourisme sont réalisées en dehors des sites protégés (cette proportion pouvant être plus élevée) qui ne sont pas forcément des destinations en tant que telles mais seulement des escales ; environ 48 % des recettes revient au secteur de l'hôtellerie, 43 % au secteur des transports et 9 % aux activités de guide.

[44] Il est à noter qu'avant de devenir parc national, Ranomafana était une station forestière depuis 1927. Son ancien statut ne facilitait pas la protection du site contre les pressions anthropiques.

bananiers s'est beaucoup développée et la production a fortement augmenté (Andrianambinina, 2004). Cette région se trouve parmi les grands fournisseurs en bananes des villes de Fianarantsoa, d'Ambositra, d'Antsirabe et même d'Antananarivo. On observe à la fois l'instauration d'une plus grande durabilité des modes de production et une substitution en faveur d'activités respectueuses de l'environnement. Par ailleurs, le financement de micro-projets « verts » de développement local par l'ANGAP favorise également ces modes de production. Outre les appuis financiers octroyés par l'ANGAP, les villages situés dans les zones périphériques sont aussi assistés par le Programme de soutien au développement rural (PSDR) ou le Fonds d'intervention pour le développement (FID) qui finance des projets « respectueux de l'environnement » émanant de structures associatives.

Concernant le renforcement au plan institutionnel, l'adoption du statut de parc national, l'intégration du site dans le réseau national des aires protégées malgaches et la gestion par l'ANGAP semblent garantir une grande protection des éléments biologiques de la forêt de Ranomafana. Les règles de conduite vis-à-vis du parc sont ici connues par tous. Les activités autorisées et interdites dans les zones tampons et périphériques, les droits et obligations des différents acteurs, ainsi que les sanctions pour les éventuels contrevenants sont affichés et expliqués dans les villages.

Malgré la mise en place des dispositifs institutionnels et juridiques d'appui, on note encore l'existence d'infractions nuisibles à la conservation. Elles commencent à se raréfier mais certaines persistent. À titre illustratif, certains membres des villages aux alentours pénètrent illicitement à l'intérieur du parc pour exploiter une espèce de bambou afin de confectionner de l'emballage pour le *letchi*, alors que cette plante constitue l'alimentation d'une espèce de lémurien menacée de disparition, le *hapalemur*. Pour pallier ce genre d'atteintes, en sus des sanctions qui frappent le contrevenant, l'ANGAP identifie et défavorise l'ensemble de leurs villages et/ou commune d'appartenance au moment du financement de micro-projets. Il en va de même pour le traitement des dégradations relatives aux feux de végétations allumés autour du parc.

Les entretiens effectués auprès des différents responsables de l'ANGAP à Ranomafana et des responsables du centre VALBIO ont permis de déduire qu'il y a encore des efforts à entreprendre dans ce site, notamment en ce qui concerne la lutte contre les pressions humaines. D'une manière générale, toutefois, la situation commence à s'améliorer et à être qualifiée de satisfaisante. L'état de la biodiversité s'améliorerait, ce qui permettrait de favoriser la valorisation économique de ce parc par le développement de l'écotourisme et des activités de recherche.

En définitive, même s'il n'y a pas de véritable participation des populations locales à la gestion du parc (gestion assurée par l'ANGAP), le site de Ranomafana relève d'une expérience plutôt positive, car les revenus créés par les activités écotouristiques sont conséquents avec des retombées directes pour les populations locales et on constate des changements de comportements en faveur de la conservation.

Conclusion

D'une manière générale, en assurant la promotion de l'écotourisme, l'action des PED s'inscrit dans le champ du développement durable. L'enjeu consiste à résoudre les difficultés liées à la dégradation de l'environnement naturel et celles relatives à la lutte contre la pauvreté en monde rural. La littérature atteste de ce lien entre écotourisme et développement durable. Nous avons tiré les enseignements de deux études de cas à Madagascar à l'aide du modèle du « cycle vertueux » de Chaboud *et al.* (2004) : l'expérience écotouristique du site des sept lacs s'avèrerait plutôt « négative » et celle du site de Ranomafana plutôt « positive ».

Toutefois, le modèle de Chaboud *et al.* (2004) ne tient pas compte de certaines conditions nécessaires pour favoriser l'écotourisme : l'intérêt biologique des sites (ne devant pas être fortement dégradés), la qualité des infrastructures d'accueil et l'accessibilité conditionnent l'attractivité d'un site, et devraient intervenir en amont du développement touristique (tout en étant renforcés par ce dernier). Par ailleurs, la « participation » des communautés locales à la gestion d'un site n'implique pas nécessairement la réussite des initiatives : dans le cas de Ranomafana, il n'y a pas de réelle démarche participative, alors que l'écotourisme peut être considéré comme facteur de développement durable (sous l'angle de la conservation et du développement local) ; dans les initiatives communautaires, comme celle du site des sept lacs, où l'aspect participatif devrait être plus présent, l'écotourisme n'est pas pour autant considéré comme facteur de développement durable.

Malgré les doutes et les remises en question, nous pensons que l'écotourisme reste une piste riche à explorer pour concilier le développement local des PED et la protection de l'environnement.

Références

ANDRIANAMBININA, D. (2004), « Aires protégées et gestion locale des ressources naturelles à Madagascar », Rapport de mission dans le complexe d'aires protégées de Fianarantsoa du 27 septembre au 06 octobre 2004, Actions thématiques interdépartementales de l'IRD, Effets sociaux, économiques et environnementaux des aires protégées : des aires protégées aux territoires de conservation, 2004-2006.

ANGAP (2003), « Évaluation de l'impact économique des aires protégées », WWF, avril, 37 p.

ASHTON, R. et ASHTON, P. (1993), « An Introduction to Sustainable Tourism (Ecotourism) in Central America », Passeo Pantera Ectourism Program, Gainesville, Water and Air Research, Inc.

BOO, E. (1990), « Ecotourism: the Potentials and Pitfalls », World Wildlife Fund, Washington D.C, 72 p.

BOOKBINDER, M.P., DINERSTEIN, E., RIJAL, A., CAULEY, H. et RAJOURIA, A., (1998), « Ecotourism's Support of Biodiversity Conservation », *Conservation Biology*, 12, pp. 1399-1404.

BRACHET, C. et GUINET, V. (2004), « Écotourisme et gestion communautaire des ressources touristiques sur les sites d'Anakao/Nosy Ve et de la forêt des sept lacs », Rapport de stage, Institut de géographie et d'aménagement régional de l'Université de Nantes, 126 p.

BRANDON, K. (1996), « Ecotourism and Conservation: A Review of Key Issues », Environment Department Papers n° 033, The World Bank, Washington D.C., avril.

BUCKLEY, R. (2003), *Case Studies in Ecotourism*, Wallingford, UK, CABI Publishing.

BUDOWSKI, G. (1976), « Tourism and Environmental Conservation: Conflict, Coexistence or Symbiosis ? », *Environmental Conservation*, 3(1), pp. 27-31.

CARRET, J.C. et LOYER, D. (2003), « Comment financer durablement les aires protégées de Madagascar ? », Notes et documents, n° 4, Agence française de développement, http://www.smbmada.net/documents/Durban_2003.pdf.

CEBALLOS-LASCURÀIN, H. (1987), « Estudio de Prefectabilidad Socioeconomica del Turismo Ecologico y Anteproyecto Arquitectonico y Urbanistico del Centro del Turismo Ecologico de Sian Ka'an, Quintana Roo », étude réalisée pour SEDUE, Mexico.

CEBALLOS-LASCURÀIN, H. (1996), *Tourism, Ecotourism and Protected Areas: The State of Nature-Based Tourism around the World and Guidelines for its Development*, UICN, Gland, Suisse.

CHABOUD, C., MÉRAL, P. et ANDRIANAMBININA, D. (2004), « Le modèle vertueux de l'écotourisme : mythe ou réalité ? L'exemple d'Anakao et Ifaty-Mangily à Madagascar », *Mondes en développement*, vol. 32, n° 125, pp. 11-32.

FOX, M. (1977), « The Social Impact of Tourism: A Challenge to Researchers and Planners », in Finney B.R. et A. Watson (eds.), *A New Kind of Sugar: Tourism in the Pacific*, Honolulu, East-West Technology and Development Institute, East-West Center, pp. 27-48.

GOODWIN, H. (1996), « In Pursuit of Ecotourism », *Biodiversity and Conservation*, 5, pp. 277-291.

GÖSSLING, S. (1999), « Ecotourism: A Mean to safeguard Biodiversity and Ecosystem Functions ? », *Ecological Economics*, 29, pp. 303-320.

HALL, N., 2003, « Écotourisme, tourisme durable, tourisme responsable ou tourisme équitable ? », ERE (Éducation relative à l'environnement) de l'écotourisme, pp. 4-7, http://www.aqpere.qc.ca/ERE_ecotourisme.pdf.

HONEY, M.S. (1999), *Ecotourism and Sustainable Development: Who Owns Paradise ?*, Washington D.C., Island Press.

IRG, 1992, *Ecotourism: A Viable Alternative for Sustainable Management of Natural Resources in Africa*, International Resources Group, Washington D.C.

KOCH, E. (2001), « Écotourisme : un bilan mitigé », Le courrier de l'UNESCO, juillet-août, http://www.unesco.org/courier/2001_07/fr/planet2.htm.

LEQUIN, M. (2001), *Écotourisme et gouvernance participative*, Ste-Foy, Québec, Presse de l'Université du Québec.

LINDBERG, K., JEREMY, E. et SPROULE, K. (1996), « Ecotourism Questioned: Case Studies from Belize », *Annals of Tourism Research*, 23(3), pp. 543-562.

MILLER, K. (1978), « Planning national Parks for Ecodevelopment: Cases and methods from Latin America », vol. I et II, School of Natural Resources, Center for Strategic Wildland Management Studies, Université de Michigan.

MINISTÈRE DE L'ÉCONOMIE ET DU PLAN (1990), *Charte de l'environnement*, République démocratique de Madagascar, loi 90-033 du 21 décembre 1990.

OMT-PNUE (2002), « Sommet mondial de l'écotourisme », World Tourism Organization, Madrid, 150 p.

PNUD (2004), *Rapport mondial sur le développement humain 2004. La liberté culturelle dans un monde diversifié*, Paris, Economica.

PREUIL, S. (2005), « L'écotourisme à Madagascar : une alternative économique réellement durable ? », mémoire de DEA, DEA Destin (Développement soutenable intégré), Université de Versailles Saint-Quentin-en-Yvelines.

SCHEYVENS, R. (1999), « Ecotourism and the Empowerment of Local Communities », *Tourism Management*, 20, pp. 245-249.

SOCIÉTÉ INTERNATIONALE DE L'ÉCOTOURISME (1991), « What is Ecotourism ? », définition reprise sur le site http://www.ecotourism.org.

TARDIF, J. (2003), « Écotourisme et développement durable », *VertigO – La revue en sciences de l'environnement*, vol. 4, n° 1, pp. 1-11.

TOURISME QUÉBEC (2003), « Écotourisme et tourisme de nature, orientations et plan d'action 2003-2008 », Direction du développement des produits touristiques, Québec (gouvernement du Québec), Tourisme Québec, 73 p.

WEARING, S. (2001), *Volunteer Tourism: Experiences that make a Difference*, Wallingford, UK, CABI Publishing.

WEAVER, D.B. (1998), *Ecotourism in the Less Developed World*, Wallingford, UK, CAB International.

WILKIE, D. et CARPENTER, J.F. (1998), « Le tourisme peut-il aider à financer les aires protégées dans le bassin du Congo ? », Document de travail soumis à Oryx, http://www.grandslacs.net/doc/1220.pdf.

WUNDER, S. (2000), « Ecotourism and Economic Incentives – An empirical Approach », *Ecological Economics*, 32, pp. 465-479.

WWF (1995), « Ecotourism: Tool or threat ? », *Conservation Issues*, 2(3), pp. 1-10.

WWF (2002), « Plan de la conservation de la biodiversité des forêts d'épineux de Madagascar », Programme Ala Maiky, Toliara, Madagascar.

ZIFFER, K. (1989), « Ecotourism: The Uneasy Alliance », Conservation International Working Papers on Ecotourism, Washington D.C.

Présentation des auteurs

Djohary Andrianambinina

Djohary Andrianambinina est économiste, doctorant et assistant au sein du département d'Économie de l'Université d'Antananarivo, Madagascar, chercheur au C3ED-M, Université d'Antananarivo, et au C3ED UMR IRD-UVSQ n° 063, Université de Versailles Saint-Quentin-en-Yvelines. Ses recherches portent sur le développement durable, la valorisation économique de la biodiversité, le développement local, l'écotourisme.

Jérôme Ballet

Jérôme Ballet est maître de conférences en sciences économiques, habilité à diriger des recherches, chercheur au C3ED UMR IRD-UVSQ n° 063, Université de Versailles Saint-Quentin-en-Yvelines. Ses domaines d'intérêt portent sur l'éthique économique, le développement, la pauvreté et l'exclusion.

Patrick Bottazi

Patrick Bottazi est assistant de recherche en sociologie dans le cadre du programme national suisse NCCR Nord-Sud et assistant au séminaire de Méthode de recherche en sciences sociales à l'Institut universitaire d'études du développement. Ses domaines d'intérêt portent sur l'épistémologie et les méthodes de recherche en sciences sociales, la gouvernance et la citoyenneté, les territoires indigènes, les aires protégées, la gestion des ressources naturelles, le développement local, l'Amazonie bolivienne et le Sénégal.

Karen Bähr Caballero

Karen Bähr Caballero est doctorante (Sciences de la population, de l'environnement et du développement) et assistante à l'Institut d'études du développement de l'Université catholique de Louvain, Belgique. Ses domaines d'intérêt portent sur les études du développement, l'Amérique centrale, les femmes, le genre et le développement, le genre et la sécurité.

Florence Degavre

Florence Degavre est économiste, docteur en sciences sociales (Population environnement développement) de l'Institut d'études du développement, Université catholique de Louvain (UCL) et professeur à la Faculté ouverte de politique économique et sociale (UCL). Elle effectue actuellement un post-doctorat à l'Université libre de Bruxelles (Groupe sur les acteurs internationaux et leurs discours, GRAID). Ses recherches portent sur l'approche féministe des théories du développement, le concept de développement dans les contextes Nord et le rôle des femmes de le care.

Lise Frendo

Lise Frendo est chargée de recherches au Centre d'études du développement durable, Université libre de Bruxelles (IGEAT, Institut de gestion de l'environnement et d'aménagement du territoire). Ses recherches portent sur l'évaluation des politiques environnementales et les indicateurs de développement durable.

Géraldine Froger

Géraldine Froger est maître de conférences en sciences économiques, habilitée à diriger des recherches, chercheur au C3ED (Centre d'économie et d'éthique pour le développement et l'environnement) UMR IRD-UVSQ n° 063, Université de Versailles Saint-Quentin-en-Yvelines, membre de l'axe MGDD (Mondialisation, gouvernance et développement durable) du C3ED, membre du conseil de rédaction de la revue Mondes en développement. Ses domaines d'intérêt concernent l'économie écologique et l'économie du développement durable, l'évaluation environnementale, les politiques environnementales dans les pays en développement, la mondialisation.

Florence Galletti

Florence Galletti est chargée de recherches-juriste (droit public) à l'Institut de recherche pour le développement (IRD), chercheur au C3ED UMR IRD-UVSQ n° 063 de l'Université de Versailles Saint-Quentin-en-Yvelines, au C3ED-M de l'Université d'Antananarivo, Madagascar, et membre de l'axe MGDD (Mondialisation, gouvernance et développement durable) du C3ED. Ses domaines d'intérêt concernent le droit international du développement, les transformations de l'État et de l'action publique dans les pays en développement, les politiques publiques, la science administrative, le droit comparé des pays africains, le droit de l'environnement et le développement durable, la gouvernance juridique des ressources naturelles, le droit appliqué au milieu marin.

Hubert Gérardin

Hubert Gérardin est maître de conférences en sciences économiques, habilité à diriger des recherches, Université de Nancy 2, membre du BETA (Bureau d'économie théorique et appliquée) Nancy CNRS, directeur de l'Institut de préparation à l'administration générale de Nancy, rédacteur en chef de la revue *Mondes en développement*, vice-président de l'Association Tiers-Monde. Ses recherches portent sur l'économie du développement (dynamiques de développement, processus d'intégration régionale et mondialisation, rôle des infrastructures et des transferts de connaissances) et sur le champ monnaie, finance et développement.

Rolang Guillon

Roland Guillon est sociologue, chercheur associé au Centre Pierre Naville de l'Université d'Évry. Ses domaines d'intérêt portent sur la sociologie de l'activité et de la mondialisation.

Marc Hufty

Marc Hufty est politologue, chargé de cours à l'Institut universitaire d'études du développement (IUED), à Genève, Suisse. Il a fait des recherches et enseigné en Argentine, à Madagascar, en Bolivie et au Pérou. Il est directeur du Groupe de recherche sur l'environnement et la gouvernance (GREG) à l'IUED. Il est également directeur scientifique du projet de recherche NCCR NS – IP8. Ses domaines d'intérêt concernent l'économie politique, les politiques publiques et la gouvernance, appliquées à la biodiversité (aires protégées et forêts) et aux mouvements sociaux (peuples indigènes, mouvements urbains et citoyenneté).

Philippe Hugon

Philippe Hugon est professeur émérite, agrégé sciences économiques, Université de Paris X Nanterre, directeur de recherche associé à l'IRIS (Institut de relations internationales et stratégiques), membre de nombreux conseils scientifiques (CEPED, Centre d'études sur la population et le développement ; IEP, Institut d'études politiques, etc.), ancien membre du HCCI (Haut conseil de la coopération internationale) (2000-2003), docteur *honoris causa* Arequipa (Pérou). Ses domaines d'intérêt sont l'économie du développement, l'économie de l'Afrique, la mondialisation, l'économie politique internationale, la régionalisation.

Bruno Kestemont

Bruno Kestemont est statisticien de l'environnement à l'Institut national de Statistique (Belgique), ingénieur agronome, diplômé en environnement et doctorant au Centre d'études du développement durable de l'Université libre de Bruxelles (IGEAT, Institut de gestion de l'environnement et d'aménagement du territoire). Ses domaines d'intérêt concernent les indicateurs de développement durable, les transferts spatio-temporels d'impacts environnementaux.

Frédéric Lapeyre

Frédéric Lapeyre est professeur en études du développement à l'Institut d'études du développement de l'Université catholique de Louvain, Belgique. Il est également porte-parole de l'école doctorale thématique en études du développement réunissant les équipes de recherche de la Communauté française de Belgique. Ses domaines d'intérêt concernent l'évolution des théories et politiques de développement, les dynamiques de changement social, les processus d'insécurisation et les stratégies d'acteurs.

Frank Muttenzer

Frank Muttenzer est juriste, doctorant en sciences économiques et sociales et assistant de recherche à l'Institut universitaire d'études du développement (IUED), Genève, Suisse. Ses domaines d'intérêt portent sur l'anthropologie du droit, la sociologie politique de l'aide internationale, les politiques foncières, la déforestation, la conservation de la biodiversité, l'éthique environnementale.

Olivier Petit

Olivier Petit est maître de conférences en sciences économiques et chercheur au centre EREIA (Études et recherches économiques interdisciplinaires de l'Artois), Université d'Artois. Il travaille en collaboration avec les membres de l'axe MGDD (Mondialisation, gouvernance et développement durable) du C3ED dans une Action concertée incitative dont la thématique porte sur *Pouvoirs, contre-pouvoirs et régulation de la mondialisation : les nouveaux enjeux de la sécurité* (2003-2006). Ses domaines d'intérêt concernent l'économie écologique, l'économie institutionnelle, le développement durable, la gestion de l'eau, les eaux souterraines, les innovations technologiques environnementales, la mondialisation.

Jacques Poirot

Jacques Poirot est maître de conférences en sciences économiques, chercheur au BETA Nancy de l'Université de Nancy 2. Ses domaines d'intérêt sont l'économie des infrastructures, l'intégration économique régionale, l'économie de la connaissance, le développement durable et les acteurs du développement durable (entreprise socialement responsable et ville durable), les analyses et applications du principe de précaution.

Jean Patrick Ranjatson

Jean Patrick Ranjatson est ingénieur forestier, doctorant et assistant de recherche à l'École supérieure des sciences agronomiques (ESSA), département Eaux et Forêts, Université d'Antananarivo, Madagascar. Ses domaines d'intérêt concernent la socio-économie forestière, la politique environnementale, les droits fonciers coutumiers l'anthropologie juridique.

Jean-Pierre Revéret

Jean-Pierre Revéret est professeur titulaire en sciences économiques, membre de l'Institut des sciences de l'environnement, Observatoire de l'écopolitique internationale, Université du Québec à Montréal. Ses domaines d'intérêt portent sur l'économie écologique, le développement durable, l'évaluation environnementale.

Luisa Sciandra

Luisa Sciandra est chercheur à l'Institut d'études et analyse économique (ISAE), Rome. Ses domaines de compétences (et/ou d'intérêt) portent sur la régulation des services publics et l'économie du droit.

Stéphanie Treillet

Stéphanie Treillet est maître de conférences en sciences économiques, IUFM de Créteil, membre du Réseau Atelier de Recherche Théorique François Perroux (anciennement ART-ISMEA), Université de Marne-la-Vallée, et de l'Association Tiers-Monde (Faculté de droit, Nancy). Ses recherches portent principalement sur l'économie du développement, les théories du développement, le genre et la mondialisation.

Edwin Zaccaï

Edwin Zaccaï est professeur à l'Institut de gestion de l'environnement et d'aménagement du territoire (IGEAT) de l'Université libre de Bruxelles, où il dirige le Centre d'études du développement durable. Ingénieur, philosophe et docteur en environnement, il réalise des recherches sur les aspects sociopolitiques et sur l'état de l'environnement.

EcoPolis

La collection EcoPolis est dédiée à l'analyse des changements qui se produisent simultanément dans la société et dans l'environnement quand celui-ci devient une préoccupation centrale.

L'environnement a longtemps été défini comme l'extérieur de la société, comme ce monde de la nature et des écosystèmes qui sert de soubassement matériel à la vie sociale. Les politiques d'environnement avaient alors pour but de « préserver », « protéger », voire « gérer » ce qui était pensé comme une sorte d'infrastructure de nos sociétés. Après quelques décennies de politique d'environnement, la nature et l'environnement sont devenus des objets de l'action publique et il apparaît que c'est dans un même mouvement que chaque société modèle son environnement et se construit elle-même. Cette dialectique sera au centre de la collection.

Directeur de collection : Marc MORMONT,
Professeur à la Fondation Universitaire Luxembourgeoise (Belgique)

Dans la collection

Visitez le groupe éditorial Peter Lang
sur son site Internet commun
www.peterlang.com

Laurent MERMET (dir.)

Étudier des écologies futures
Un chantier ouvert pour les recherches
prospectives environnementales

Gérer des écosystèmes, traiter des problèmes environnementaux, c'est intervenir sur des processus naturels, sociaux, techniques, économiques complexes, qui se déploient sur des décennies. L'étude des dynamiques et des états futurs possibles des systèmes écologiques (y compris dans leurs dimensions sociales) est un domaine de recherche en pleine émergence. Son importance est capitale, aussi bien pour comprendre les systèmes socio-écologiques que pour agir en faveur de l'environnement et du développement durable.

De nombreuses disciplines sont concernées, en sciences de la nature, de l'univers, de l'homme et de la société. Chacune devra innover ; il leur faudra aussi inventer ensemble des opérations de connaissance adaptées.

Ce livre propose des lignes directrices pour organiser le chantier de manière « ouverte ». Il montre les défis spécifiques que l'étude d'écologies futures pose à la recherche ; il incite à une collaboration entre les chercheurs du champ de l'environnement et les spécialistes de la prospective ; il réexamine les grands types de méthodes mobilisables (scénarios, modèles, approches participatives) ; enfin, le propos est illustré par des études de cas inédites.

Laurent Mermet est titulaire d'une double formation en écologie (École normale supérieure) et en gestion (doctorat de l'Université de Paris-Dauphine). Professeur à l'École nationale du génie rural, des eaux et des forêts (ENGREF), il conduit des travaux sur l'analyse stratégique de la gestion environnementale, sur les problèmes de négociation liés à l'environnement, sur les théories et méthodes de la prospective.

Bruxelles, P.I.E.-Peter Lang, 90-5201-277-6, 2005

62.00 SFR / 42.70€* / 39.90 €** / 27.90£ / 47.95 US-$
* comprend la TVA (uniquement valable pour l'Allemagne et l'Autriche)
** ne comprend pas la TVA
Nos prix sont indicatifs et susceptibles de changement.

Cécilia Claeys-MEKDADE

Le lien poli tique à l'épreuve de l'environnement

Expériences camarguaises

Les conflits d'aménagement et de nature sont-ils le vecteur d'une recomposition du lien politique, ce lien social caractéristique de l'État-nation? Cinq conflits d'aménagement, tous situés en Camargue et dans les années 1990, donnent à voir l'action publique comme espace de rencontre entre l'État et des communautés de citoyens.

L'auteur analyse et confronte plusieurs dynamiques: celle des associations (prendre la parole), celle des procédures de concertation (donner la parole). Leur confrontation et leur dialogue font se croiser le local, le particulier d'un côté, le général et le global d'un autre côté, dans une troisième dynamique (construire l'acceptable).

L'environnementalisme – cette implication explicite d'êtres non humains dans les affaires humaines – met ainsi à l'épreuve la relation de la communauté des citoyens et son gardien, l'État. Au-delà de l'opposition entre localisme et globalisme, dans leur opposition même, émerge la figure du citoyen localisé, tandis que l'État se profile comme protecteur de la diversité nationale.

Cette citoyenneté localisée court toutefois deux risques: celui du *particularisme normalisé* et la *tentation xénophobe*.

Cécilia Claeys-Mekdade est maître de conférences au Département de Sciences humaines de la Faculté des Sciences de Luminy (Université de la Méditerranée) et fait partie de l'équipe DESMID (Dynamiques Écologiques et Sociales en Milieux Deltaïques).

Bruxelles, P.I.E.-Peter Lang, 90-5201-986-X, 2004

50.00 SFR / 34.20 €* / 32.00 €** / 21.00 £ / 37.95 US-$
* comprend la TVA (uniquement valable pour l'Allemagne et l'Autriche)
** ne comprend pas la TVA
Nos prix sont indicatifs et susceptibles de changement.

Edwin Zaccaï

Le développement durable

Dynamique et constitution d'un projet

Le développement durable peut-il offrir une véritable alternative face aux dommages infligés à l'environnement et aux échecs du développement? Pourquoi les références à cette notion sont-elles parfois floues et trop consensuelles?

Cet ouvrage propose une enquête sur la constitution de ce projet à travers la recomposition de différents champs: sur le plan politique, il retrace la rencontre entre les courants du développement et de l'écologie, tandis que sur le plan économique, différentes réformes visant à intégrer les préoccupations environnementales sont analysées. Le rôle des entreprises, mais aussi des associations et des experts, est scruté au regard des enjeux de la durabilité, que ces acteurs interprètent chacun selon leur logique.

Le tableau ainsi dressé, nuancé et multidisciplinaire, articule de nombreuses références pour lesquelles peu d'ouvrages d'ensemble existent à ce jour en français. Celui-ci intéressera les chercheurs autant que les praticiens, sachant que les accords de la Conférence de Rio de 1992 – pierre fondatrice de cette dynamique au niveau mondial – continuent d'inspirer de multiples initiatives politiques et citoyennes.

Edwin Zaccaï est ingénieur, philosophe et docteur en environnement. Il est chargé de cours à l'Université Libre de Bruxelles, où il codirige le Centre d'Études du Développement Durable à l'Institut de Gestion de l'Environnement et d'Aménagement du Territoire (IGEAT). Il a coédité avec J.-N. Missa Le principe de précaution. Significations et conséquences (2000).

Bruxelles, P.I.E.-Peter Lang, 90-5201-974-6, 2003

47.00 SFR / 31.90 €* / 29.80 €** / 20.00 £ / 35.95 US-$

* comprend la TVA (uniquement valable pour l'Allemagne et l'Autriche)
** ne comprend pas la TVA

Nos prix sont indicatifs et susceptibles de changement.